KREATIVER SCHMUCK AUS HOLZ

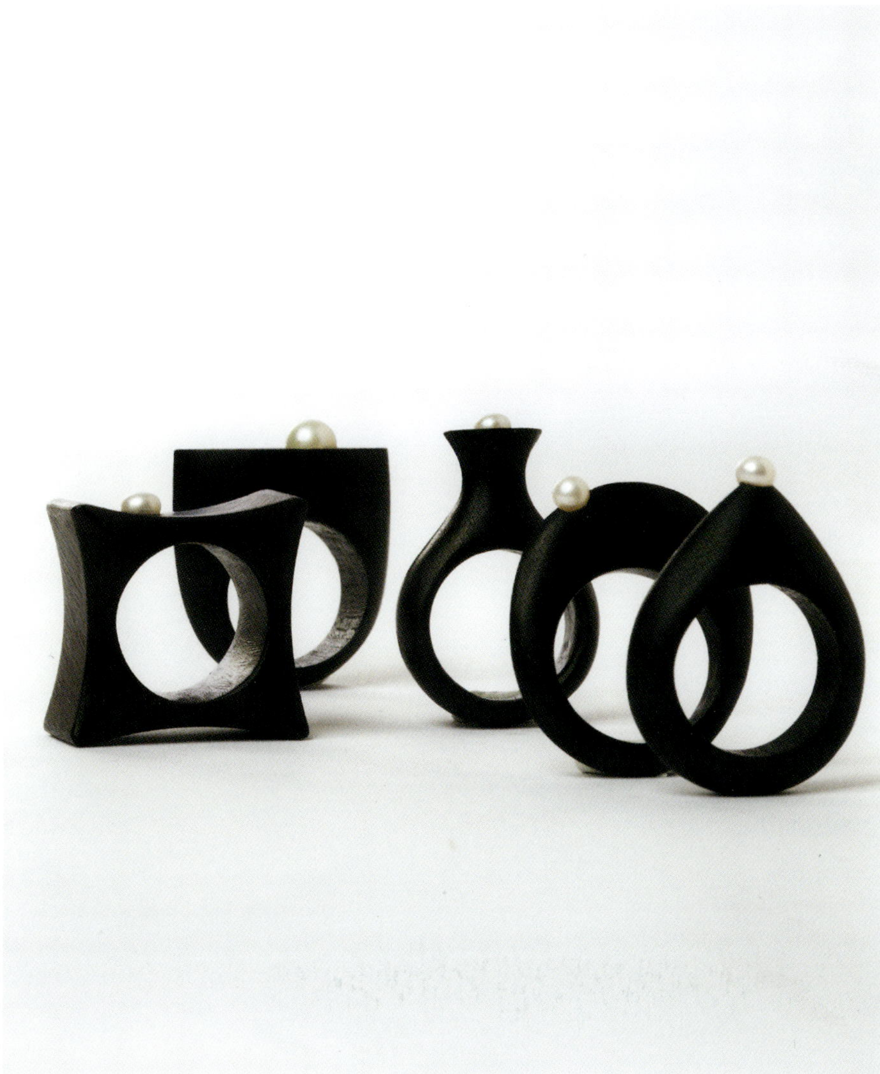

stv

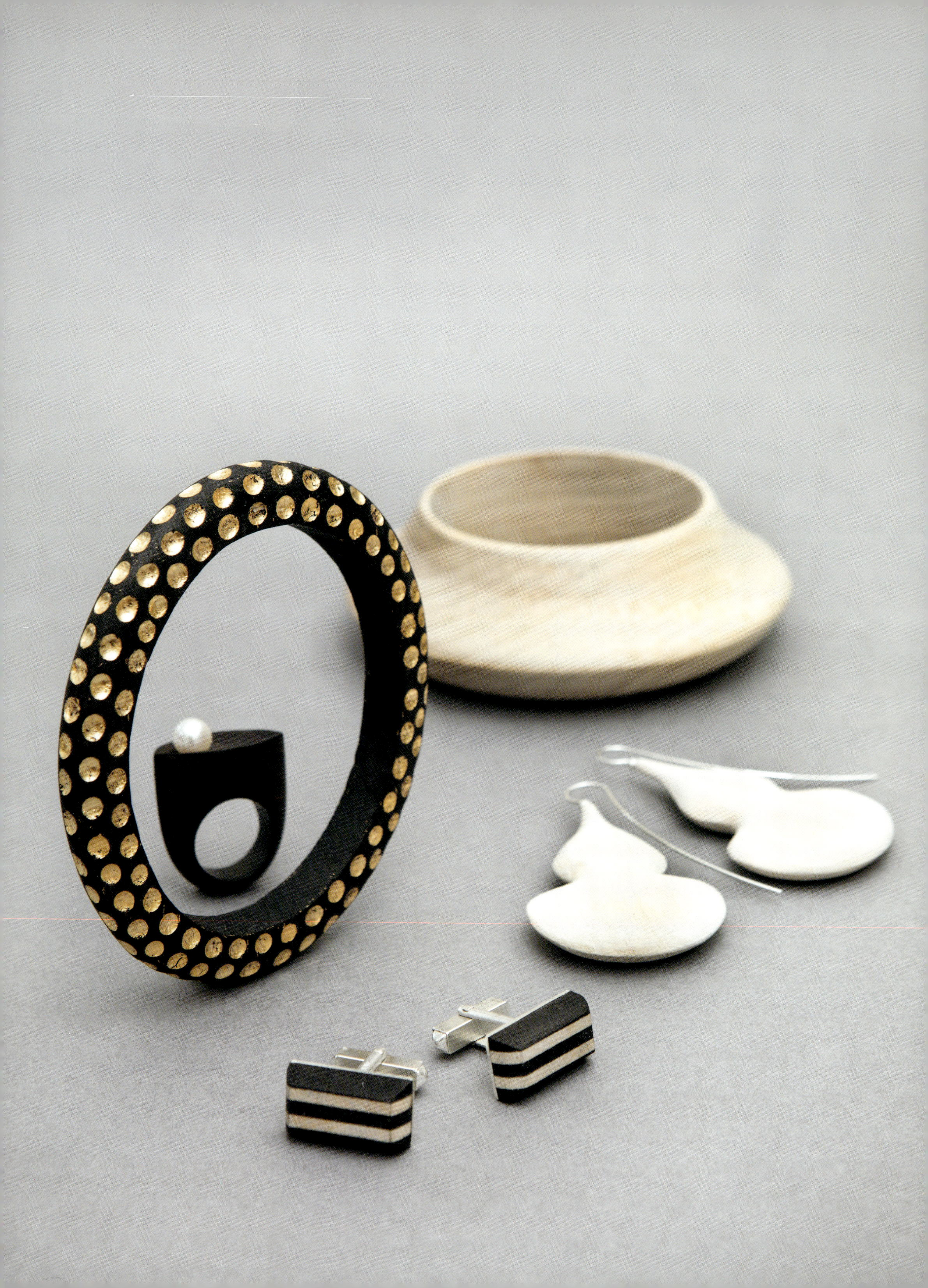

KREATIVER SCHMUCK AUS HOLZ

SELBST GEMACHT

Sarah King

Leopold Stocker Verlag
Graz – Stuttgart

Für Jeff, Felix und Emma

Umschlaggestaltung: DSR – Werbeagentur Rypka, A-8143 Dobl/Graz
Titelbilder: Katherine Fawssett
Fotos: Katherine Fawssett
Fotografien Seite 10 und 11: Mit freundlicher Genehmigung von Charon Kransen
Fotografie Seite 15: Kevin Dutton
Autorinnenbild Seite 176: Kathryn Martin.

Titel der englischen Originalausgabe: Sarah King: Creating Jewellery in Wood. Skill-building Projects and Technics. © 2019 Fil Rouge Press
Text und Gestaltung © Sarah King
Buchgestaltung und Fotografien © Fil Rouge Press Ltd, 2019
Fil Rouge Press möchte sich bei Beppe Kessler (www.beppekessler.nl), Inni Pärnänen(www.inni.fi), Lina Peterson (www.linapeterson.com) und Tehri Tolvanen (www.tehritolvanen.com) für ihre Interviews und die Beistellung der Fotografien ihrer Arbeit bedanken.

Aus dem Englischen übertragen von Mag. Nina Schön.

Bibliographische Information der Deutschen Nationalbibliothek. Die Deutsche Nationalbibliothek verzeichnet diese Publikation in der Deutschen Nationalbibliographie; detaillierte bibliographische Daten sind im Internet über http://dnb.d-nb.de abrufbar.

Hinweis:
Dieses Buch wurde auf chlorfrei gebleichtem Papier gedruckt. Die zum Schutz vor Verschmutzung verwendete Einschweißfolie ist aus Polyethylen chlor- und schwefelfrei hergestellt. Diese umweltfreundliche Folie verhält sich grundwasserneutral, ist voll recyclingfähig und verbrennt in Müllverbrennungsanlagen völlig ungiftig.

Auf Wunsch senden wir Ihnen gerne kostenlos unser Verlagsverzeichnis zu:
Leopold Stocker Verlag GmbH
Hofgasse 5 / Postfach 438
A-8011 Graz
Tel.: +43 (0)316/82 16 36 | Fax: +43 (0)316/83 56 12
E-Mail: stocker-verlag@stocker-verlag.com | www.stocker-verlag.com

ISBN 978-3-7020-1948-8

Satz: DSR – Werbeagentur Rypka, A-8143-Dobl/Graz

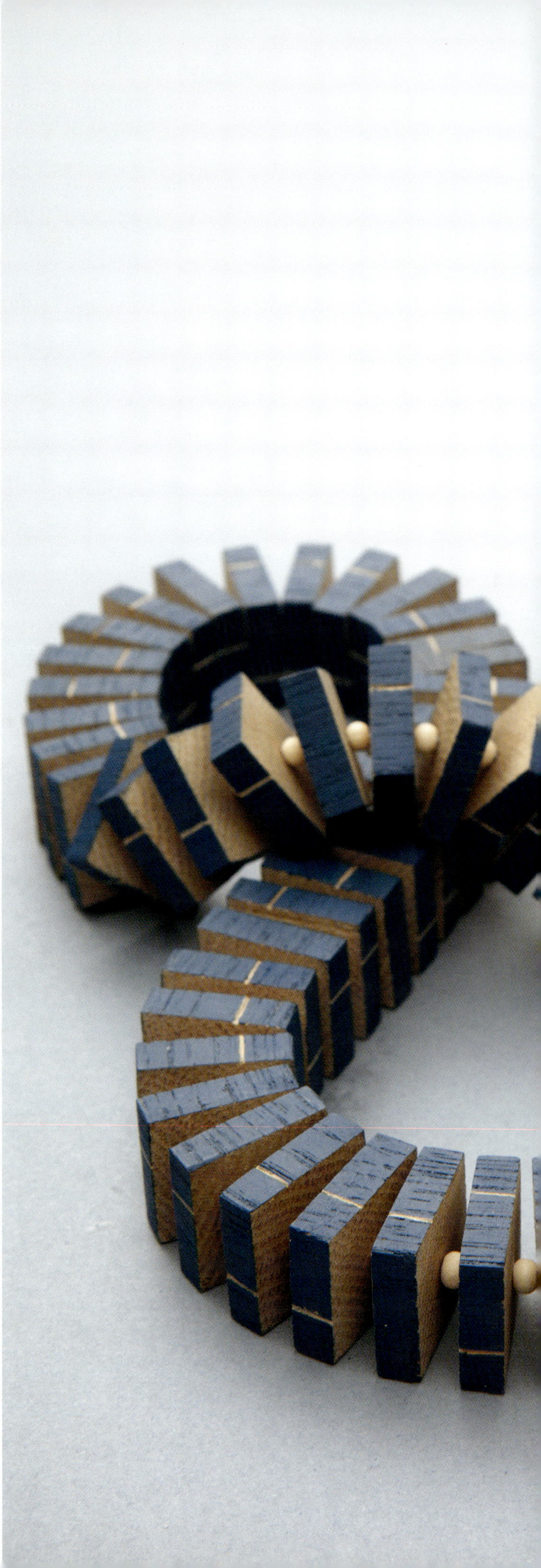

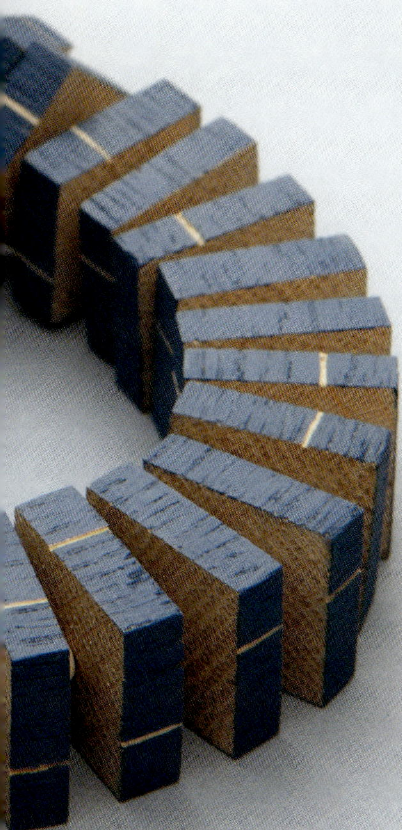

Inhalt

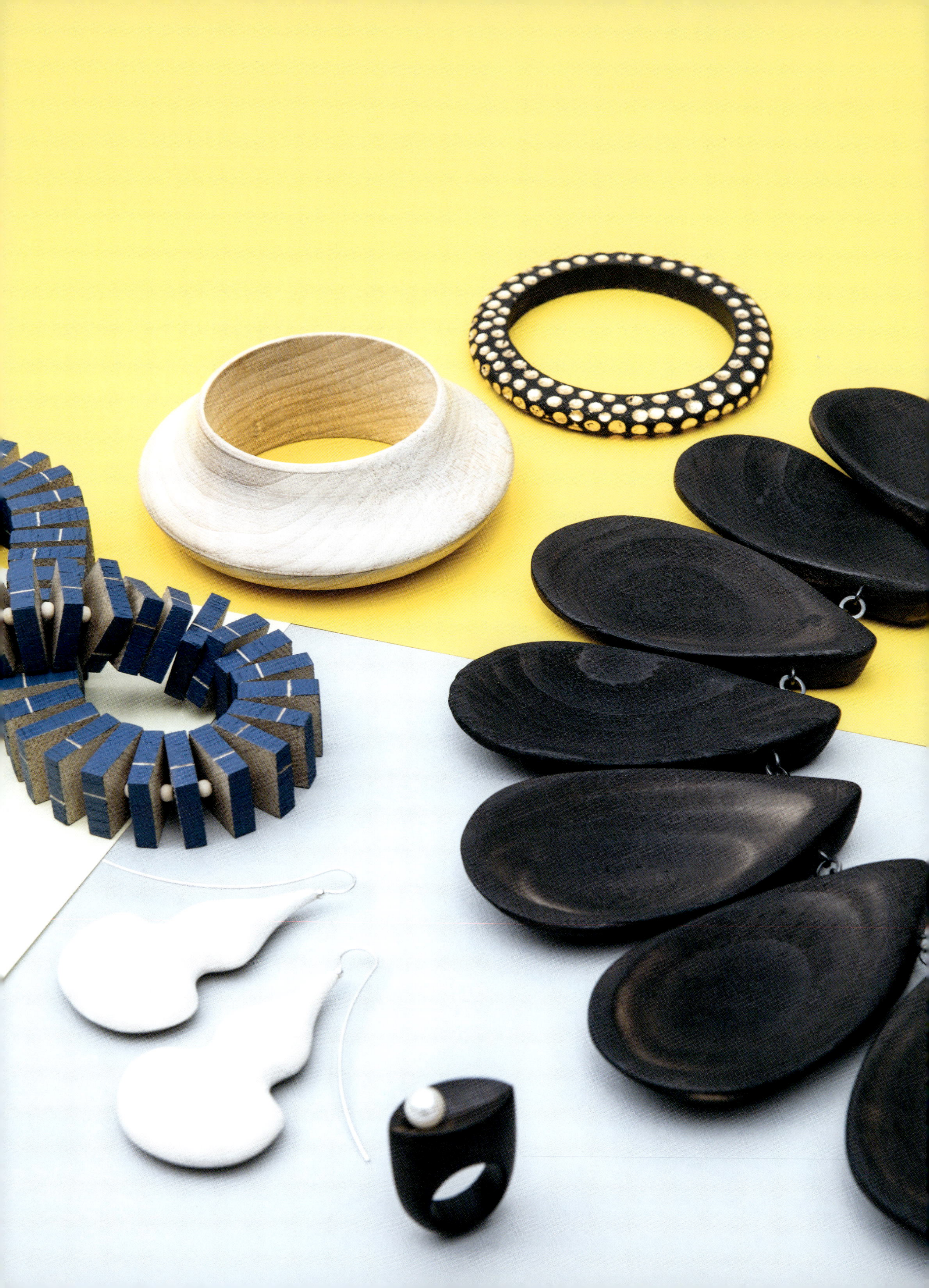

KAPITEL

Einleitung

Vorwort

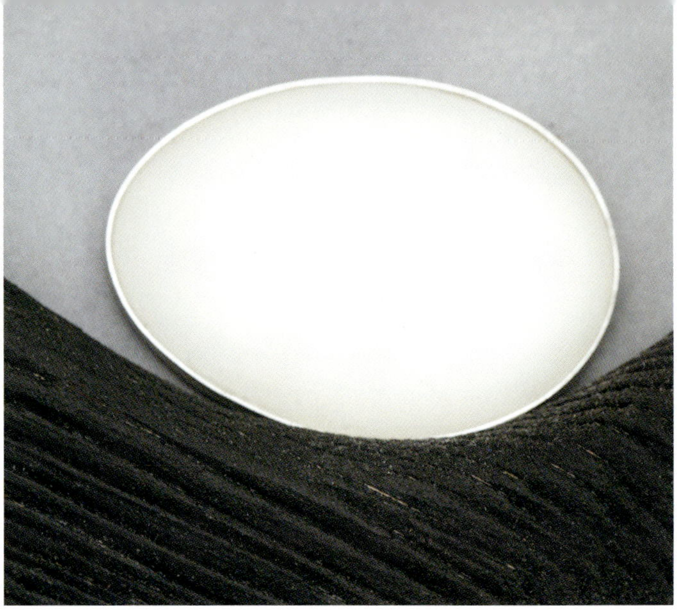

OBEN Ich habe eine Schichten-Halskette (S. 142) entwickelt, indem ich eine Bio-Resin-Beize mithilfe der Technik auf S. 114 aufgebracht habe.

Ziel dieses Buches ist es, die Verwendung von Holz in der zeitgenössischen Schmuckherstellung darzustellen. Es wurde sehr stark aus der Goldschmiedperspektive und nicht so sehr aus der eines Holzspezialisten geschrieben.

Für Einsteiger gibt es einige leichtere Projekte und für jene mit einschlägiger Goldschmiedeerfahrung werden Wege aufgezeigt, die Sie Ihrer Arbeit mit kleinen Ergänzungen zu Ihren üblichen Werkzeugen hinzufügen können. Große Themen, wie Drechseln, Arbeit mit Weidenruten, Vergolden und Verleimen, werden nur gestreift; all diese Techniken könnten in eigenen Werken erkundet und erweitert werden. Mit Vorstellungskraft und Entdeckergeist können Sie einfache Hölzer in eindrucksvolle Schmuckstücke verwandeln.

Neben den vier Vorstellungen von Schmuckdesignerinnen und ihren Ateliers auf den Seiten 56–59, 104–107, 128–131 und 138–141, die noch mehr Beispiele zeigen, was man erreichen kann, wenn man Holz verwendet, halte ich jeden dazu an, die Liste der Schmuckdesignerwebseiten auf Seite 170 näher zu begutachten, wo Sie eine noch breitere Palette wundervoller Arbeiten finden.

Ich selbst arbeite mit Holz, Bio-Resin und Edelmetallen, um plastischen, zeitgenössischen Schmuck herzustellen. Mit räumlichen Strukturen und sinnlichen Formen spielend, reichen sie von einer entspannten Alltagskollektion bis hin zu großen, transformativen Statement-Stücken. Mich interessieren die visuellen Eigenschaften verschiedener Materialien und die technischen Möglichkeiten, die sie erlauben.

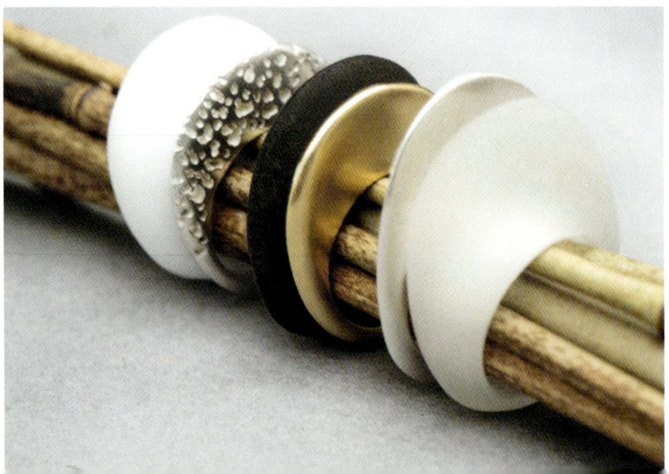

Meine frühen Silberarbeiten waren von der Arbeit des Bildhauers Constantin Brancusi, Japanischer Ästhetik und Afrikanischem Schmuck beeinflusst. Die Suche nach kontrastierenden Materialien, die ich in meine Arbeit einbinden und deren Form ich kontrollieren konnte, führte zu Experimenten mit Holz und Harzen und ich wurde eine Pionierin in der Verwendung von Bio-Resin für Schmuck. Dabei handelt es sich um ein Öko-Material aus hochentwickelter Chemie, das aus Sonnenblumenöl hergestellt wird. Es hat nicht den Gelbstich, den Epoxidharz aufweist, was für meine matten durchsichtigen Werkstücke wichtig ist. Ich habe die exotischen Harthölzer, die ich in meinen frühen Arbeiten verwendet habe, etwa Afrikanisches Schwarzholz, durch heimische Hölzer ersetzt, wie etwa ebonisierte Eiche und Mooreiche, weil sie regionalere Alternativen sind. Ich habe oft wertvolle mit weniger wertvollen Materialien kombiniert, wie etwa Holz und Perlen oder Silber mit Holz oder Bio-Resin.

Meine Einzelausstellung „Light Constructions" 2003 in Tokyo war der Beginn eines neuen Schaffens mit Silber und weißem und durchsichtigem Bio-Resin und sie behandelte Ideen von Raum und Transparenz, teilweise inspiriert von dem Künstler Robert Ryman. Die Ausstellung war eine Installation, die eine weiße Welt schuf, mit den Stücken, die beleuchtet wurden, um ihre Schatten zu betonen. Der Schmuck war auf Ringe und große Armreifen beschränkt, oft in Serien sich wiederholender Formen ausgestellt, um den Fokus auf ihre plastischen und jeweiligen Eigenschaften zu lenken.

Einige der Metallstrukturen wurden in Silber und Gold mit Hilfe von Laser-Schweißen weiterentwickelt. Die Entwicklungsarbeit für dieses Buch hat mein Interesse für die Kombination von Bio-Resin, Silber und Holz auf neuen Wegen wiedererweckt – sowohl bei Schmuck als auch bei einigen größer dimensionierten Objekten.

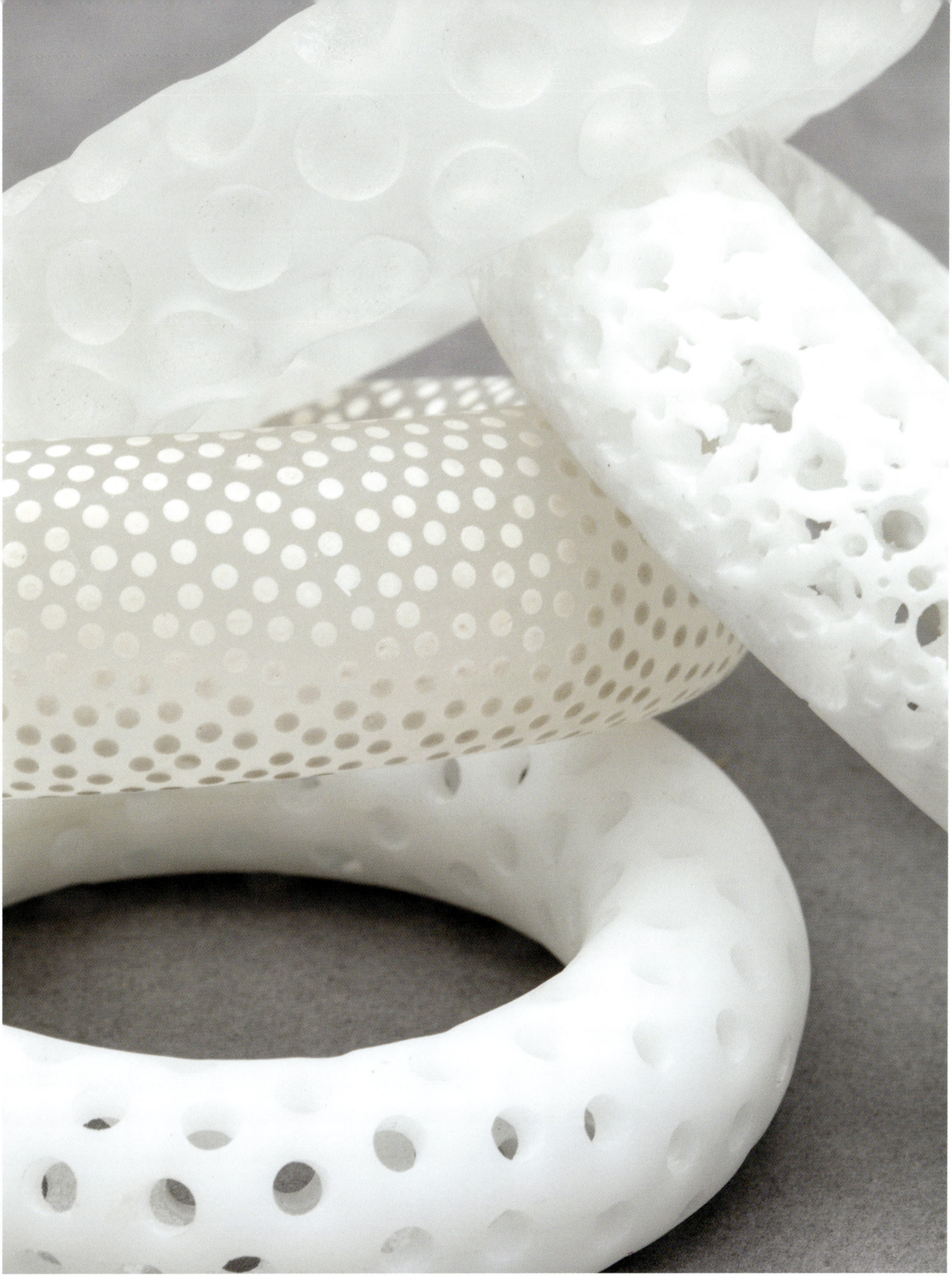

GEGENÜBER Eine Auswahl an Ringen aus Holz, Silber und Bio-Resin

OBEN Bio-Resin-Stücke aus meiner Ausstellung „Light Constructions" in Tokyo

Die Verwendung von Holz als Schmuck

Die neue Bewegung in der Schmuckherstellung der 1970er-Jahre hinterfragte traditionelle Werte – die Natur der Kostbarkeit und des Schmucks als Statussymbol. Damit gingen Experimente mit Techniken und eine häufigere Verwendung von unedlen Materialien wie etwa Holz, Acryl, Aluminium und Textilien, einher. Einflussreiche Persönlichkeiten des Lehrkörpers in Westdeutschland, Holland und dem Vereinten Königreich waren Teil dieser Bewegung und neue Galerien öffneten, um diese neue Herangehensweise auszustellen. Die amerikanischen Goldschmiede hatten oft eine individualistischere, erzählende Haltung, verglichen zu den europäischen Designern. Bruce Metcalf optimiert dieses Genre und arbeitet weiterhin mit einer großen Bandbreite an Materialien, darunter auch Holz.

Eine weitere Schlüsselfigur der amerikanischen Szene war Marjorie Schick, deren „Körperskulpturen" aus bemalten Holzelementen konstruiert wurden.

Es war in dieser Atmosphäre, in der die Norwegerin Liv Blåvarp, im Royal College of Art im London der 1980er-Jahre begann, mit laminiertem Holz zu experimentieren, bevor sie nach Norwegen zurückkehrte, wo sie ihr Schaffen auf kleinere, geschnitzte und aneinandergefügte Teile lenkte, um größere Flexibilität rund um den Körper zu haben. Sie fand ihre Inspiration bei der Art der Ureinwohner Amerikas, wie sie ihre Gefühle gegenüber der Natur ausdrückten. Einiges an ihrer Bildsprache erinnert an Vögel und die Anatomie von Tieren. In ihren späteren Werken findet sich eine Dynamik zwischen internen und externen Formen und all ihren Stücken sind Schmuckschließen gemein, die wesentlich für den Gesamteindruck des Schmuckstücks sind.

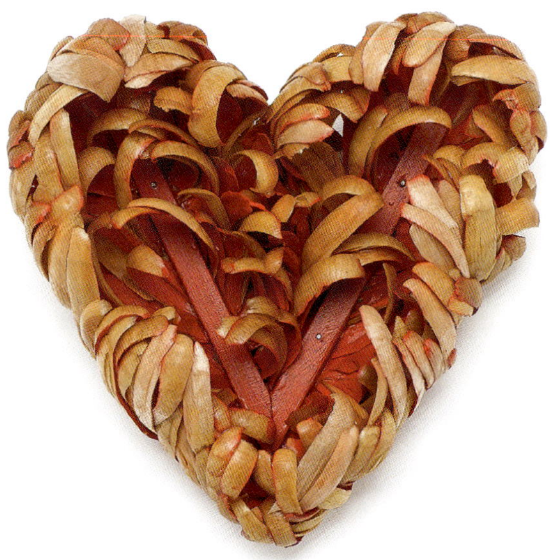

Die holländische Schmuckdesignerin Francis Willemstijn verfolgt einen poetischen Ansatz zu den Materialien, die historische Resonanz und persönliche Bedeutung aufweisen. Sie verwendete Mooreiche in ihrer Heritage-Kollektion in Reminiszenz an vergangene Zeiten, als Mooreiche im 19. Jahrhundert als Ersatz für Pechkohle (auch Jett oder Gagat genannt) verwendet wurde. In größerem Rahmen hebt die britische Drechslerin Eleanor Lakelin den Rhythmus von Wachstum, der erodierenden Kraft der Elemente und dem Lauf der Zeit in ihrer Arbeit hervor. Die deutsche Schmuckkünstlerin Jasmin Matzakow hat Bäume mit Menschen verglichen, da sie Gelenke, hautähnliche Rinde und die Fähigkeit zu wachsen haben. Holz ist bis heute ihr Hauptmaterial, mit dem sie den Schmuck, den Körper und ihren sozialen Kontext erkundet, und sie wird von Hölzern angezogen, die den europäischen Traditionen näherstehen, etwa Linde oder Fichte.

Andere Schmuckdesigner verändern die physischen Eigenschaften von Holz, wie zum Beispiel Dane Mette Jensens durch Dampf verbogene Werke und die zerfaserten Werke der japanischen Goldschmiedin Manami Aoki. In den vergangenen Jahren wurden digitale Technologien zur Herstellung der Stücke genutzt, allen voran vom britischen Designer Anthony Roussel, der bereits früh Gebrauch von Lasern für seine lasergeschnittenen Werkstücke machte. Die Überlegungen, aus denen heraus die Wahl auf Holz als Material für Schmuck fällt und die Herstellungsmethoden bleiben weiterhin sehr unterschiedlich.

LINKS Herzförmige Brosche von dem koreanischen Juwelier Dongchun Lee (© Charon Kransen)

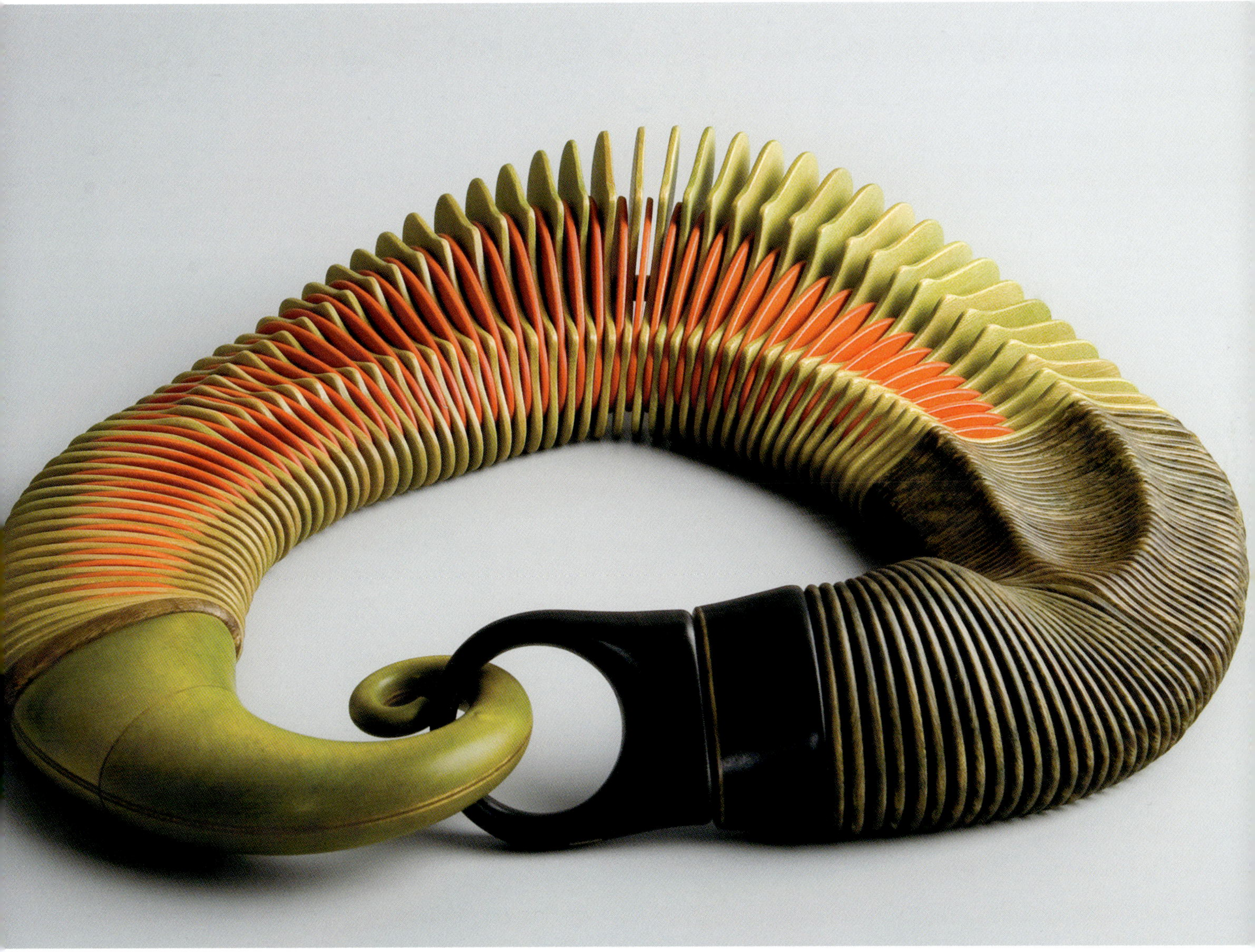

OBEN „Where the Daisies Grow“,
Halskette aus Holz von Liv Blåvarp
(© Charon Kransen)

Auswahl und Verwendung von Holz

Die Beschaffenheiten und Merkmale verschiedener Hölzer sind ein riesiges Thema und hier kann ich nur eine kurze Zusammenfassung liefern. Sie finden eine Menge Informationen online oder in Fachbüchern über Holz, wenn Sie sich tiefergehend damit beschäftigen möchten.

Beim Auswählen eines geeigneten Holzes für ein bestimmtes Projekt sollten die Maße, die Sie benötigen, und die Technik, mit der Sie planen zu arbeiten, Ihr Ausgangspunkt sein. Es ist ebenso wichtig, durchzudenken, was für eine Schlussbehandlung Sie in Erwägung ziehen – ob das Werkstück bemalt werden soll oder nicht. Die Auswahl kann ziemlich überwältigend sein, also recherchieren Sie die Oberflächenbehandlungen, die bei ähnlichen Techniken für Holzschmuck und anderen Anwendungen, etwa ähnlichen Tischlerarbeiten, verwendet wurden.

NACHHALTIGKEIT

Eine wohldurchdachte Beschaffung von Materialien eröffnet neue Möglichkeiten, die auch ein zeitgemäßeres Bewusstsein von Nachhaltigkeitsfragen verkörpert. Die perfekte Situation wäre es, wenn die Designer in der Lage wären, ihre Rohmaterialien von ihren eigenen Bäumen zu ernten. Das ist für die meisten Leute nicht möglich, aber es zahlt sich aus, darüber nachzudenken, wie Sie Ihre Werkstoffe aus Ihrer eigenen Umwelt beschaffen könnten, und dies als Startpunkt für Ihre Experimente aus Holz anzunehmen.

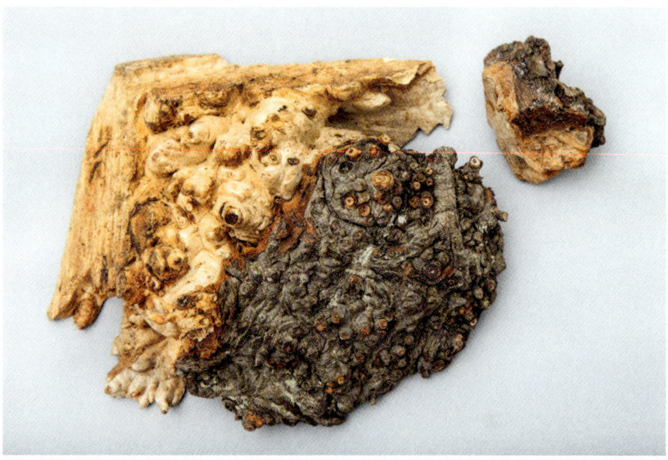

OBEN Dieses Stück einer Eichenwucherung wurde verwendet, um eine Brosche zu gestalten, die der Form des Holzes gerecht wird.

Holzsorten, im Speziellen tropische oder exotische Harthölzer, müssen vor der Entscheidung, ob Sie sie verwenden möchten, gründlich recherchiert werden (siehe „Nützliche Informationen“, S. 169). Holzhändler sind für gewöhnlich firm in ihrem Produktbestand, finden Sie also Bezugsquellen, denen Sie vertrauen, und besprechen Sie jegliche Bedenken, die Sie haben. Ein weiterer guter Ansatz ist es Reste von anderen Arbeitsvorgängen, die sonst entsorgt werden würden, zu finden. Das Holz alter, großer Holzgegenstände kann zugeschnitten, wiedergefundene Dinge aus Holz können umgearbeitet werden. Außerdem können Sie vielleicht auch Ihr eigenes Frisch- oder Treibholz sammeln

HOLZARTEN UND IHRE EIGENSCHAFTEN

Hart- und Weichhölzer

Weichhölzer (oder Nadelhölzer) stammen von Nadelbäumen und gedeihen eher in kühleren Klimazonen. Sie sind günstiger und poröser als Harthölzer und typischerweise weniger stark (was aber nicht immer stimmt, da auch Eibe zu den Weichhölzern zählt). Harthölzer (oder Laubhölzer) entstehen aus Laubbäumen und werden in zwei Kategorien unterteilt, nämlich in Holz aus gemäßigtem und tropischem Klima. Die Harthölzer aus gemäßigtem Klima kommen aus kälteren Gebieten, während Tropenhölzer aus Äquatorialregionen, wie Afrika, Asien und Südamerika, stammen. Harthölzer haben eine höhere Dichte als Weichhölzer und werden häufiger für Schmuck verwendet, da sie meistens härter sind.

Gefertigte Holzsorten

Sperrholz besteht aus verleimten Furnieren, die mit jeder Schicht um 90 Grad zueinander gedreht werden. MDF steht für mitteldichte Faserplatten (Medium Density Fibreboard). Sie werden aus Holzfasern hergestellt, die mit Harz gepresst werden. Da sie allerdings Formaldehyde enthalten, werden sie eher als ungeeignetes Material betrachtet.

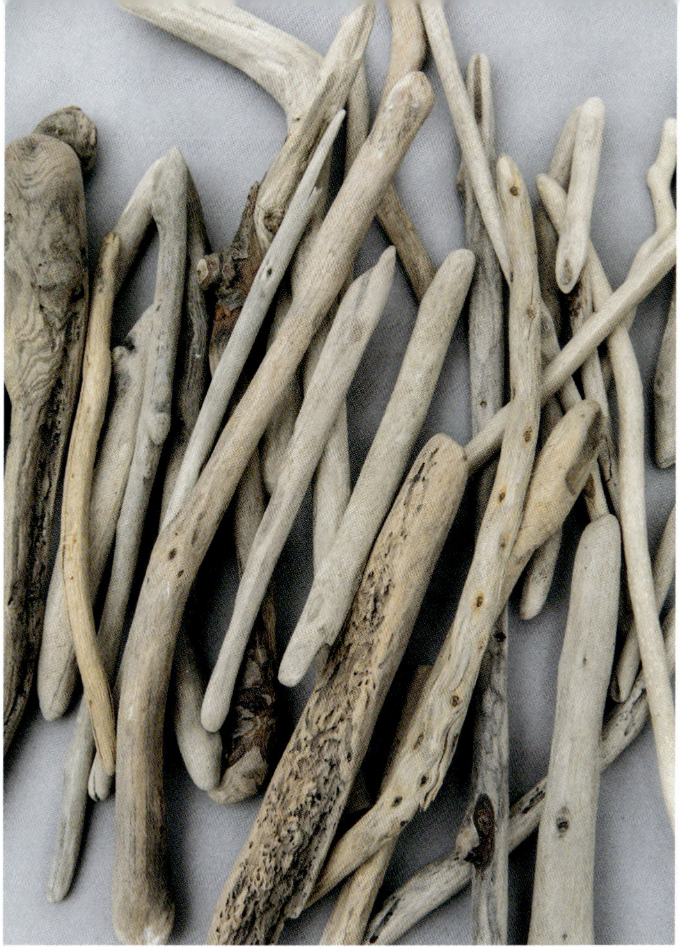

LINKS Gesammeltes Treibholz. Siehe S. 104 und 154 für Schmuckideen aus am Strand gefundenem Holz

Kernholz und Splintholz

Splintholz ist das lebende Holz unterhalb des Kambiums, das Wasser aus dem Boden nach oben zieht. Wird es inaktiv, wird es zum Kernholz in der Mitte und das ist das Holz, das für gewöhnlich für Holzarbeiten genutzt wird, da es weniger Wasser enthält und sich somit beim Trocknen weniger verzieht.

Holzmaserung

Die Maserung eines Holzes entsteht durch die unterschiedlichen Dichten des Wachstums durch das Jahr hindurch. Ein Stück Holz ist widerstandsfähiger, wenn Sie in Richtung der Maserung anstatt quer dazu arbeiten. Das Schleifen sollte mit der Maserung geschehen und wenn Sie mit Ihrem Finger über die Holzoberfläche streichen, fühlt es sich mit der Maserung glatter an als quer dazu. Das Muster in der Maserung einiger Hölzer wird auch Zeichnung genannt und wird manchmal wegen seines Erscheinungsbildes ausgewählt..

Härtegrad und Biegefestigkeit

Der Härtegrad von Holz wird in lbf gemessen, was für „pound force", also übersetzt „Kraftpfund", steht. Im Großen und Ganzen muss Schmuck keinen hohen Belastungen widerstehen, aber die Stärke des Holzes, die Sie benötigen, hängt von der Technik ab, die Sie anwenden möchten, und von den Maßen des fertigen Werkstücks. Die Widerstandskraft eines Holzes gegen das Brechen wird als Biegefestigkeit bezeichnet.

RECHTS Eichenperlen, zugeschnitten für die Halskette „Gebrochene Linie" auf S. 109

METHODEN, HOLZ ZU TROCKNEN

Der Feuchtigkeitsgehalt von Holz muss verändert werden, bevor es gebrauchsfertig ist. Dieser Prozess wird als Holztrocknung bezeichnet und muss auf kontrollierte Weise erfolgen, um zu verhindern, dass das Holz reißt. Holz wird entweder luftgetrocknet, was die traditionellere Herangehensweise ist, oder ofengetrocknet. Holz, das nicht getrocknet wurde, wird als Grünholz bezeichnet und braucht etwa ein Jahr Trocknungszeit pro 25 mm Dicke. Wenn Sie Ihr eigenes Grünholz sammeln, müssen Sie Äste mit größerem Durchmesser auswählen, da diese mehr Kernholz enthalten. Siehe Terhi Tolvenans Profil auf Seite 104–107 für weitere Informationen über die Verarbeitung von Grünholz.

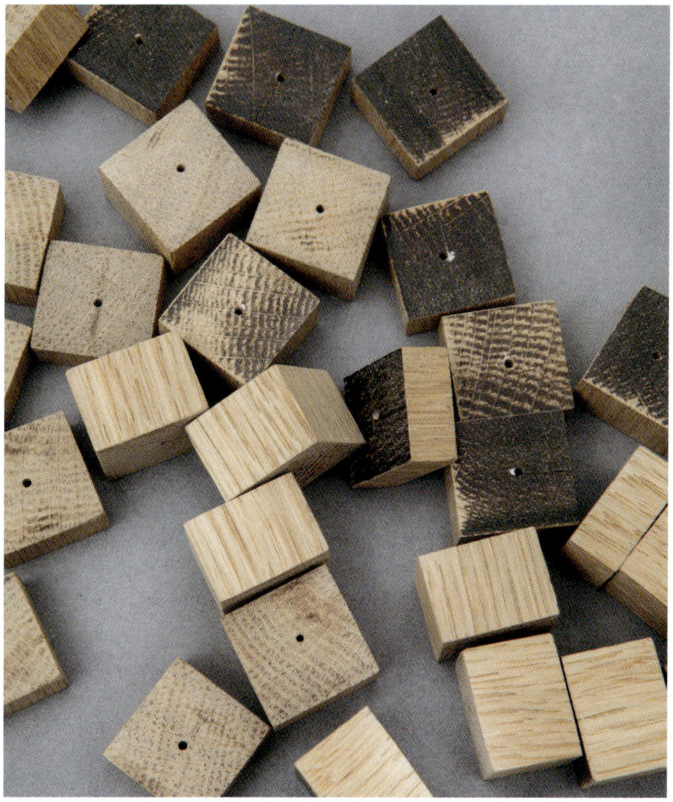

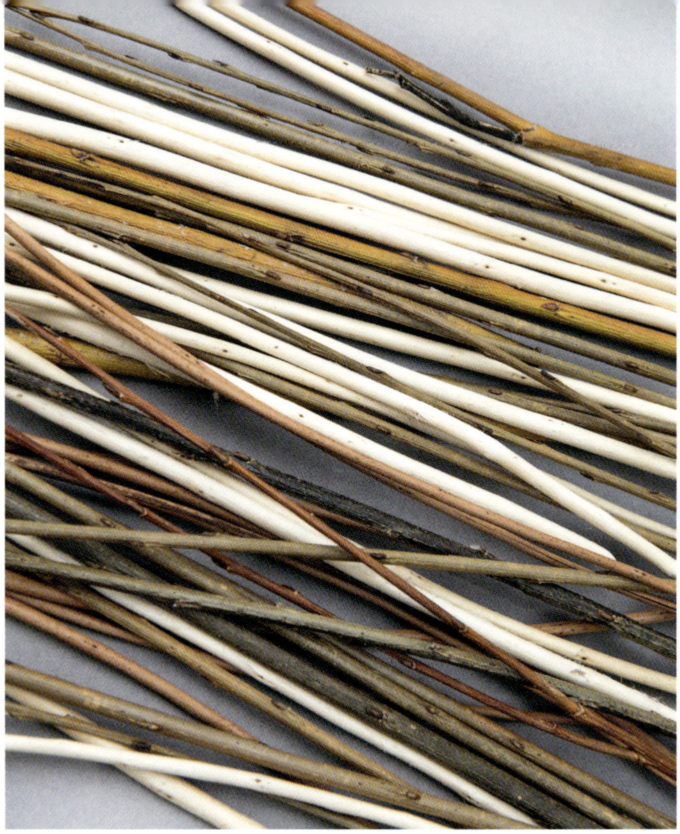

OBEN Ich habe lokal geerntete Weidenruten wie diese verdreht, um Ketten, Ohrringe und Armreifen zu gestalten – siehe S. 42–49 für die Anleitung.

ZUR TECHNIK PASSENDES HOLZ

Holz ist ein gutes Material, um gewagte Arbeiten zu gestalten, da es recht leicht ist, sodass auch große Schmuckstücke bequem getragen werden können. Außerdem ist Holz sehr vielseitig in der Zahl der Techniken, die verwendet werden können, um es zu formen, und sein Aussehen lässt sich durch verschiedene Schlussbehandlungen bestimmen.

Schnitzen: Linde ist für den Anfang eine übliche Holzwahl zum Schnitzen, da es sich leicht verarbeiten lässt. Da sie keine sichtbare Maserung hat, wird es oft gebeizt oder bemalt. Weitere Harthölzer, die es auszuprobieren gilt, sind Bergahorn, Buchsbaum, Kirsche, Eiche, Walnuss, Ahorn, Apfel, Birne und Pflaume.

Drechseln: Sowohl trockene als auch frische Hölzer sind geeignet zum Drechseln und online gibt es einen Reichtum an Informationen und Ratschlägen von Lieferanten und Drechselliebhabern.

Objets trouvés: Die meisten Objets trouvés werden aus Hartholz gefertigt, wie etwa die Buchenlöffel, die in diesem Buch auf S. 74 verwendet wurden, und sind für Experimente bestens geeignet.

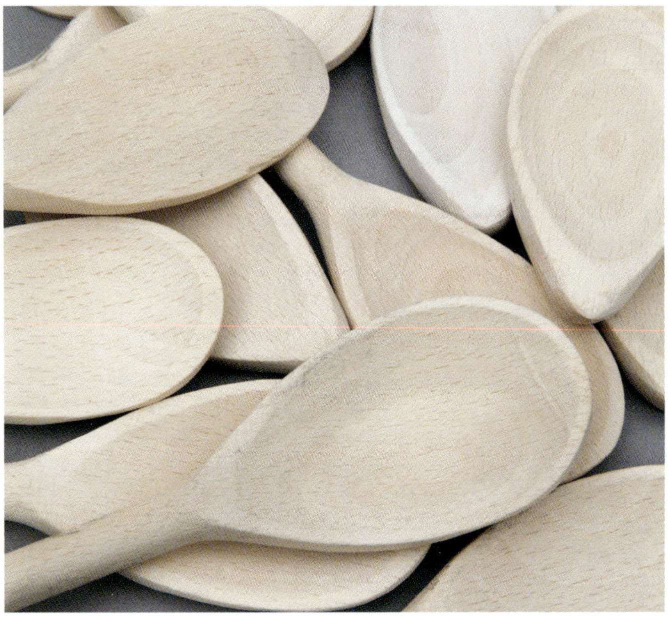

OBEN Denken Sie um die Ecke bei der Holzbeschaffung. Buchenholzlöffel, wie ich sie für die Kette auf S. 74 verwendet habe, sind leicht in Haushaltswarenläden zu finden.

Inlay: Silber und Perlen eignen sich gut im Kontrast zu dunkleren Hölzern, wie exotischen Harthölzern. Probieren Sie es mit Mooreiche oder einem mitteldunklen Hartholz, wenn Sie keine Quelle für passende Abschnitte haben.

Laserschneiden: Nur bestimmte Hölzer und Verbundholzsorten sind zum Laserschneiden geeignet. Laserschneiderverkäufer liefern oft ihr eigenes, also unterhalten Sie sich mit ihnen über die Größe Ihres Holzes, Ihr Schneidbrett und Ihre CAD-Zeichnung, damit diese zusammenpassen.

Furniere: Furniere, also dünne Holzscheiben, sind in einer großen Bandbreite an Holzarten erhältlich, und da sie oft als Oberflächenbeschichtung für ein weniger teures, darunterliegendes Material verwendet werden, sind sie eine sehr kostengünstige Alternative zu teurerem Holz. Furniere werden manchmal mit einer klebrigen Rückseite verkauft, das Projekt von S. 68–69 nutzt ein „reines" Furnier.

BESCHAFFUNG

Wenn Sie nicht über eine Bandsäge verfügen, müssen Sie Holz in einer Stärke kaufen, die für Sie mit einem Handwerkzeug, das Sie zur Hand haben, zu bewältigen ist. Holzbezugsquellen schneiden auch oft ein größeres Stück Holz gegen ein kleines Entgelt zu. Dies ist ratsam, da einige Hölzer eine sehr hohe Dichte aufweisen und schwer zu schneiden sind. Das ist meist kostengünstiger, als viele kleine Stücke zu kaufen, und Sie haben weniger Abfall, wenn Ihr Holz die richtige Stärke für das hat, wofür Sie es brauchen.

Suchen Sie nach speziellen Webseiten für Holz, das für bestimmte Werkstückarten verkauft wird, etwa zum Instrumentenbau und zum Drechseln. Gitarrenbauer verwenden zum Beispiel ansprechende dünne Holzsorten für den Korpus, doch es gibt Reste vom Zuschneiden und diesen Verschnitt kann man kaufen. Linde wird zum Schnitzen von Löffeln verwendet und ist daher leicht in passend großen Stücken zu kaufen. Modellbaugeschäfte und Holzhändler verkaufen ebenfalls brauchbares Holz. Obstbäume müssen ausgeästet werden und können eine gute Grünholzquelle sein, wenn Sie Zugang zu einem Baum in einem Garten oder Obstgarten haben.

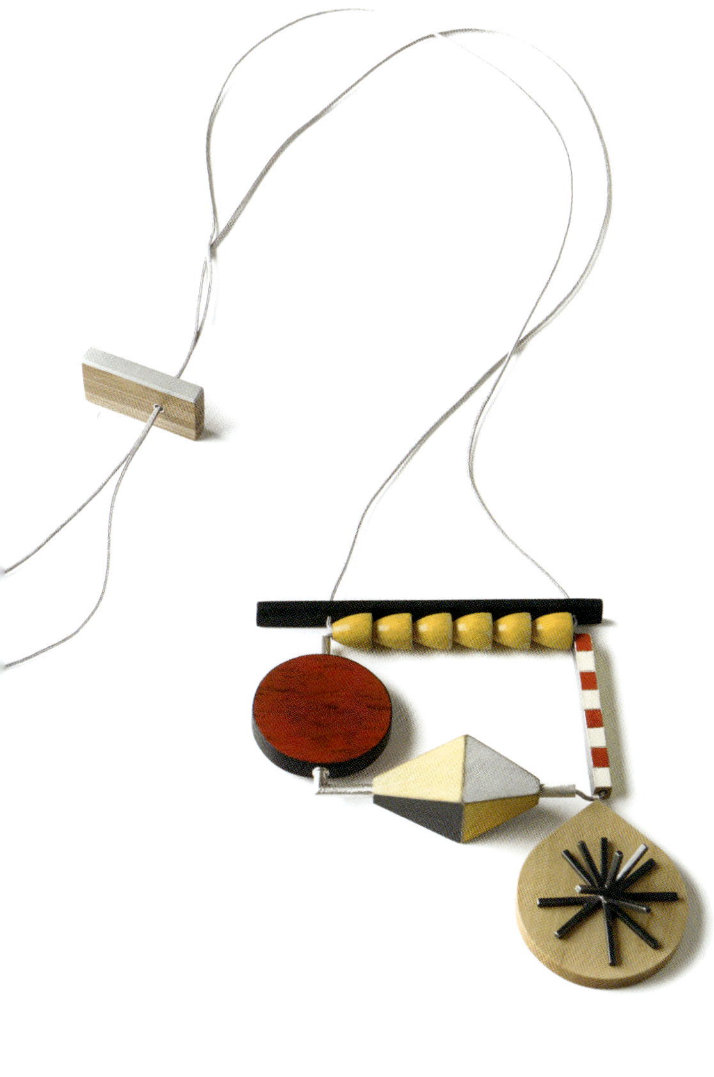

HOLZ MIT ANDEREN MEDIEN MISCHEN

Goldschmiede, die mit Holz arbeiten, verwenden es nicht immer als Hauptmedium, sondern als Teil eines Kombinationsverfahrens. Oft verwenden sie alle Materialien, die sie als hilfreich für eine bestimmte Idee oder Empfindung betrachten und die für ihr Design stimmig sind. Manche der praktischen Herausforderungen beim Gestalten von Werkstücken aus Materialien, ohne sie zu erhitzen, geschieht mit nicht-edlen Stoffen, da Sie Metalle stattdessen löten würden, um Verbindungen herzustellen.

Einige Plastikarten, wie Acrylblätter, können auf ähnliche Weise wie Holz gesägt, gebohrt und gefeilt werden. Zum Beispiel nutzt Emili Kidson die Laminiertechnik, um Resopal an Holz zu befestigen, und fügt die Ergebnisse dann an das darunterliegende Holz. Man muss aufpassen, die Oberfläche von Kunststoffen nicht zu beschädigen, doch einige können mit einer elektrischen Poliermaschine poliert werden, indem einfach der Aufsatz und die Poliermittelsorte geändert werden. Konstruktionsmethoden, wie Vernieten, verklebte Zapfen, Kessel- und Krappenfassung und das Auffädeln, wären auch geeignet für eine große Vielfalt an Materialien. Es gibt viele zeitgenössische Schmuckdesigner, die sich an den Materialmix heranwagen, wie etwa Lucy Sarneel und Lisa Walker.

DIE REGELN BRECHEN

Die Anwendung von Techniken aus anderen Disziplinen oder tatsächlich ganz anderen Einflüssen aus der Welt rund um uns herum kann Goldschmiede zum Experimentieren anregen.
Experimente und Gelegenheiten sind der Schlüssel zu innovativen Ergebnissen. Wenn Sie Ihre Inspiration nur von anderen Schmuckdesignern ziehen, kann es schwierig sein, davon abgeleitete Arbeiten zu vermeiden, und mühsamer werden, Ihren eigenen Weg oder Ihren eigenen Stil zu finden.
Manchmal kann das tiefe Wissen eines bestimmten Fachbereichs und das Wissen darüber, wie etwas „richtig“ gemacht wird, eine frische Herangehensweise verhindern. So rühren Beppe Kesslers genähte Balsaholzstücke von ihrem textilen Hintergrund und dem Erkennen von Möglichkeiten in einem anderen Material. Es ist auch aufregend zu sehen, wie ein Material auf unerwartete und bisher nie gesehene Weise verwendet wird. Manami Aoki weicht ihr Holz ein, schlägt dann mit dem Hammer auf die Maserung an den Enden, bis die Fasern sich trennen und formt sie dann zu Büscheln, die an Haar erinnern.

LINKS Kette aus einem Medienmix von Katy Hackney (Holz, Metall und Leder) (© Kevin Dutton)

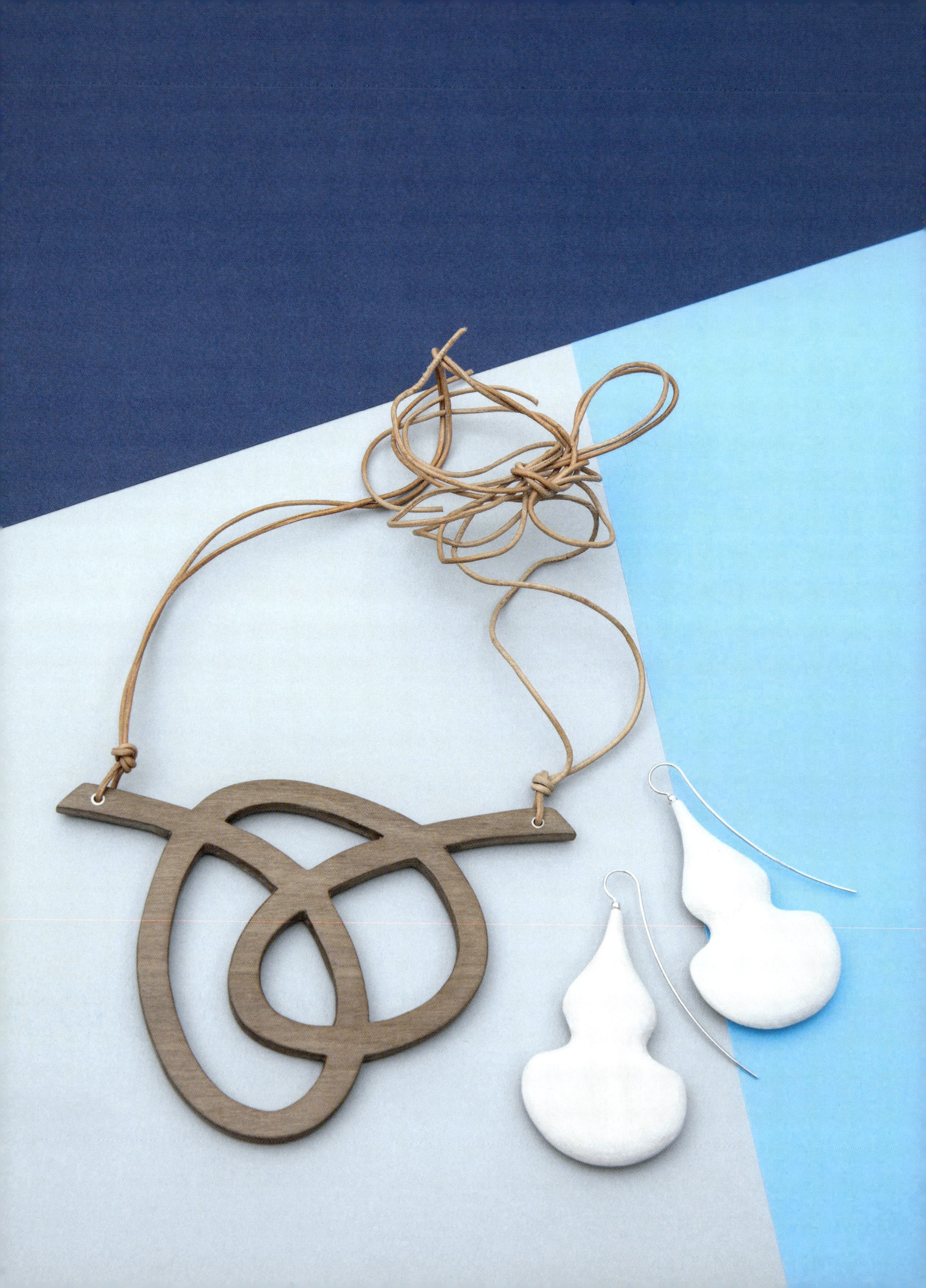

KAPITEL 2

Grund-techniken

Erste Schritte

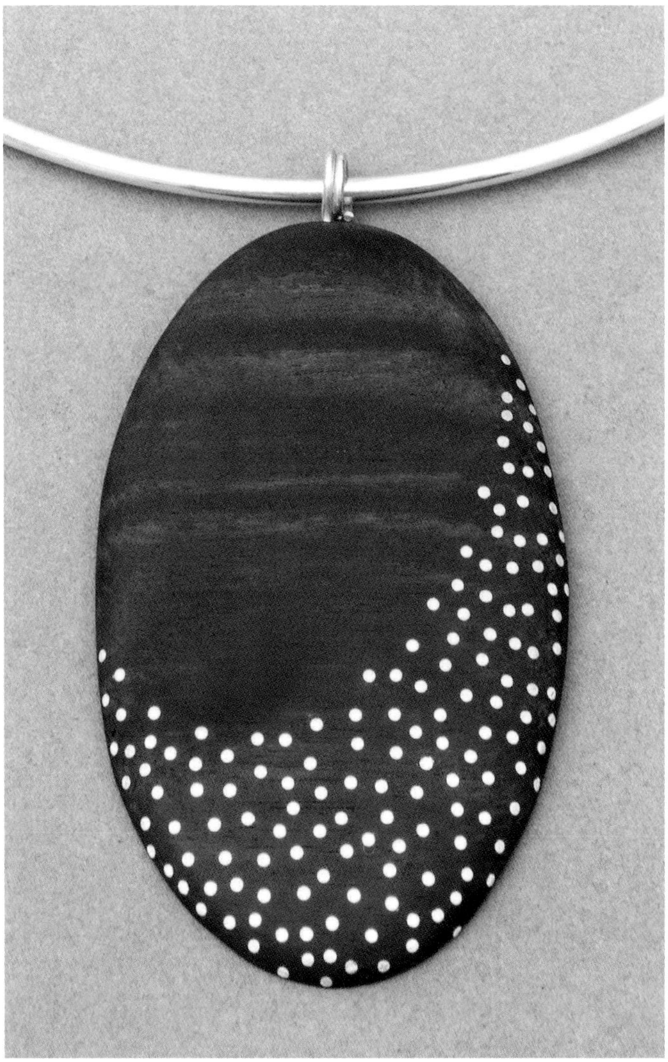

Diese beiden Einsteigerprojekte wurden als Startpunkt für unerfahrene Goldschmiede entworfen und sind gleichzeitig eine Einführung in Holzarbeiten für jene, die zuvor mit Metall gearbeitet haben. Die Techniken mögen einfach sein, doch das kann das Entwurfsstadium schwieriger machen, denn das Kreieren von etwas Faszinierendem aus begrenzten Mitteln kann schwieriger sein, als es anfangs erscheint. Der gepunktete Anhänger, der auf S. 120 im später folgenden Kapitel über Oberflächenbehandlungen gezeigt wird, nutzt sinnvoll das flache Formen und könnte ein weiteres Projekt sein, das man in diesem Anfangsstadium gestalten kann.

Die Schritt-für-Schritt-Anleitungen für diese Projekte werden vom ersten Arbeitsschritt an genau gezeigt, weshalb es wichtig ist, dass Sie die Anleitungen zum Aufbau einer Werkbank beachten, die Sie bereits davor ausführen müssen (siehe S. 159). Wenn Sie eine Juweliersäge und Feilen verwenden, müssen Sie Ihre Arbeit mit einem Feilnagel mit Auflagefläche und einer Zwinge in V-Form befestigen. Wenn Sie keine individuelle Werkbank mit eingebautem Feilnagelhalter besitzen, können Sie mit einer mit einem Schraubstock an einen Tisch geklemmten Halterung improvisieren. Es ist wichtig, Ihren Aufbau hier zu bedenken, da Sie Ihr Schmuckstück, an dem Sie arbeiten, befestigen und gleichzeitig verhindern müssen, dass Ihre Finger vor die Juweliersäge oder den Feinbohrschleifer geraten.

Sie müssen auch grundsätzlich für Arbeitssicherheit sorgen. Halten Sie offenes Haar, Halsketten oder Schals in sicherer Entfernung. Tragen Sie keine offenen Schuhe, um sich zu schützen, falls Ihnen heiße Gegenstäde oder Säure herunterfallen. Schützen Sie sich vor Staub, beispielweise wenn Sie eine Bandschleifmaschine verwenden und wenn Sie mit exotischen Harthölzern arbeiten. Tragen Sie eine Schutzbrille, wann immer Sie an Maschinen arbeiten.

OBEN Wenn Sie die Techniken, die Sie für die Projekte in diesem Kapitel benötigen, gemeistert haben, versuchen Sie sich an diesem gepunkteten Anhänger (siehe S. 120).

GEGENÜBER Siehe S. 171 für das Verzeichnis nach Schwierigkeitsgrad für spätere Projekte wie die Löffelkette, gedrechselte und vergoldete Armreifen sowie den hier gezeigten Ring aus Ebenholz und Perlen

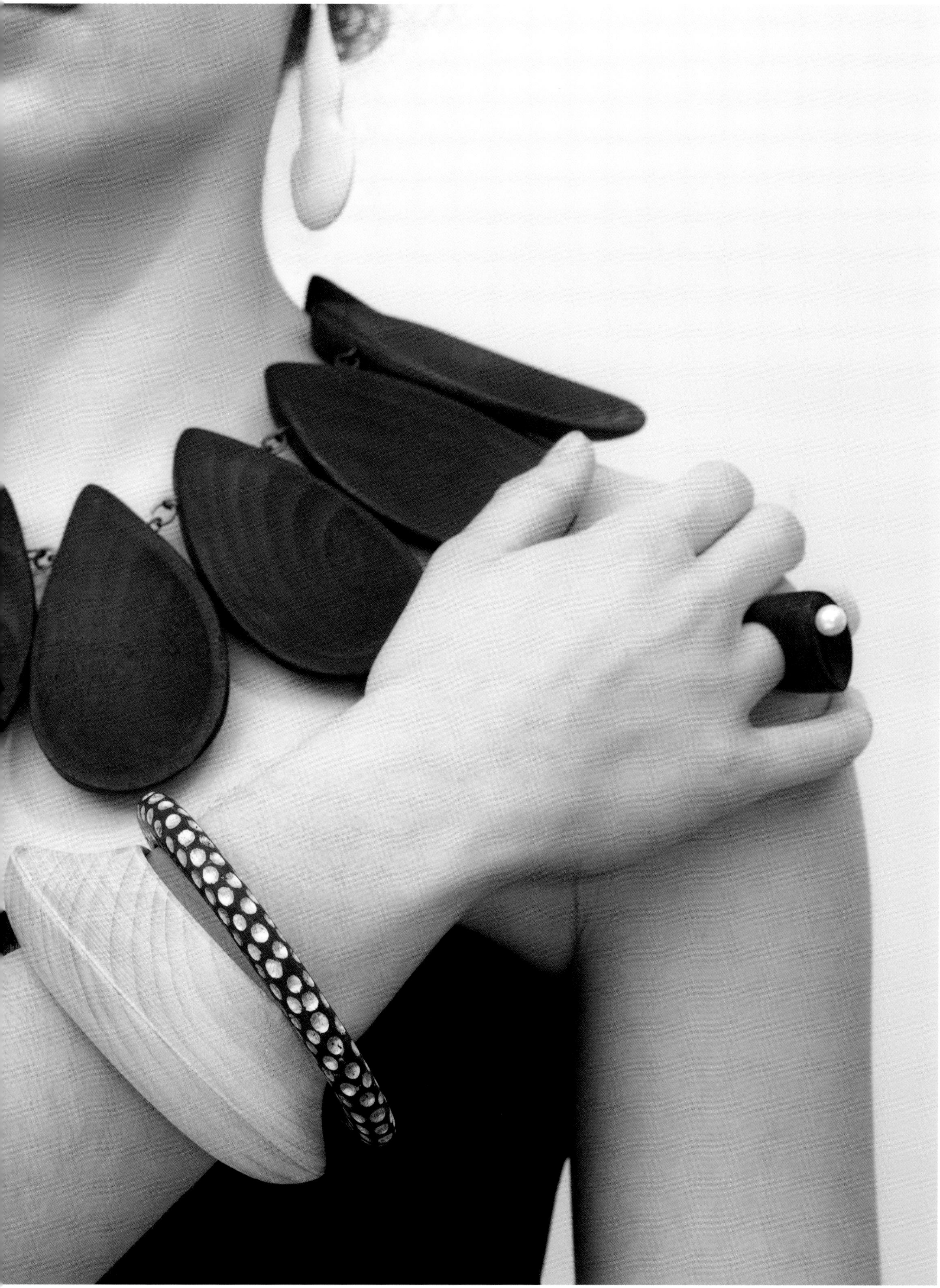

Ornament-Anhänger aus Walnuss

Dieses erste Projekt hilft Ihnen, Grundtechniken zu üben, wie etwa das Anzeichnen, Bohren und Arbeiten mit einer Juweliersäge. Eine spontane Zeichentechnik mit vielen Ausschnitten verleiht dem Design Leichtigkeit und Lebendigkeit. Halten Sie es einfach und gewagt.

WERKZEUG UND MATERIALIEN

- Stift und Karton
- Stechzirkel
- Skalpell und Schneidmatte
- Walnussholzplatte (5 mm) aus einem Modellbaugeschäft; auf 14 x 10 cm zugeschnitten
- Gewöhnliche Juweliersäge
- Feine Sägeblätter für Holz
- Handbohrmaschine oder kleine Standbohrmaschine (1,5 mm)
- Staubschutzmaske und Schutzbrille
- Halbrunde, raue Feile (16 cm)
- Halbrunde, feine Feile (16 cm)
- Silberröhrchen mit einem Außendurchmesser von 3 mm
- Sekundenkleber und ein kleines Drahtstück (zum Auftragen des Klebers)
- Bohraufsatz oder Kugelfräser (3 mm)
- Feine Metallsägeblätter
- Nass- und Trockenschleifpapier (Körnung 240)
- Wachspolitur und Küchenrolle
- Kugelfräser (4 mm)
- Schere
- 2 m Lederband (1 mm dick)

GEGENÜBER Für diese Statement-Halskette wird eine Zeichnung in eine dramatische Holzform übersetzt, die von einem Lederband gehalten wird.

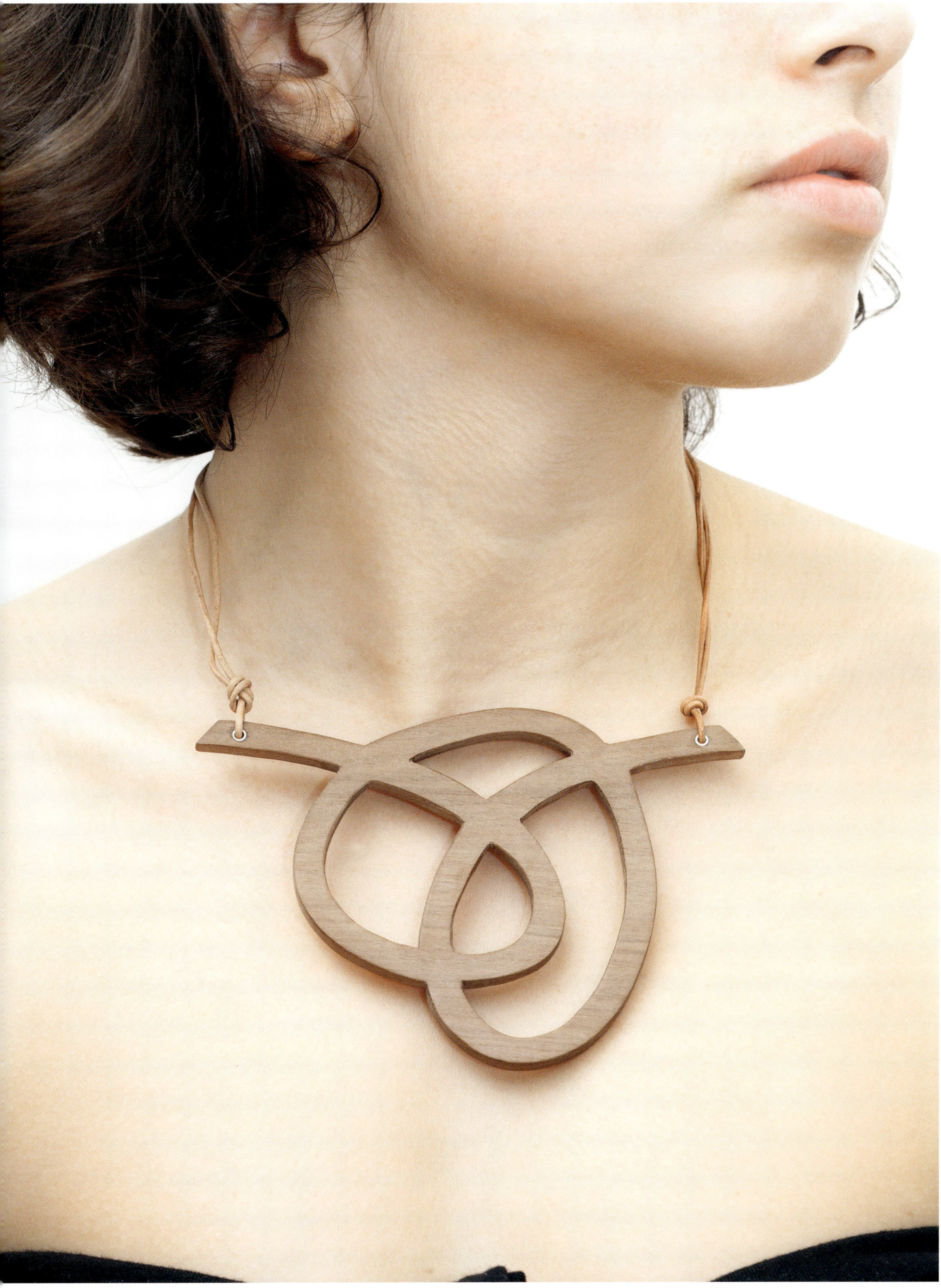

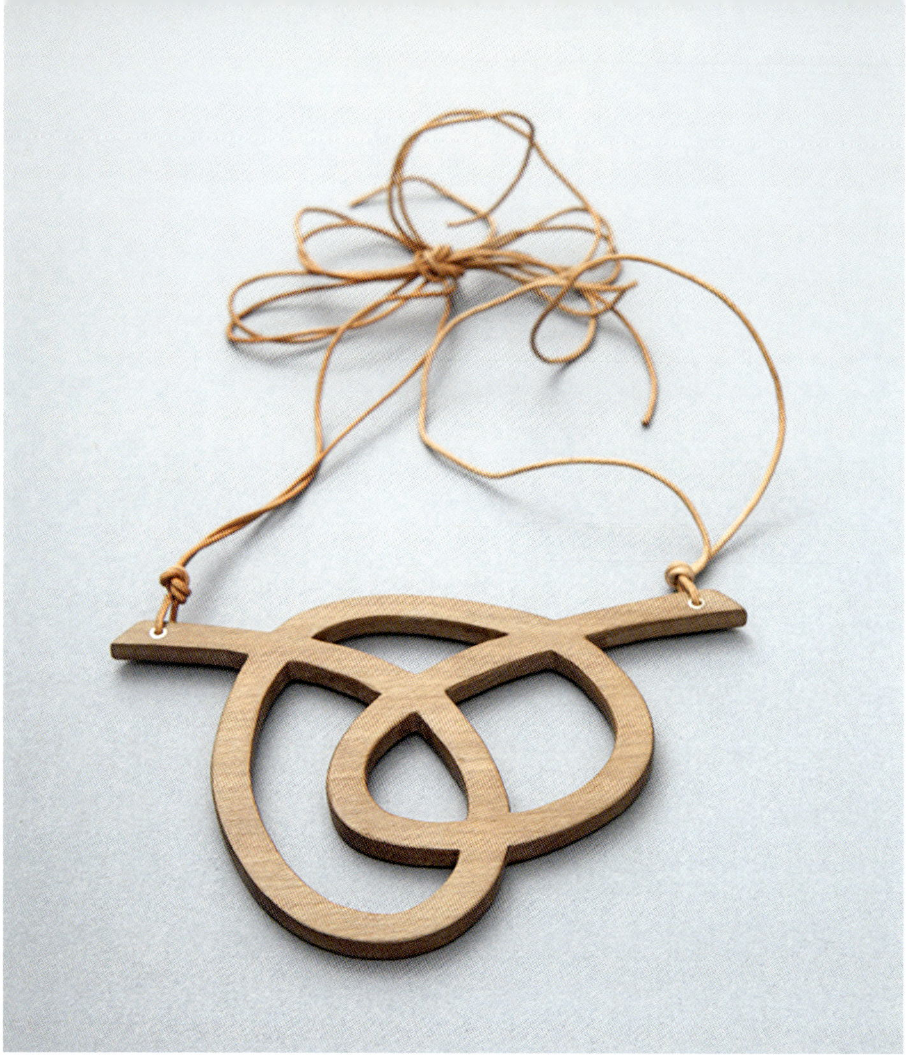

1 Zeichnen Sie mit einem Bleistift so lange einige offene Schnörkel auf ein Stück Karton, bis einer darunter ist, der für Sie zum Anhänger geeignet ist. Achten Sie darauf, dass die Formen, die aus dem Holz ausgeschnitten und weggeworfen werden, nicht zu klein sind, da Sie Platz zum Feilen der Schnittkanten benötigen und kleinere Zwischenräume schwieriger zu feilen sind.

2 Stellen Sie die Schäfte des Stechzirkels 7 mm auseinander ein und zeichnen Sie eine parallele Linie zu Ihren Schnörkeln auf dem Karton. Verwenden Sie die Zirkelspitze, um Punkte zu markieren und verbinden Sie diese dann mit dem Bleistift, um die Linie zu zeichnen.

3 Arbeiten Sie auf einer Schneidmatte, um Ihre Arbeitsoberfläche zu schützen. Verwenden Sie das Skalpell, um Ihre Kartonvorlage auszuschneiden.

4 Zeichnen Sie Ihre Vorlage mit Bleistift rundherum auf das Holz.

5 Statten Sie die Juweliersäge mit einem feinen Holzsägeblatt aus; sägen Sie dann um die Außenlinie Ihres Anhängers. Vielleicht finden Sie es leichter, in Abschnitten zu arbeiten. In Intervallen abwärts zur Kante zu schneiden, macht es leichter, als rundherum in einem Zug zu arbeiten.

6 Verwenden Sie die Handbohrmaschine, tragen Sie Staubschutzmaske und Schutzbrille und bohren Sie etwa 1,5 mm dicke Löcher in Abständen in die „negativen" Bereiche, also den Bereich, der leer bleiben soll, und stechen Sie Ihre Juweliersäge durch eines der Löcher. Vergewissern Sie sich, dass Ihr Sägeblatt gespannt ist und schneiden Sie die negativen Bereiche aus.

7 Benutzen Sie erst eine raue Feile und dann eine feine, um die Kanten zu glätten.

8 Glätten Sie die scharfen Ecken mit einer feinen Feile in Wischbewegungen, um die Kanten zu brechen und die Arbeit vollendeter aussehen zu lassen.

9 Markieren Sie die Stelle, an der Sie ein Loch von 3 mm für das Silberröhrchen bohren möchten, das das Lederband hält. (In diesem Design werden zwei Löcher gebohrt, eines an jeder Seite der breiten Seite des Schnörkels). Achten Sie darauf, dass sich kein Loch zu nah am Rand befindet, da das Holz sonst zu fragil ist. Es ist leichter, ein gerades Loch mit einer kleinen Standbohrmaschine zu machen, doch es ist ebenso mit einer Handbohrmaschine möglich

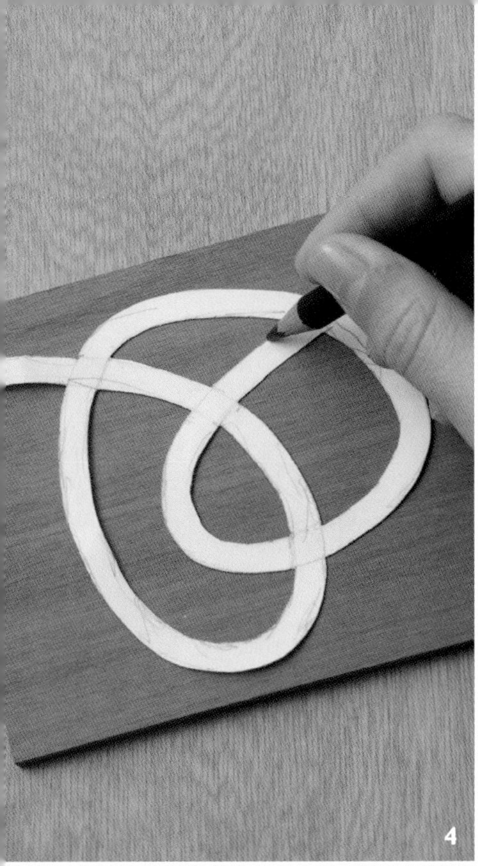
4

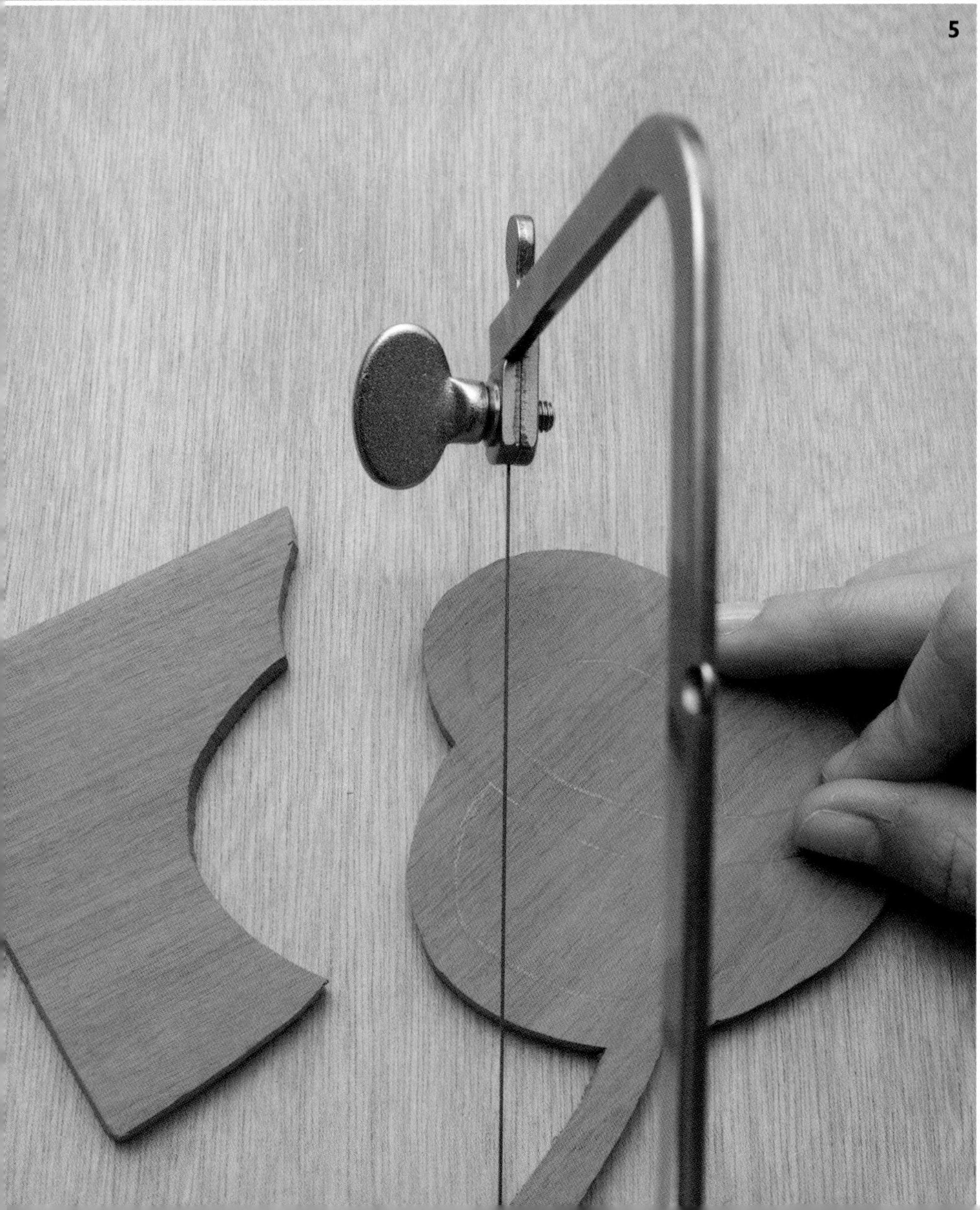
5

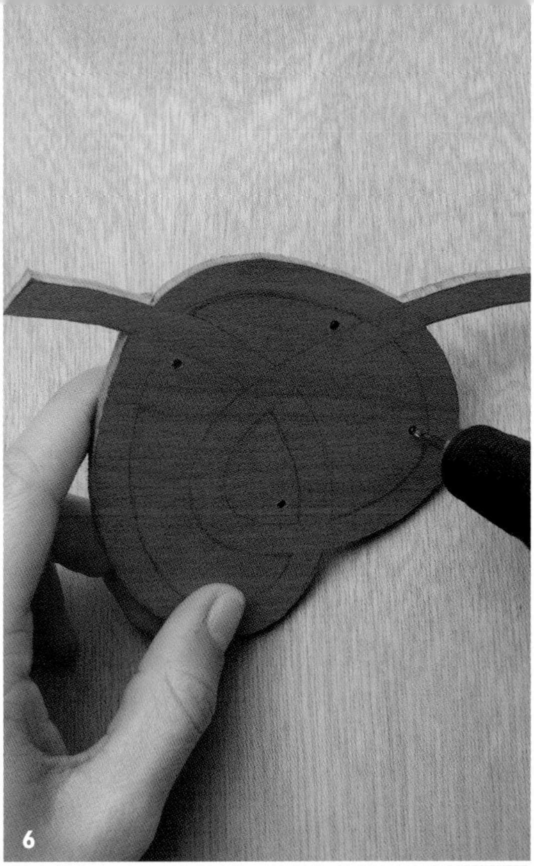
6

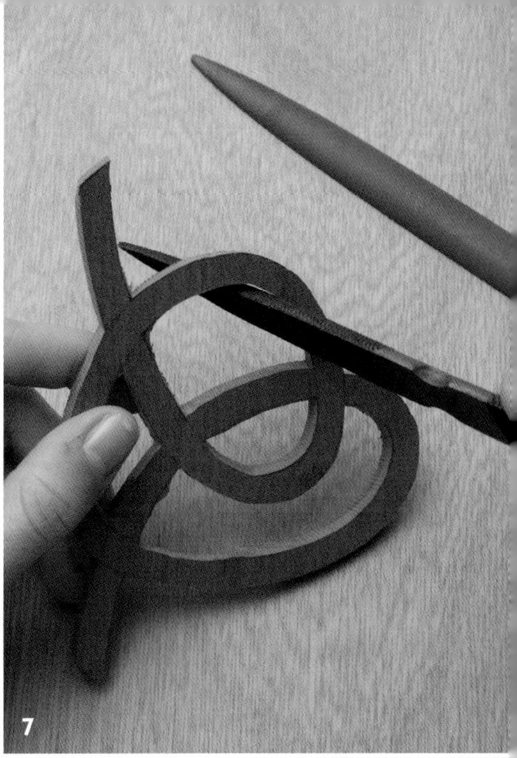
7

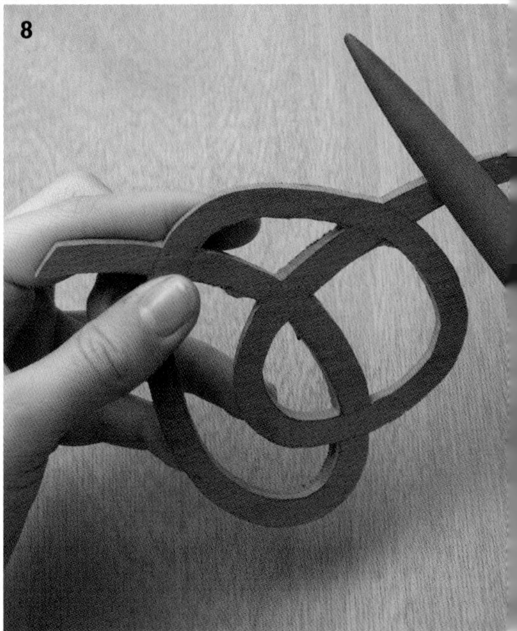
8

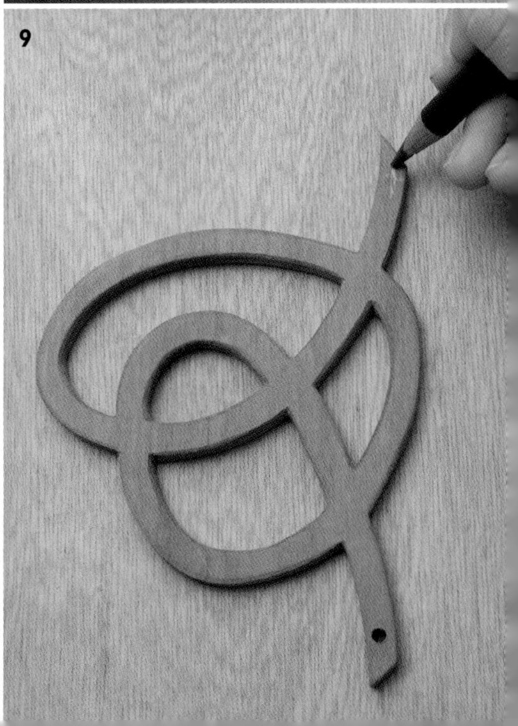
9

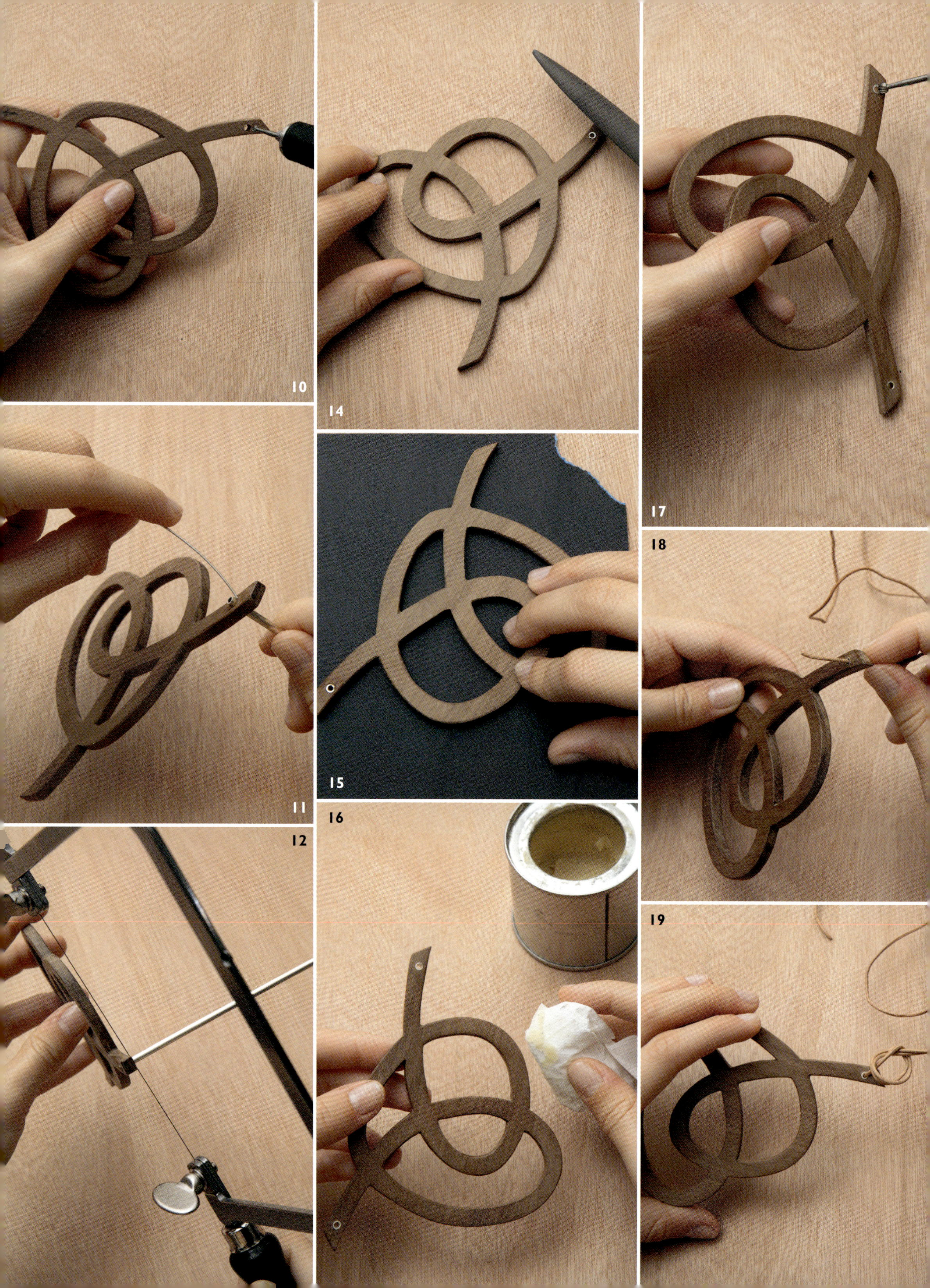
10
14
17
11
15
18
12
16
19

10 Halten Sie Ihren Bohrer wie einen Bleistift, machen Sie ein 1,5 mm kleines Loch, wo Sie die Markierung angebracht haben, und verwenden Sie dann ein 3,5 mm großes Fräsmesser, um es zu vergrößern.

11 Schieben Sie das Röhrchen durch das Loch bis zur anderen Seite. Geben Sie eine kleine Menge Sekundenkleber auf das Ende eines Drahts, streichen Sie es auf das Röhrchen und ziehen Sie dieses zurück in das Loch, sodass es auf einer Seite plan liegt. Mit dieser Methode verklebt das Röhrchen weniger wahrscheinlich, als wenn Sie den Kleber zuerst auftragen. Lassen Sie den Kleber trocknen.

12 Mit einer Juweliersäge, die mit einem feinen Metallsägeblatt ausgestattet ist, sägen Sie das überschüssige Röhrchen an der anderen Seite ab, sodass beide Seiten bündig mit dem Holz sind.

13 Wiederholen Sie die Schritte 9–11 beim zweiten Loch.

14 Feilen Sie die zugeschnittenen Röhrchen mit der feinen Feile auf das Niveau der Holzoberfläche glatt.

15 Legen Sie das Schleifpapier flach auf Ihre Werkbank und schleifen Sie das Metall bis auf die Höhe der Oberfläche fertig.

16 Tragen Sie mit einem Stück Küchenrolle das Wachs auf das Holz auf. Reiben Sie weiter, um so überschüssiges Wachs wegzuwischen.

17 Runden Sie die Innenkanten der Röhrchen mit einem Kugelfräser leicht ab, um ein hübsches Highlight zu erhalten.

18 Fädeln Sie das Lederband durch die Löcher in den Anhänger.

19 Verknoten Sie das Band über den Röhrchen. Schneiden Sie das verbleibende Band auf die benötigte Länge zu. Schließen Sie die Kette mit einem einfachen Knoten. Alternativ versehen Sie das Band mit Endkappen und einem Schmuckverschluss Ihrer Wahl.

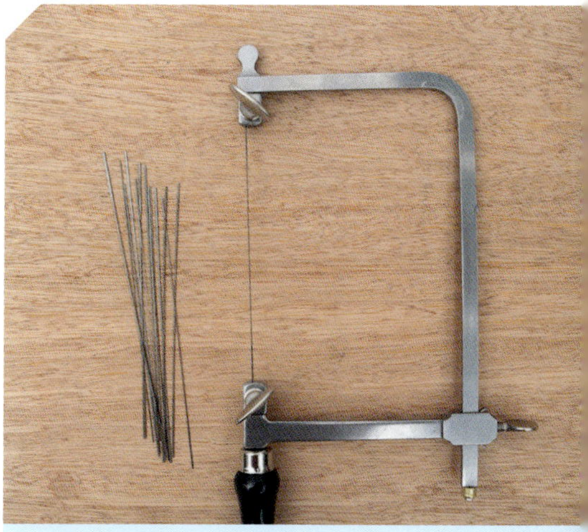

Tipps für die Benutzung einer Juweliersäge

- *Spannen Sie das Sägeblatt an einem Ende und biegen Sie den Rahmen leicht zusammen, indem Sie Ihren Körper auf den Rahmen über Ihrer Bank beugen. Während der Rahmen zusammengedrückt ist, befestigen Sie das andere Ende und lösen dann Ihren Druck auf den Rahmen.*

- *Vergewissern Sie sich immer, dass das Sägeblatt gespannt ist: Es muss ein klingelndes Geräusch machen, wenn man daran zupft.*

- *Drücken Sie die Säge niemals an; lassen Sie das Sägeblatt locker und konzentrieren Sie sich auf den vertikalen Schnitt.*

- *Sägen Sie in langen, wischenden Strichen, sodass Sie die gesamte Länge des Sägeblatts ausnutzen und nicht nur die Mitte.*

- *Achten Sie darauf, dass Sie das Stück, das Sie sägen, fest in Ihrer Hand halten, denn ein verkantetes Sägeblatt ist der häufigste Grund dafür, dass es kaputt geht.*

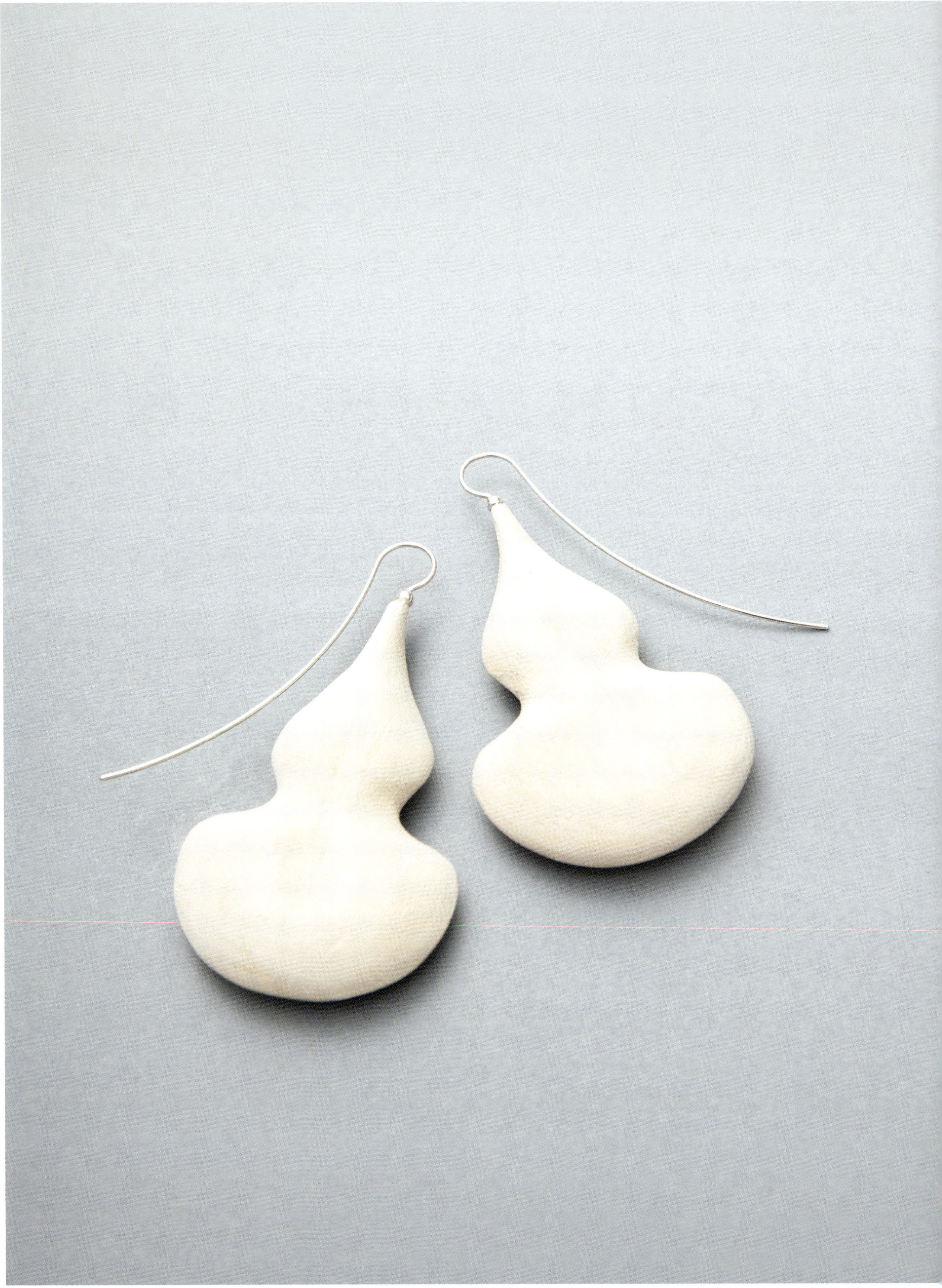

Geschwungene Ohrringe aus Linde

Diese Ohrringe nutzen ein Stück Holz, das dick genug für einige dreidimensionale Formen ist. Ich habe Lindenholz (im Englischen auch als „basswood" bezeichnet) verwendet, da es recht weich ist, was die Bearbeitung erleichtert.

Allerdings bedeutet das auch, dass es leicht zu beschädigen ist, achten Sie also später in der Fertigung der Ohrringe darauf, dass das Holz keine Dellen bekommt. Abgesehen vom dreidimensionalen Formen lernen Sie ebenfalls, wie Sie Silberfassungen (hier Ohrringdraht) herstellen und anbringen und wie das Erledigen von Arbeitsschritten in unlogischer Reihenfolge diese Aufgabe weit einfacher gestalten kann.

GEGENÜBER Geformtes Lindenholz wird mit selbstgemachten Silberanhängern verbunden, um leicht skulpturierte Ohrringe zu gestalten.

WERKZEUG UND MATERIALIEN

- Bleistift, Papier und Karton
- Skalpell und Schneidmatte
- Lindenholzstück, 10 mm dick
- Gewöhnliche Juweliersäge
- Raue Wachsfeile
- Bohrer, 0,8 mm
- Schutzbrille und Staubschutzmaske
- Wasser- und Trockenschleifpapier (Körnung 240 und 1.000)
- Großer Kugelfräser, 6–8 mm für einen Feinbohrschleifer
- 3 nicht zu kleine Lötsteine (als Unterlage)
- Kleine Lötlampe
- Lötpaste (Schmucklot)
- Silberperlen, 2 x 2,5 mm
- Eigenes Säurebad oder hitzebeständiger Glasteller und Heizplatte
- Säure für das Bad
- Messingzange
- Rundwerkzeug (7 mm)
- Gummiaufsatz
- Feine Feile
- Silberpolituraufsatz für Feinbohrschleifer
- Seitenschneider
- Biegsame Welle oder Feinbohrschleifer
- Flachzange
- Körner, 7 mm
- 8 cm Silberdraht (0,8 mm)
- Silberputztuch
- Sekundenkleber
- Weiße Acrylfarbe
- Kleiner Farbpinsel und Schale für Überzugslack
- Wachslasur in extrem mattem Schutzlack

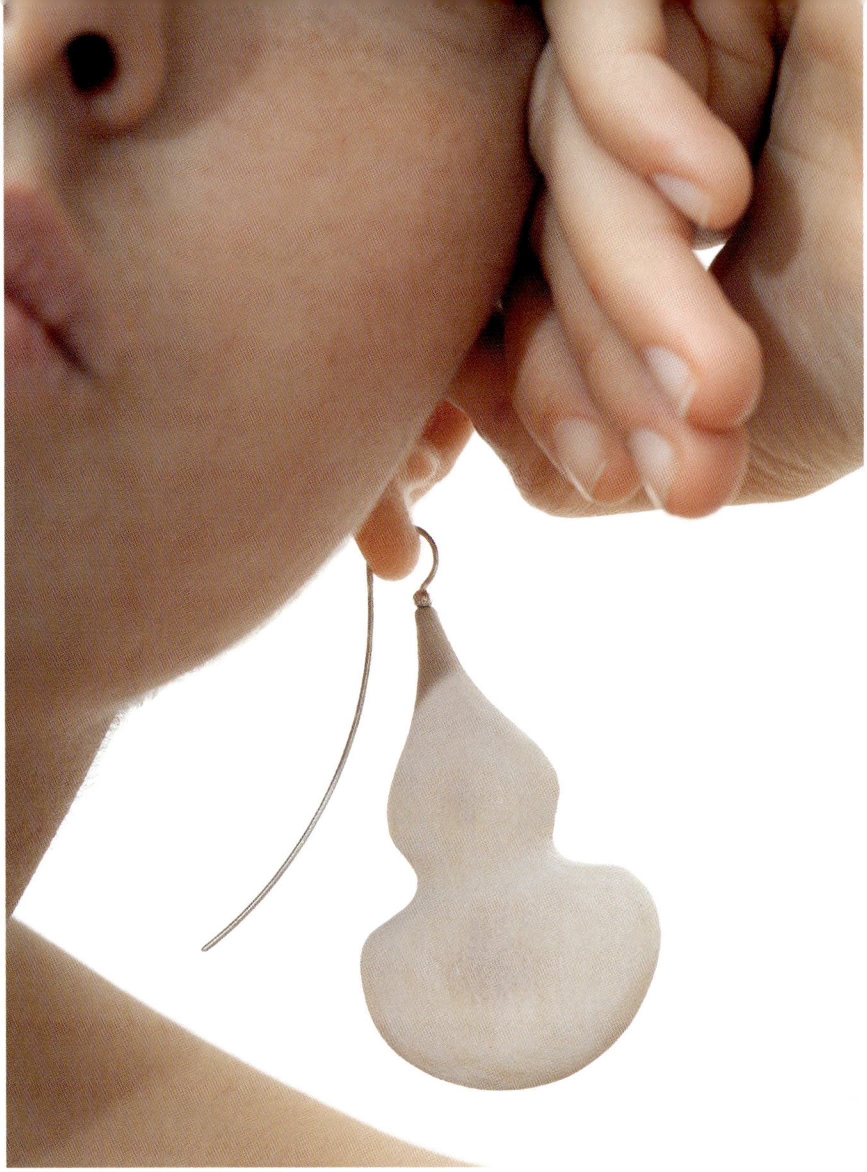

1 Fertigen Sie Skizzen an, bis Sie mit der Form zufrieden sind, und schneiden Sie den Karton dann mit einem Skalpell auf einer Schneidmatte zu. Halten Sie diese Schablone an Ihr Ohr, um zu sehen, ob Sie mit dem Design zufrieden sind.

2 Übertragen Sie die Außenlinien Ihrer Kartonschablone zweimal auf das 10 mm dicke Holz.

3 Sägen Sie entlang der Ränder mit einer Juweliersäge und achten Sie darauf, diese vertikal zu halten.

4 Glätten Sie die Außenkanten an beiden Teilen mit einer rauen Feile.

5 Zeichnen Sie auf jede Form eine Bleistiftlinie, um die Mitte Ihrer Kante zu kennzeichnen.

6 Markieren Sie die höchsten Bereiche der Form mit Bleistiftlinien.

7 Tragen Sie Schutzbrille und -maske, bohren Sie ein Loch mit einem Durchmesser von 0,8 mm und ca. 5 mm Tiefe dort, wo der Ohrringdraht sein wird, in jedes Werkstück. Es ist leichter, dies jetzt zu erledigen als dann, wenn Sie die Spitzenform des Holzes ausgearbeitet haben. Achten Sie darauf, dass Sie den Bohrer gerade auf das Holz aufsetzen, damit er hinein und nach unten bohren kann.

8 Nehmen Sie die grundlegende Formgebung mit einem großen Kugelfräser auf einem Handfeinbohrschleifer vor.

9 Verfeinern Sie die Formen mit der rauen Wachs- oder Holzfeile. Überprüfen Sie an einem Stück Verschnitt zuerst, wie die Feile sich auf Holz verhält.

10 Wenn Sie sich dem Ende des Formens nähern, halten Sie die Teile in Ihrer Hand, da das Holz Macken bekommen kann, wenn es gegen eine harte Oberfläche gedrückt wird.

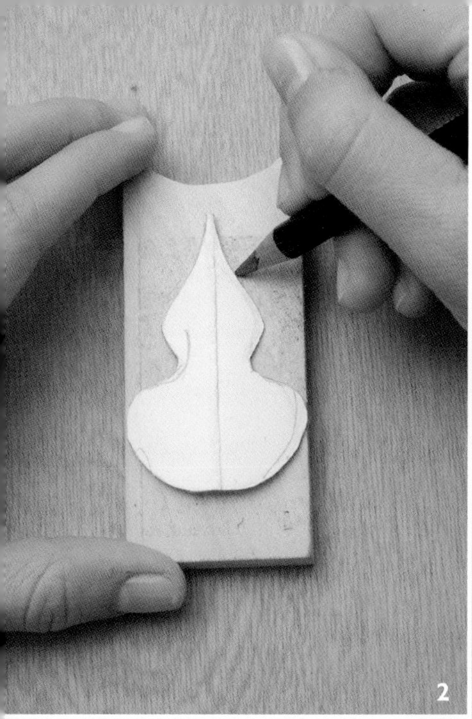
2

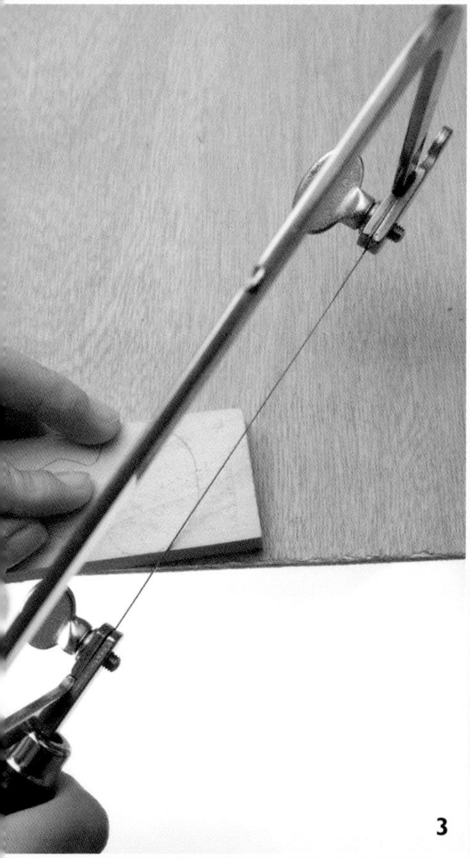
3

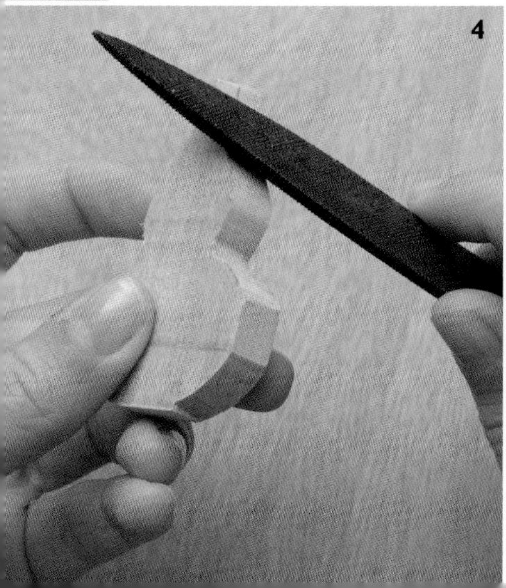
4

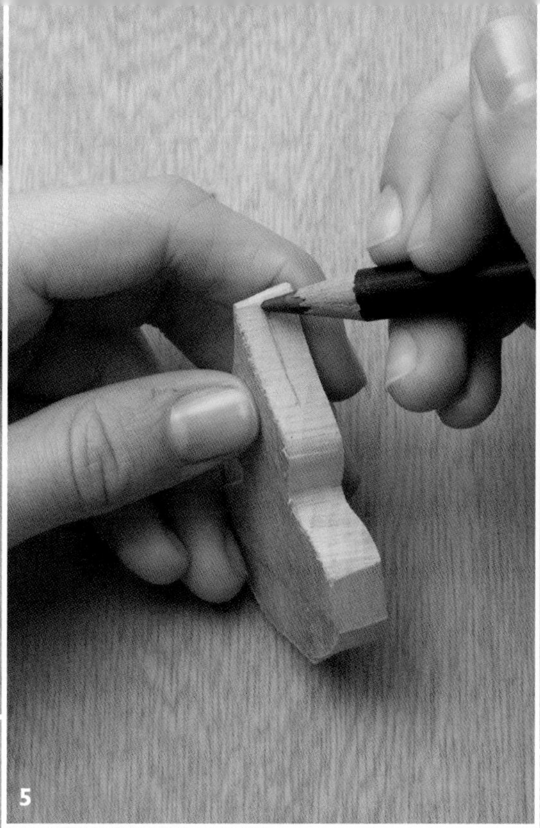
5

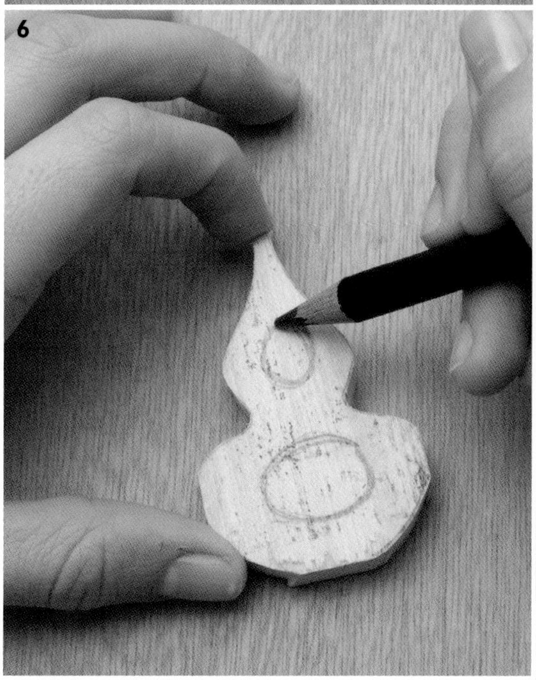
6

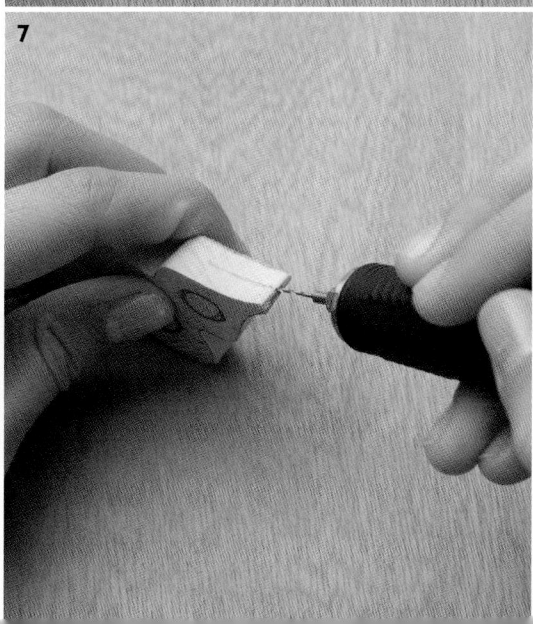
7

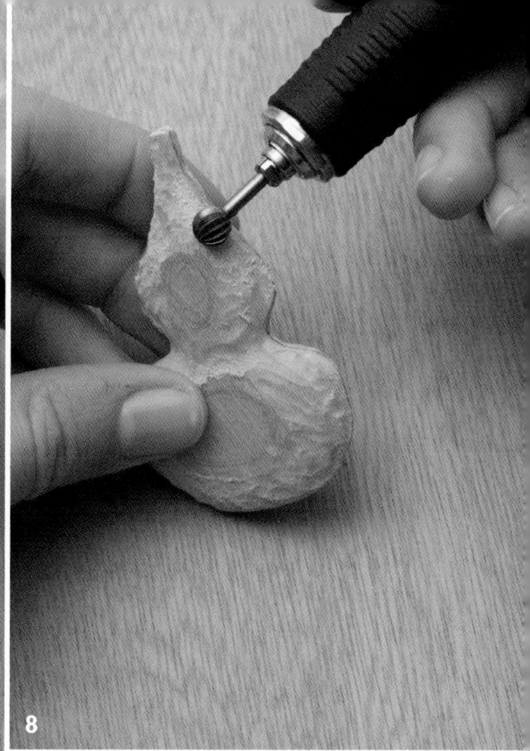
8

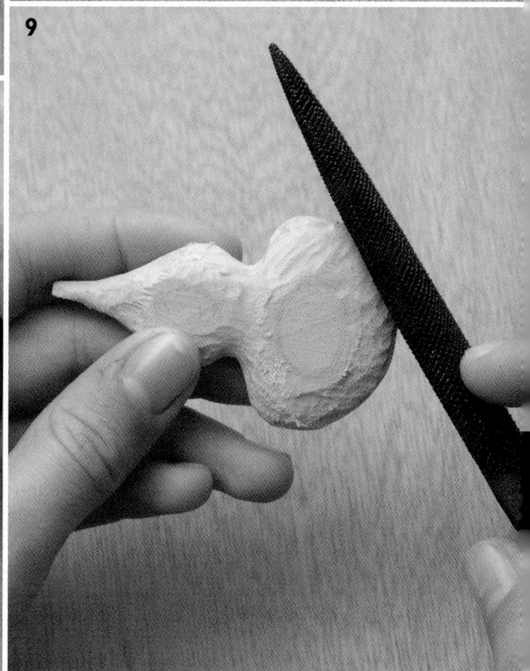
9

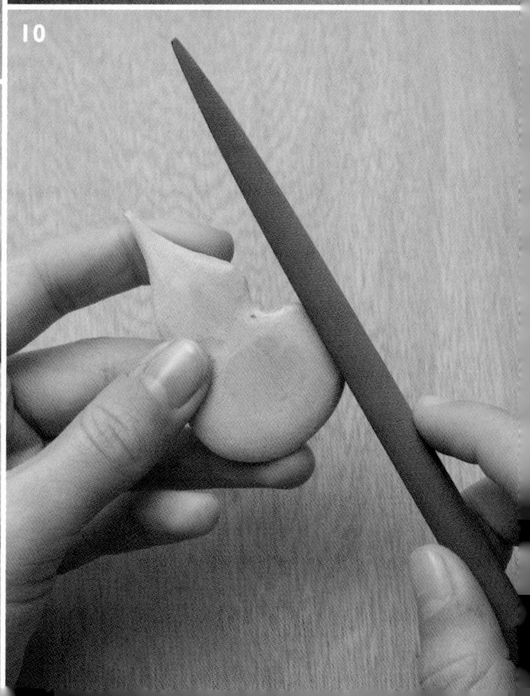
10

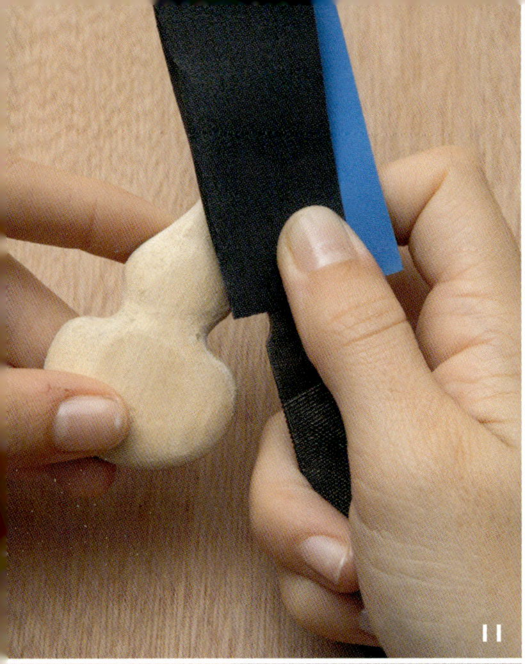
11

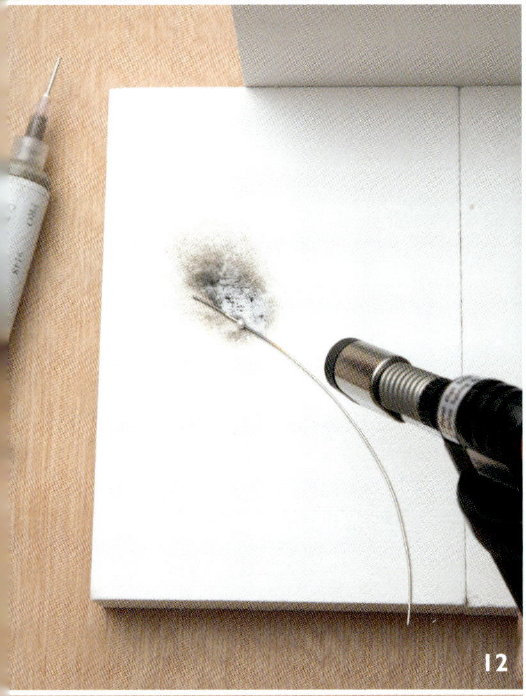
12

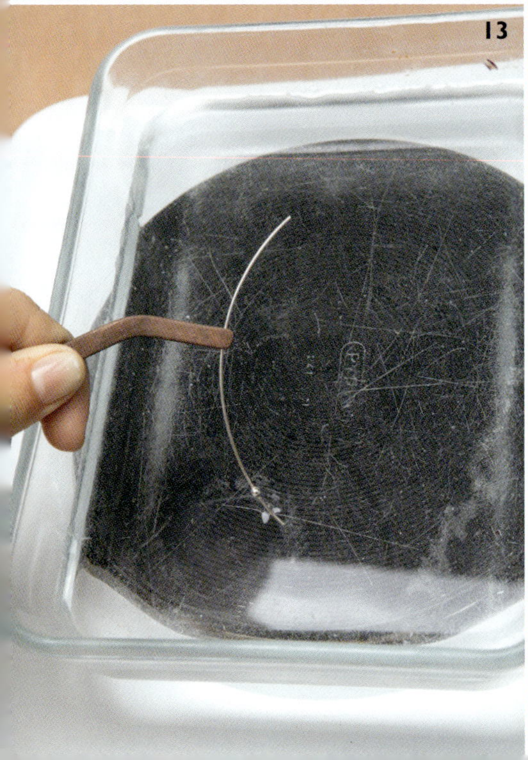
13

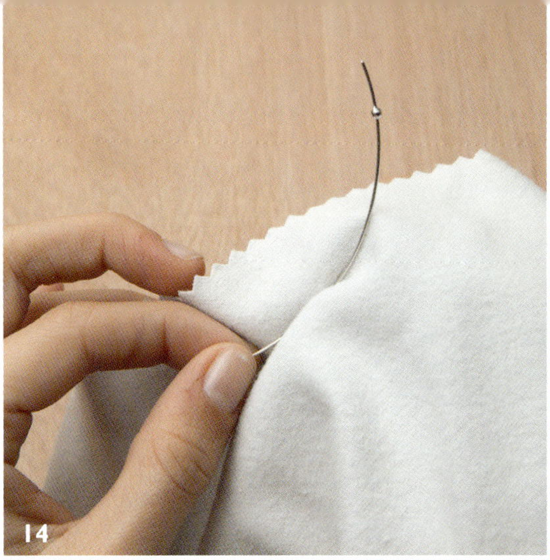
14

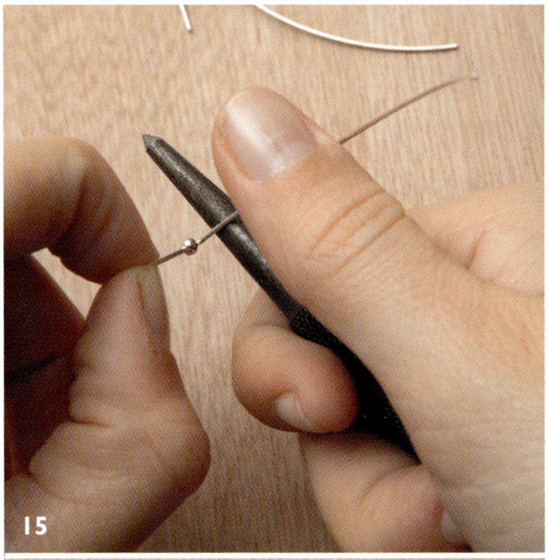
15

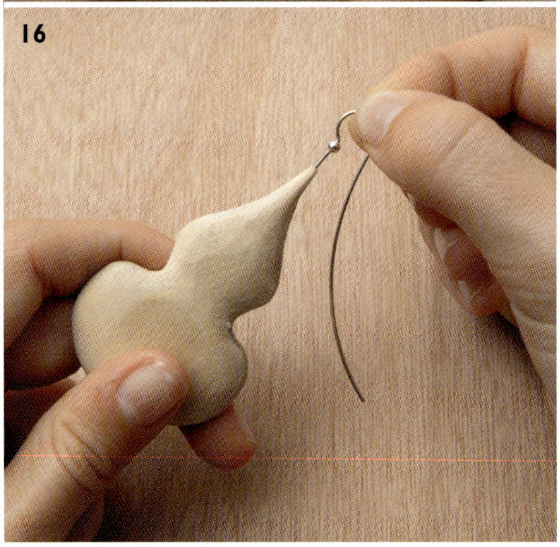
16

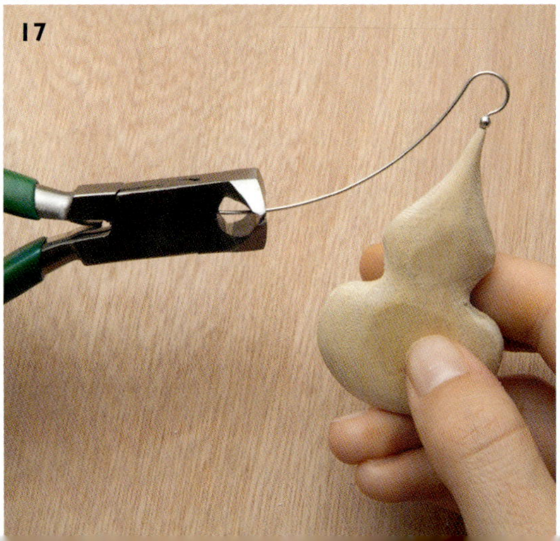
17

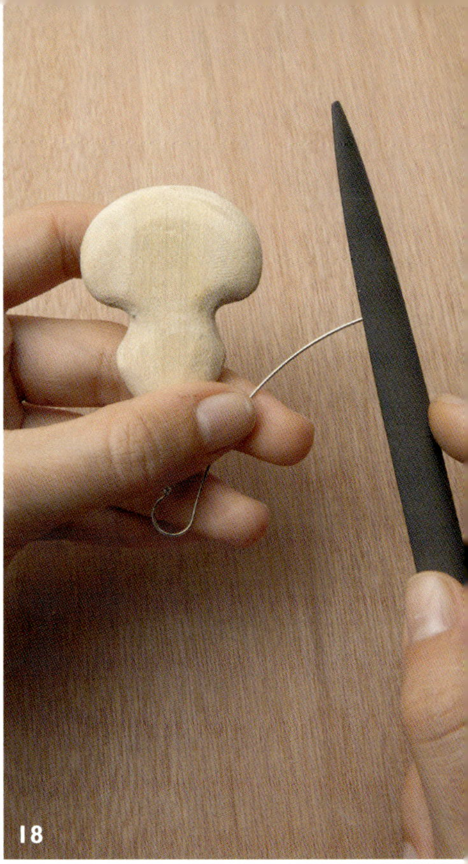
18

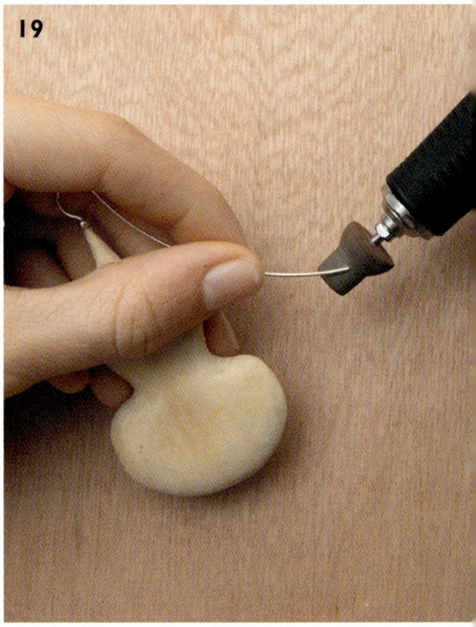
19

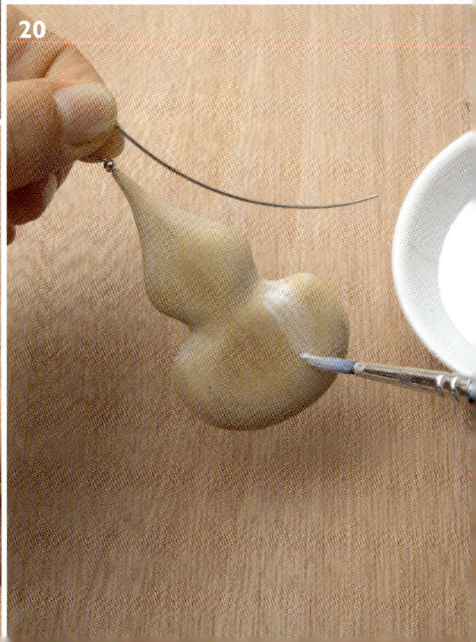
20

11 Schleifen Sie die Oberfläche mit dem um eine Feile gelegten Schleifpapier per Hand.

12 Für die Ohrringdrähte schneiden Sie den Silberdraht in zwei 4 cm lange Stücke, legen eines dieser Stücke auf die Lötsteine und löten mit Hilfe von Lötlampe und Schmucklot eine 2,5 mm Silberperle auf das Ende des Drahts. Mit dem zweiten Draht den Vorgang wiederholen.

13 Die Ohrringdrähte in einem Säurebad reinigen und dabei die Messingpinzette benutzen, um sie hineinzulegen und wieder herauszunehmen (für Sicherheitshinweise siehe S. 167).

14 Polieren Sie die Drähte mit einem Silberputztuch.

15 Biegen Sie jeden Ohrringdraht mit der Flachzange direkt über der Perle und dann um ein rundes Werkzeug (etwa 7 mm), um die Haken zu formen.

16 Überprüfen Sie die Länge der Drähte in dem Loch in dem Holzteil des Ohrrings, um sicherzugehen, dass der Draht versteckt ist. Verkürzen Sie, wenn nötig, überschüssigen Draht, sodass die Perle direkt auf dem Holz sitzt und der gesamte Draht unter der Perle versteckt ist. Festkleben.

17 Knipsen Sie das Hakenende der Drähte zurecht, damit es durch ein Ohr passt, falls notwendig. Benutzen Sie dafür den Seitenschneider.

18 Glätten Sie das abgeschnittene Ende des Silberdrahts mit einer feinen Feile und einem Polieraufsatz aus Gummi.

19 Polieren Sie die Ohrringdrähte mit einem Feinbohrschleifer.

20 Bemalen Sie die Holzstücke mit Wachslasur, gemischt mit einer kleinen Menge weißer Acrylfarbe (um einem Vergilben vorzubeugen). Testen Sie die Farbe zuerst an einem Stück Verschnitt, bevor Sie den Ohrring bemalen. An einem Stück Schnur oder in einem Ohrringhalter zum Trocknen aufhängen, sodass das Holz nichts berührt.

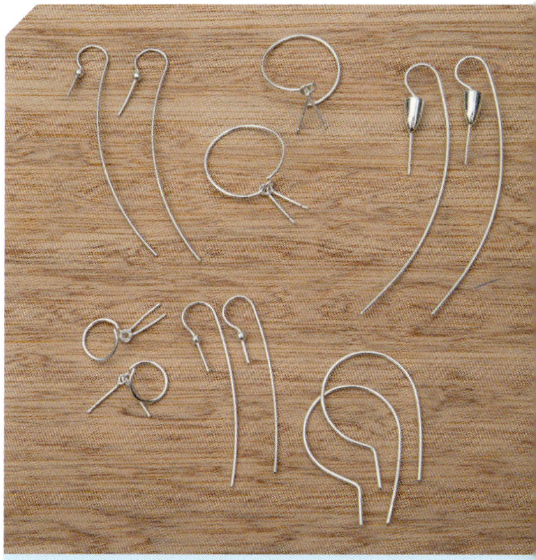

Ohrringdrähte herstellen

- *Ohrringdrähte sind leicht herzustellen – Ihre selbst angefertigten Ohrringe verdienen eine handgemachte Fassung anstelle einer Fassung von der Stange.*
- *Passen Sie die Form Ihrer Ohrringfassung an Ihr Projekt an. Oben sehen Sie eine Auswahl an Variationen. Folgen Sie den Schritten auf der linken Seite und biegen Sie die Drähte in die Form Ihrer Wahl.*

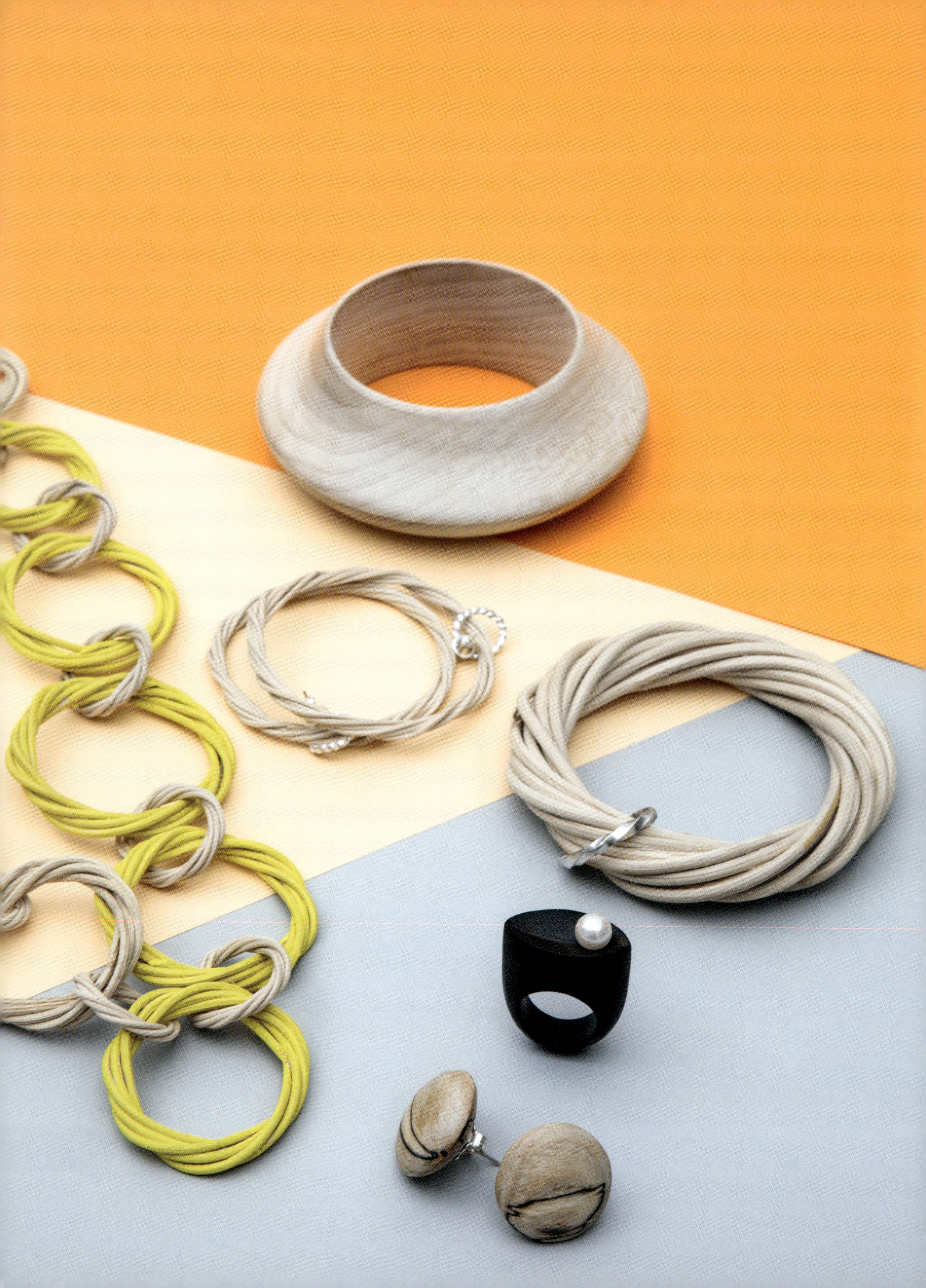

KAPITEL 3

Holz formen

Arbeitstechniken erschließen

Dieses Kapitel liefert eine Einführung in das dreidimensionale Schnitzen von Holz, gemeinsam mit neuen Projekten, die diese Schnitztechnik mit dem Einsetzen einer Perle in die Oberseite eines Rings und der Wölbung einer Silberplatte beim Gestalten von Fassungen für Ohrstecker verbinden. Ich habe ebenso weitere formende Techniken eingebunden, wie etwa das Verarbeiten von Weide und Schilfrohr, das Drechseln, das Erzeugen von Holzfurnieren und das Schnitzen von Kork.

Die Projekte wurden entworfen, um Ihnen eine Reihe an Arbeitsmethoden vorzustellen, und sie könnten alle als Startpunkt für Ihre eigenen Variationen verwendet werden. Das Drechselprojekt ist kein Einsteigerprojekt und setzt vorherige Erfahrung und Wissen über das Drechseln voraus. Es gibt Publikationen über die Umsetzung von gedrechseltem Holzschmuck, die Sie konsultieren können, weshalb ich mich darauf konzentriert habe, ein Design zu gestalten, das Sie über diese Grundkenntnisse hinausführt.

Ich habe mich dazu entschieden, ein laminiertes Furnierprojekt zu präsentieren, da es weniger Ausrüstungsgegenstände benötigt als das Dampfbiegen, aber beides sind Techniken, die die Manipulation von Holz ermöglichen. Dampfbiegen kann ohne eine Dampfbox erfolgen, doch es würde Experimente mit einer Mikrowelle, feuchten Tüchern und hitzebeständigen Handschuhen erfordern.

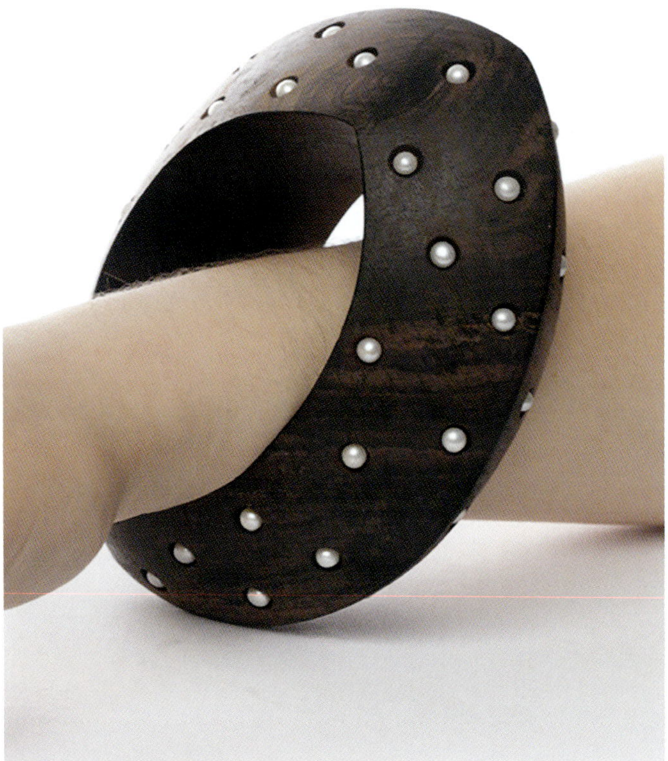

OBEN Perlenbesetzter Holzarmreif, der die Fassungstechnik des Ringprojekts auf S. 36 nutzt

GEGENÜBER Geschnitzter Ebenholzanhänger und kleinere Silberversion auf einem Halsreif aus Silberdraht, gemeinsam mit dazupassenden Ohrringen aus Ebenholz, Silber und Harz

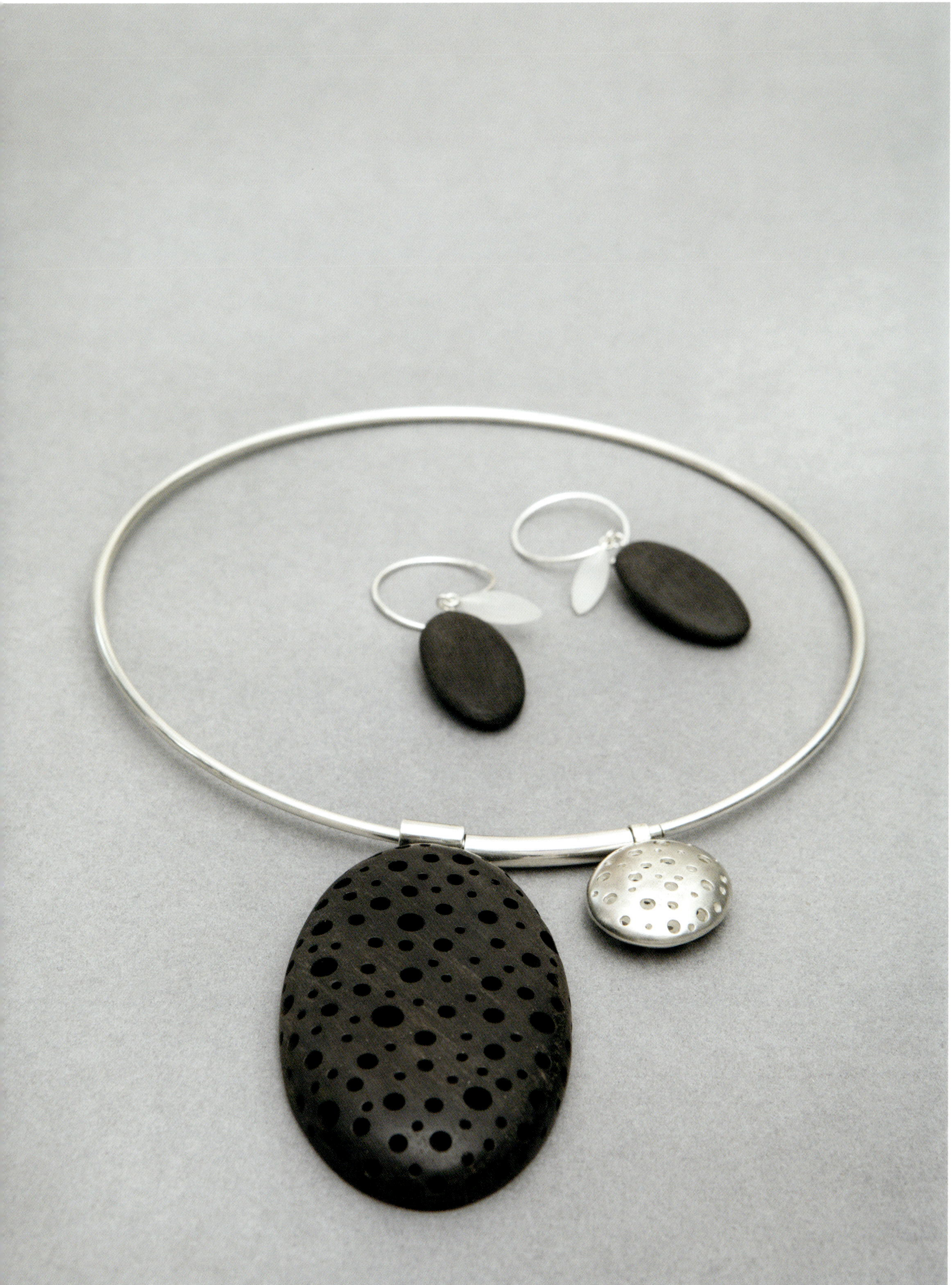

WERKZEUG UND MATERIALIEN

- 38 x 38 mm großes, 15 mm dickes Stück Ebenholz
- Weißer Multioberflächenstift oder Fettstift
- Stahllineal oder Maßband
- Schutzbrille und -maske
- Band- oder Juweliersäge
- 13 cm lange Holzsägeblätter für die Juweliersäge
- Handfeinbohrschleifer oder Standbohrmaschine
- Bohraufsatz, 17 mm
- Raue, halbrunde Feile (16 cm)
- Feine, halbrunde Feile (16 cm)
- Nass- und Trockenschleifpapier (Körnung 240 und 1.000)
- Splintholz
- Stechzirkel
- Bandschleifmaschine
- Kugelfräser (3 mm)
- Kugelfräser (6 mm)
- Zylinderaufsatz
- Seitenschneider
- Riffelfeile
- Silberdraht (0,8 mm), 10 mm lang
- Einlochperle, 7,5 mm
- Babyöl und Küchenrolle
- Sekundenkleber

Gewölbter Ebenholzring mit Perle

Dieser Ring führt in die Technik des dreidimensionalen Formens ein. Er nutzt ein weit härteres Holz als das Ohrringprojekt auf den Seiten 26–29 und präsentiert die Herausforderung, einer bestimmten Fingergröße entsprechen zu müssen. Die Technik, eine Perle in einer Schale einzufassen, zeigt, wie ein zur Hälfte gebohrter Stein in ein Holzstück eingepasst werden kann. Sie könnten diese Methode für jede andere Schmuckart nutzen, wie etwa für Ohrringe (mit der Zapfenmethode von den laminierten Manschettenknöpfen auf S. 82–87) oder für einen Anhänger, bei dem Sie einen Stecker verwenden (folgen Sie der Methode für die Ohrringdrähte in den Lindenholzohrringen auf S. 26–31, doch vergewissern Sie sich, dass der Draht für den Stecker ein bisschen dicker ist und in ein 8 mm tiefes Loch hineingesteckt wird).

GEGENÜBER Das dreidimensionale Formen eines kleinen Ebenholzblocks erzeugt einen bildhauerischen Ringrohling, der dann mit einer einzelnen Perle besetzt wird.

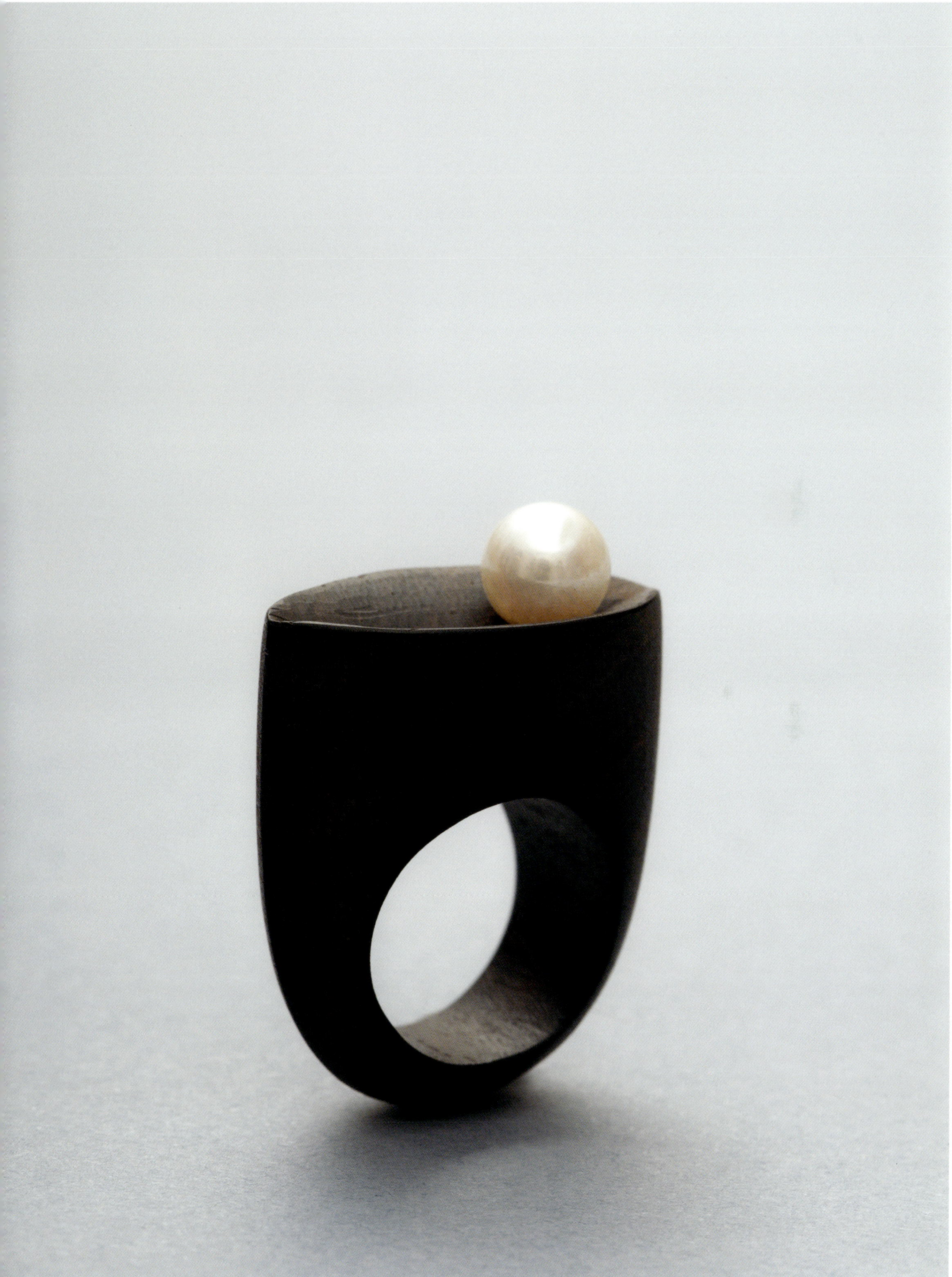

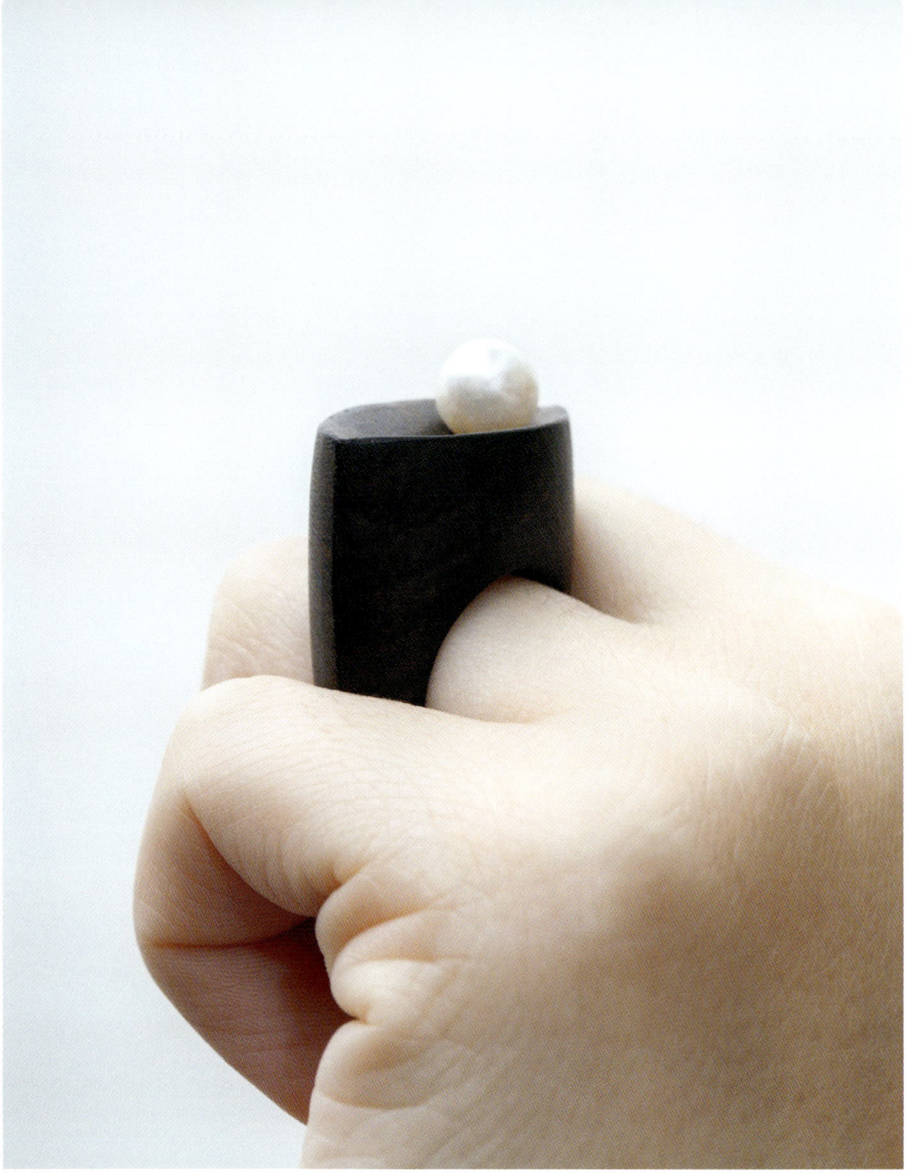

1 Markieren Sie mit einem weißen Permanentstift oder Fettstift und einem Stahllineal eine 15 mm lange Linie an der langen Seite des Ebenholzes.

2 Sie können eine Juweliersäge mit einem Sägeblatt für Holz verwenden, um ein Stück des Holzes für Ihren Ring auszuschneiden, doch mit einer Bandsäge ist es einfacher.

3 Bohren Sie mit einer Standbohrmaschine ein 17 mm starkes Loch für den Finger. Lassen Sie mindestens 5 mm zwischen dem Loch und der Holzkante stehen. Das Loch kann überall in das Holz gebohrt werden, solange sich wenigstens 5 mm zwischen Loch und Kante befinden.

4 Achten Sie darauf, dass der Ring auf den Finger passt, an dem Sie ihn tragen möchten. Feilen Sie entlang des Lochs mit einer rauen, runden Feile und vergewissern Sie sich, dass das Loch rundherum gleichmäßig gefeilt wird und Sie auch die Seiten wechseln.

5 Wenn Sie mit der Größe zufrieden sind, glätten Sie die Oberfläche mit einer feinen, halbrunden Feile. Wenn Sie einen Feinbohrschleifer besitzen, benutzen Sie einen Aufsatz mit dem Schleifpapier (Körnung 240) darum, um die Oberfläche des Ebenholzes zu glätten.

6 Verwenden Sie den Stechzirkel und den weißen Marker oder Fettstift, zeichnen Sie das Design für die Ringform an und messen Sie immer vom Loch aus. Zeichnen Sie die gesamte Form an der Seite des Rings an und schneiden Sie sie mit der Juweliersäge aus.

7 Zeichnen Sie sich Hilfslinien oben und an den Seiten des Werkstücks mit Ihrem Permanentstift.

8 Erarbeiten Sie die Grundform mit einer Bandschleifmaschine, einer rauhen Feile oder einem großen runden Aufsatz und einer Handbohrmaschine.

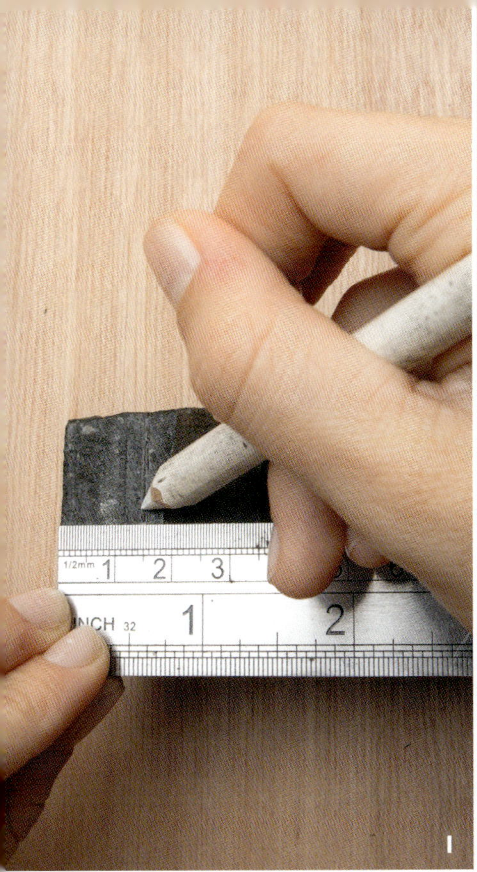

1

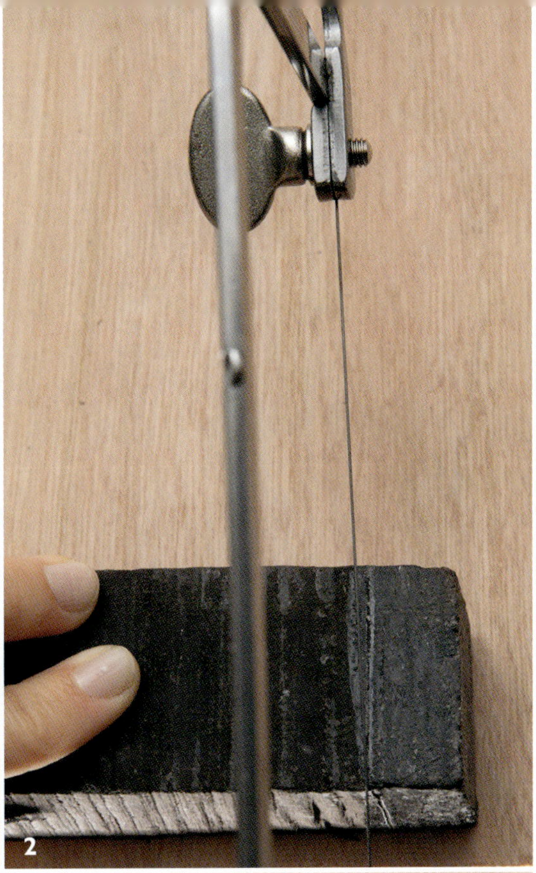
2

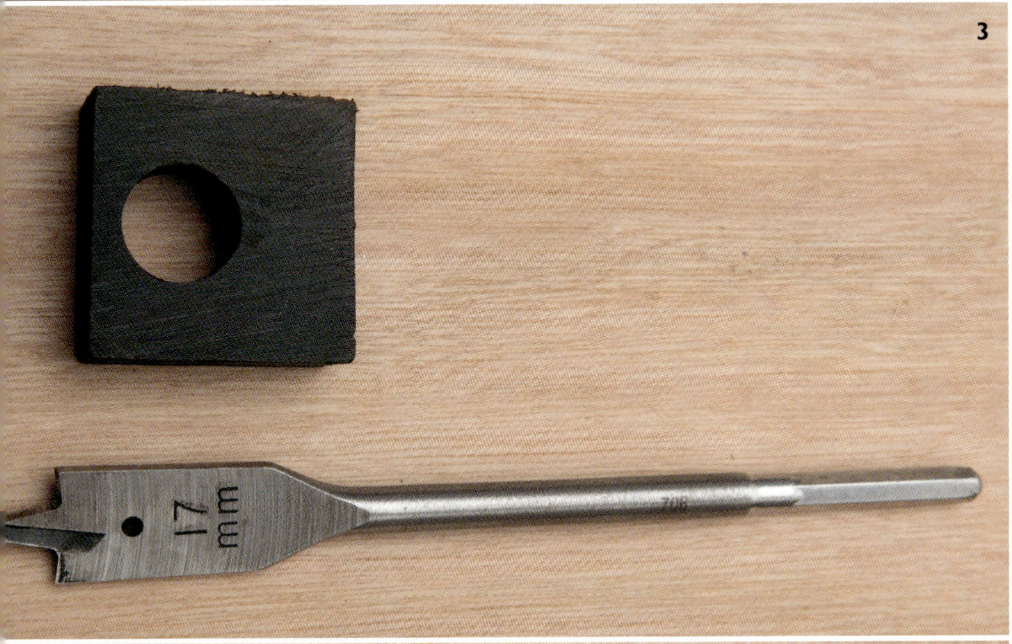

3

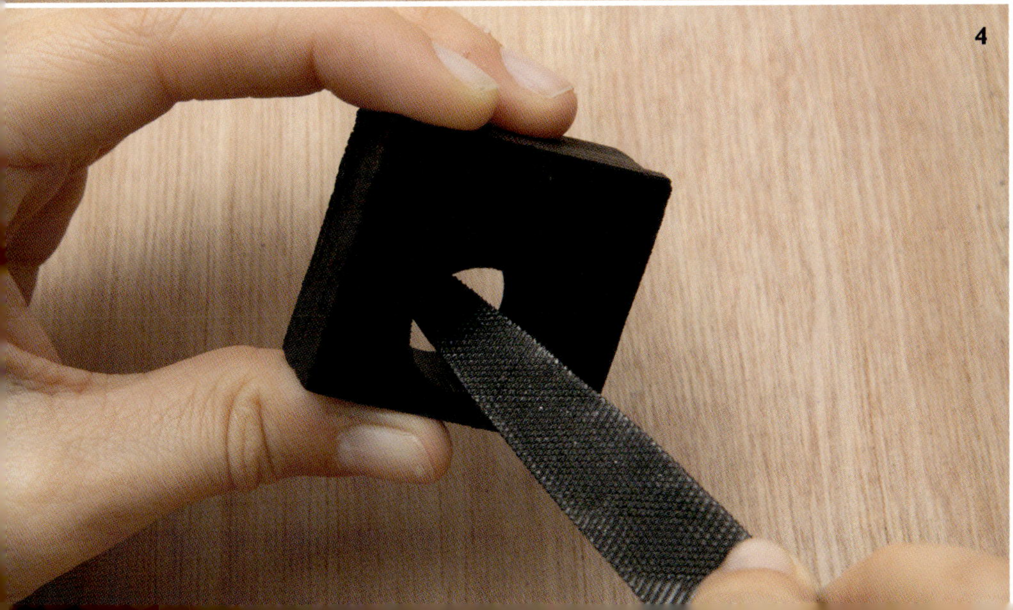
4

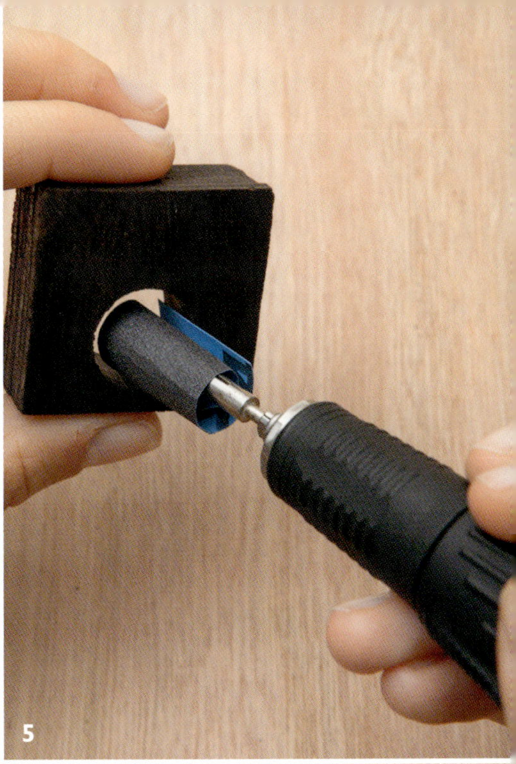
5

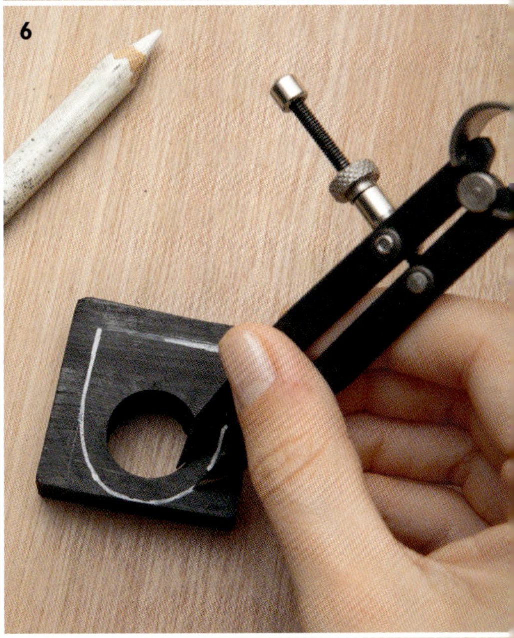
6

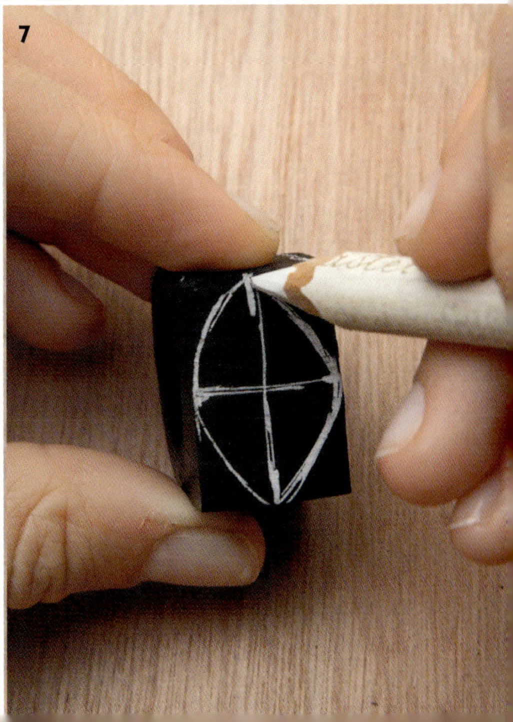
7

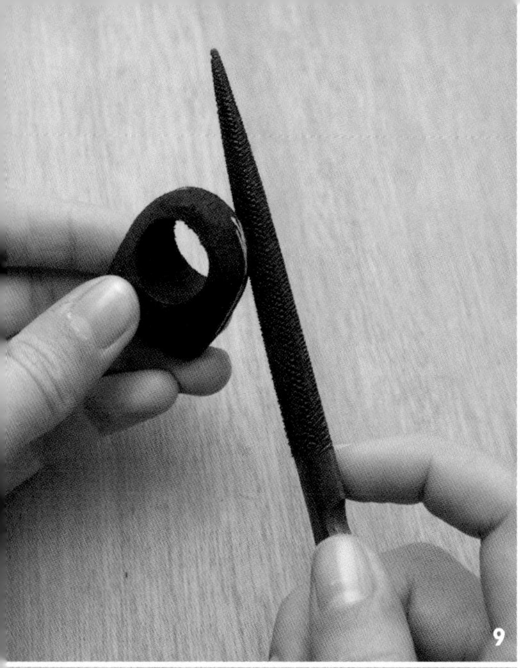
9

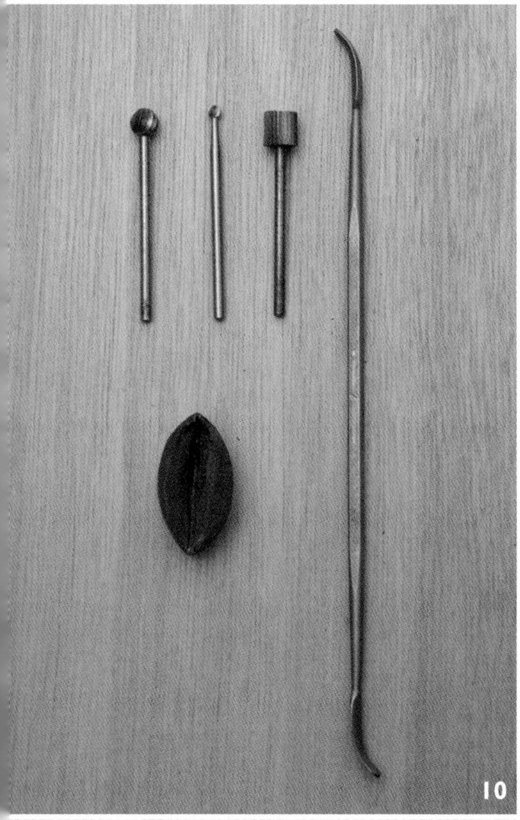
10

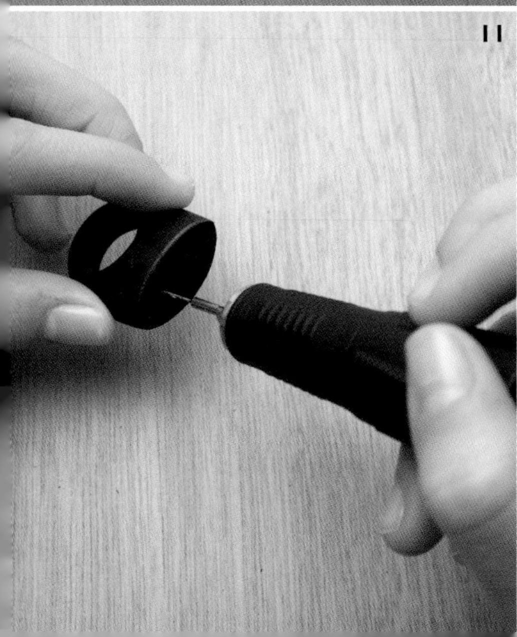
11

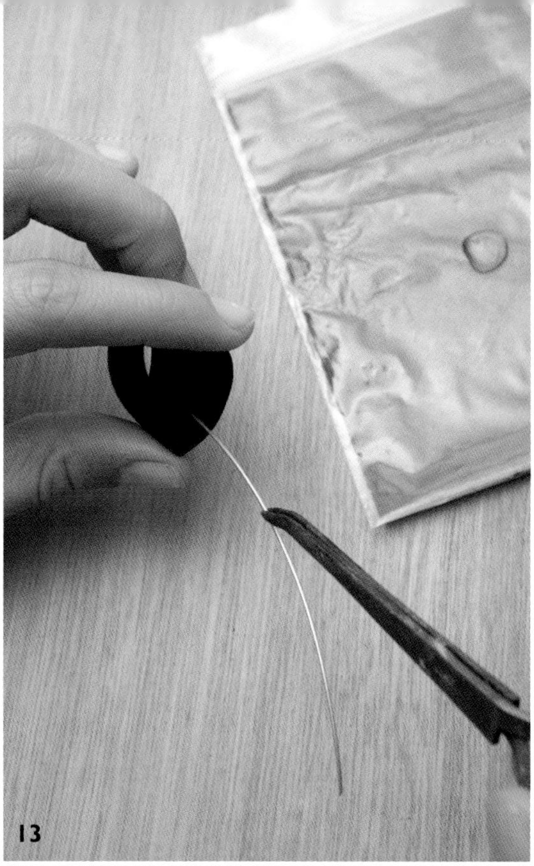
13

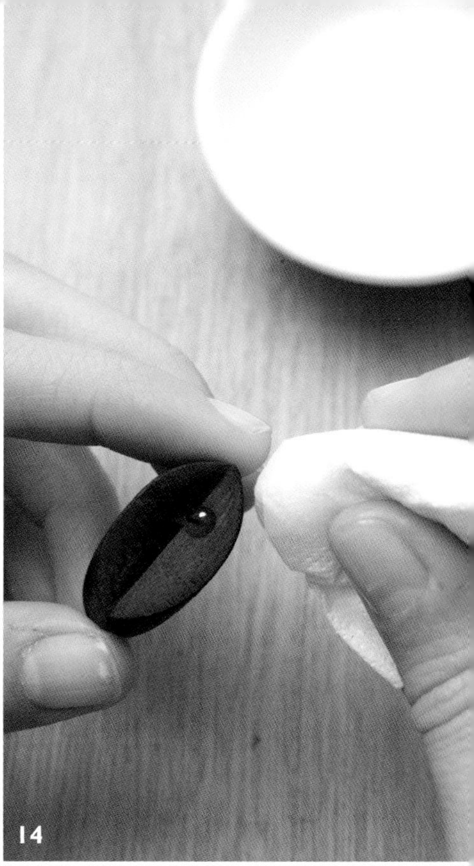
14

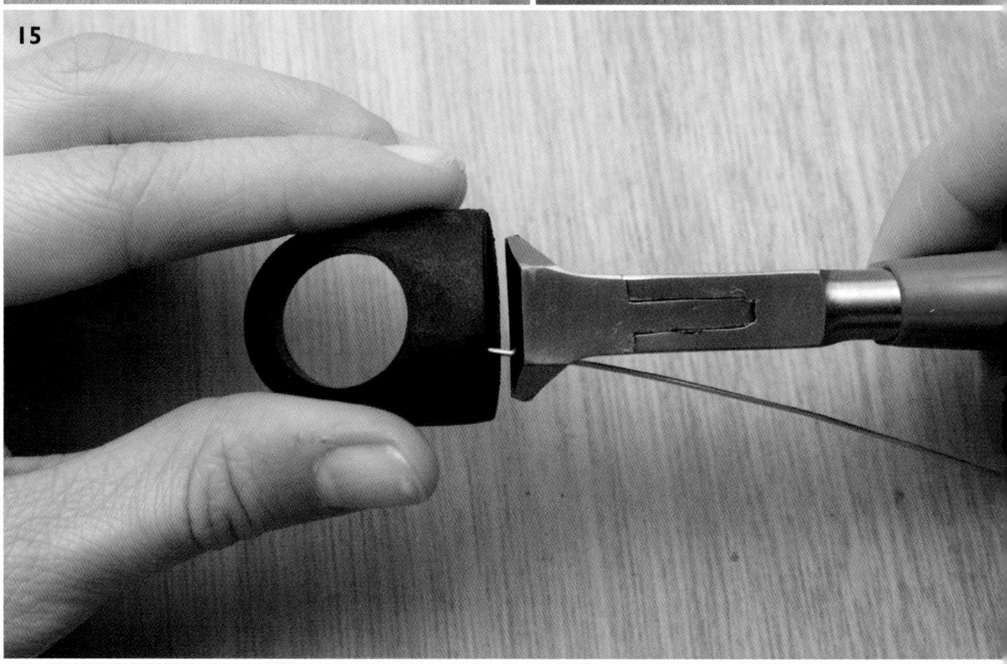
15

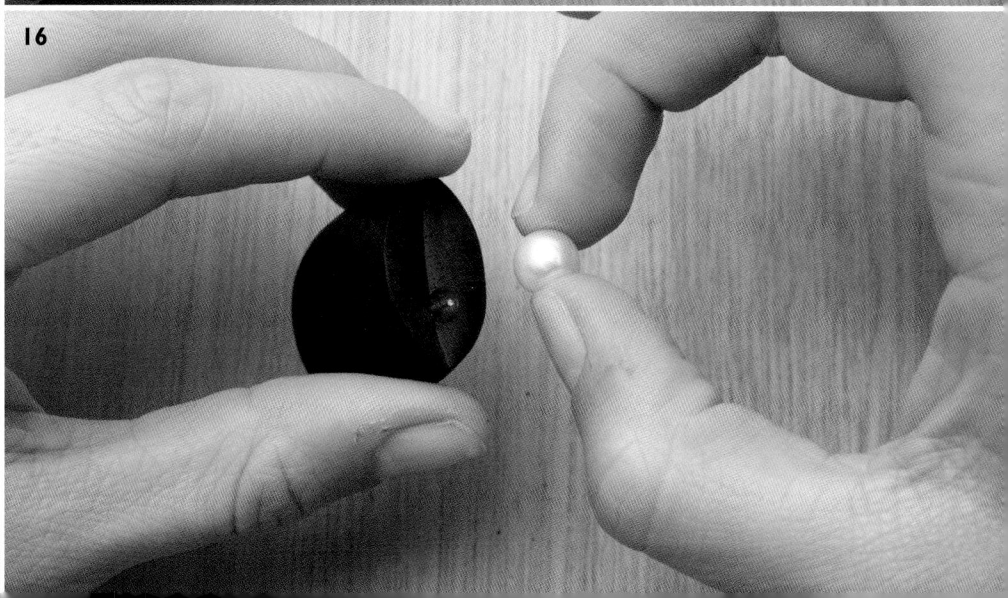
16

9 Ist das überschüssige Material entfernt, verfeinern Sie die Form erst mit einer rauen und dann einer feinen Feile. Verwenden Sie erst raues Schleifpapier und dann das Papier mit der Körnung von 240, jeweils um eine Feile gewickelt, um eine gute Oberflächenbeschaffenheit zu erhalten.

10 Um die konkave Form oben auf dem Ring zu üben, schneiden Sie sich zuerst ein Übungsstück aus einem Stück Verschnitt zu. Zeichnen Sie eine Linie, um die Mitte zu markieren. Benutzen Sie dann den großen Kugelfräser (6 mm, am Bild links außen), um das Holz zu entfernen. Arbeiten Sie dann die Mittellinie mit dem 3-mm-Aufsatz heraus (am Bild 2. von links), dann den Rand mit dem Zylinderaufsatz (am Bild 2. von rechts), um eine scharfe Linie zu erhalten. Benutzen Sie die Riffelfeile (am Bild rechts außen), um die beiden geneigten Linien zu begradigen. Wenn Sie mit dem Ergebnis Ihrer Arbeit zufrieden sind, wiederholen Sie diesen Schritt mit dem Ebenholz.

11 Markieren Sie, wo Sie sich die Mitte der Perle vorstellen und bohren Sie ein etwa 4 mm tiefes (abhängig von der Höhe Ihres Rings) Führungsloch mit einem Durchmesser von 0,8 mm.

12 Mit dem kleinen Loch als Hilfe arbeiten Sie ein großes, schalenförmiges Loch mit dem Kugelfräser (6 mm) heraus. Währenddessen immer wieder überprüfen, bis Sie mit dem Sitz der Perle zufrieden sind.

13 Bohren Sie, falls notwendig, erneut das 0,8 mm starke Loch in die Mitte der Senke und kleben Sie den Silberdraht in das Loch. Ich habe verdrillten Draht verwendet, doch auch glatter Silberdraht tut seinen Dienst.

14 Verwenden Sie ein bisschen Babyöl auf einem Stück Küchenrolle, um das Holz zu polieren. Wenn Sie dies zu diesem Zeitpunkt machen, vermeiden Sie, dass das Öl mit der Perle in Berührung kommt.

15 Schneiden Sie den Draht auf die richtige Länge mit einem Seitenschneider zu.

16 Kleben Sie die Perle auf den Draht und verwenden Sie dazu die Technik zum Anbringen von Draht auf S. 122. Der Kleber muss sich im Loch der Perle befinden, jedoch nicht so viel, dass er herausquillt, wenn die Perle angedrückt wird. Ihre Perle sollte sauber in der Schalenform sitzen. Lassen Sie den Kleber trocknen.

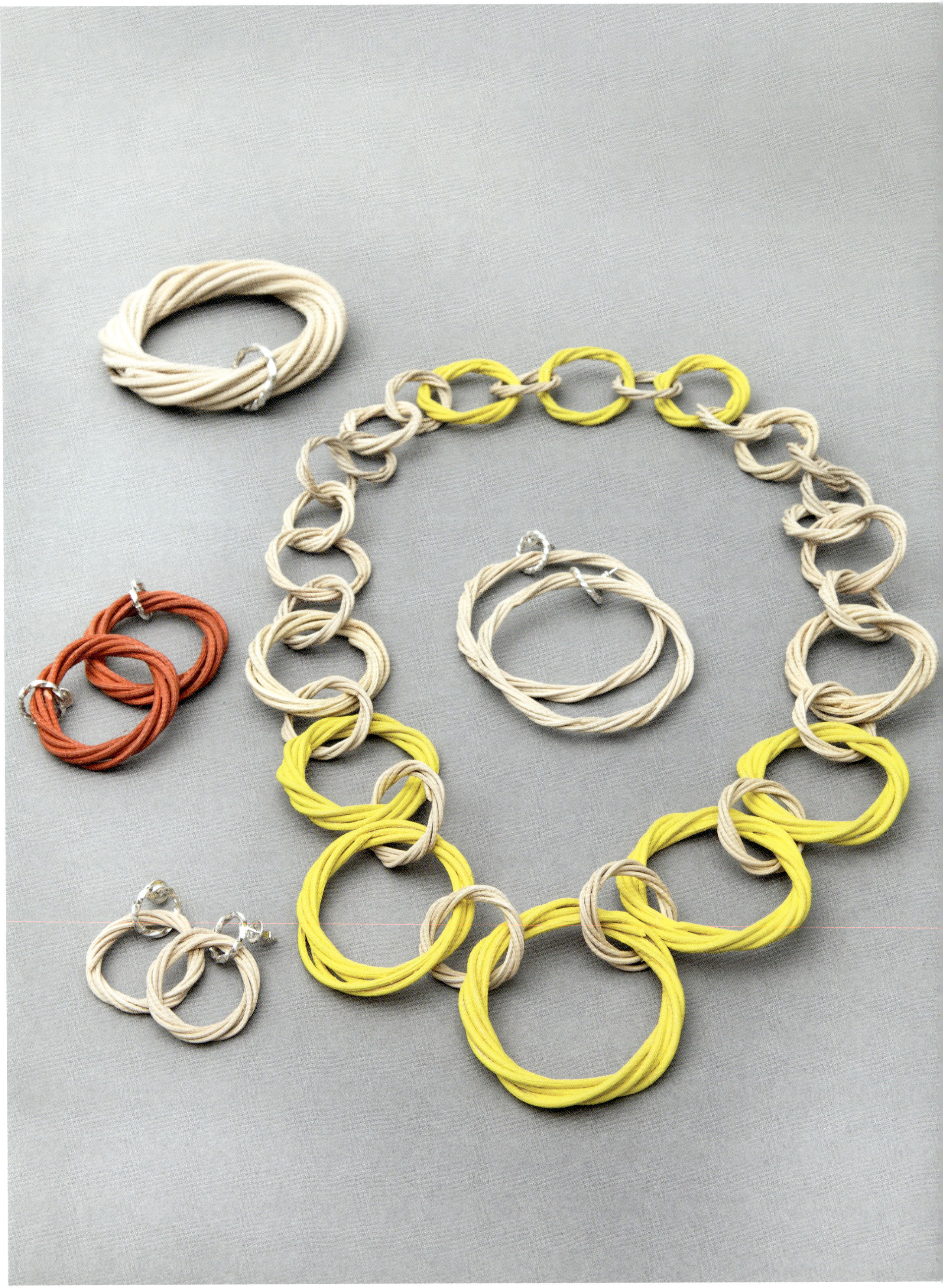

Sets aus verdrehter Weide und Schilfrohr

Ich habe pflanzliches Material mit Metall kombiniert, um diese Sets zu kreieren – einen Armreif und Ohrringe aus verdrehter Weide sowie eine Halskette, Ohrringe und einen Armreif aus Schilfrohr, alle mit eigens angefertigten Silberelementen. Ich habe Weide und Schilfrohr für dieses Projekt ausgekundschaftet, aber es gibt auch noch Spielraum, mit anderen Gartenpflanzen zu experimentieren. Weide wird für gewöhnlich für größere Körbe verwendet, wobei frische oder eingeweichte Ruten in Spannung gehalten werden, um dann zu trocknen. Sie werden merken, dass Weide, wenn sie für kleinere Zwecke, wie hier für Schmuck, genutzt wird, dazu neigt, leicht zu knicken. Nach einigen Experimenten mit verschiedenen Längen und Varianten habe ich eine geschälte Weide *(Salix purpurea)* gewählt. Das Projekt zeigt auch deutlich die Formbarkeit von Silber in weichen Lötverbindungen, da das weichgeglühte Silber um das Holz herum geschlossen wird, um die Silberdetails zu formen.

GEGENÜBER Halskette und Armreif aus verdrehtem Schilfrohr und Kreolen in drei Größen. Es wurden naturfarbene und bunte Schutzlacke verwendet.

WERKZEUG UND MATERIALIEN

- 1 m geschälte Weide
- Lineal
- Blechschere
- 10 cm Silberdraht (1,5 mm Rechteckquerschnitt) für die Anhänger der Halskette
- 12 cm Silberdraht (2,5 mm Rechteckquerschnitt) für die Anhänger der Armreifen
- 2 Stück Silberdraht, 10 mm lang, 0,8 mm im Querschnitt, für die Ohrstecker
- Lötlampe
- Lötsteine
- Schmucklot
- Juweliersäge
- Sägeblätter für Metall
- 2 Flachzangen oder ein Schraubstock und eine Flachzange
- Körner (9 mm) oder ähnlicher Gegenstand zum Umwickeln
- Körner (18 mm) oder ähnlicher Gegenstand zum Umwickeln
- Säurebad
- Sekundenkleber
- Wachslasur in extrem mattem Schutzlack oder mikrokristallines Wachs
- Schmetterlingsförmige Steckverschlüsse für Ohrstecker

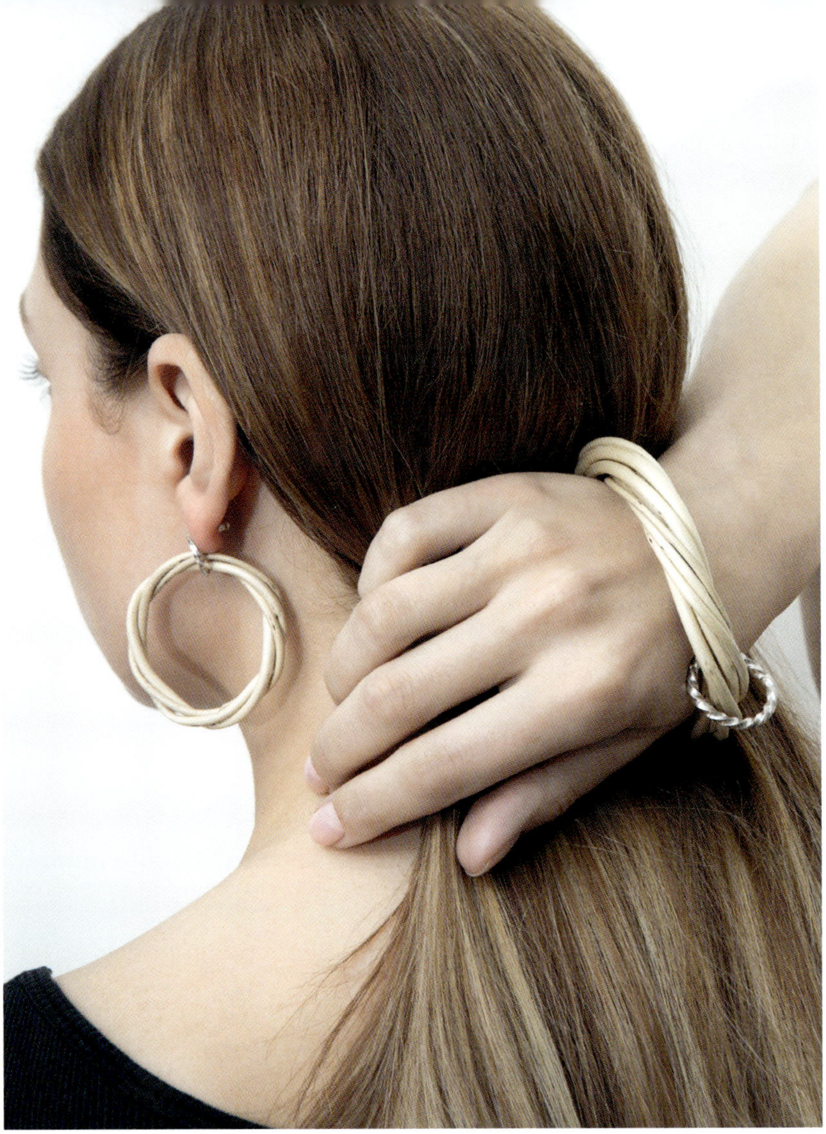

VERSIONEN AUS WEIDENHOLZ

1 Legen Sie das Weidenholz über Nacht in Wasser, um es weicher zu machen. Weichen Sie zusätzliche Längen des Holzes ein, um gegen Schwund gerüstet zu sein. Für den Weidenteil des Armreifs wählen Sie zwei oder drei Längen mit einem Durchmesser von 2–4 mm.

2 Halten Sie das dickere Ende der Weide in Ihrer linken Hand und machen Sie die Fasern weich, indem Sie den Daumen Ihrer rechten Hand entlang des Weidenstücks in einer bogenförmigen Bewegung führen.

3 Um die Basis für den Armreif aus Weidenholz herzustellen, formen Sie eine Schlaufe mit einem Durchmesser von 8 cm und biegen Sie die Weide unter und über den Kreis. Die Weidenrute muss vorsichtig bearbeitet werden, um zu vermeiden, dass sie knickt. Passiert dies doch, müssen Sie sie wegwerfen und ein neues Stück verwenden.

4 Wiederholen Sie die Schlinge um Ihren Kreis, bis Sie an das Ende des Weidenstücks gelangen.

5 Fügen Sie neue Längen hinzu, bis Ihr Armreif so breit wie gewünscht ist und mit einem Innendurchmesser von etwa 7 cm gut über die Hand passt.

6 Die Enden zuschneiden und trocknen lassen.

7 Für den Weidenteil der Ohrringe wenden Sie dieselbe Methode wie für den Armreif in Schritt 1–6 an, jedoch verwenden Sie ein Stück mit einem Durchmesser von 1,5–3 mm. Beginnen Sie mit einer Schlinge, die etwa 4,5 cm im Durchmesser misst. Für diese Größe ist wahrscheinlich eine Weidenrute ausreichend.

8 Den Vorgang wiederholen, um eine zweite Kreole in derselben Größe herzustellen, und trocknen lassen.

9 Um den Draht für die ringförmigen, verdrehten Silberdetails vorzubereiten, legen Sie ihn auf Lötsteine und glühen Sie den den gesamten Draht mit der Lötlampe weich, indem Sie ihn erhitzen, bis er kirschrot ist, damit er weich genug zum Verdrehen wird.

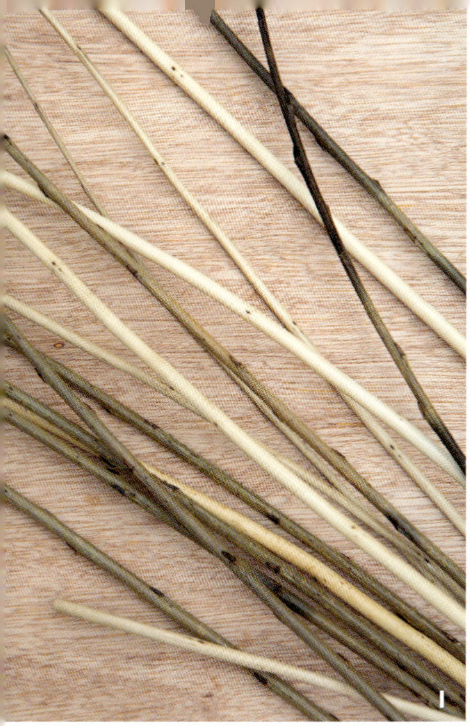

1

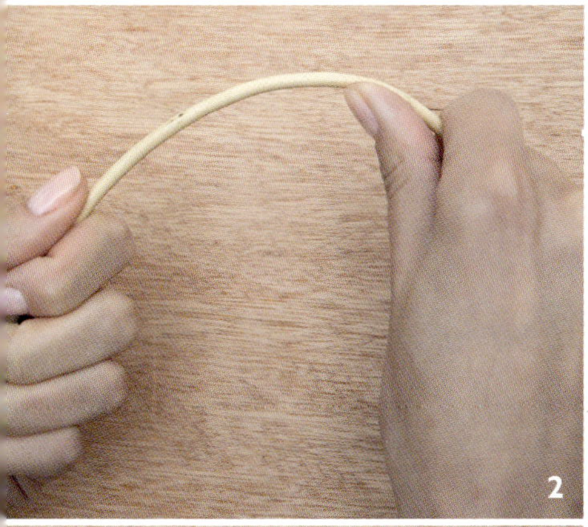

2

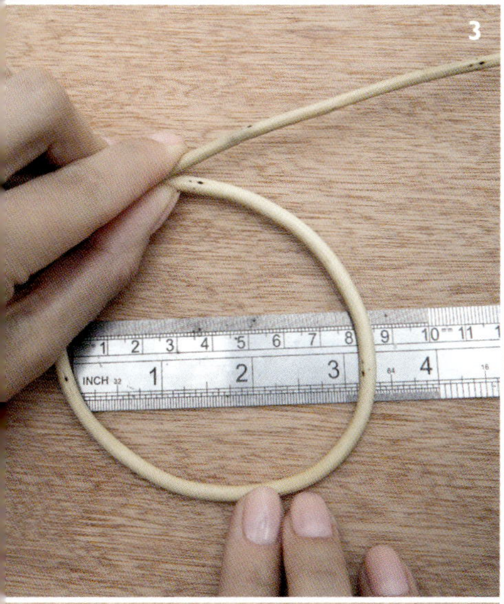

3

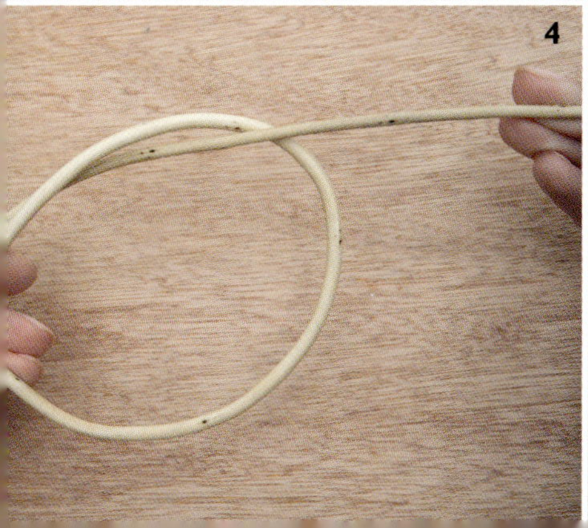

4

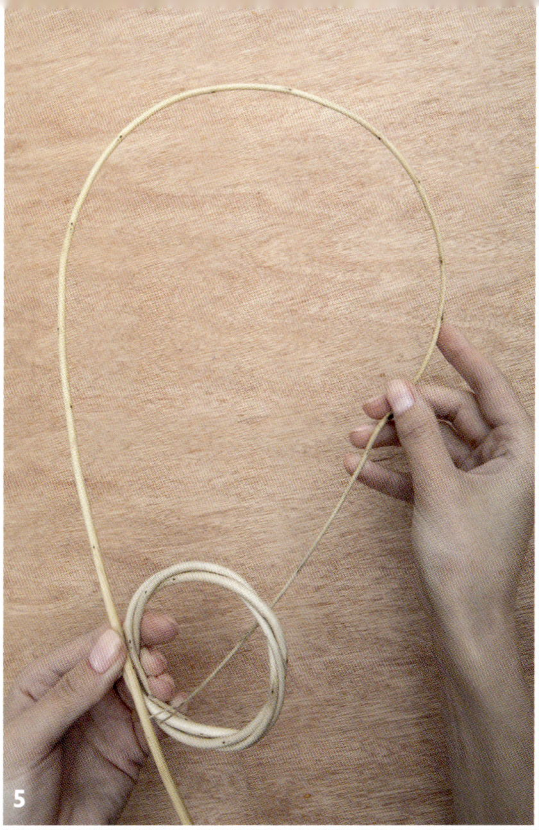

5

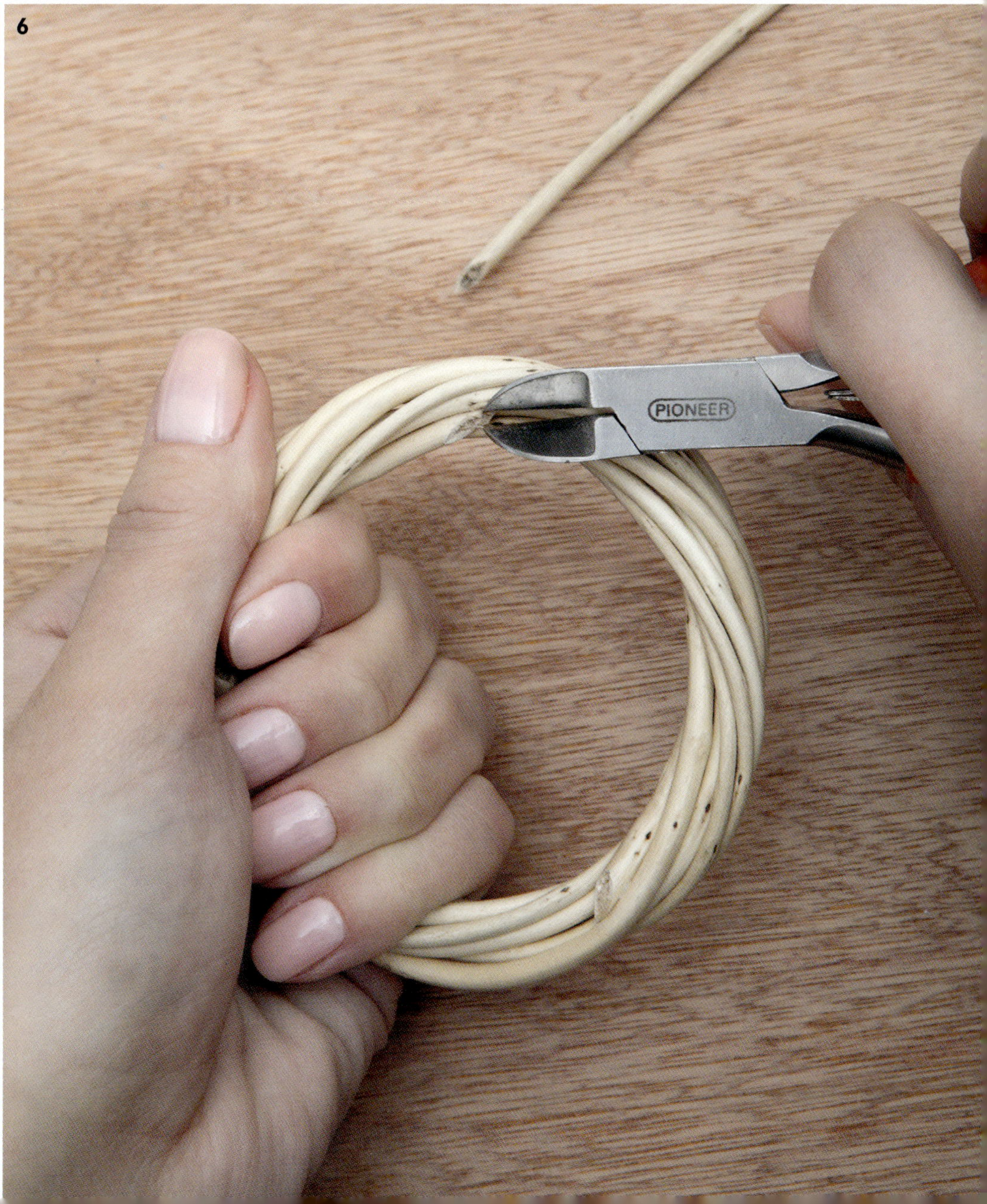

6

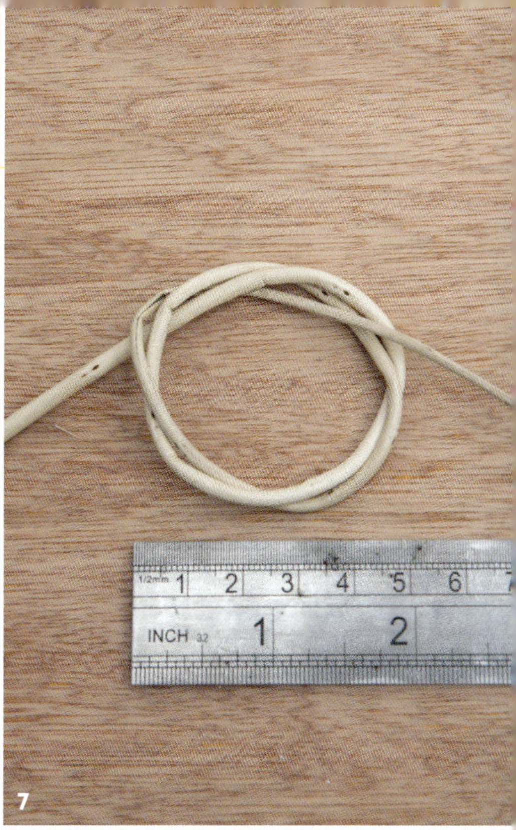

7

10 Um die Silberringe für den Armreif herzustellen, verwenden Sie den 2,5-mm-Silberdraht. Halten Sie ein Ende mit einem Schraubstock oder einer Flachzange. Halten Sie die andere Flachzange in Ihrer rechten Hand, drehen Sie sie mit einer Vierteldrehung, wiederholen Sie dies und arbeiten Sie so Ihren Weg entlang des Drahts. Die Lücke zwischen Ihren Verdrehungen bestimmt, wie nah diese im Silber aneinanderliegen.

11 Glühen Sie Ihre verdrehte Länge des 2,5-mm-Silberdrahts erneut mit der Lötlampe weich und legen Sie sie um den Körner (18 mm), bis so viel Draht wie möglich herumgewickelt ist.

12 Ziehen Sie den Silberdrahtring vom Körner und reinigen Sie ihn im Säurebad.

13 Schneiden Sie mit einer Juweliersäge durch die Silberringe, die Sie eben geformt haben. Einige Menschen sägen lieber von außen, während andere das Sägeblatt lieber durch die Ringe stecken und von innen aus sägen. Egal welche Methode Sie vorziehen, achten Sie darauf, dass Sie an derselben Stelle beginnen und enden, da Sie sonst in Ihren fertigen Ringen Einschnitte haben.

14 Um die silbernen Details der Ohrringe herzustellen, glühen Sie den Silberdraht weich und verdrehen Sie ihn auf dieselbe Weise wie für den Armreif (siehe Schritt 9–12). Der Draht (1,5 mm) wird um einen 9 mm starken Körner geschlungen.

15 Wenn Sie die zwei kleineren Ringe fertiggestellt haben, glätten Sie sie mit der Flachzange, sodass sie flach auf den Lötsteinen liegen.

16 Löten Sie die beiden 10 mm langen Silberdrahtstücke, die die Ohrstecker bilden, an die beiden kleineren Ringe und halten Sie die Drähte dabei mit einer spitzen gebogenen Pinzette.

17 Reinigen Sie die Silberdetails im Säurebad.

18 Um die Weide zu lasieren, verwenden Sie ein wenig Kleber auf einem Stück Draht oder einem zerbrochenen Sägeblatt und heben Sie die Enden der Weide auf den Armreif und die Ringe und kleben Sie sie vorsichtig nach unten.

19 Bedecken Sie alle Teile des Weidenholzes mit Hilfe eines Pinsels mit der Wachslasur und lassen Sie sie gut trocknen. Es kann hilfreich sein, die Werkstücke an einem kleinen Haken oder einem dünnen Faden aufzuhängen, um zu verhindern, dass der Lack während des Trocknens zu sehr gestört wird.

20 Polieren Sie die Silberteile mit einem Silberputztuch.

21 Befestigen Sie die Silberteile an dem verdrehten Weidenarmreif, bringen Sie dann die Ohrringe an und benutzen Sie dabei beide Flachzangen, um beide Seiten der Sprengringe bündig schließen zu können.

22 Befestigen Sie die Ohrsteckerverschlüsse an den Ohrringen.

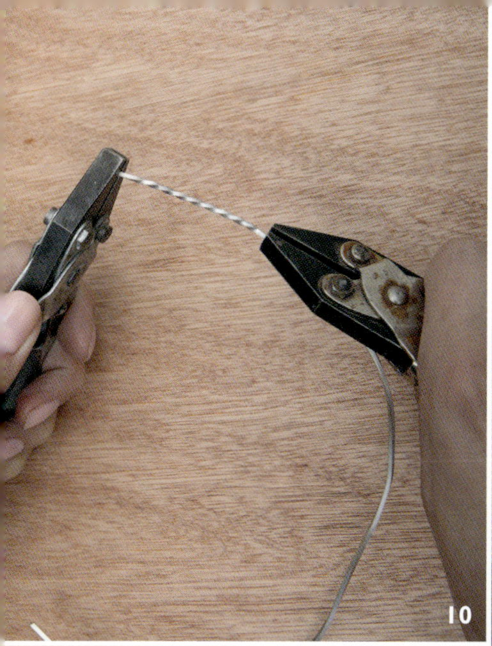

10

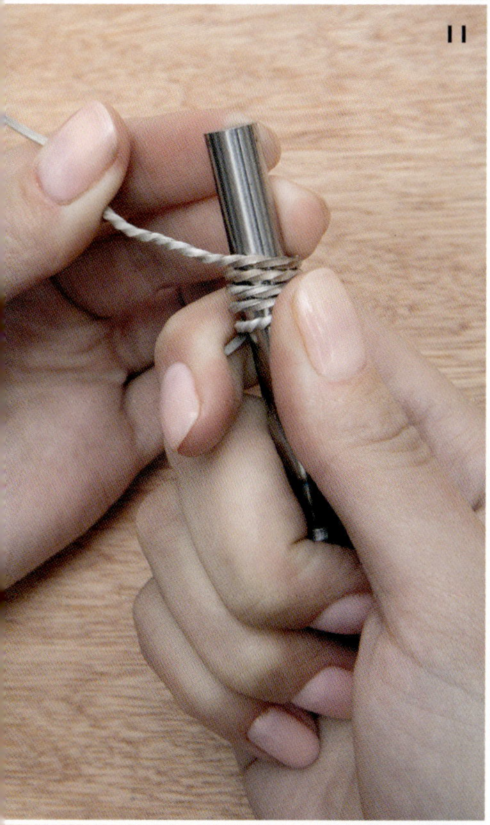

11

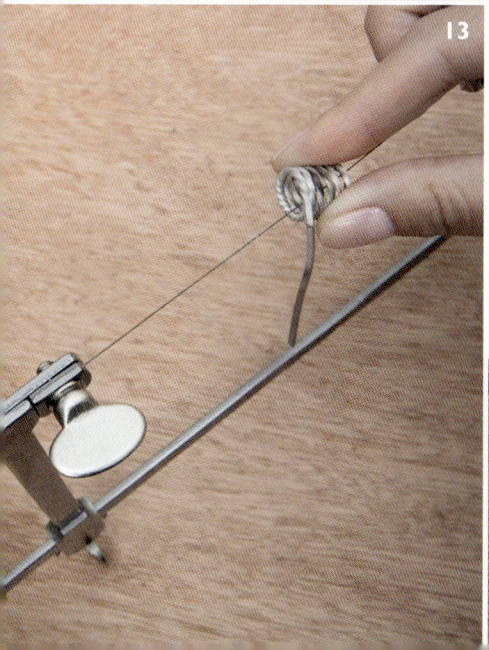

13

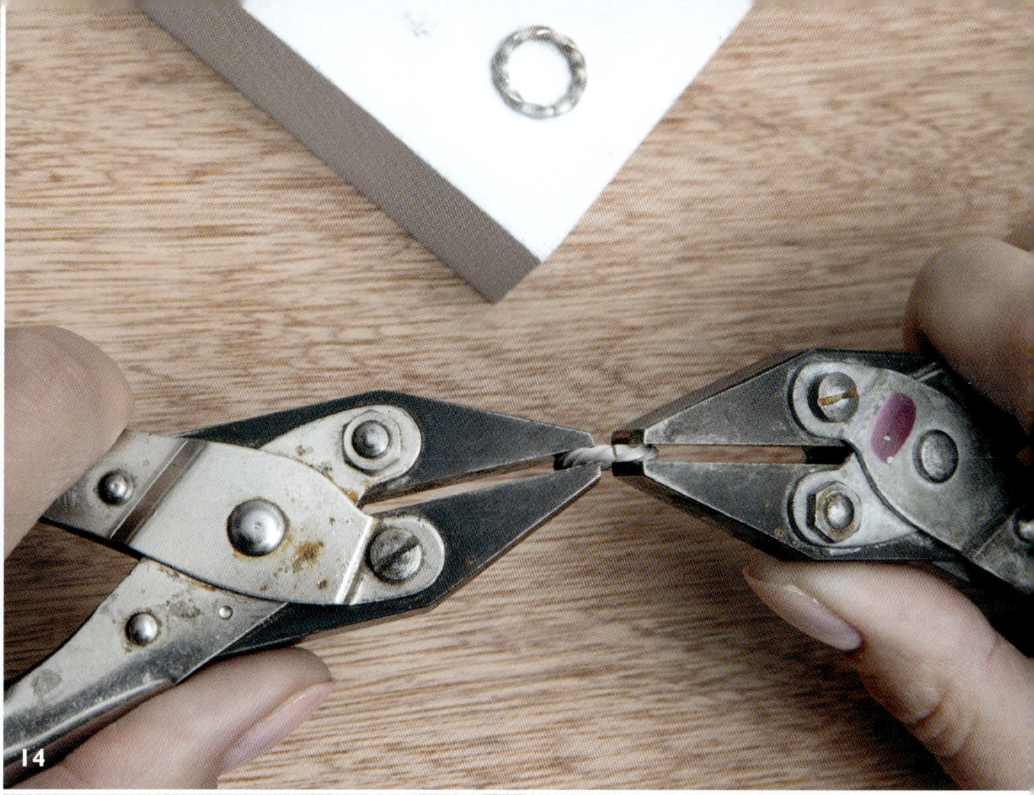

14

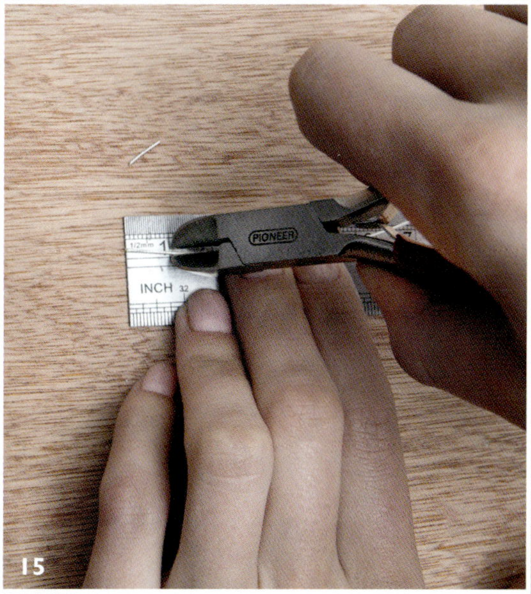

15

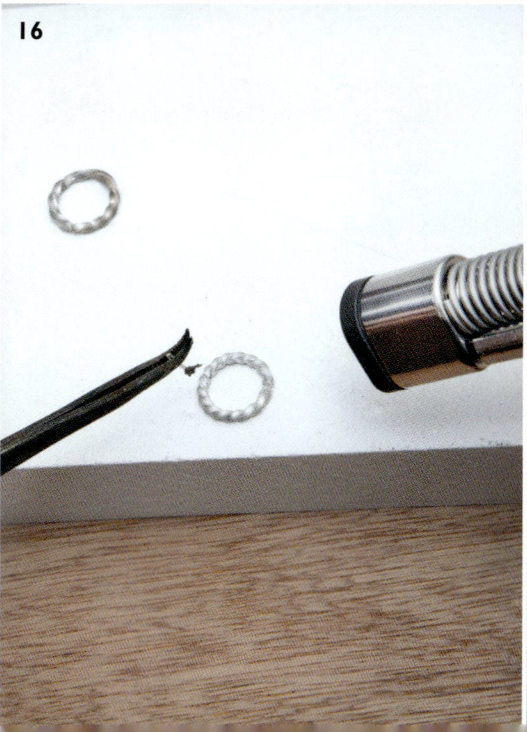

16

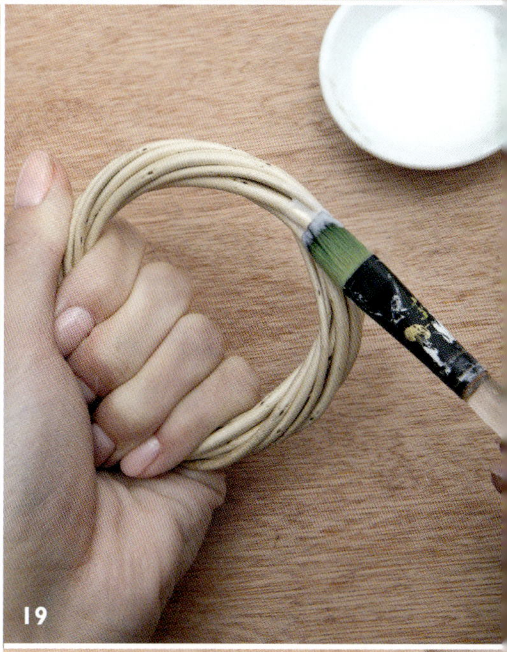

19

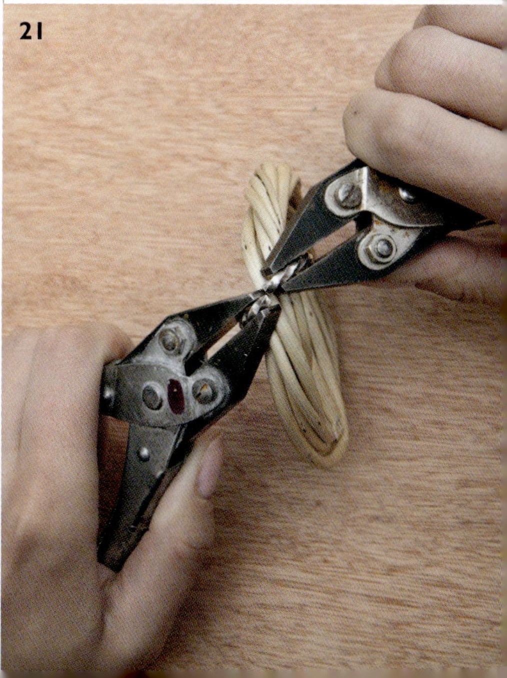

21

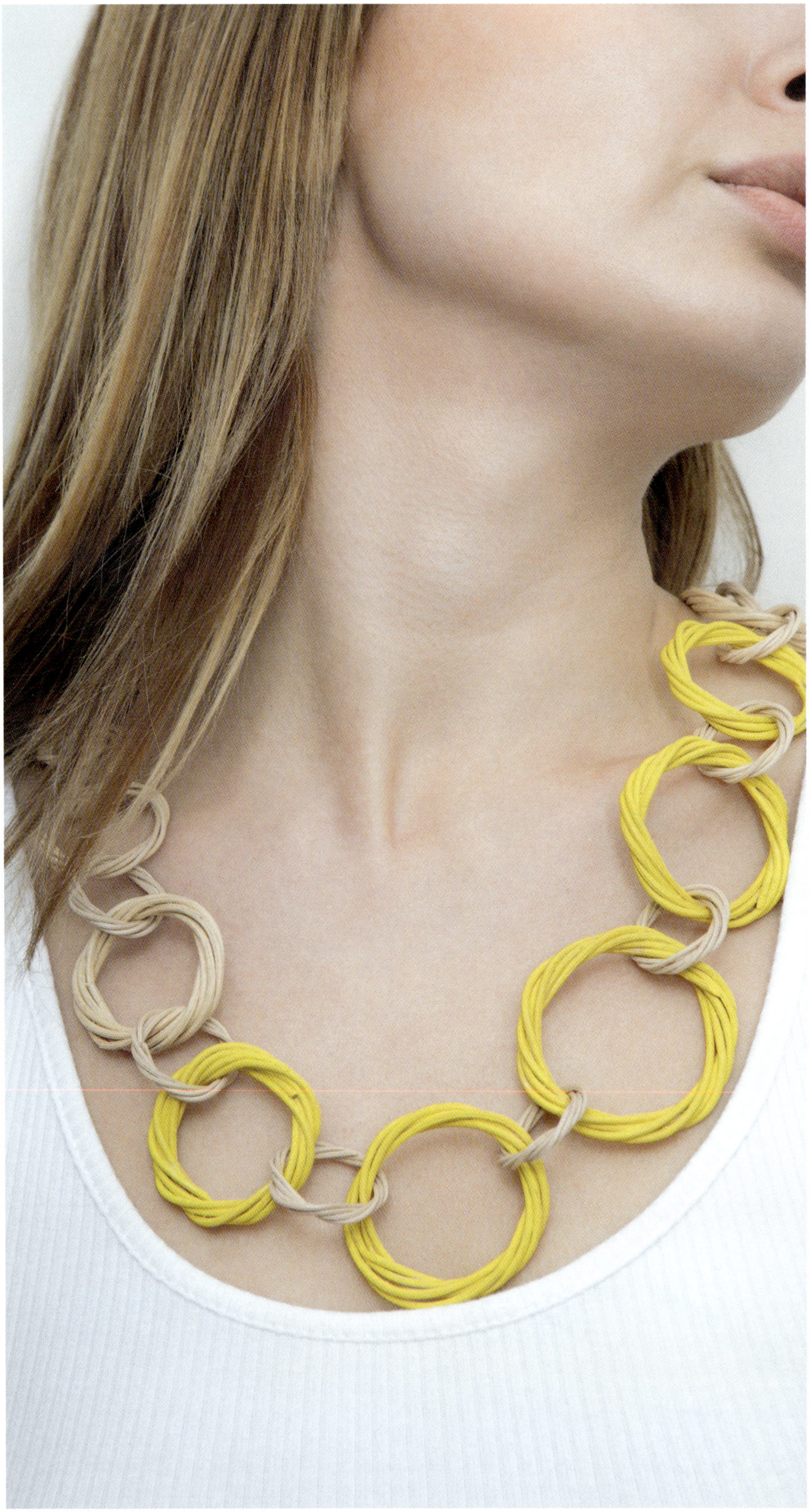

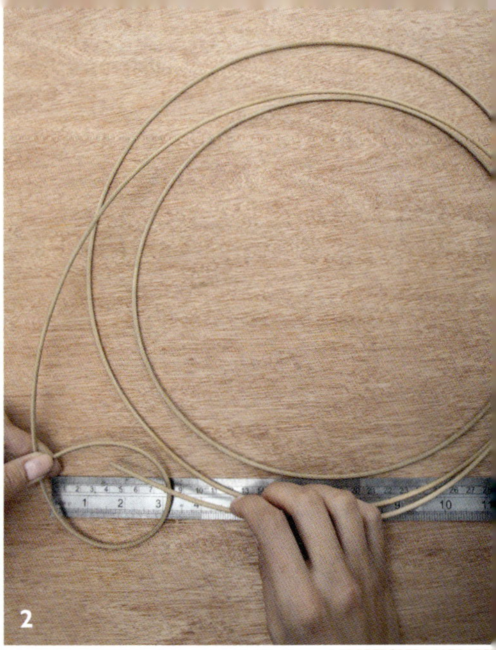

2

6

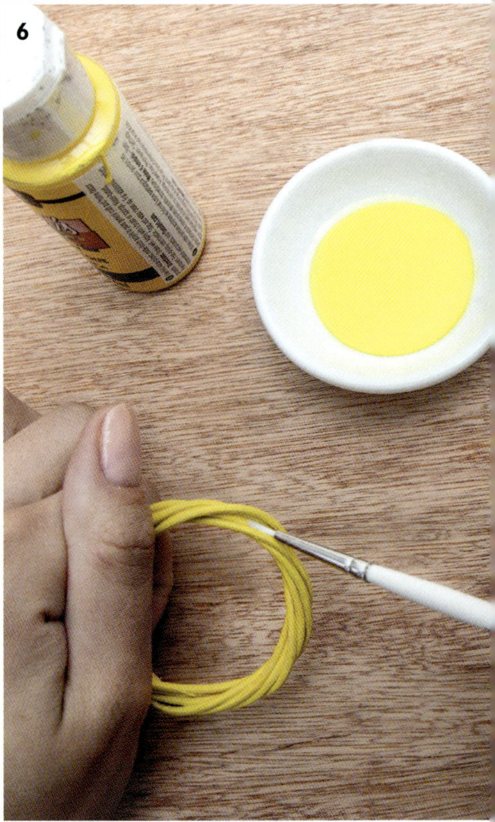

8

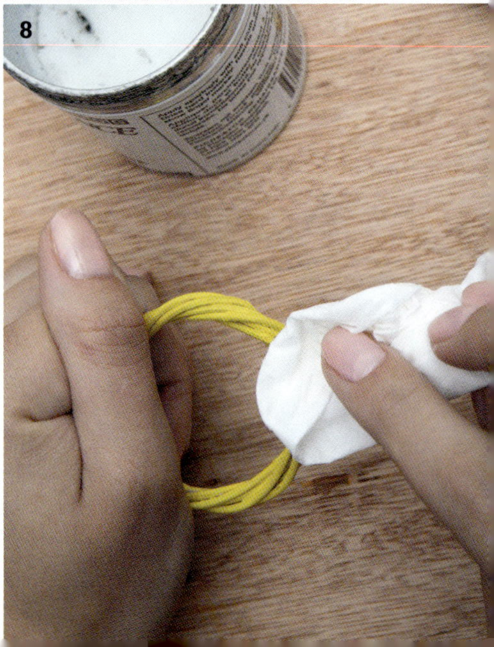

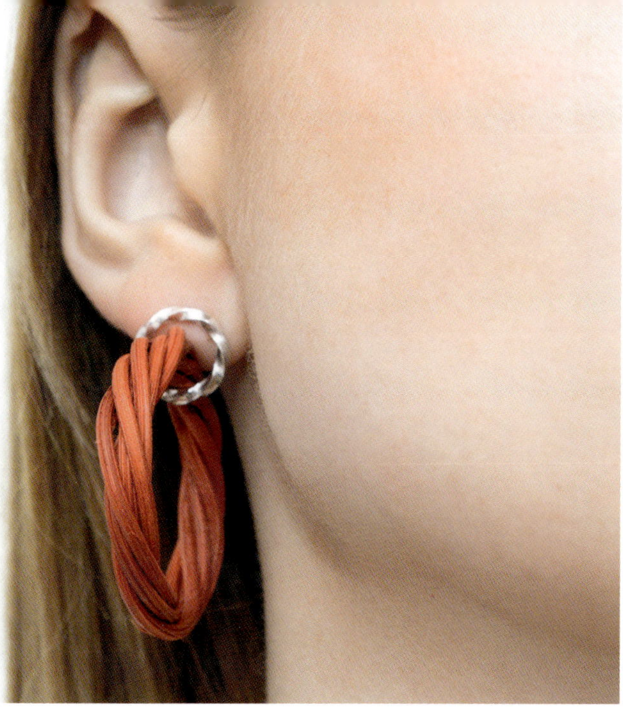

VERSIONEN AUS SCHILFROHR

Wenn Sie nicht die Geduld haben, die Weide vorsichtig in allmählich zu kleineren Kreisen zu biegen, habe ich für Sie auch noch Anleitungen für die Schilfrohrversion dieses Designs, die viel leichter herzustellen ist. Das Schilfrohr ist eigentlich eine Grasart und leichter formbar. Es kann mit einem gleichmäßigen Umfang gekauft werden, was es weit einfacher in der Verarbeitung macht

1 Schilfrohr muss nur eine Stunde vorab eingeweicht werden, trocknet aber auch schnell wieder aus, sodass Sie es am besten erst aus dem Wasser nehmen, wenn Sie es brauchen.

2 Messen Sie Ihr Schilfrohr und schneiden Sie es zu. Für den Armreif habe ich 3,5 m des Schilfrohrs mit 3 mm verwendet, für die Ohrringe 80 cm des Schilfrohrs mit 2 mm und 120 cm des Schilfrohrs mit 1,5 mm.

3 Legen Sie das Schilfrohr für den Armreif zu einer Anfangsschlinge von 8 cm Durchmesser. Für die kleineren Ohrringe wickeln Sie es zu einem Reifen mit einem Durchmesser von 4 cm, für die größeren Ohrringe mit 6 cm

4 Färben Sie die roten Ohrringe mit einer Bastelfarbe.

5 Für die Halskette, die vollständig aus Schilfrohr geformt ist und ohne Silberteile auskommt, habe ich mit 1,5 mm und 2 mm starkem Schilfrohr gespielt und dabei verschiedene Ausgangsdurchmesser für die einzelnen Ringe verwendet. Es ist am leichtesten, die größeren Ringe zu gestalten und zu färben, bevor Sie sie mit den kleineren Ringen verbinden.

6 Ich habe eine gelbe Acrylfarbe verwendet, um das Schilfrohr zu färben.

7 Folgen Sie Schritt 8–16 der Anleitung für das Weidenprojekt, um die Silberteile herzustellen. Bringen Sie sie dann, Schritt 21 (siehe S. 46) des Weidenprojekts folgend, an Ihrem Werkstück an.

8 Versiegeln Sie schließlich alle Schilfrohrteile. Verwenden Sie für gefärbte Oberflächen mikrokristallines Wachs, ansonsten können Sie dieselbe Wachslasur verwenden wie für die Weide (siehe Schritt 19 auf S. 46).

WERKZEUG UND MATERIALIEN

Für die Version aus Schilfrohr:

- 3,5 m Schilfrohr (3 mm)
- 80 cm Schilfrohr (2 mm)
- 120 cm Schilfrohr (1,5 mm)
- 12 cm Silberdraht für die Verzierungen am Armreif (2,5 mm Rechteckquerschnitt)
- 2 Stück (je 10 mm) Silberdraht (0,8 mm) für die Ohrstecker
- Acrylfarbe
- Allzweckfarbe
- Mikrokristallines Wachs
- Flachzange
- Lötlampe
- Lötsteine
- Schmucklot
- Körner (18 mm)
- Säurebad
- Juweliersäge und Metallsägeblatt
- Lötkreuzpinzette
- Schmetterlingsförmige Steckverschlüsse für Ohrstecker

Ohrstecker aus gestockter Buche

WERKZEUG UND MATERIALIEN

- Modellierwachs
- Modellierwachsfeile
- Kreisschablone
- Bandschleifmaschine (optional)
- Juweliersäge und Wachssägeblatt
- Bleistift und Papier
- Stechzirkel und Lineal
- 2 Stück gestocktes Buchenholz, 25 x 25 mm, 10 mm dick
- Staubschutzmaske und Schutzbrille
- Nass- und Trockenschleifpapier (Körnung 240)
- Stanzeisen
- 40 mm Silberdraht (0,8 mm)
- Silberplatte (0,8 mm), ca. 15 x 30 mm
- Treibklotz
- Körner
- Metallhammer
- Feinbohrschleifer
- Bohraufsatz (0,8 mm)
- Grobe Feile
- Feine Feile
- Seitenschneider oder Blechschere
- Feiner Permanentstift
- Lötlampe und -steine
- Schmucklot
- Säurebad
- Mikrokristallines Wachs
- Sekundenkleber oder 2-Komponenten-Epoxidkleber
- Extragroße schmetterlingsförmige Steckverschlüsse für Ohrstecker

Dieses einfache Projekt zeigt eine Art, Ohrstecker aus einem Treibklotz herzustellen. Das minimalistische Design erlaubt dem Holz, die Hauptrolle einzunehmen. Ich habe mich dazu entschieden, Buche zu verwenden, die ein zufallsbedingtes Muster, das durch einen Pilz verursacht wurde, aufweist. Ich habe ein kleines Stück dieses Holzes bei einem Lieferanten für Drechsler von Messergriffen gekauft. Bis Sie Ihre Stücke in Form gebracht haben, können Sie nicht sicher sein, wie das Muster sein wird oder sich auf sein Aussehen verlassen, da es immer wieder Überraschungsmomente gibt und jeder Ohrring, den Sie gestalten, anders aussehen wird.

GEGENÜBER Ohrringe aus gestockter Buche mit handgemachter Silberfassung

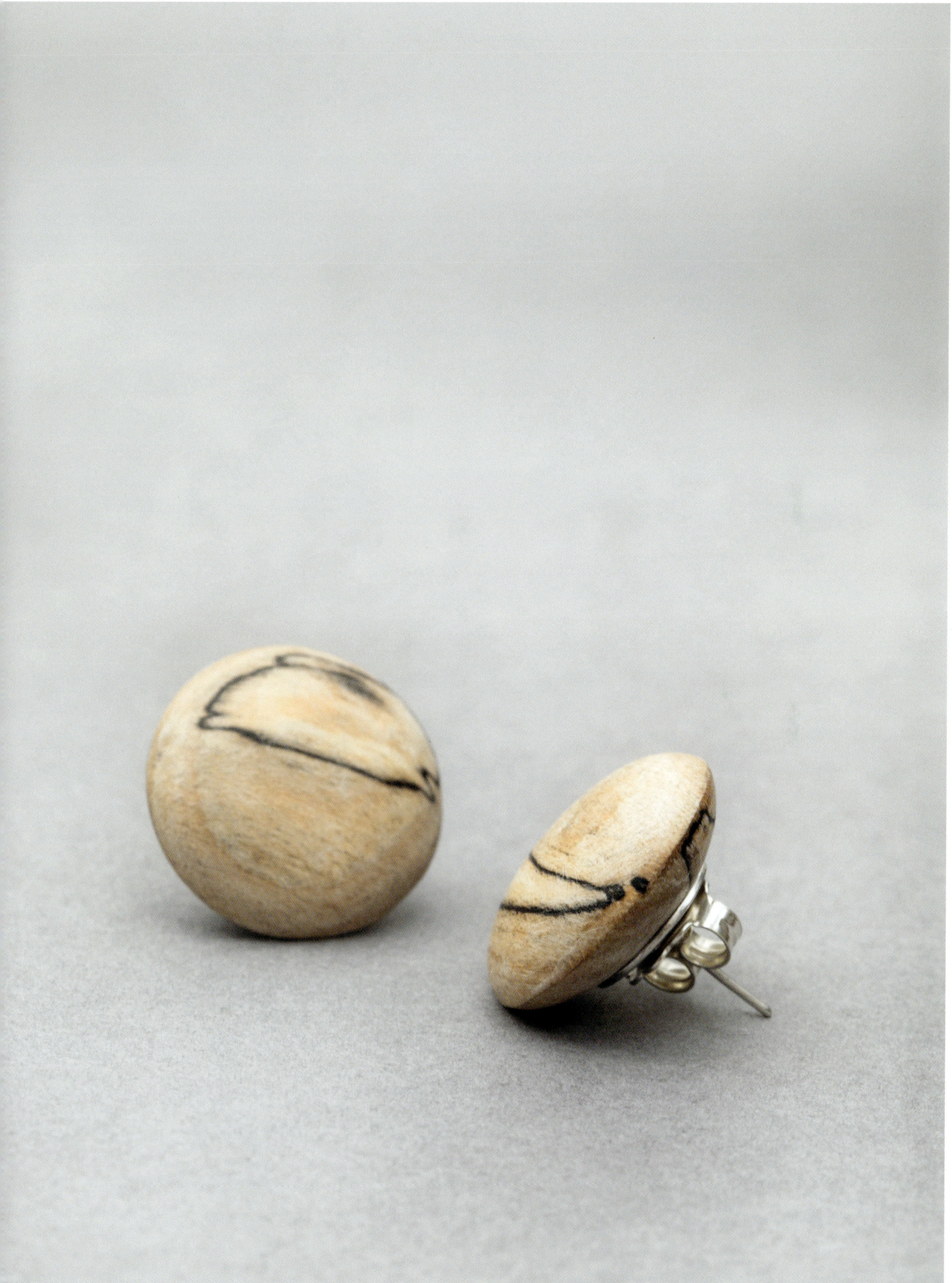

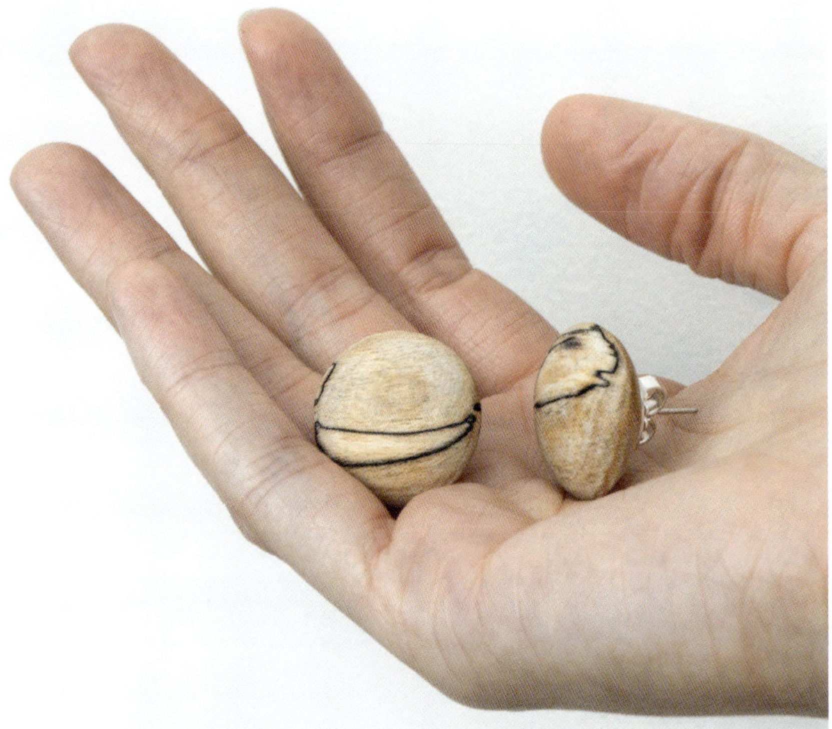

1 Gestalten Sie mit einer Juweliersäge mit einem Wachssägeblatt und einer Wachsfeile Modelle aus Modellierwachs, um ansprechende Proportionen für verschiedene Formen zu finden. Ich habe diese Testmethode verwendet, um über die Höhe der Holzscheiben zu entscheiden, die ich für dieses Projekt verwenden würde – in dem Wissen, dass ich einen Kreis mit dem Durchmesser von 25 mm verwenden würde und dass ich so viel Holz wie möglich nutzen wollte.

2 Benutzen Sie den Stechzirkel, um eine Linie von 10 mm um Ihr Holz herum anzuzeichnen.

3 Schneiden Sie zwei Scheiben Buchenholz (10 mm) mit der Juweliersäge zu. Eventuell müssen Sie einige mehr zuschneiden, um die beiden mit den interessantesten Mustern auszuwählen, die auch als Paar gut aussehen.

4 Zeichnen Sie einen Kreis von 25 mm mit einer Schablone oder einem Stechzirkel auf jedes Holzstück.

5 Sägen Sie die Form mit einer Juweliersäge aus und seien Sie dabei vorsichtig, senkrecht zu sägen, da Sie sonst die Unterseite Ihres Kreises beeinträchtigen. Verfeinern Sie die Schnittkante mit der groben Feile.

6 Markieren Sie die Mittellinie der Kante der Holzformen mit einem Bleistift.

7 Verwenden Sie eine grobe Feile oder eine Bandschleifmaschine, um die Wölbung des Holzes auf jeder Seite von der Markierung aus nach oben zu formen.

8 Wenn Sie mit der Form der Holzteile zufrieden sind, schleifen Sie sie mit einer feinen Feile und dem Schleifpapier.

9 Versiegeln Sie das Holz mit mikrokristallinem Wachs und lassen Sie es trocknen.

10 Benutzen Sie das Stanzeisen und einen Holz- oder Metallhammer, um die beiden 12 mm großen Silberscheiben auszustanzen.

11 Markieren Sie den Mittelpunkt der Silberscheiben mit dem feinen Permanentstift.

12 Bohren Sie ein 0,8 mm starkes Loch in jede Scheibe, dann schneiden Sie zwei 20 mm lange Stücke Silberdraht zu.

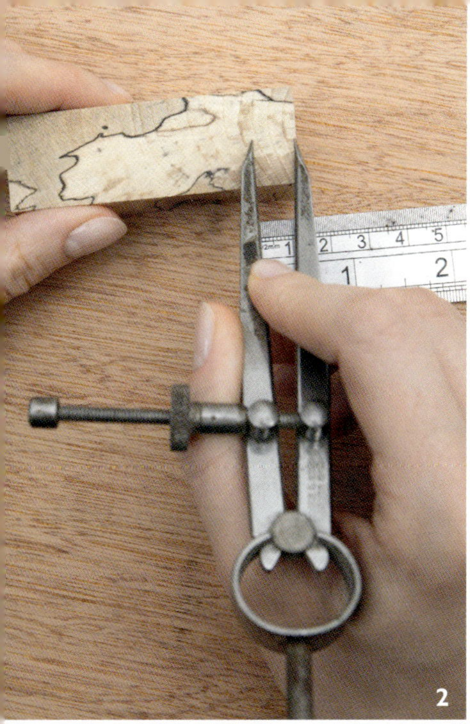
2

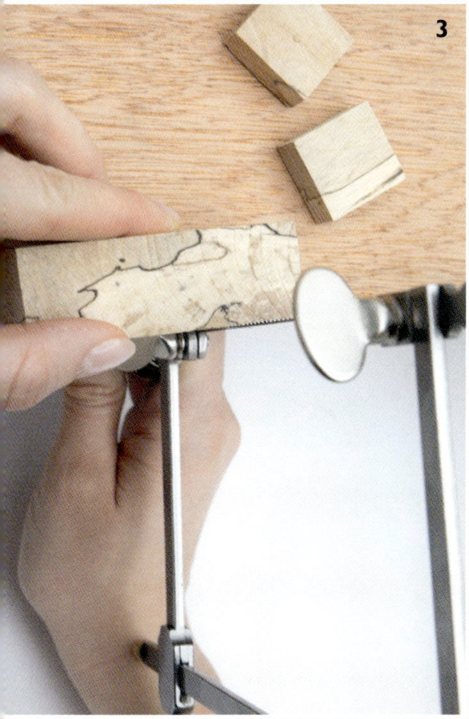
3

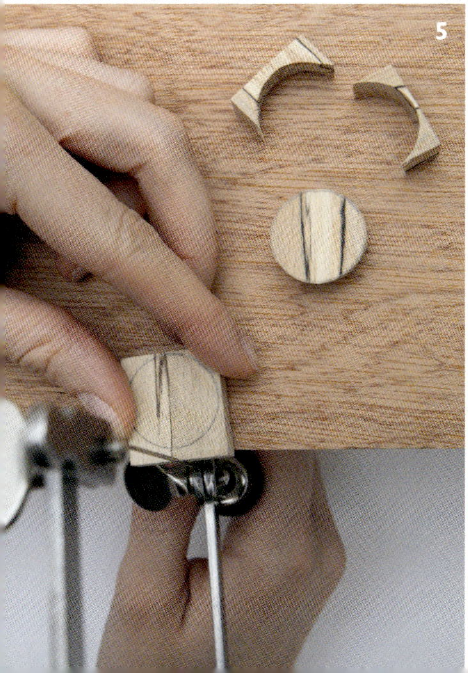
5

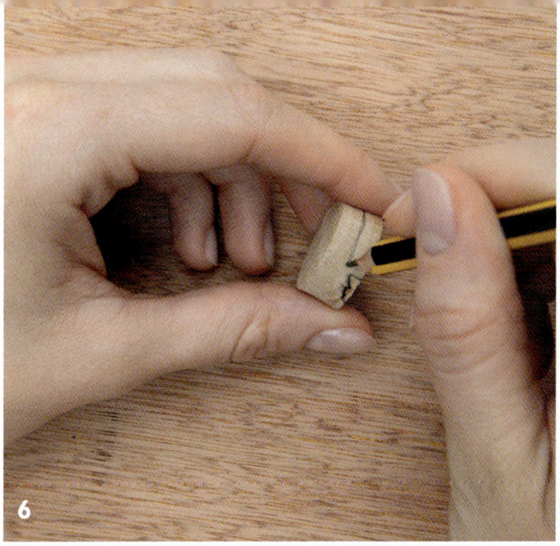
6

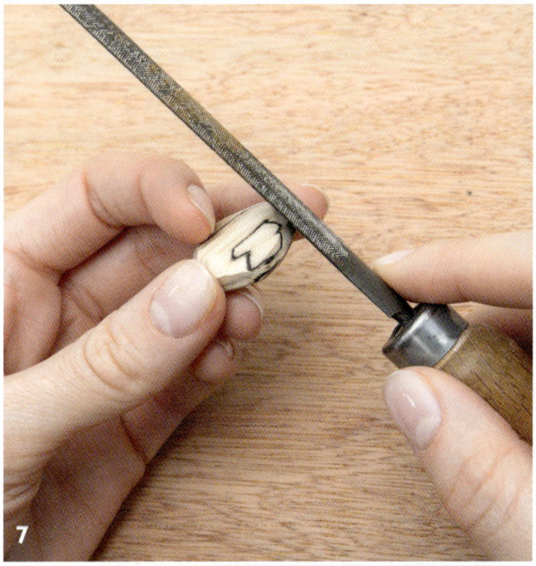
7

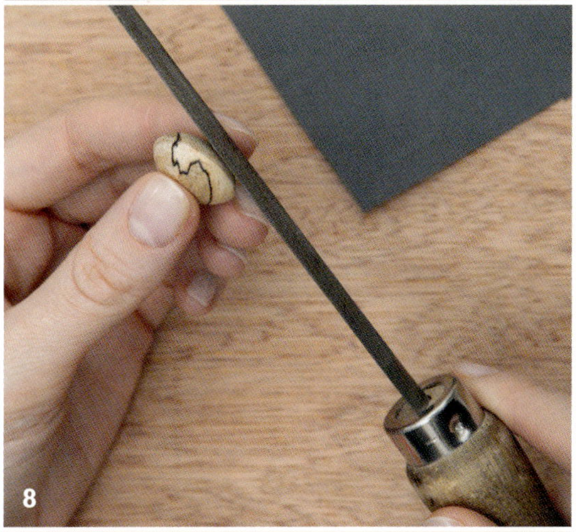
8

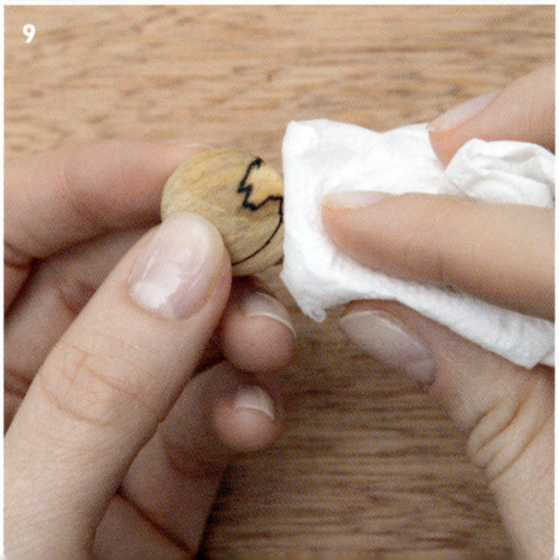
9

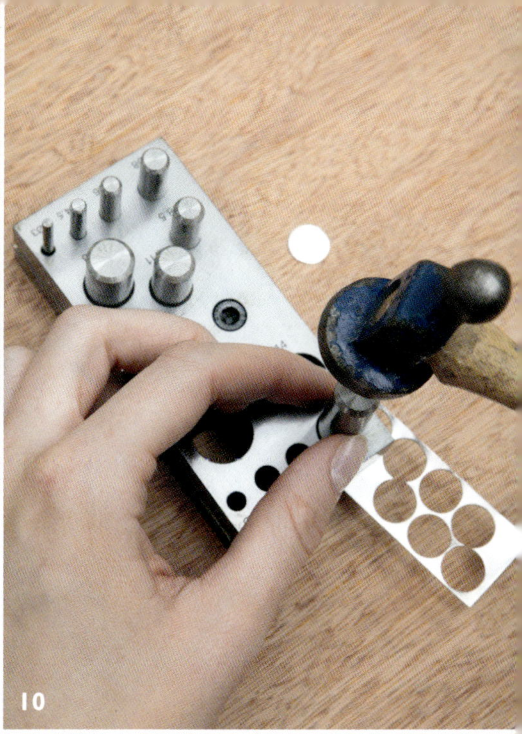
10

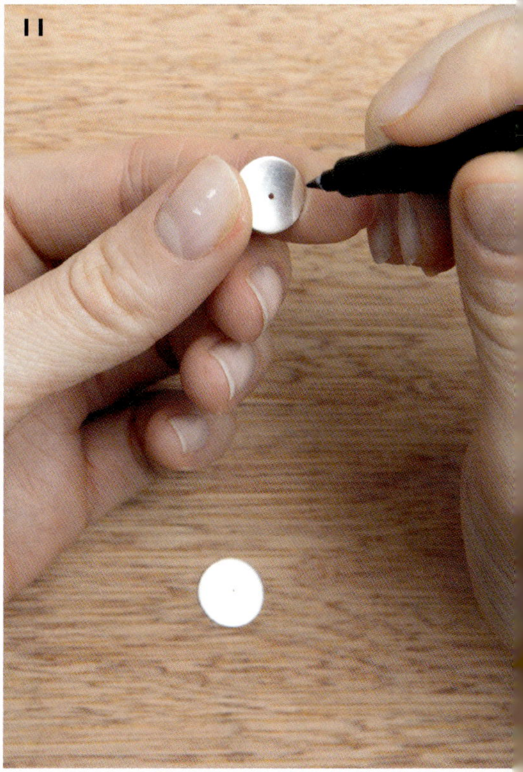
11

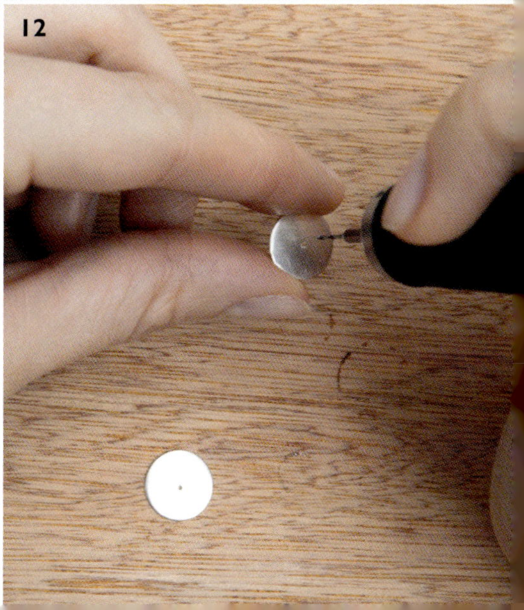
12

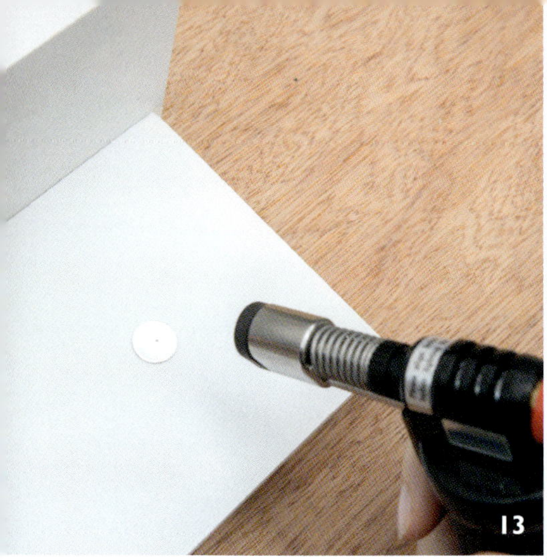
13

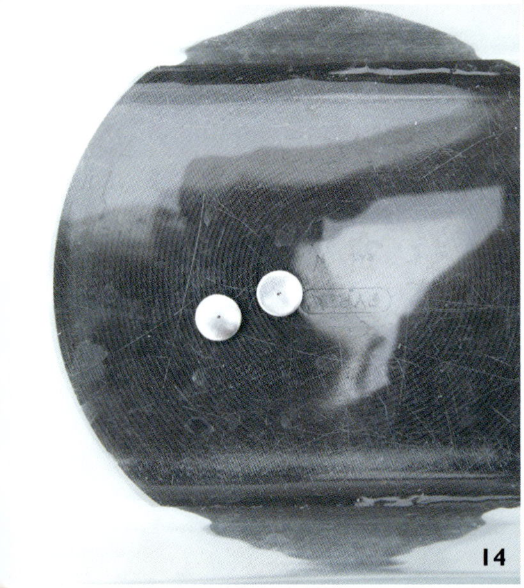
14

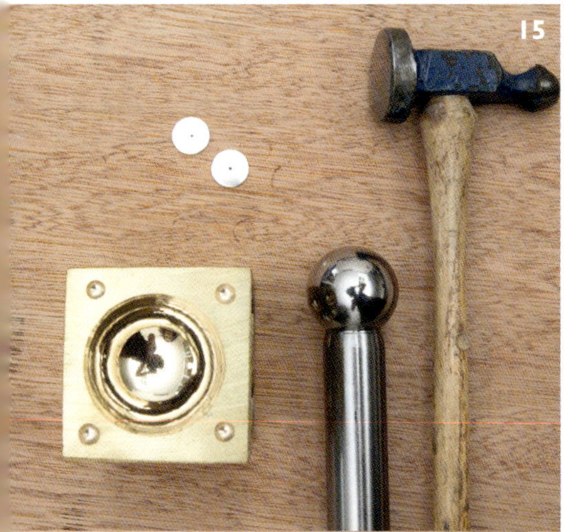
15

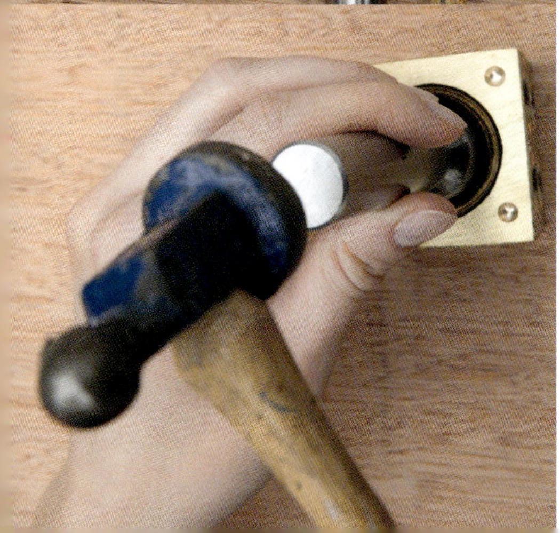

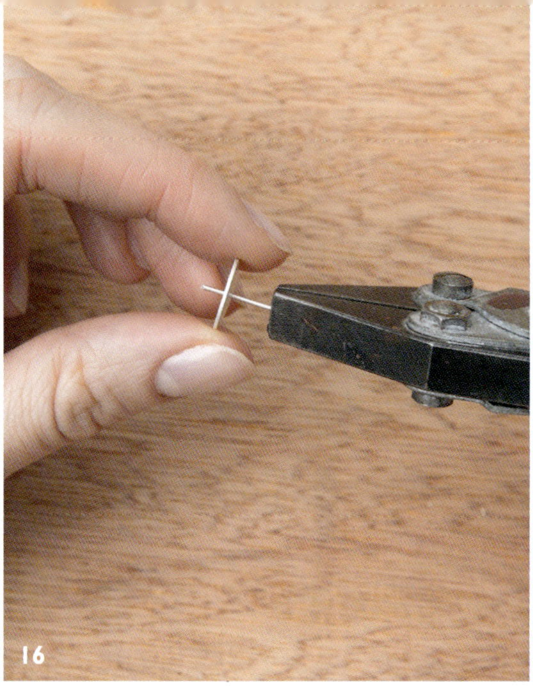
16

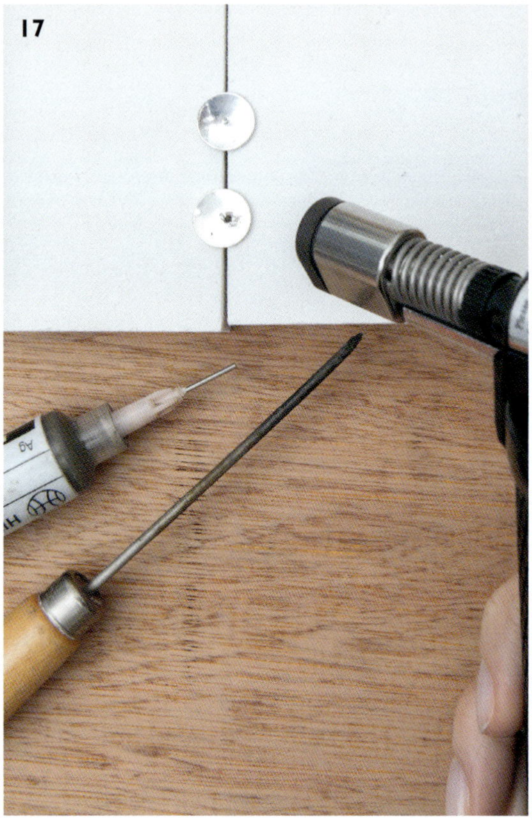
17

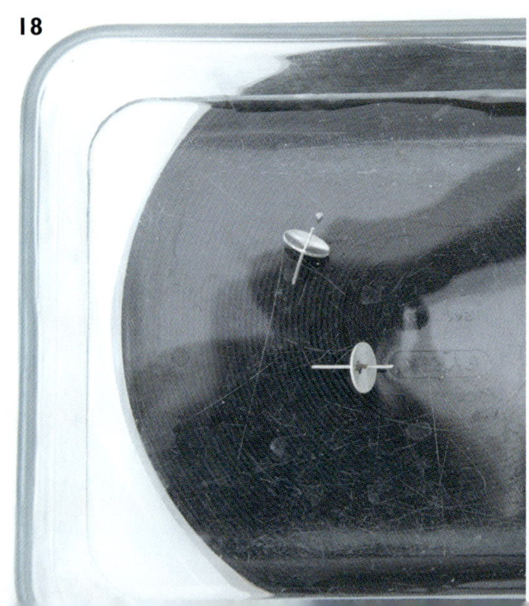
18

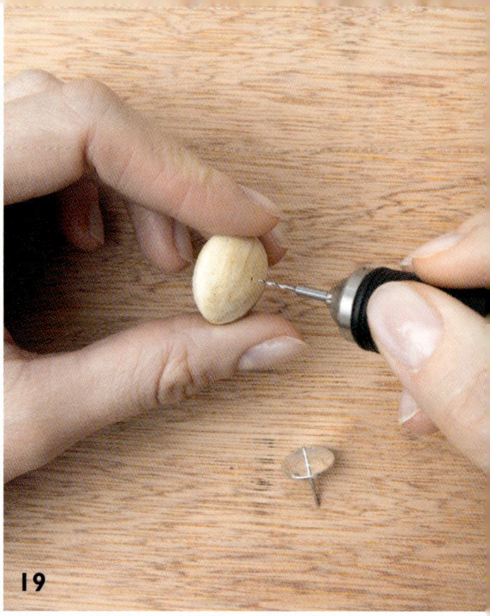
19

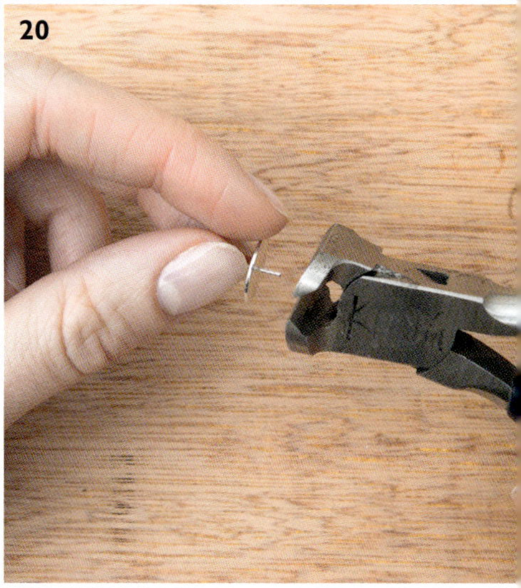
20

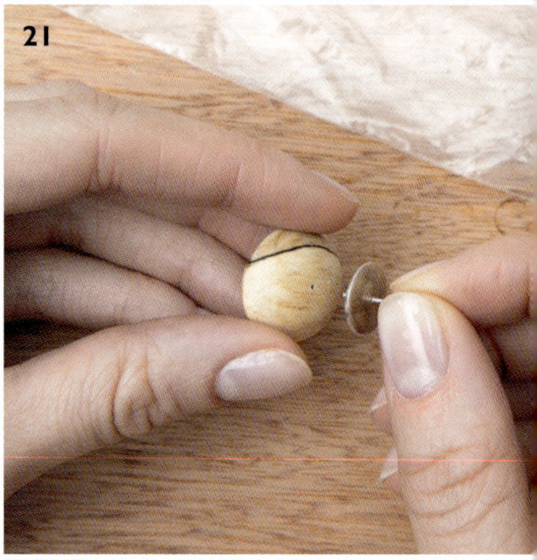
21

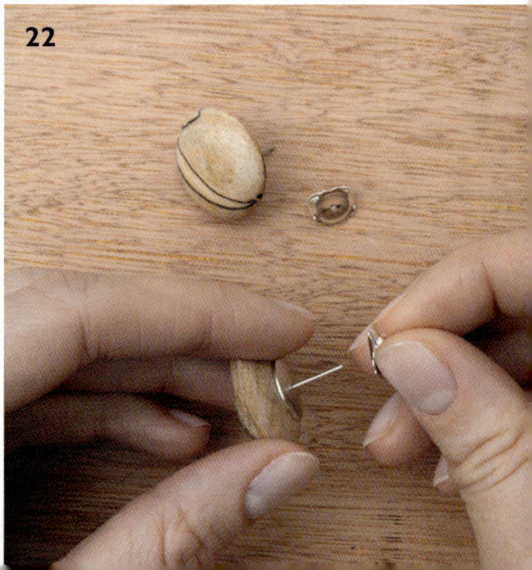
22

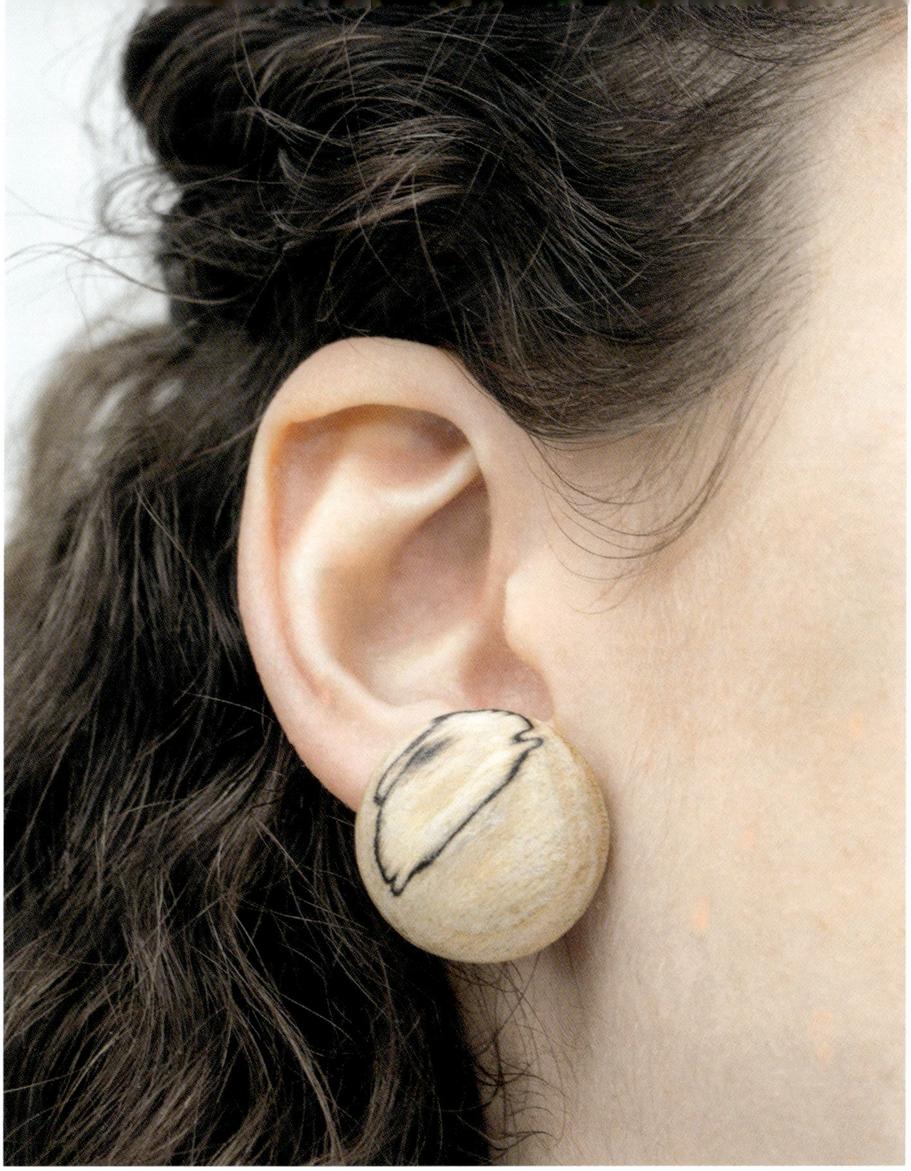

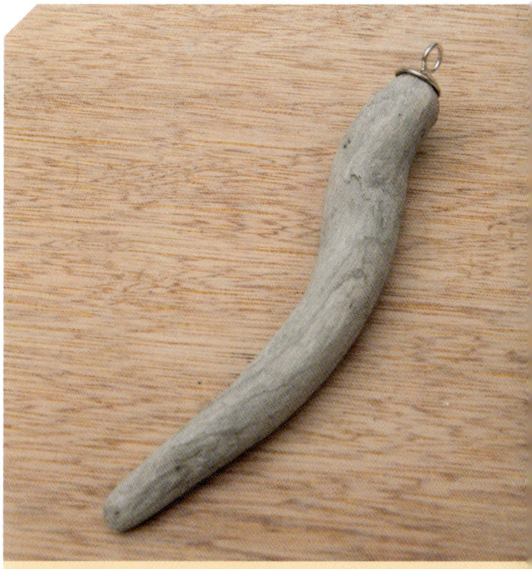

13 Glühen Sie die auf Lötsteinen liegenden Scheiben mit einer Lötlampe weich.

14 Im Säurebad reinigen. Sie möchten keine Unreinheiten in die Oberfläche des Silbers hämmern, wenn Sie die Wölbung einarbeiten.

15 Verwenden Sie einen großen Körner und das Scheibenstanzwerkzeug für Wölbungen und hämmern Sie die Scheiben zu einer leichten Wölbung, die zu jenen der Holzteile passt.

16 Fädeln Sie ein Stück Silberdraht bis zur Hälfte durch das Loch in jeder Scheibe.

17 Löten Sie den Draht mit einer kleinen Menge Schmucklot in der konkaven Seite der Scheibe an.

18 Nachdem Sie alle Silberteile im Säurebad gereinigt haben, polieren Sie sie mit einem Silberputztuch.

19 Bohren Sie ein 0,8 mm dickes und etwa 5 mm tiefes Loch in die Mitte des Holzes.

20 Schneiden Sie den Silberdraht mit einem Seitenschneider zurecht, sodass die Ohrstecker plan auf dem Holz zu liegen kommen.

21 Kleben Sie den Silberdraht mit Sekundenkleber oder 2-Komponenten-Epoxidkleber an.

22 Wenn der Kleber getrocknet ist, bringen Sie die großen Ohrsteckerverschlüsse auf den Drahtsteckern an.

Varianten

- *Andere Holzarten mit interessanter Maserung: Versuchen Sie es mit Zebrano, Vogelaugenahorn, Palisander (Achtsamkeit bei der Beschaffung tropischer Harthölzer, wie Palisander, ist oberstes Gebot!) oder Roupala montana (auch Brazilian Lacewood genannt).*

- *Alternative Oberflächendekoration: Verwenden Sie ein ruhigeres Stück Holz, wie etwa Linde, und probieren Sie ein paar der Oberflächeneffekte von S. 149 aus.*

- *Einlegearbeiten: Versuchen Sie sich an ein paar der alternativen Einlegearbeiten von S. 125.*

- *Alternative gewölbte Silberdetails: Eine tiefere Wölbung wurde für eine Anhängerfassung des hübsch geformten Stücks Treibholz oben verwendet. Ich habe einen 0,8 mm starken Draht innen angelötet und ihn auf den Kopf gestellt, mit dem Draht zwischen zwei Lötsteinen, um den Sprengring anzulöten.*

Im Gespräch mit Inni Parnanen

Die finnische Schmuckkünstlerin und -designerin Inni Parnanen schloss ihre Ausbildung als Goldschmiedin am Lahti Institute of Design 1995 ab und beendete ihr Masterstudium 1998 am Institut für Design an der University of Art and Design in Helsinki. Sie nimmt aktiv an finnischen und internationalen Ausstellungen teil. Ihre Arbeiten können sowohl in vielen internationalen Publikationen als auch in privaten und öffentlichen Sammlungen gefunden werden.

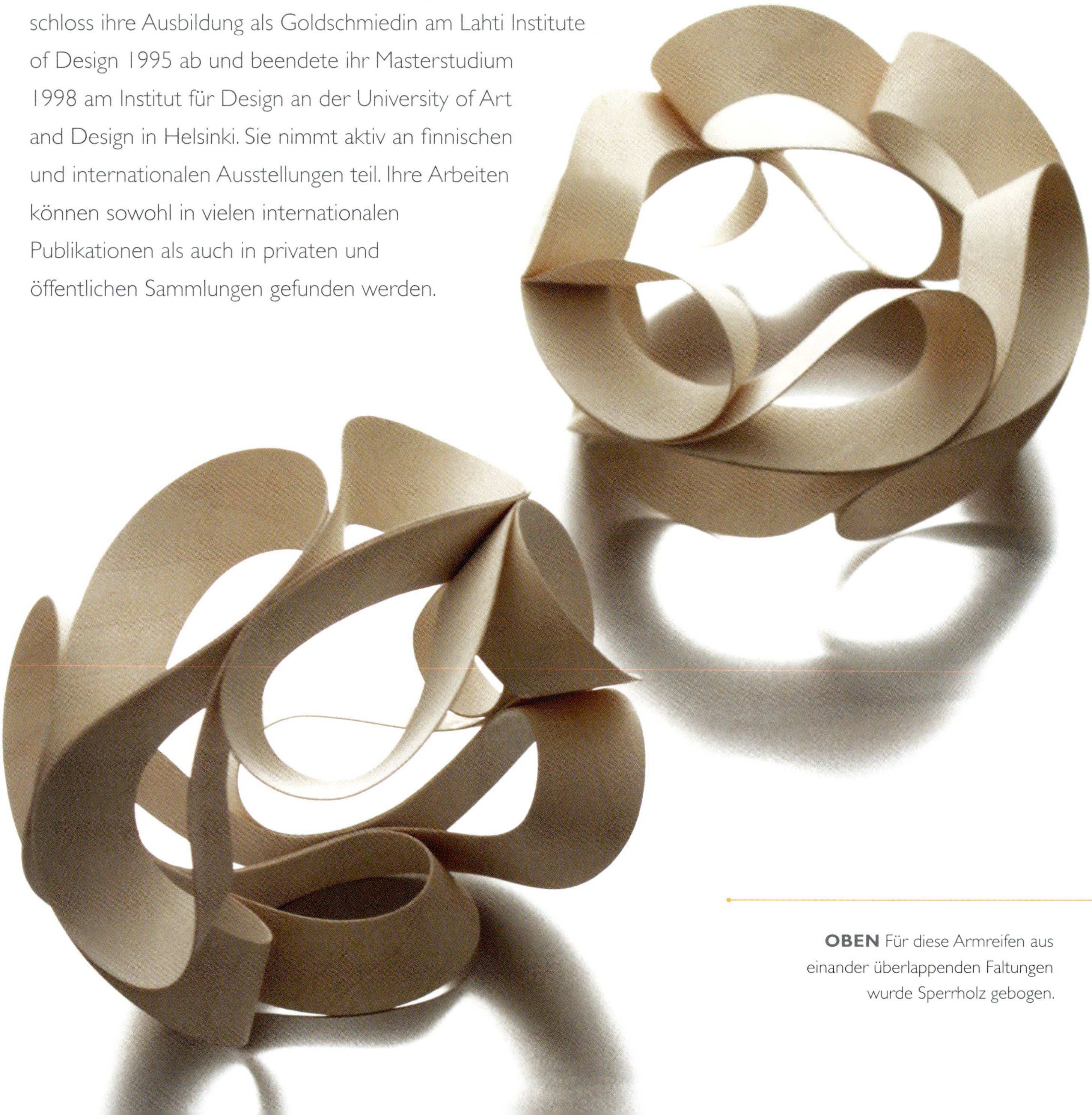

OBEN Für diese Armreifen aus einander überlappenden Faltungen wurde Sperrholz gebogen.

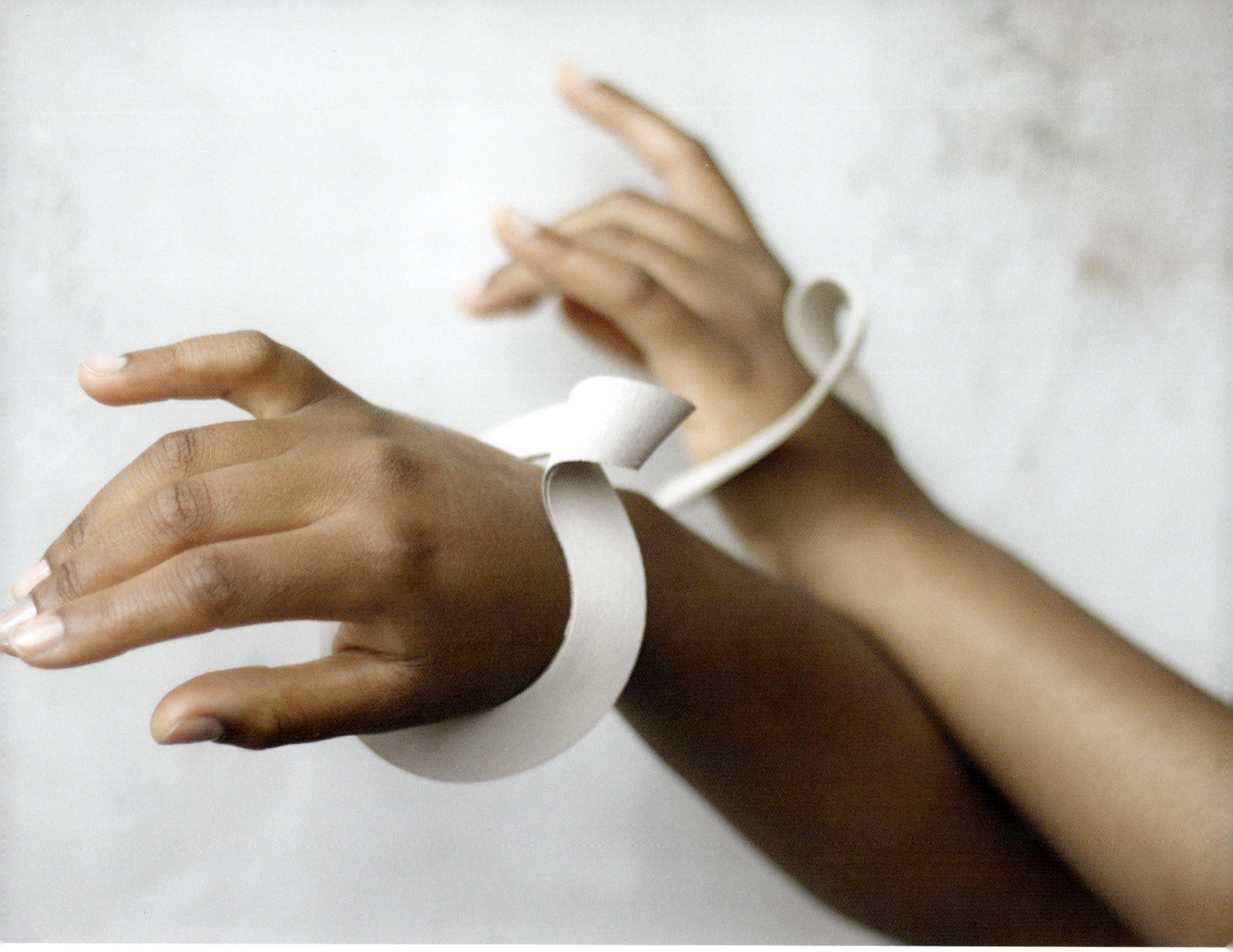

OBEN Eine einfache gebogene Drehung ist der Schlüssel zu diesen Sperrholzarmreifen.

Was sind die Hauptthemen deiner Werke?

Ich erforsche Strukturen und Materialien und ich finde die große Bandbreite an Möglichkeiten, die Schmuck als Medium hergibt, sehr fesselnd. Die Materialien, die ich als Ausgangspunkt wähle, werden oft zufällig gewählt, doch diese Materialien führen mich im Grunde durch den Prozess. Die Natur des Materials und die Beschaffenheit des sich daraus ergebenden Werkstücks bestimmen, wie mein Schmuck getragen wird.

Gibt es Künstler oder andere Einflüsse, die besonders wichtig für deine Entwicklung waren?

Wenn es um die Verwendung von Materialien geht, finde ich das traditionelle Handwerk sehr inspirierend. Künstler, die Tradition mit einem interessanten Kick nutzen, wie etwa das Designerpaar Aamu Song und Johan Olin, bewundere ich wahrhaftig. Auch die Arbeit von Janna Syvänoja ist sehr wichtig für mich. Ihre Art, Materialien zu verwenden, ist atemberaubend.

Dein Schmuck nutzt verschiedene Materialien wie etwa Pergament, Horn, Silber und Holz. Hat die Arbeit mit einem Material zu neuen Werken aus einem anderen geführt?

Ich verspüre eine Neugierde für Materialien und oft führt ein Ding zum nächsten. Die Technik, die bei verschiedenen Materialien angewandt wird, kann dieselbe bleiben. Was passiert, wenn das Material sich ändert, ist die grundlegende Entdeckung ebenso wie die benutzte Technik mit Form und Struktur interagiert.

Kannst du deinen Arbeitsprozess – Zeichnen, Anfertigen von Modellen usw. – beschreiben und wie er in den verschiedenen Gebieten deiner Arbeit variiert?

Ich arbeite mit dreidimensionalen Skizzen und meistens beginne ich mit Papiermodellen. Oft stelle ich auch einen Prototypen in Originalgröße her.

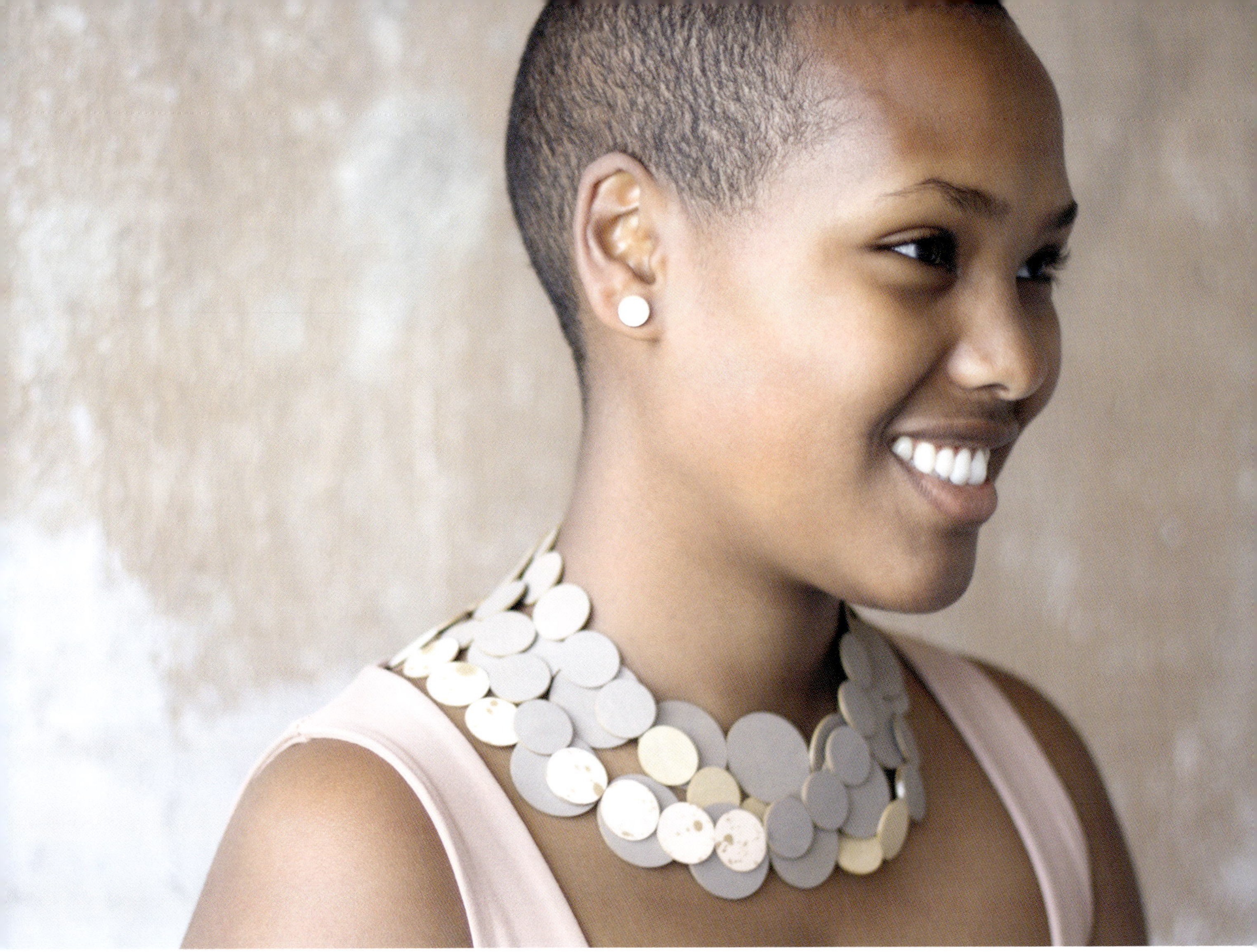

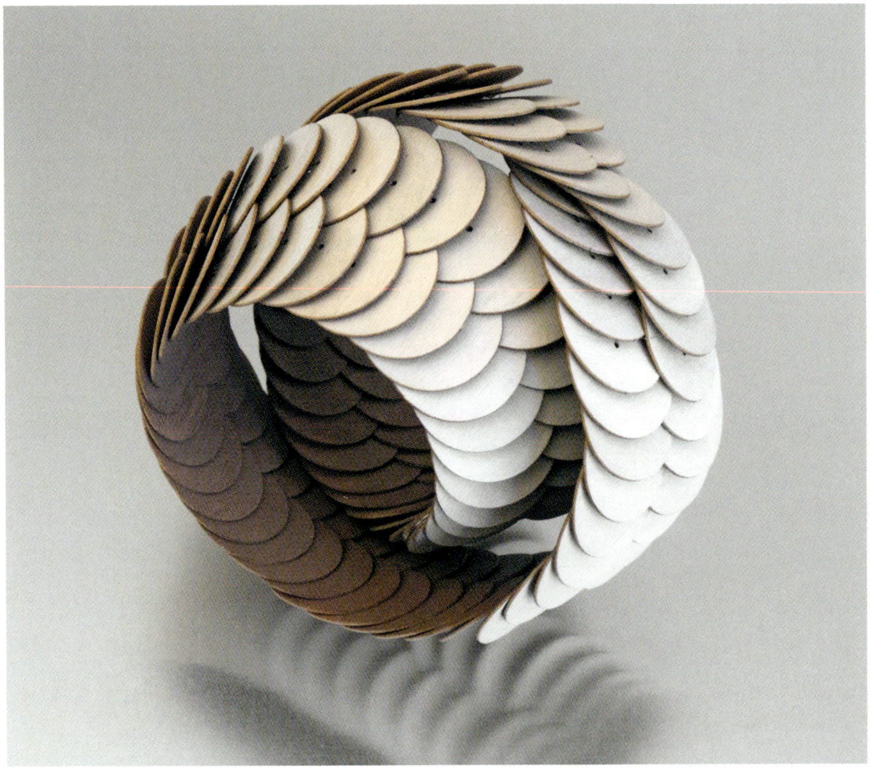

OBEN Ein Quartett aus den Sperrholzhalsketten „Pallo" mit Magnetverschlüssen

LINKS Ein umkehrbares Design aus Sperrholz, das als Halskette oder Armband getragen werden kann

GEGENÜBER Sperrholzblumen werden mit Silberringen verbunden und das sich daraus ergebende Schmuckstück wird mit einem Leinenband geschlossen.

Welche Techniken benutzt du, um deine Werkstücke aus Holz zu gestalten? Wieviel arbeitest du mit CAD-CAM-Laserschnittverfahren, wieviel ist Handarbeit?

Das verwendete Material leitet den Arbeitsgang und das Gefühl, per Hand voranzukommen, ist essentiell, aber das Laserschnittverfahren ist ein wichtiges Werkzeug, das viele meiner Prozesse erst möglich macht. Bei Sperrholz verwende ich auch Methoden wie Erhitzen, Pressen und Biegen.

Die Hölzer, die du verwendest, sind dünn und zerbrechlich – dünnes Sperrholz, Birkenrinde – und passen vermutlich sowohl zu deinen Ideen als auch zu deinen Techniken?

Ich finde die Widersprüche in meiner Arbeit sehr interessant. Während das Stück komplex aussieht, ist es extrem einfach in seiner Struktur. Die Strukturen sehen organisch aus und doch haben sie einen geometrischen Ausgangspunkt. Der Kontrast von Einfachheit und Komplexität, Zartheit und Härtegrad ist eine konstante Inspirationsquelle. Sperrholz ist ein vielfältiges Material, das zu meinen Vorhaben passt. Auch wenn ich nicht an eine gewisse Materialgruppe gebunden sein möchte, fühle ich mich immer wieder zu Naturmaterialien und ihren überraschenden Eigenschaften hingezogen. Wenn ich mit Sperrholz arbeite, verwende ich verschiedene Methoden, um es zu biegen. Und da ich keinen Dampfgenerator besitze, weiche ich das Material vor dem Biegen ein. Manchmal verwende ich ein Heißluftgebläse. Ich teste viel herum und die richtige Methode kommt im richtigen Moment. Es gibt einige unterschiedliche Sperrholzarten und ich habe bemerkt, dass sich jede von ihnen ein wenig von den anderen unterscheidet. Wenn ich ein Werkstück also zum Beispiel vergrößere, treffe ich auf ein Problem, das gelöst werden muss.

Was hat dich dazu bewegt, in größeren Dimensionen zu arbeiten?

Da ich feststelle, dass die Verwendung des Materials meinen Arbeitsprozess leitet, hat es mich auch fließend zu größeren Werkstücken geleitet. Die Strukturen in meiner Arbeit werden sehr natürlich größer – sie wachsen. Die Variation in der Größe ist auch ein Teil der Inspiration geworden.

Siehst du deine Arbeit als Teil einer nordischen Tradition?

Ich empfinde meine Arbeit sehr stark als Teil nordischer Tradition. Mein Interesse an der Welt der Natur und der Handwerkskunst haben eine starke Verbindung zur Finnischen Moderne. Ich bin also sowohl angetrieben vom Prozess als auch vom Produkt.

Wie balancierst du Ideen und praktische Bedenken in deiner Arbeit aus?

Technische Fragen werden während des Arbeitens gelöst. Nachdem das meiste meiner Arbeit auf einer bestimmten Struktur basiert, sind technische Lösungen das Rückgrat meiner Arbeit und oft auch das, womit ich beginne.

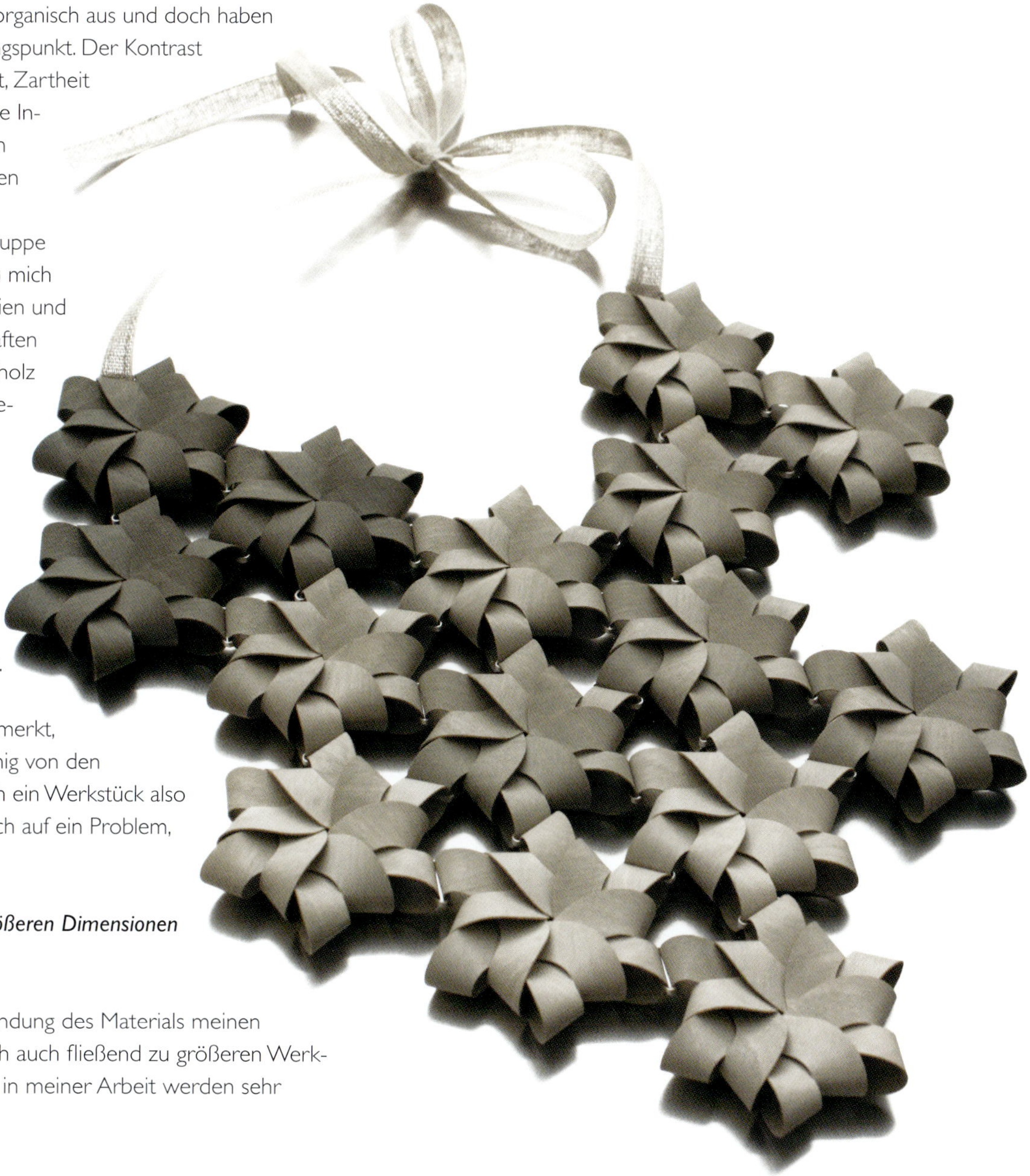

WERKZEUG UND MATERIALIEN

- Digitale oder normale Zeichnung des Designs
- Bergahornschüssel-rohling, 12,7 x 7,62 cm
- Haushaltsübliche Bohrmaschine
- Tischdrehbank
- Gesichtsschutz zum Drechseln
- Haushaltsübliche Schrauben (zum Anbringen der Planscheibe)
- Klebeband (beliebiges Klebeband zum Umwickeln des Bohraufsatzes, um die Tiefe, die ins Holz gebohrt werden soll, zu markieren)
- Stechzirkel
- Lineal
- Angepasstes Stemmeisen
- Hohlmeißel (10 mm)
- Schräges Stemmeisen
- Flaches Stemmeisen
- Nass- und Trocken-schleifpapier (Körnung 600 und 240)
- Aufsatz für den Feinbohrschleifer
- Feinbohrschleifer
- Abrundfräser, 10 mm
- Abrundfräser, 25 mm
- Mikrokristallines Wachs oder Decklack Ihrer Wahl

Asymmetrischer Armreif aus Bergahorn

Dieser Armreif wurde auf einer Tischdrehbank aus einem Rohling, der vorgefertigt für eine Schale verkauft wurde, gedreht. Versuchen Sie sich nicht im Drechseln ohne spezielle Ausbildung, da dies gefährlich werden kann. Für jene, denen das Drechseln noch neu ist, wäre es einfacher, etwas herzustellen, dessen Mittelteil nicht ausgehöhlt werden muss. Dieses asymmetrische Design kann übereinandergestapelt und in verschiedene Richtungen zeigend getragen werden. Das Design wurde in einem digitalen Zeichenprogramm entworfen, um das Drechseln später zu erleichtern. Dieser Armreif ist 40 mm breit mit einem Innendurchmesser von 65 mm. Die Tiefe des Holzes beträgt 20 mm und der höchste Punkt ist 14 mm von der Kante gemessen, was 26 mm für die konkav abfallende Linie belässt. Die Unterseite der Schräge ist 4 mm dick.

GEGENÜBER Gedrechselter Bergahorn-armreif, schlussbehandelt mit mikro-kristallinem Wachs

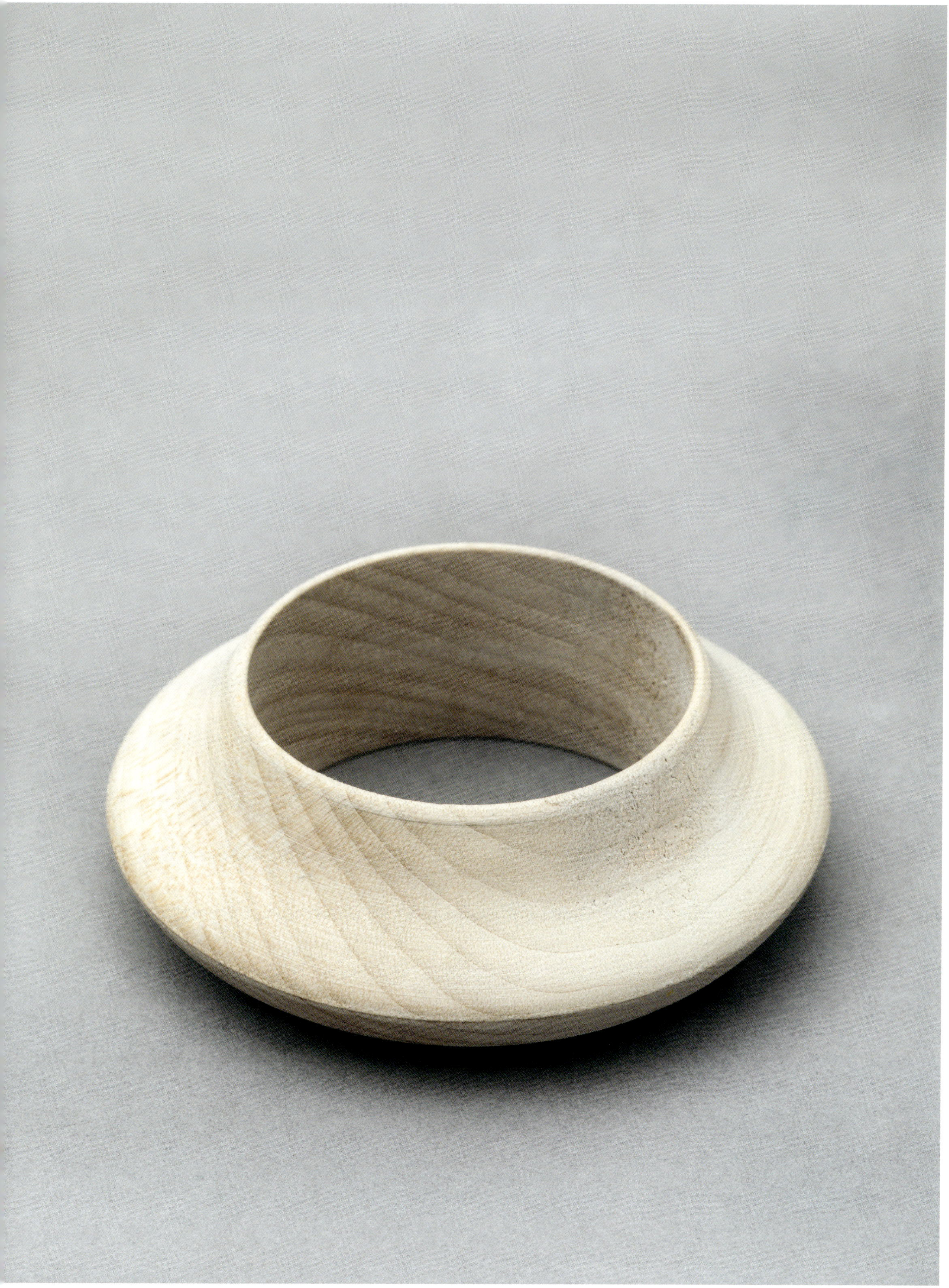

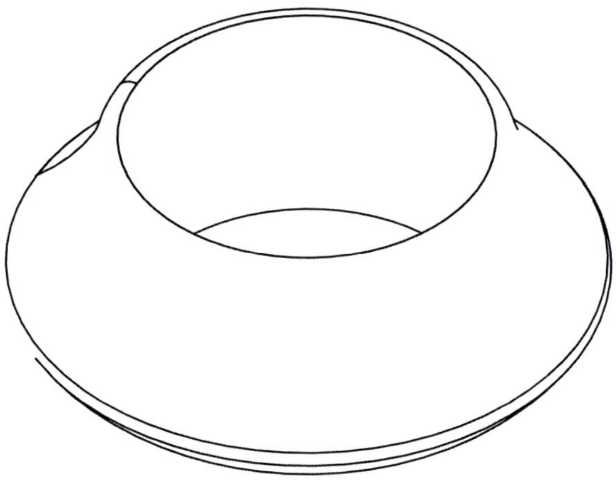

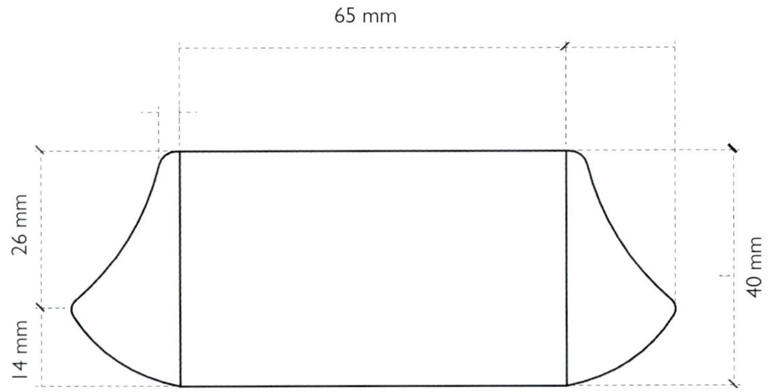

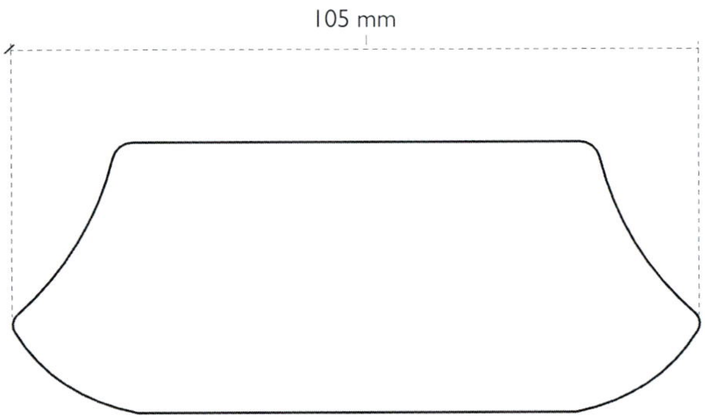

1 Verwenden Sie Ihre Skizze als Vorlage und markieren Sie die Mitte des Holzes.

2 Befestigen Sie die Planscheibe mit einem handelsüblichen Bohrer und einer ebenso handelsüblichen Schraube am Holz. In diesem Stadium müssen Sie achtsam und überlegt bei der Positionierung und der Tiefe der Schrauben sein, da die Löcher sonst am fertigen Werkstück sichtbar sind.

3 Bringen Sie die Planscheibe an der Drechselbank an und achten Sie darauf, dass die Werkzeugauflage beim Drehen nicht auf das Holz trifft.

4 Arbeiten Sie eine Vertiefung mit einem schrägen Stemmeisen in das Werkstück, die klein genug ist, dass das Spannfutter greifen kann, und entfernen Sie die Planscheibe.

5 Spannen Sie das Werkstück wieder in die Drechselbank ein und verwenden Sie nun dazu das Spannfutter.

6 Mit dem Lineal, dem Zirkel und einem Abstecher mit rundem Dorn messen Sie die Gesamtbreite des Armreifs von 105 mm aus und markieren Sie sie an der Seite des Holzes. Tragen Sie das Holz an der Linie, die Sie mit dem Zirkel gezogen haben, ab und machen Sie mit dem Abstecher eine Vertiefung zum Markieren in das Holz.

7 Wickeln Sie Klebeband auf den Bohrer (16 mm), der an der rechten Seite der Drechselbank angebracht ist, um Ihnen zu helfen, wie tief dieses Loch in der Mitte sein sollte, um den inneren Durchmesser des Armreifs (65 mm) aushöhlen zu können.

8 Entfernen Sie die Mitte des Holzes mit einem modifizierten Stemmeisen, einem Hohlmeißel und dann einem schrägen Stemmeisen und vergewissern Sie sich, dass der Innendurchmesser über die gesamte Tiefe nach innen gleichmäßig bleibt. Von links nach rechts: modifiziertes Stemmeisen, Hohlmeißel, schräges Stemmeisen, flaches Stemmeisen, langes Stemmeisen.

9 Das innere Loch ist nun fertig, arbeiten Sie außen mit einem schrägen und einem flachen Stemmeisen weiter, um die Stärke des Armreifs auf 20 mm zu reduzieren.

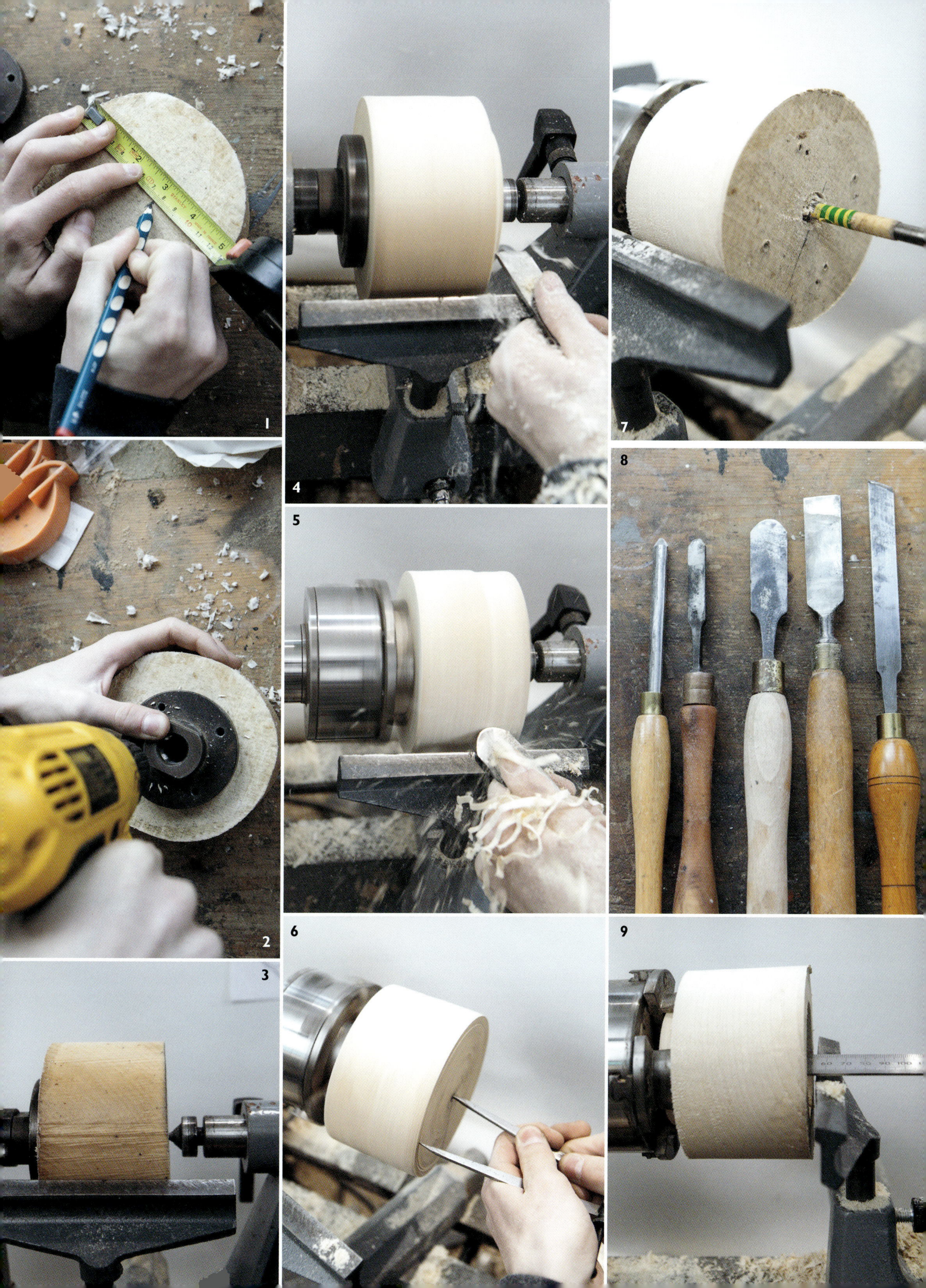
1
2
3
4
5
6
7
8
9

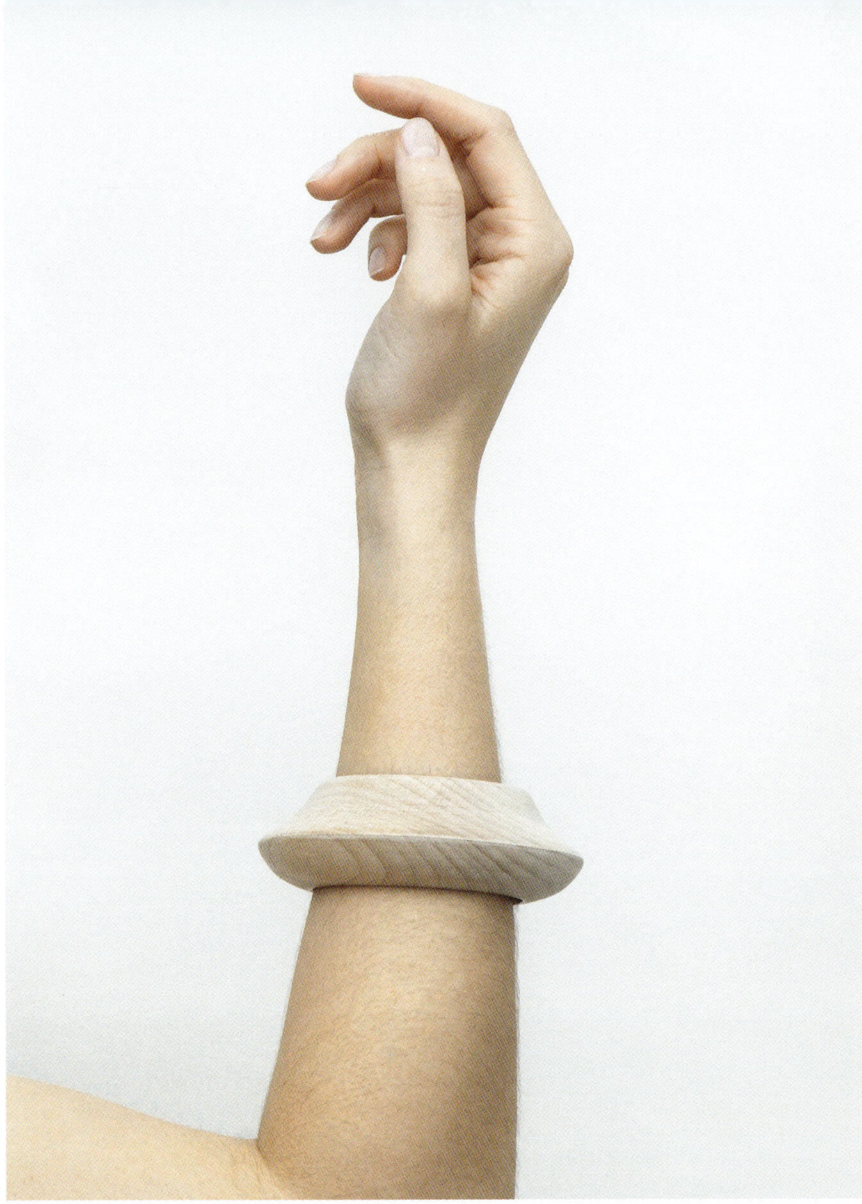

10 Bringen Sie die äußeren Markierungen für die Breite erneut mit Zirkel und Lineal an. Somit gibt es dann eine Linie 14 mm von der rechten Seite und eine Linie 40 mm von der Kantenmarkierung, wo die andere Kante des Armreifs sein wird.

11 Tragen Sie die konvexe Kurve mit dem größeren Abrundfräser, gefolgt vom schrägen Stemmeisen, ab.

12 Tragen Sie die scharfen Kanten der Innenkante des Armreifs mit dem schrägen Stemmeisen ab, damit der Armreif sich bequem an- und ausziehen lässt.

13 Tragen Sie das überschüssige Holz links des Armreifs mit einem Abrundfräser ab.

14 Formen Sie die konkave Schräge mit einem Hohleisen (10 mm), gefolgt von einem Abrundfräser (10 mm), und achten Sie darauf, an der dünnsten Stelle 4 mm stehenzulassen. Der Armreif ist jetzt höchst empfindlich, da er lediglich mit diesen 4 mm an der Drechselbank gehalten wird und deren Stärke nur schwer abzuschätzen ist.

15 Schleifen Sie die Außenseite des Armreifs mit Nass- und Trockenschleifpapier (Körnung 600).

16 Bringen Sie den Bohrer an der rechten Seite der Drechselbank an, mit dem Armreif auf der linken Seite. Wickeln Sie ein Tuch um den Bohrer, sodass das Werkstück auf dem in Stoff gehüllten Bohraufsatz landet, anstatt auf den Boden, um den Fall abzumildern.

17 Trennen Sie den Armreif mit einem schrägen Stemmeisen ab.

18 Schleifen Sie die Innenseite des Armreifs mit einem mit Trockenschleifpapier umwickelten Stiftaufsatz auf den Feinbohrschleifer.

19 Mit mikrokristallinem Wachs oder einer Versiegelung Ihrer Wahl versiegeln.

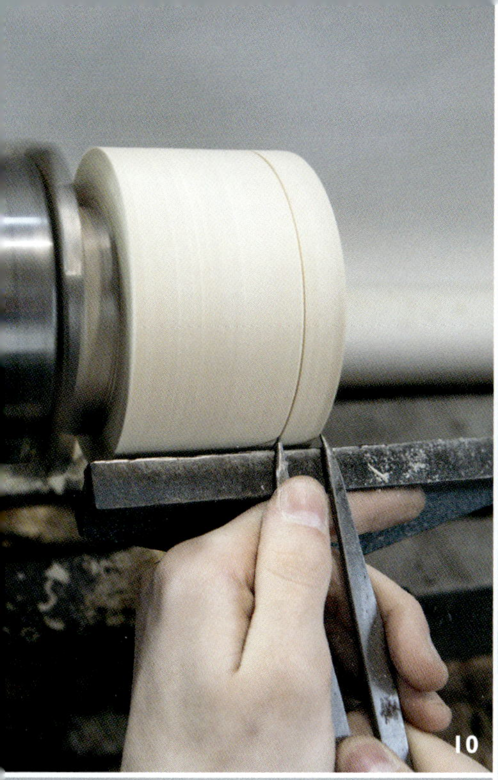
10

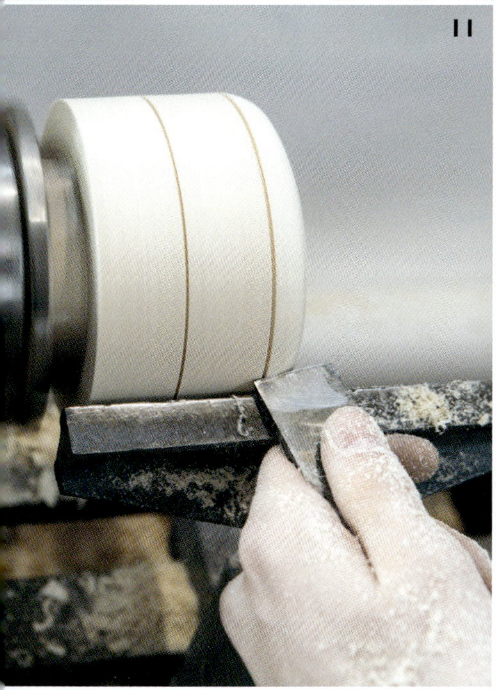
11

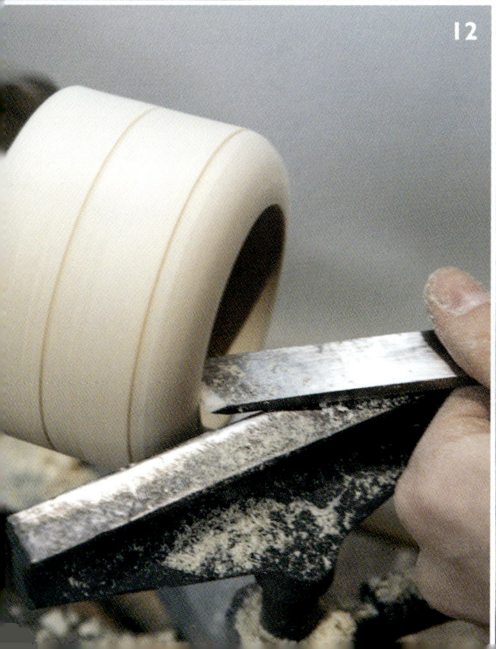
12

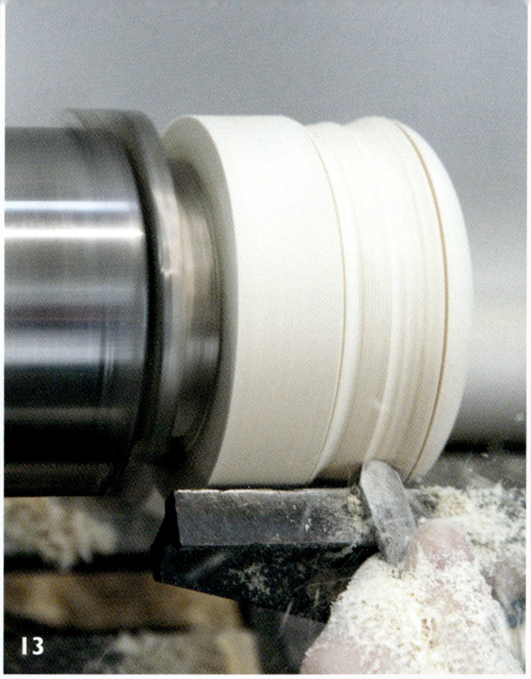
13

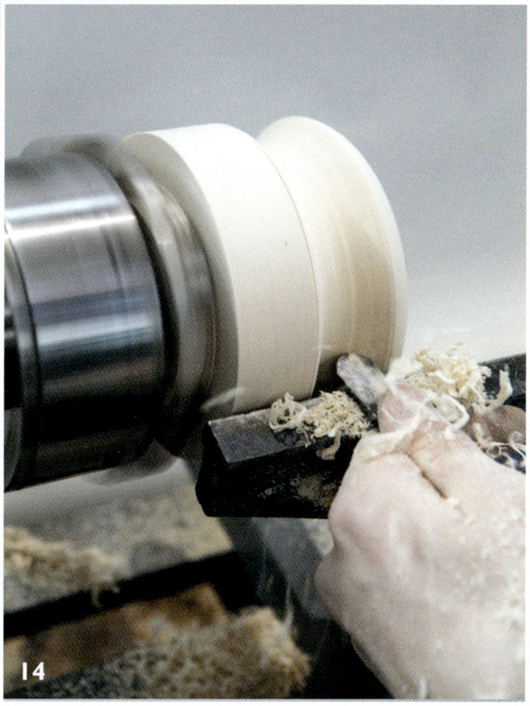
14

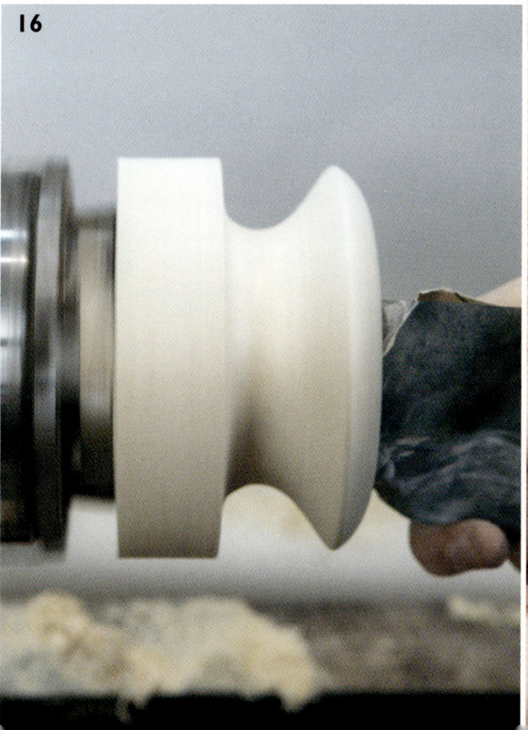
16

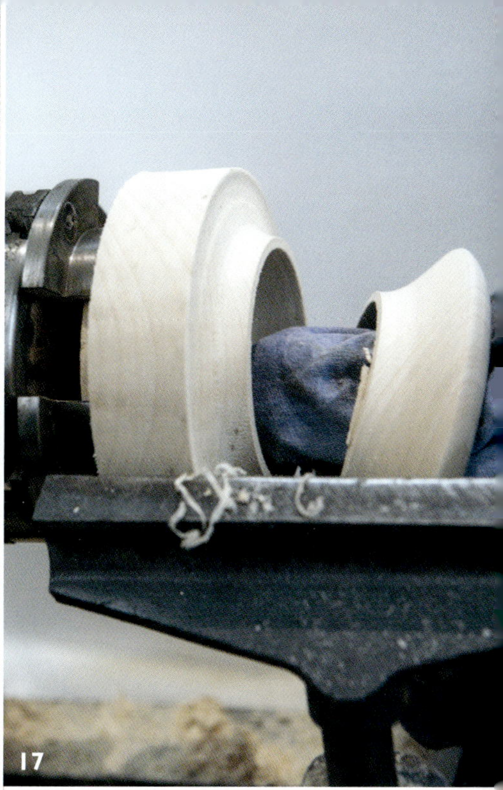
17

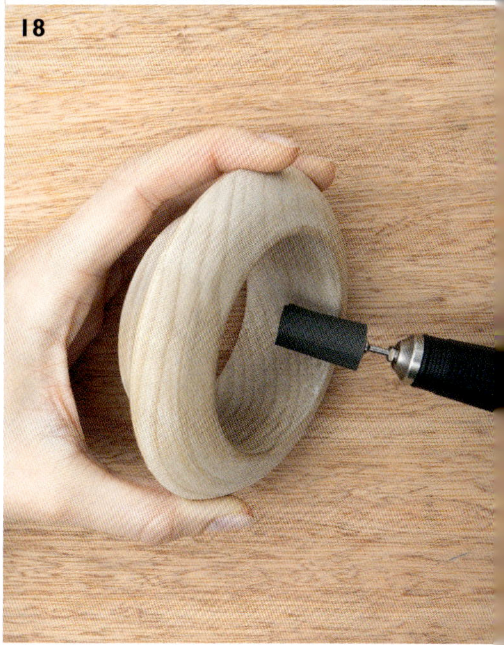
18

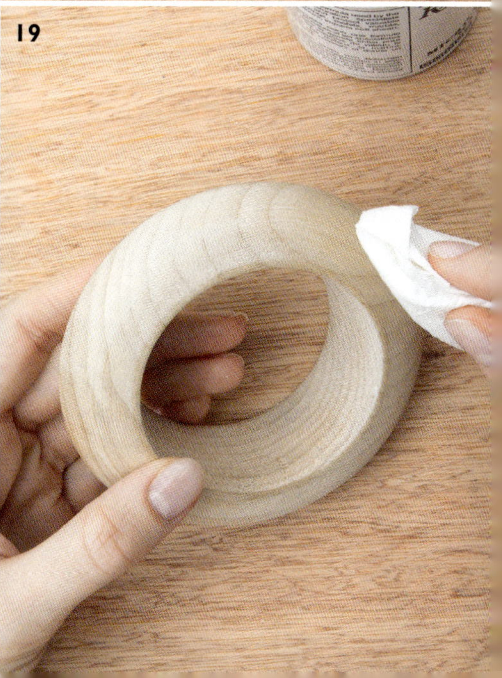
19

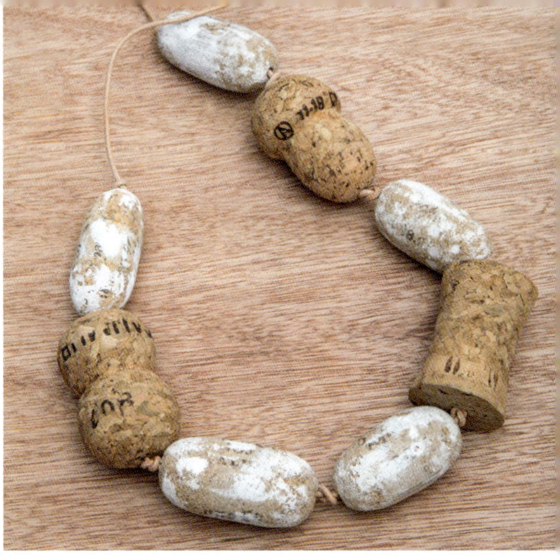

Kork schnitzen

Viele Produkte von Bäumen können genutzt werden, um Schmuck herzustellen, darunter auch Rinde, Wurzeln, pflanzliches Elfenbein, Kokosnussschalen, Bernstein und Latex. Steinnüsse werden traditionell zu Knöpfen verarbeitet und können gefärbt werden. Ich habe mir Kork ausgesucht, die Rinde der Korkeiche *(Quercus Suber)*, da er nachhaltig geerntet werden kann, wobei die Hälfte der Weltproduktion aus Portugal stammt. Er ist in Schnitzblöcken, Blättern, Schnurform und als Flaschenkorken erhältlich. Manchmal werden Weinkorken aus natürlichem Kork hergestellt, doch sie werden öfter aus wiederhergestellten Korkpartikeln hergestellt. Kork ist so leicht, dass er eine gute Wahl ist, wenn Sie etwas besonders Großes anfertigen möchten. Für mein Beispiel habe ich Wein- und Sektkorken verwendet, wobei letzteren der Vorzug zu geben ist, da sie geöffnet werden können, ohne durch einen Korkenzieher beschädigt zu werden.

WERKZEUG UND MATERIALIEN

- Korken von Wein- oder Sektflaschen
- Bohraufsatz, 2 mm
- Bohraufsatz, 3 mm
- Feinbohrschleifer oder biegsame Welle mit Hängemotor
- Skalpell oder Cuttermesser
- Raue Feile
- Acrylfarbe und Pinsel
- Wachslasur in einem extrem matten Lack oder mikrokristallines Wachs
- Nass- und Trockenschleifpapier (Körnung 240)
- Lederschnur (1,5 mm)

Korkperlen verwenden

Sie können diese Technik verwenden, um die Halskette „Gebrochene Linie" (siehe S. 109–113) zu adaptieren, indem Sie Ihre Holzquadrate mit Korkperlen durchsetzen.

1 Um Korkperlen herzustellen, markieren Sie die Mitte beider Korkenden und verwenden Sie einen Bohraufsatz (2 mm), um von jedem Ende aus bis zur Mitte zu bohren. Um das Loch im Kork zu verbreitern, verwenden Sie einen längeren, 3 mm starken Bohraufsatz, der durch den gesamten Korken passt.

2 Schneiden Sie mit einem Skalpell überflüssiges Material des Korks ab, um Ihre Perle zu gestalten.

3 Verfeinern Sie die Form mit einer rauen Feile.

4 Schleifen Sie den Kork mit Nass- und Trockenschleifpapier (Körnung 240) glatt.

5 Wenn Sie Ihre Perlen färben möchten, bemalen Sie sie mit Acrylfarbe.

6 Versiegeln Sie die Perlen mit Wachslasur und lassen Sie sie trocknen.

7 Fädeln Sie die Perlen auf eine Lederschnur und machen Sie nach jeder Perle einen Knoten. Wenn Sie es schwierig finden, etwas auf das Leder zu fädeln, versuchen Sie die Löcher erneut mit dem 3 mm großen Bohraufsatz zu erweitern oder das Leder zu verdrehen.

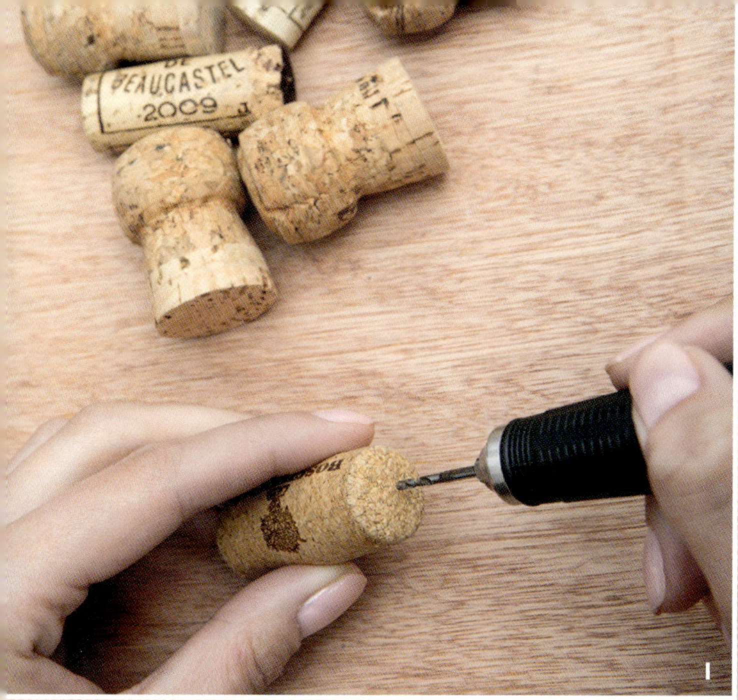
1

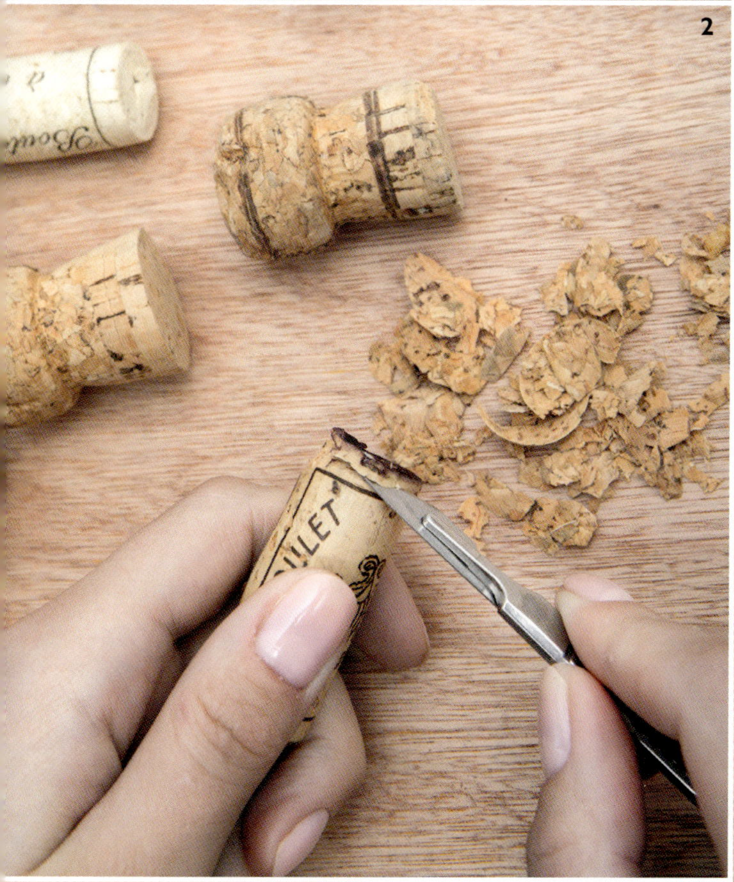
2

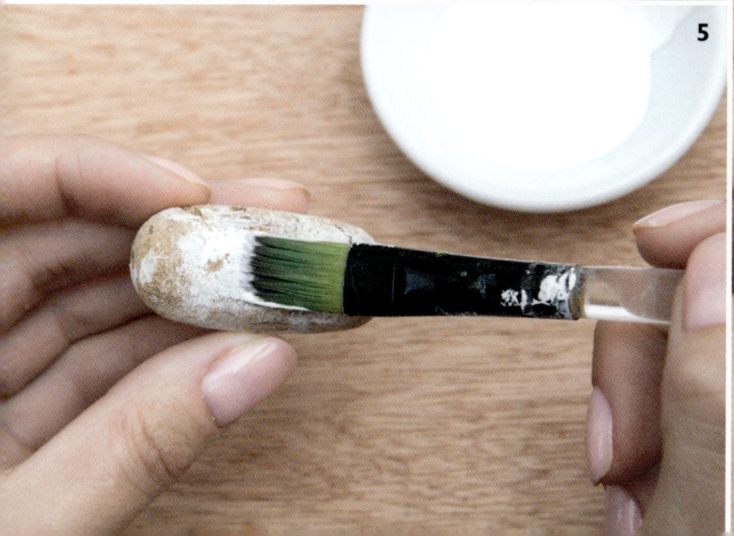
5

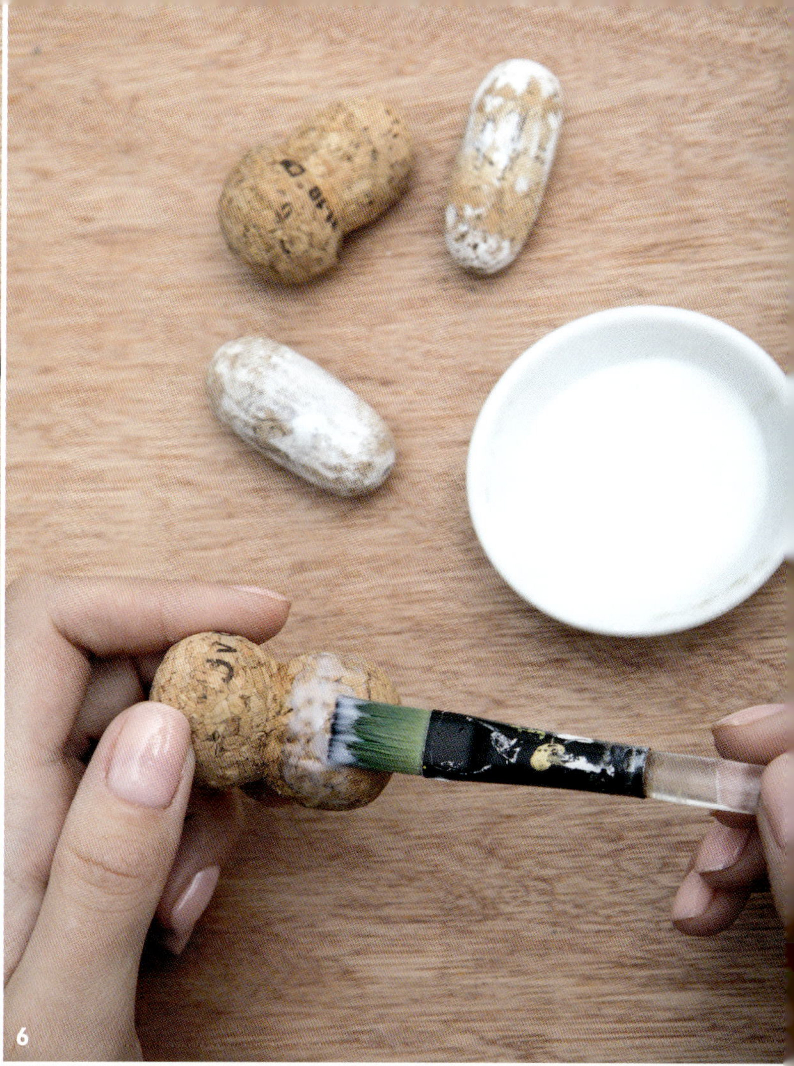
6

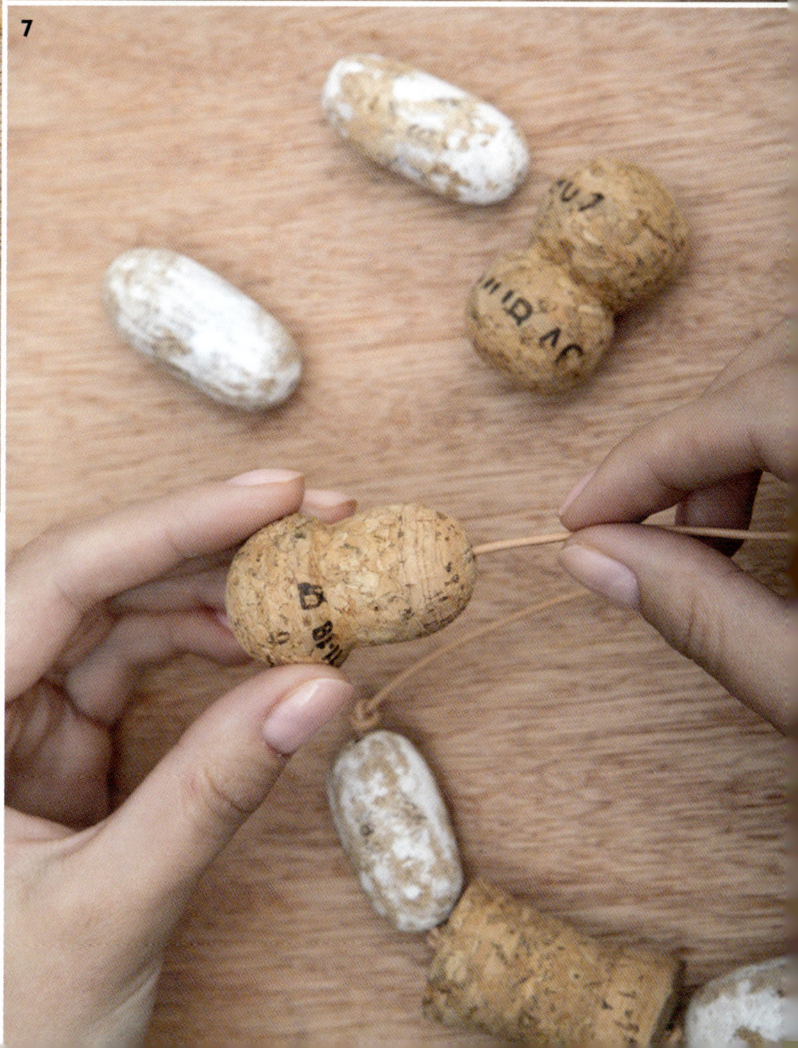
7

Furniere verleimen, biegen und zuschneiden

Sie können Furniere interessante Formen annehmen lassen, indem Sie mehrere Schichten aufeinanderlegen und in einer Einspannvorrichtung zusammenklemmen, bis sie getrocknet sind. Wie viele Schichten Sie kombinieren müssen, hängt davon ab, was Sie mit Ihrer fertigen Form anfangen möchten, und daher auch davon, wie stark Ihr „Sandwich" werden muss. Die drei Schichten zu je 0,5 mm, die ich hier verwendet habe, wären stabil genug für Ohrringe, Sie müssen aber vielleicht noch mehr Schichten hinzufügen, um ein stabileres Ergebnis für andere Werkstücke, wie etwa Halsketten oder Armreifen, zu bekommen. Die Ergebnisse dieses Vorgangs verfügen über eine feine Qualität und Sie könnten mit unterschiedlichen Holzkombinationen und -konstruktionen experimentieren, sie vielleicht aneinandernieten (siehe S. 94) oder durch Sprengringe miteinander verbinden.

WERKZEUG UND MATERIALIEN

- Juweliersäge
- Juweliersägeblatt
- Holzblock, 12 x 8 x 25 mm
- Skalpell
- Schneidmatte
- Lineal
- Abdeckband
- Holzfurnier, 3 Streifen 0,5 mm dick und 30 mm breit
- 2 Spannzwingen (G-/C-Form), die bis zu 8 cm geöffnet werden können
- Holzleim
- Leimpinsel
- Bleistift und Papier

1 Bauen Sie eine einfache Einspannvorrichtung, indem Sie einen Bogen in den Holzblock sägen.

2 Mit Bleistift, Skalpell, Schneidmatte und Lineal messen Sie Ihr Furnier ab und schneiden es in Streifen, die ein wenig breiter sind als die Breite Ihrer Einspannvorrichtung.

3 Schichten Sie Ihr Furnier mit Leim zwischen jeder Lage auf. Sie können Abdeckband verwenden, um die Einspannvorrichtung vor dem Leim zu schützen.

4 Verwenden Sie die Spannzwingen, um die Furnierschichten so zu formen, dass sie in die Einspannvorrichtung passen; die Spannzwingen festziehen. Lassen Sie das Furnier so lange trocknen, wie auf der Leimflasche angegeben.

5 Lösen Sie die Klemmen und entfernen Sie das gebogene „Furniersandwich".

6 Fertigen Sie mit Bleistift und Papier eine Schablone an, die von der Breite her zu Ihrem „Holzsandwich" passt.

7 Kleben Sie die Schablone auf das Holz.

8 Sägen Sie mit der Juweliersäge rund um die Schablone, um die Form auszuschneiden.

9 Schleifen Sie die Kanten glatt und versiegeln Sie das Werkstück mit Ihrer bevorzugten Oberflächenbehandlung.

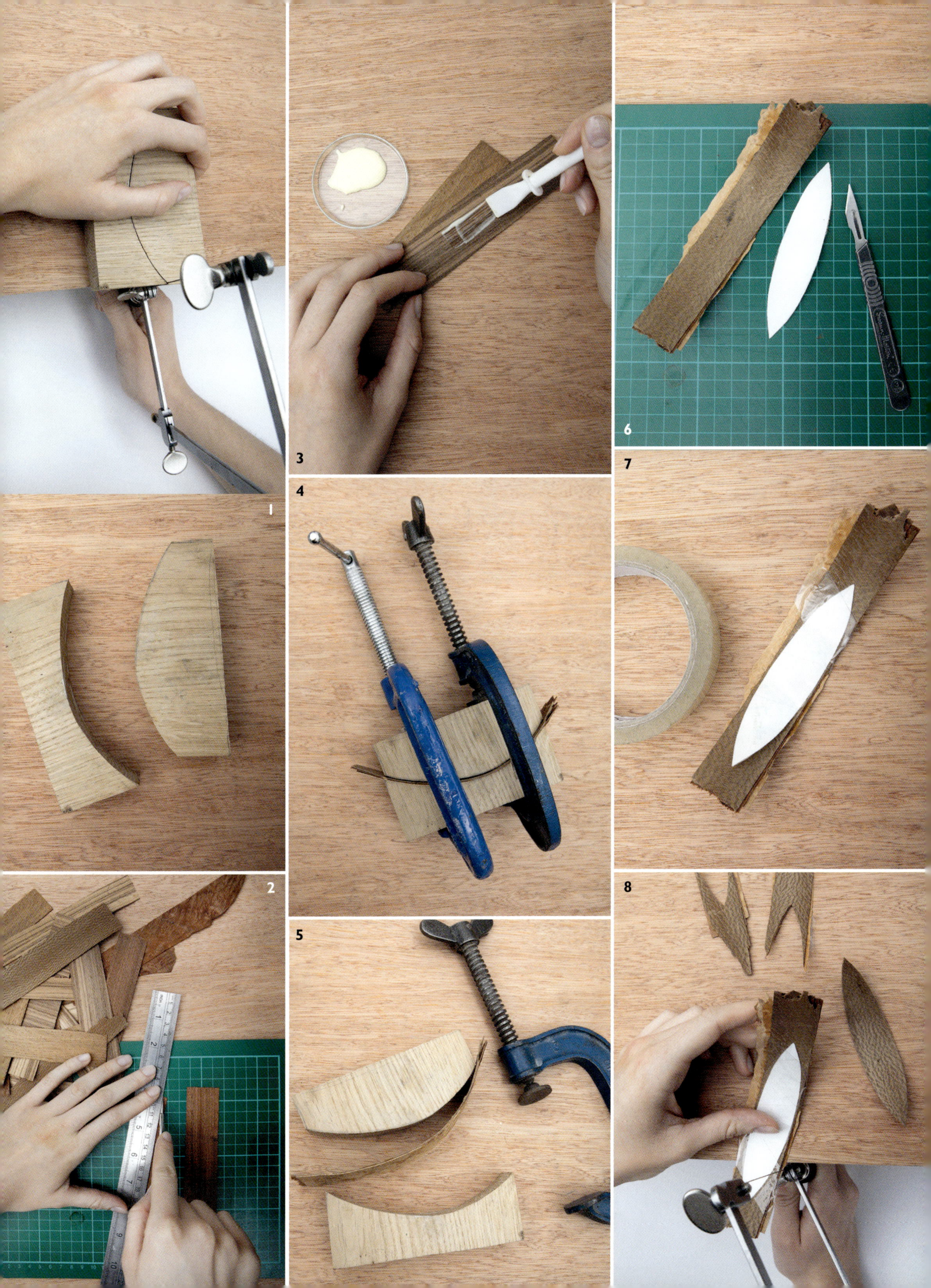

1
2
3
4
5
6
7
8

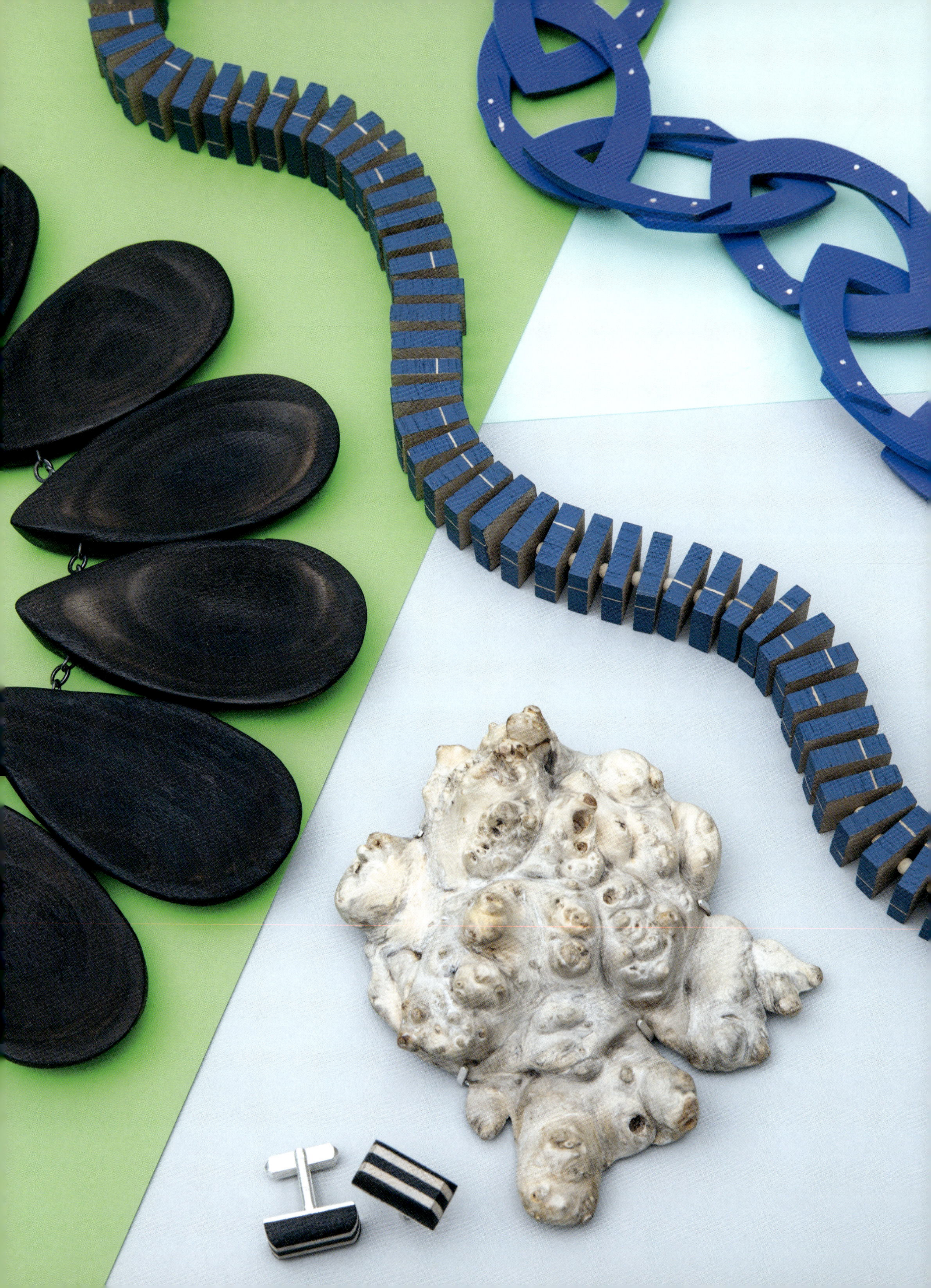

KAPITEL 4

Verbindungen

Verbindungen herstellen

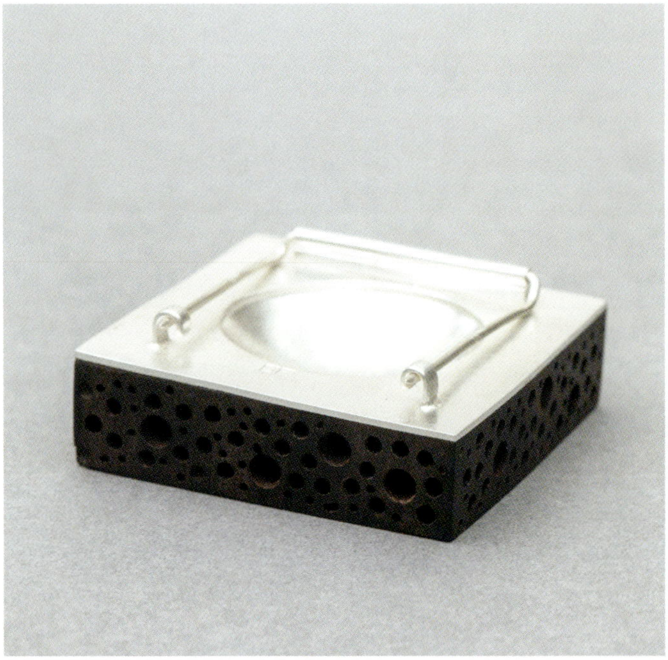

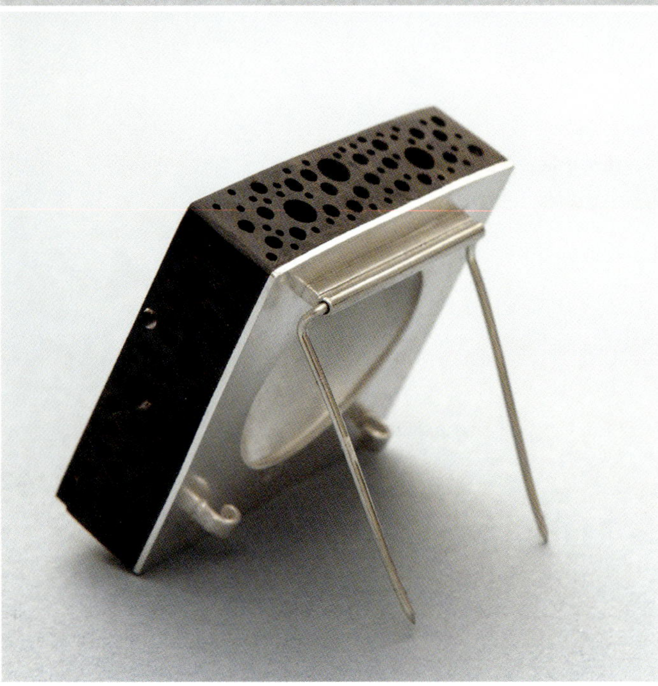

Kalte Verbindungen (auch als mechanische Verbindungen bekannt) sind ausschlaggebend dafür, dass Sie Schmuckstücke aus Materialien konstruieren können, die miteinander verbunden werden müssen, jedoch unter der Hitze einer Lötlampe Schaden erleiden würden. Dieses Kapitel erläutert eine Auswahl an Möglichkeiten, aber es gibt viele Varianten, mit denen Sie zu diesen Lösungen gelangen können. Die Projekte in diesem Kapitel sind so konzipiert, dass sie einige der am weitesten verbreiteten und nützlichsten kalten Verbindungen beinhalten. Das Laserschweißen wird in diesem Buch nicht abgedeckt, da der Zugang zu diesem teuren Ausrüstungsgegenstand sehr begrenzt ist.

Die einfachsten Techniken nutzen Klebstoffe – Sekundenkleber oder Epoxidharz – gemeinsam mit Steckverbindungen und dem Anbringen von Platten. Das Kapitel umfasst das Befestigen von Abdeckungen, entweder mit Silberdraht (siehe geschwungene Ohrringe auf S. 26, Löffelhalskette auf S. 74, „Eichenschichten"-Halskette auf S. 142) oder mit Silberzapfen, die auf eine Silberplatte gelötet werden (siehe gestreifte Manschettenknöpfe auf S. 82), Fassungen und Nieten, wie beim Aufbau der Krappenfassung bei dem Anhängerprojekt auf S. 114, die Krallenfassung bei der Brosche auf S. 96, den Drahtnieten (Sperrholzhalskette, siehe S. 88), Hohlnieten (siehe S. 94) und Auffädeln und Nähen (siehe Halskette „Gebrochene Linie", S. 109).

GEGENÜBER und LINKS Durchlöcherte Ebenholzbrosche; rechts: auf eine Silberplatte gesetzt; links: Blick auf den Silberverschluss

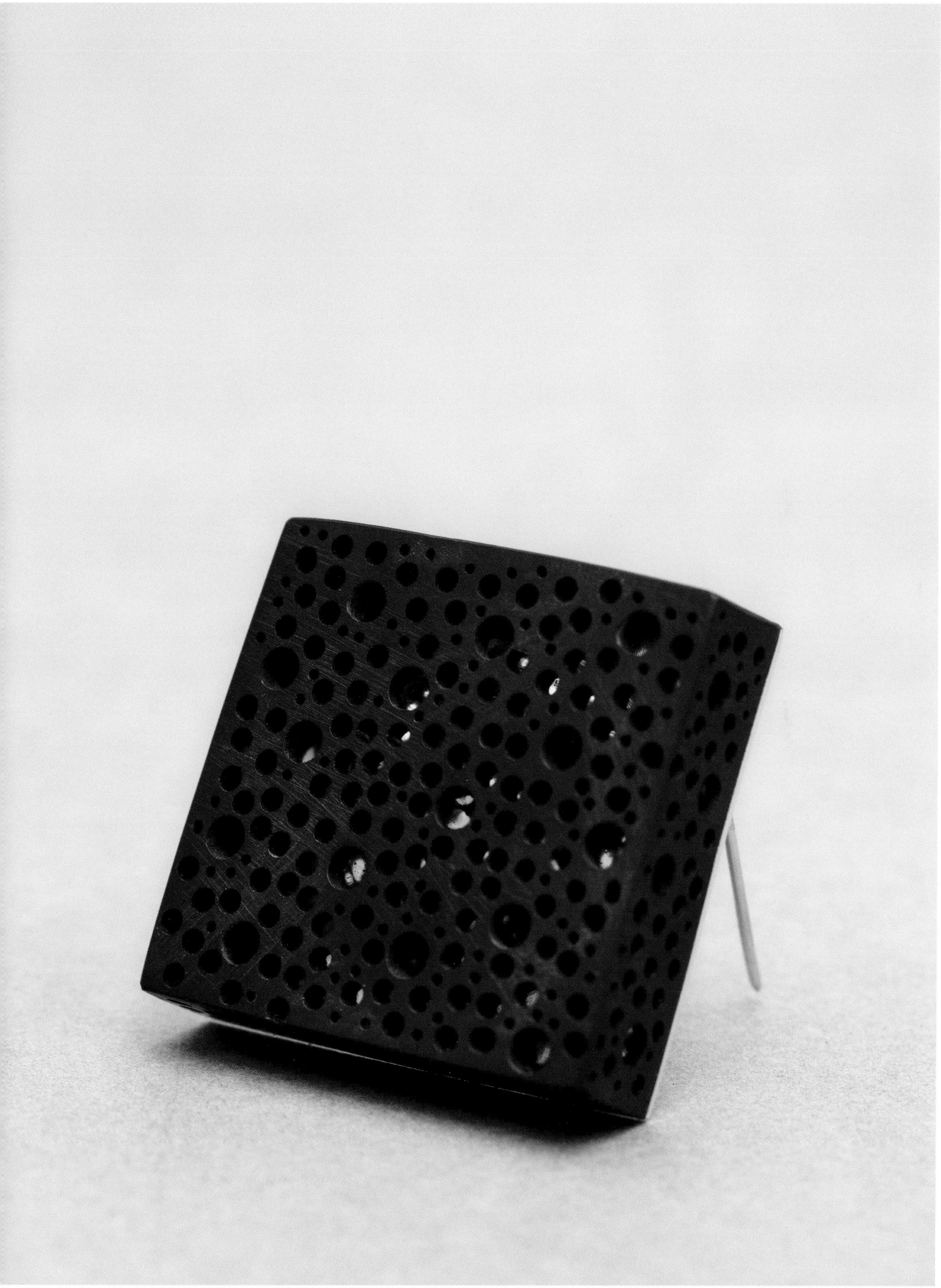

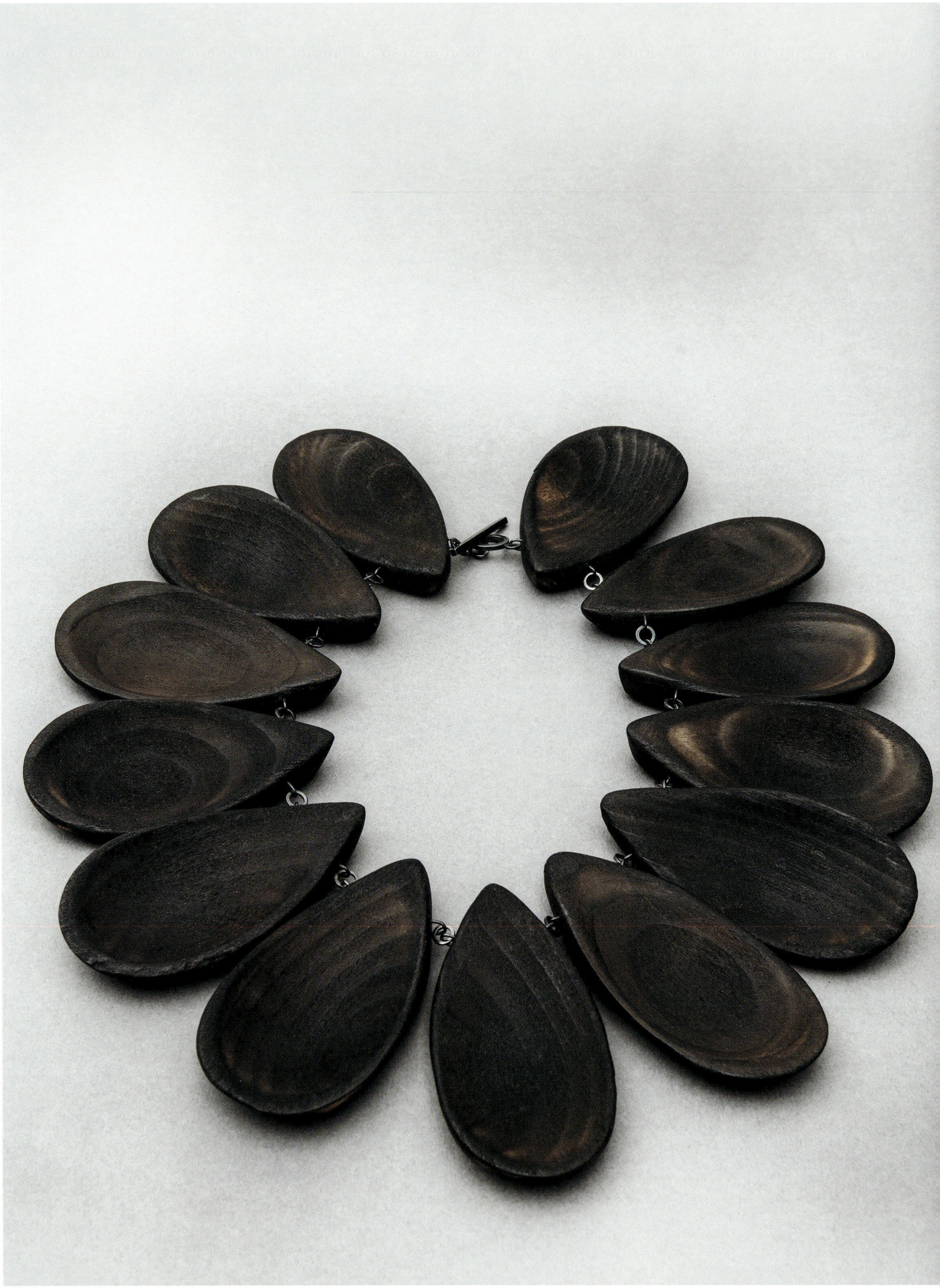

Buchenlöffelkette

Dieses Projekt wurde entworfen, um vielseitige Silberverbindungen zu zeigen, die Elemente miteinander und in alle Richtungen durch Gelenke verbinden, um das Werkstück gut auf dem Körper sitzen zu lassen. Ich wollte „gefundene" Objekte nutzen und die hölzernen Löffel gefielen mir, da sie aus Hartholz sind und eine hübsche Form haben. Ich habe Schmuckstücke aus Vintage-Linealen, gefärbten Bleistiften, Golftees, Skateboards, Garnspulen, Teilen von Schachspielen und Griffen gesehen. Einige Künstler betrachten auch Treibholz und Grünholz als „gefundene" Objekte, als Objets trouvés. Farben, Tinten und andere Oberflächenbehandlungen (siehe S. 148) könnten für dieses Projekt genutzt werden, ich habe mich allerdings für die japanische Technik von Shou Sugi Ban entschieden, die verwendet wird, um holzverkleidete Häuser durch Verkohlen des Holzes abzudichten. Es ist leicht anzuwenden und recht wandelbar, rundet die Kanten des Holzes ab und hinterlässt eine glatte Oberfläche. Es hinterlässt keinerlei rußige Male, wenn es fertig ist, doch ich habe mich dazu entschieden, die Stücke trotzdem zu versiegeln. Das Ergebnis ist eine sehr große Statement-Halskette, aber Sie könnten die Proportionen auch ändern, indem Sie kleinere Löffel verwenden, falls Sie das wünschen.

GEGENÜBER Verkohlte Formen aus Buchenholzlöffeln, verbunden mit selbstgemachten Ösen aus oxidiertem Silber

WERKZEUG UND MATERIALIEN

- Juweliersäge
- Metallsägeblatt (4/0)
- Feines Holzsägeblatt
- Bleistift, Papier und Schere
- Holzlöffel (13 x 25,4 cm)
- Schublehre
- Raue Feile
- Feinbohrschleifer
- Lötlampe und -steine
- Schmucklot
- Unterlegblock für die Werkbank oder flache Platte
- Lötkreuzpinzette
- Drahtbürste
- 2 Längen (35 mm) Rechteckquerschnittsilberdraht, je 1 mit 2,5 und 1 mit 2,0 mm Stärke
- Körner (3 mm, 4,5 mm und 9 mm)
- 27 cm Rechteckquerschnittsilberdraht (1 mm)
- 5,5 cm Rundquerschnittsilberdraht (1 mm)
- Feine Feile
- Nass- und Trockenschleifpapier (Körnung 240 und 1.000)
- Flache Platte
- Hammer
- Poliermaschine
- Bohraufsatz (1 mm)
- Schwabbelscheibe
- Rundzange
- Flachzange
- Silberputztuch
- Küchenrolle
- Flüssigreiniger
- Sekundenkleber
- Wachslasur, extrem matter Schutzlack
- Silberoxidationslösung (Platinol) plus Sicherheitsausrüstung gemäß Hinweisen auf der Lösung

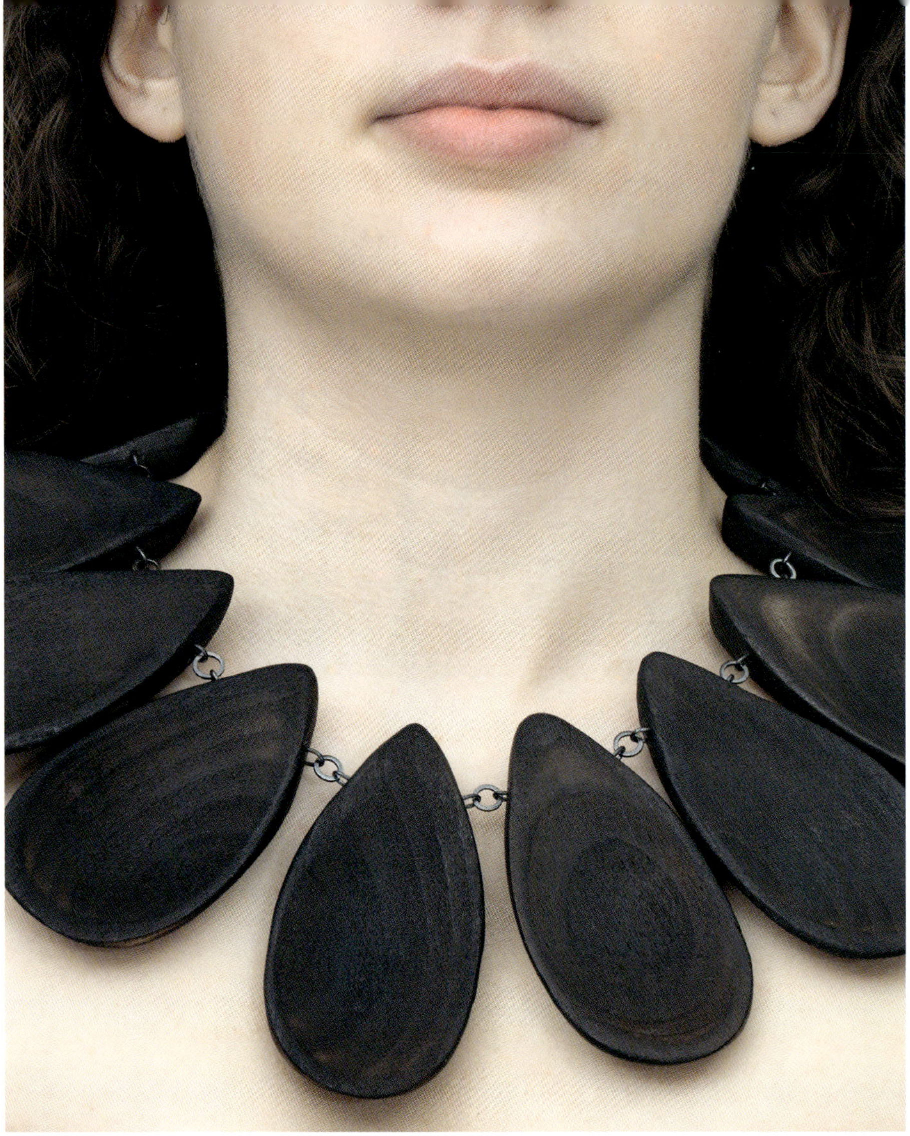

1 Markieren Sie mithilfe von Bleistift, Schublehre und Lineal 9,5 cm auf jedem Löffel.

2 Sägen Sie die Griffe der Holzlöffel mit der Juweliersäge ab.

3 Verwenden Sie einen der Löffel als Vorlage, die dann verwendet werden kann, um ein Modell herzustellen.

4 Das Modell ist hilfreich, wenn Sie herausarbeiten, wie viele Löffel Sie brauchen, an welcher Stelle sie aufgehängt werden und wie weit sie auseinander sein sollten. Sie können es um Ihren Hals hängen und so anpassen, wie Sie es benötigen.

5 Benutzen Sie die raue Feile, um die Spitze zu formen und die Unterseite abzuschrägen, damit eine hübsche Form entsteht.

6 Wenn alle Löffel ihre Form erhalten haben, benutzen Sie die Schublehre und bringen Sie mit einem Bleistift an jeder Seite 20 mm von der Spitze aus nach unten gemessen eine Markierung an.

7 Markieren Sie dann die Mitte jeder Seite und markieren Sie auch an jeder Seite 4 mm von der Mittellinie aus mit Ihrer Schublehre.

8 Nutzen Sie die Markierungen an jeder Seite der Mittellinie und bohren Sie mit dem Feinbohrschleifer und einem 1 mm-Bohraufsatz zwei 4 mm voneinander entfernte Löcher mit einer Tiefe von 6 mm. Sie können den Bohraufsatz mit einem Stift markieren, um die Tiefe besser abschätzen zu können.

9 Verkohlen Sie nun die Löffel mithilfe der Lötlampe und den -steinen und halten Sie sie mit der Lötkreuzpinzette. Sollten sie zu brennen beginnen, müssen Sie die Flamme auspusten. Abkühlen lassen.

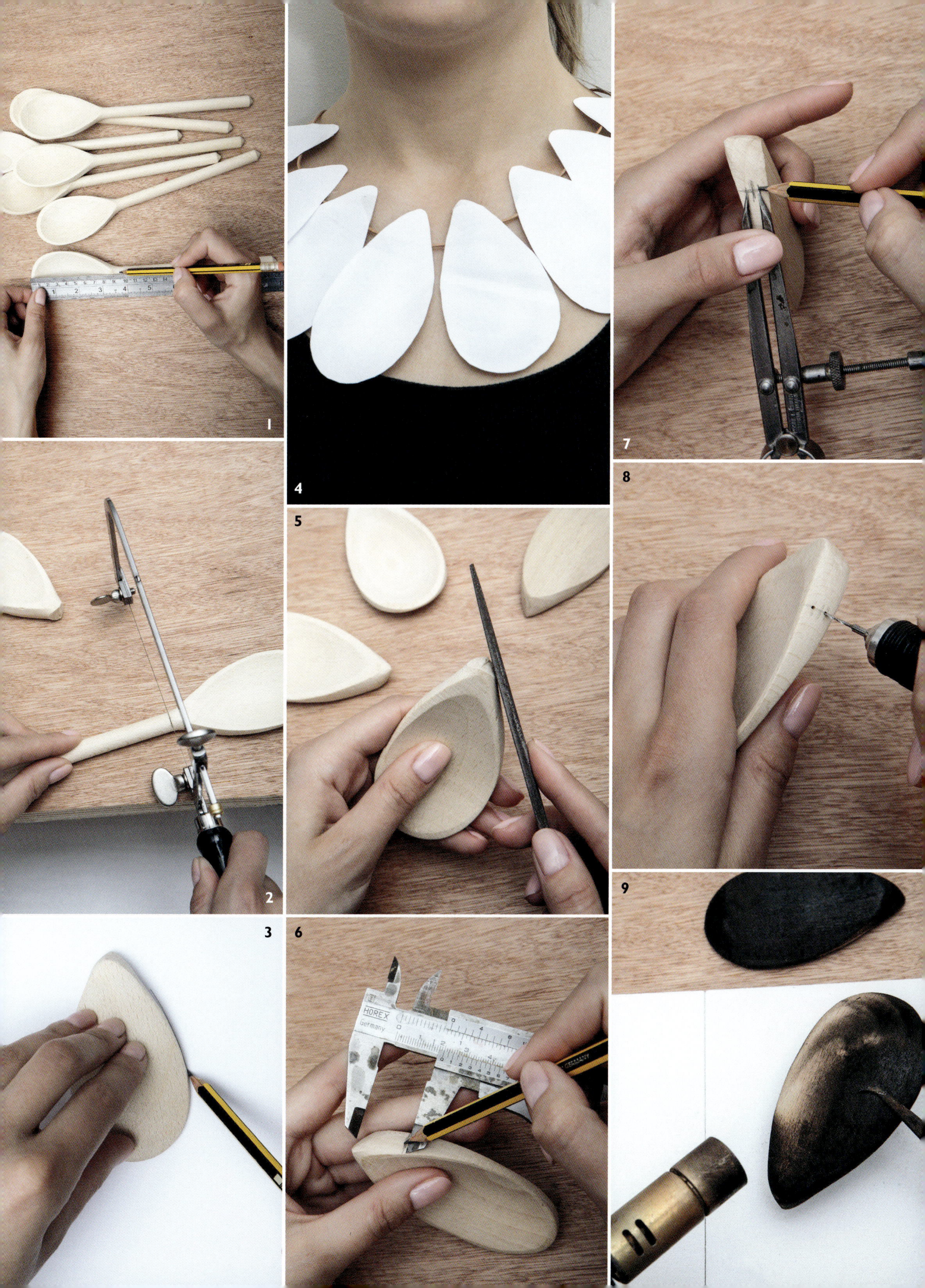
1
2
3
4
5
6
HOREX
Germany
7
8
9

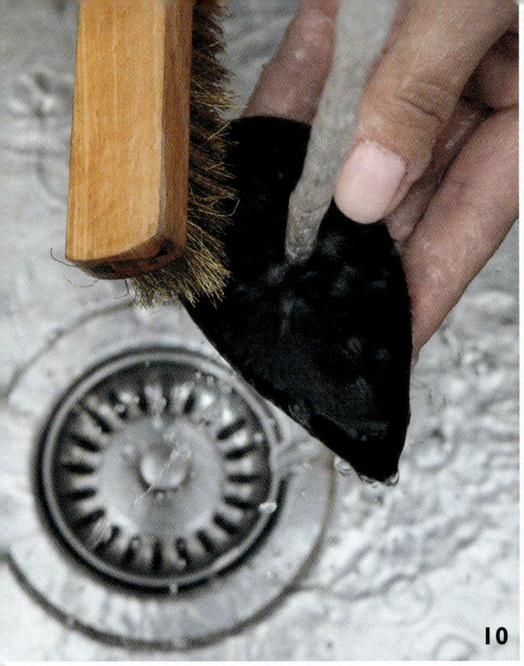
10

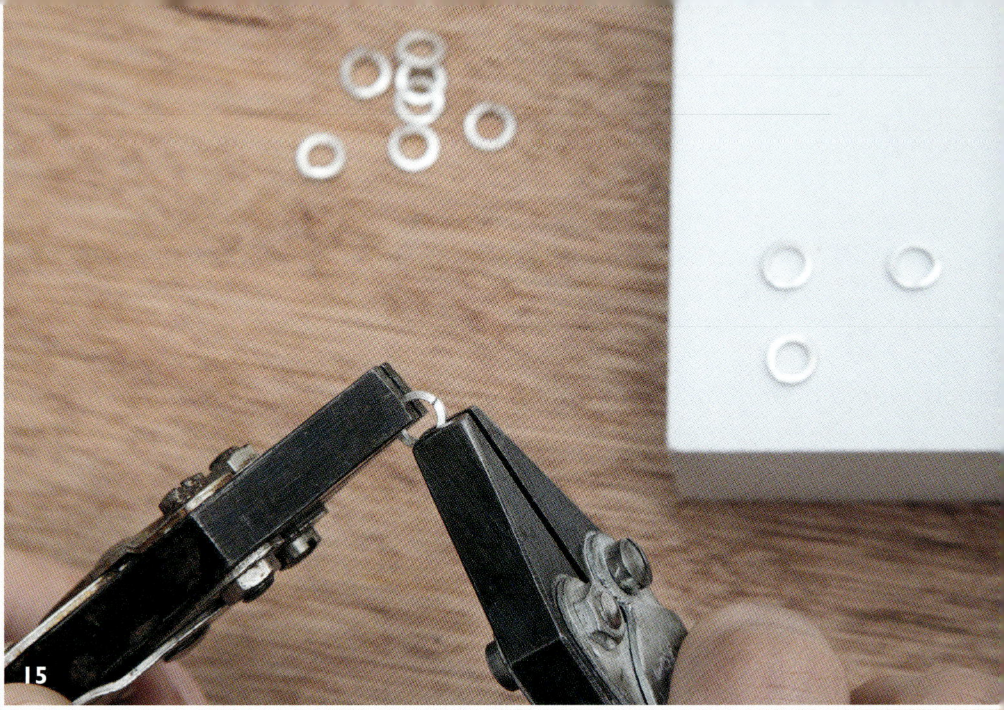
15

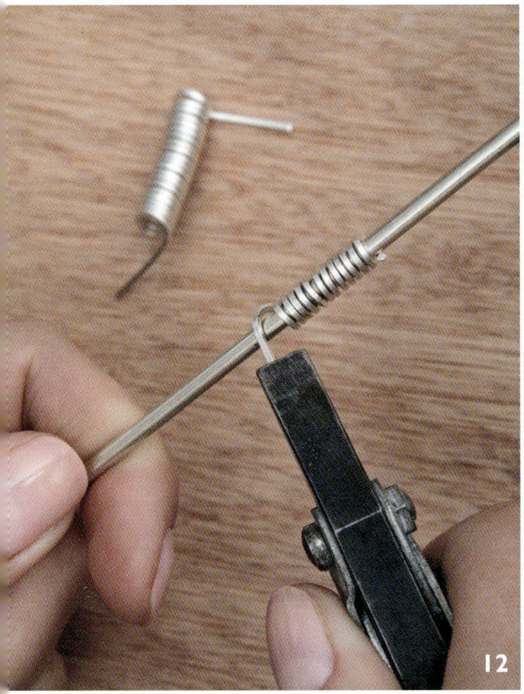
12

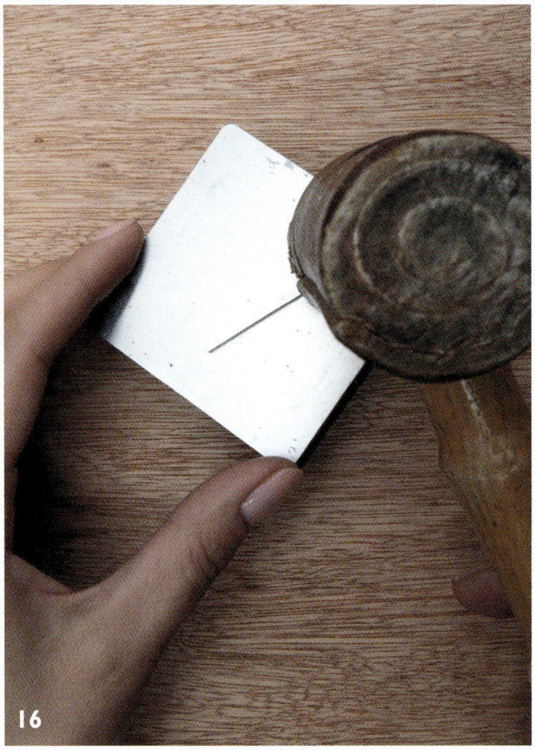
16

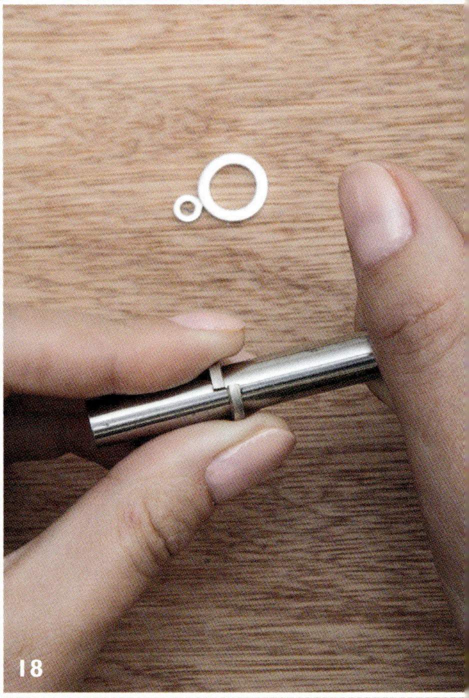
18

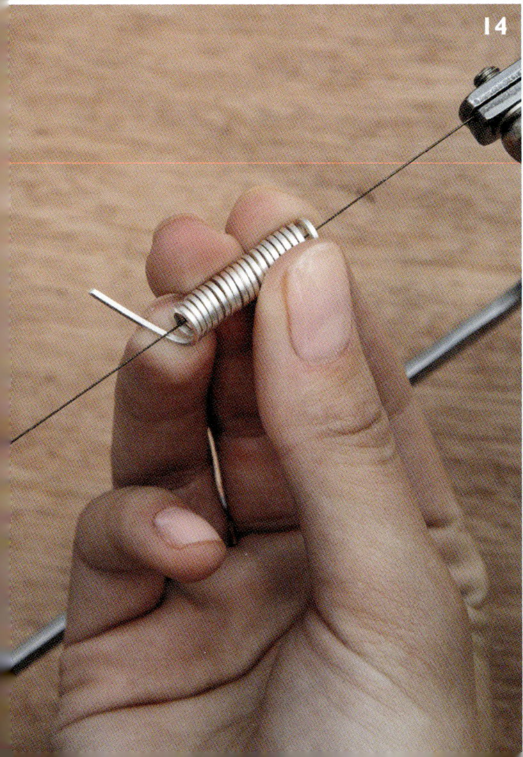
14

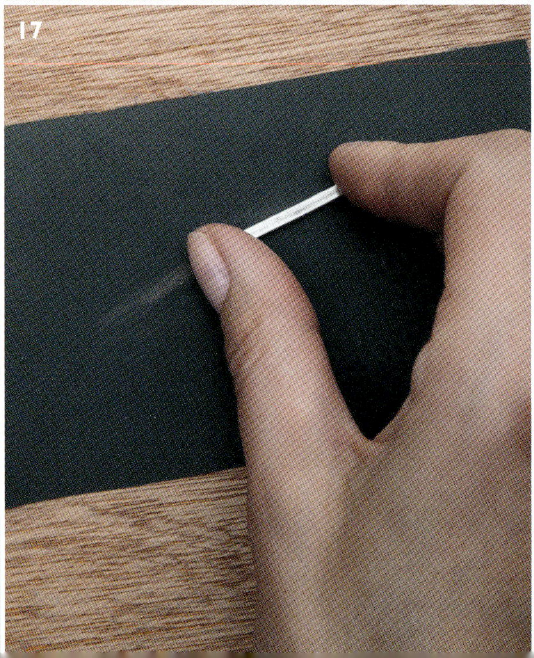
17

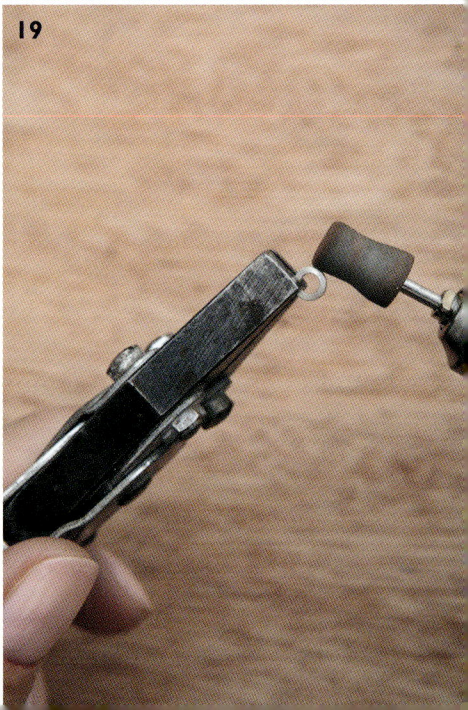
19

10 Entfernen Sie alle lockeren Verkohlungen, indem Sie den Löffel unter fließendes Wasser halten und mit der Drahtbürste abbürsten.

11 Tupfen Sie überschüssiges Wasser mit Küchenpapier ab und lassen Sie den Löffel trocknen.

12 Stellen Sie nun die Silbersprengringe her. Für die 13 Stück mit Innendurchmesser von 4,5 mm biegen Sie den Rechteckquerschnittssilberdraht (1 mm) um einen Körner der Größe 4,5 mm, bis Sie 13 runde Ösen gefertigt haben.

13 Für die fünf Ringe mit 2,5 mm Innendurchmesser biegen Sie den Rechteckquerschnittsilberdraht (1 mm) um einen Körner, bis Sie 5 Ösen gefertigt haben.

14 Um die Ringe auseinanderzuschneiden, fädeln Sie jede Spirale auf eine Juweliersäge und schneiden Sie sie durch wie in der Methode für Ringdetails auf S. 46–47 beschrieben.

15 Schließen Sie die Ringe vorsichtig mit zwei Pinzetten. Legen Sie sie auf den Lötsteinen zurecht, um sie mittels Löten zu schließen.

16 Um das T-Stück der Schließe herzustellen, begradigen Sie das 35 mm lange Stück des 2,5 mm großen Rechteckquerschnittdrahts, indem Sie es mit einem Rohhauthammer auf allen Seiten auf dem Werkbankblock oder der flachen Platte hämmern.

17 Legen Sie das Nass- und Trockenschleifpapier (Körnung 240) flach auf die Werkbank und schleifen Sie etwaige Vertiefungen mit wischenden Strichen aus.

18 Fertigen Sie die runde Seite der Schließe an, indem Sie den 2 mm starken Rechteckquerschnittdraht um einen Körner (9 mm) oder ein ähnliches rundes Objekt drehen.

19 Reinigen Sie zwei der Sprengringe mit einer feinen Feile und einem Polieraufsatz auf einem Feinbohrschleifer oder einer elektrischen Poliermaschine, falls Sie eine haben.

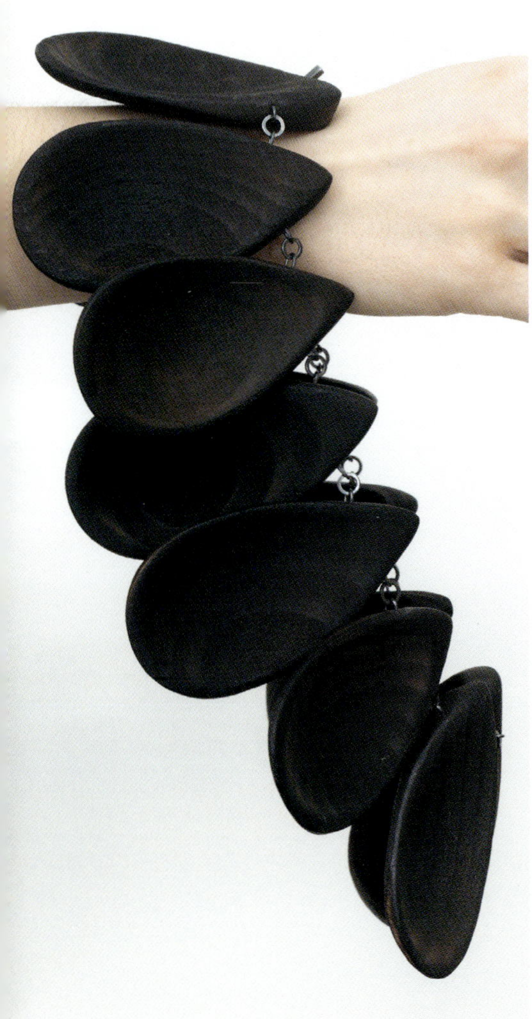

20 Löten Sie einen Sprengring mit Schmucklot an das T-Stück und einen an den großen Sprengring, der den Verschluss bildet.

21 Um die Seite des Verschlusses mit dem T-Stück fertigzustellen, befestigen Sie einen der 4,5-mm-Sprengringe mit drei kleineren Sprengringen an dem T-Stück und löten sie ihn zu.

22 Stellen Sie die silbernen U-Haken her, um sie in die Löcher Ihrer Löffel zu kleben, indem Sie 26 Stück in der Länge von 20 mm von dem 1 mm starken Rundquerschnittsilberdraht abschneiden. Biegen Sie sie mit einer Rundzange in U-Form.

23 Sowie all Ihre Silberteile fertiggestellt sind, waschen Sie sie in kochendem Wasser mit Flüssigreiniger, um etwaige Fettreste zu entfernen. Verwenden Sie Platinol in einer Glasschale, um diese Teile zu oxidieren. Es dauert ein oder zwei Minuten, bis die Farbe sich ändert. Abspülen und abtrocknen.

24 Polieren Sie die schwarzen Silberdetails mit einem Silberputztuch und legen Sie sie beiseite.

25 Streichen Sie die Holzteile mit Wachslasur. Ich habe an den Unterseiten zwei Schichten und an der Oberseite eine Schicht aufgebracht.

26 Bevor Sie die Silberverbindungen (U-Haken) in die Löcher des Löffels kleben, überprüfen Sie die Tiefe der U-Haken in den Löchern – etwa 3 mm der U-Form sollten sichtbar sein. Geben Sie Sekundenkleber auf ein Stück Plastik (wie auf S. 122 gezeigt) und bringen Sie drei sehr kleine Tropfen Kleber mithilfe eines kaputten Sägeblatts in das Loch.

27 Schieben Sie die U-Haken mit einer Flachzange in das Loch. Sie müssen vorsichtig arbeiten und fest drücken, damit der Haken nicht schon auf halbem Weg steckenbleibt. Es sollte kein überschüssiger Kleber aus den Löchern kommen. Falls doch, wischen Sie ihn sofort weg. Wiederholen Sie diesen Vorgang, bis alle Löcher der Löffel mit U-Haken ausgestattet sind.

28 Bringen Sie auf dieselbe Weise den zuvor hergestellten Verschluss an, indem Sie die U-Haken in die Schließe einhängen und dann in die Löcher kleben.

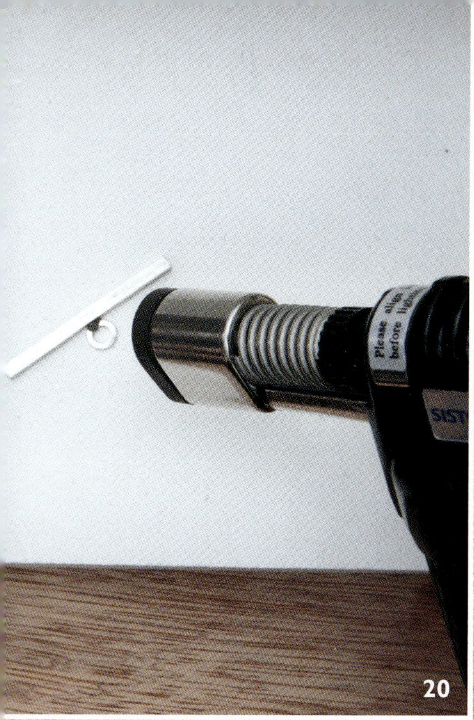
20

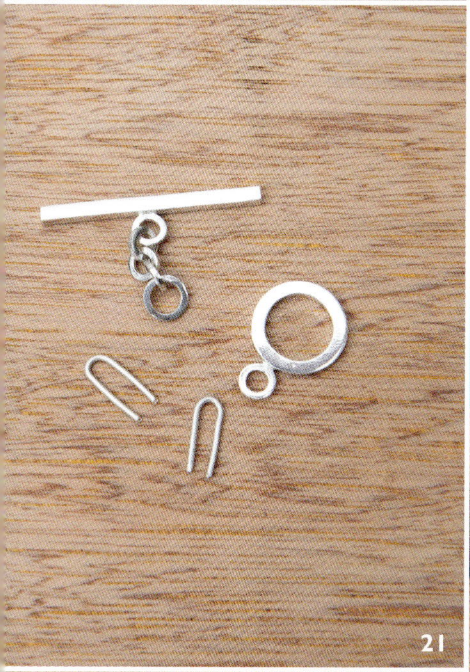
21

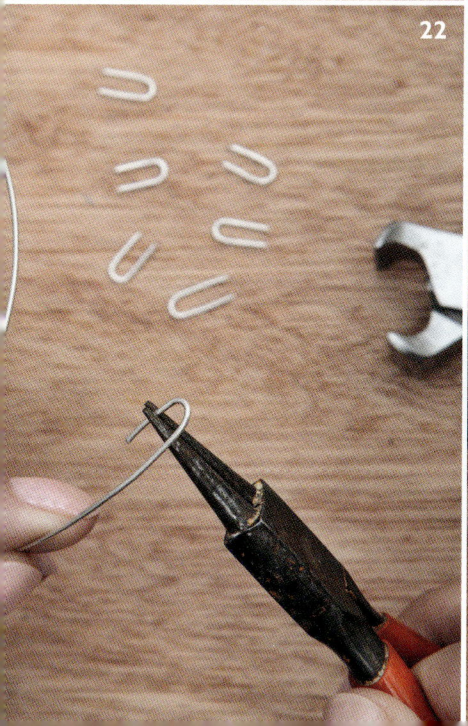
22

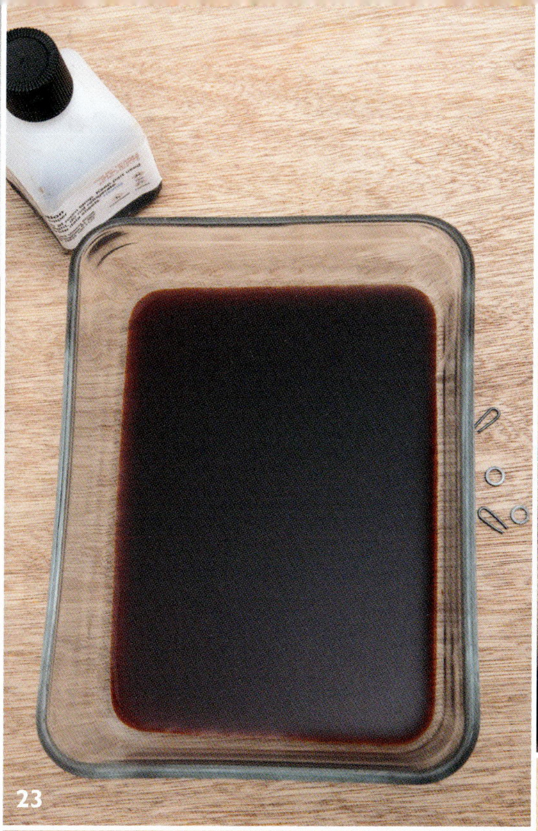
23

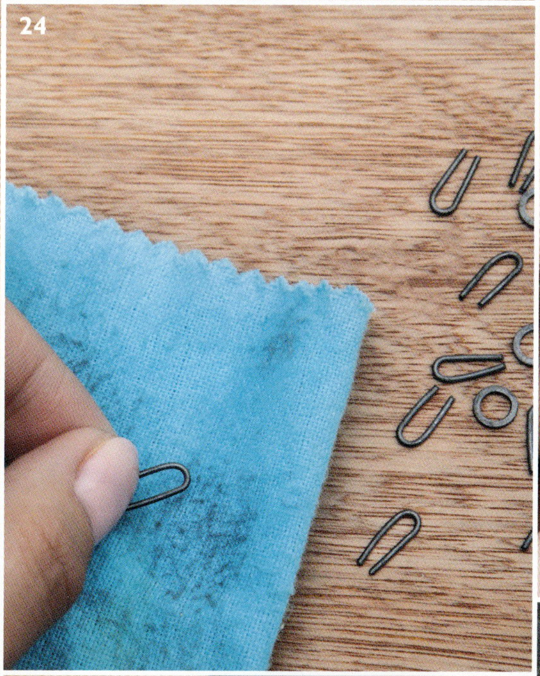
24

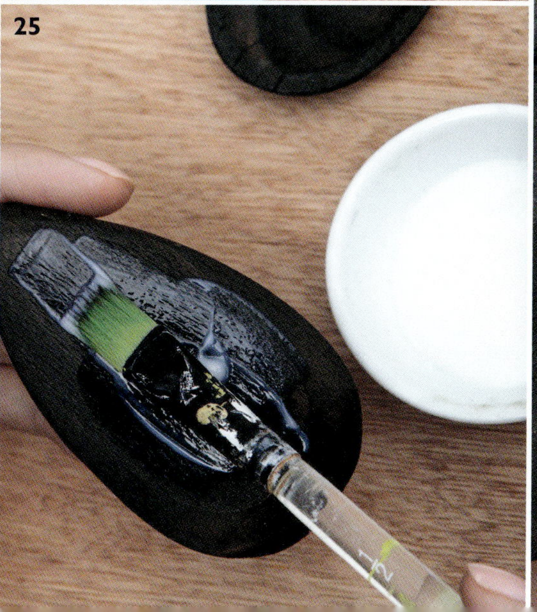
25

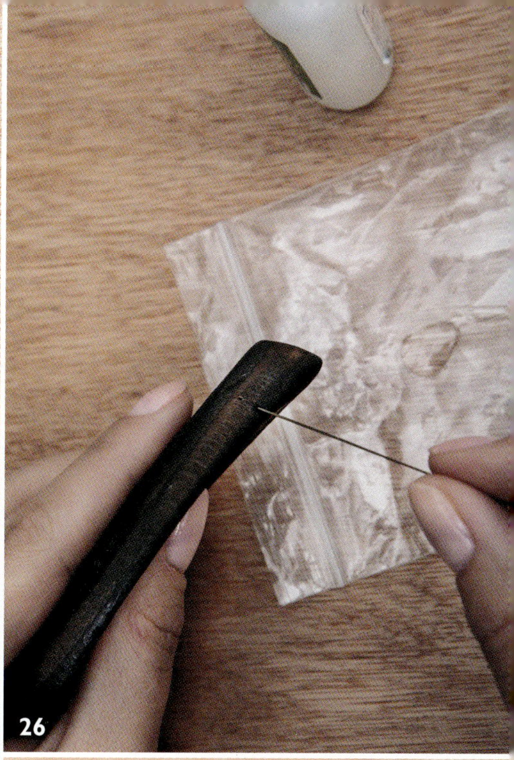
26

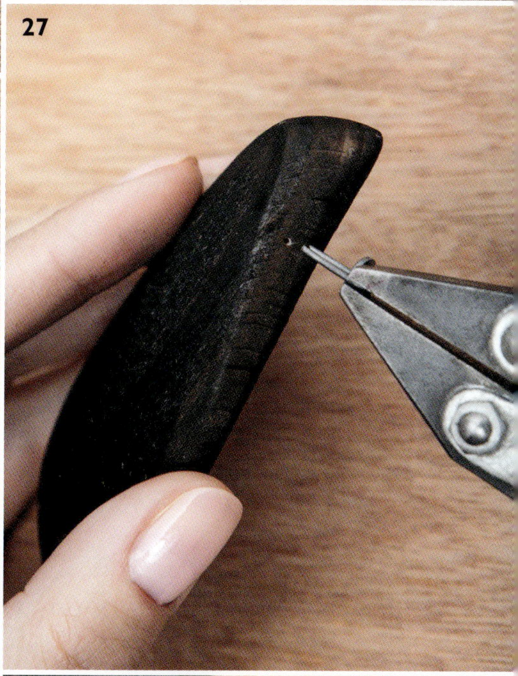
27

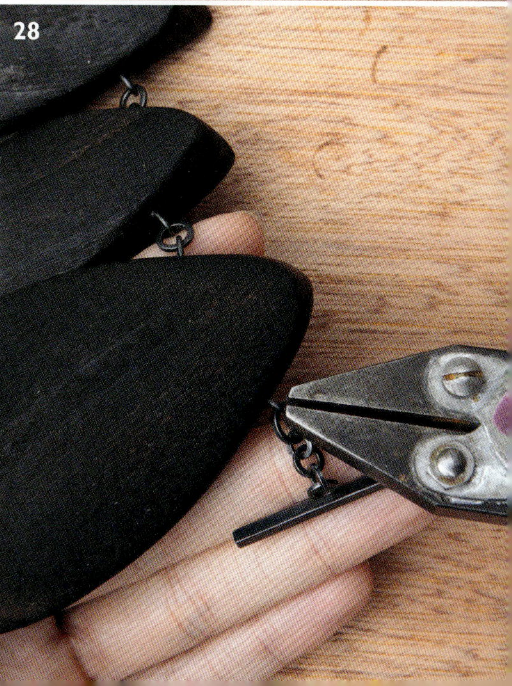
28

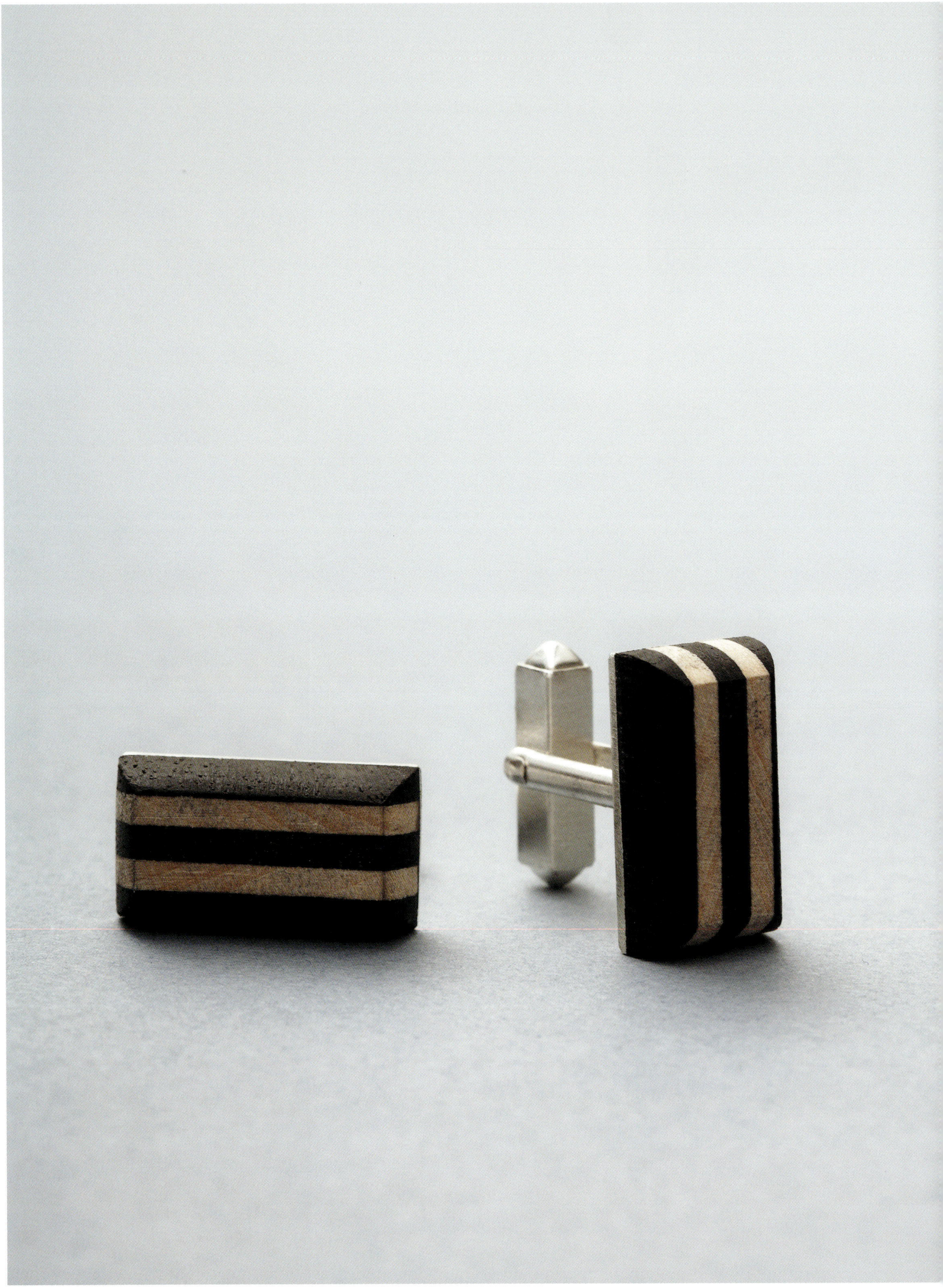

Gestreifte Manschettenknöpfe aus Mooreiche und Ahorn

Dieses Projekt verbindet zwei nützliche Techniken miteinander: Verleimen unterschiedlicher Holzarten und Anbringen von Holz an einer Silberplatte. Das Verleimen verschiedener Holzarten ist einfach und voller Möglichkeiten. Silberplatten können mit Silberdrahtzapfen an Holz angebracht werden; dies ist eine vielseitige Technik, aber Sie müssen sichergehen, dass die Platte fest auf der Oberfläche des Holzes sitzt – ohne Lücken. Wenn Sie keine Manschettenknöpfe gestalten möchten, können Sie dieses Projekt anpassen, um Ohrstecker zu kreieren, indem Sie die Manschettenverschlüsse gegen silbernen Ohrringdraht und Steckverschlüsse austauschen.

GEGENÜBER Zwei Holzarten werden miteinander verleimt, um ein gestreiftes Muster zu kreieren, hervorgehoben durch abgeschrägte Kanten.

WERKZEUG UND MATERIALIEN

- Juweliersäge
- Sägeblätter für Holz und Metall
- Pinsel zum Auftragen von Leim
- Kleine Spannzwingen (G-/C-Form)
- Bandschleifmaschine
- Halbrunde, raue Feile (16 cm)
- Winkelmaß
- Halbrunde, feine Feile (16 cm)
- Stechzirkel
- Biegsame Welle mit Hängemotor oder Feinbohrschleifer
- Kleine Lötlampe
- 2 Lötsteine
- Säurebad
- Messingpinzette
- Boraxschüssel und kleiner Pinsel
- Niethammer
- Kugelfräser
- Flaches Brett
- 3 Scheiben Mooreichen- und Ahornholz (online erhältlich für Gitarrenköpfe, 2,5–3 mm)
- Holzleim und Pinsel oder Leimspachtel aus Plastik
- Kreidestift oder Fettstift
- 2 Stück 0,8 mm dickes Silberblech, ca. 23 x 12 mm
- 1 Paar Manschettenknopf-Rohlinge aus Silber
- Schmucklot und/oder Boraxpaste
- Säure zur Silberreinigung
- Wachs- oder Decklack-Oberflächenversiegelung (optional)

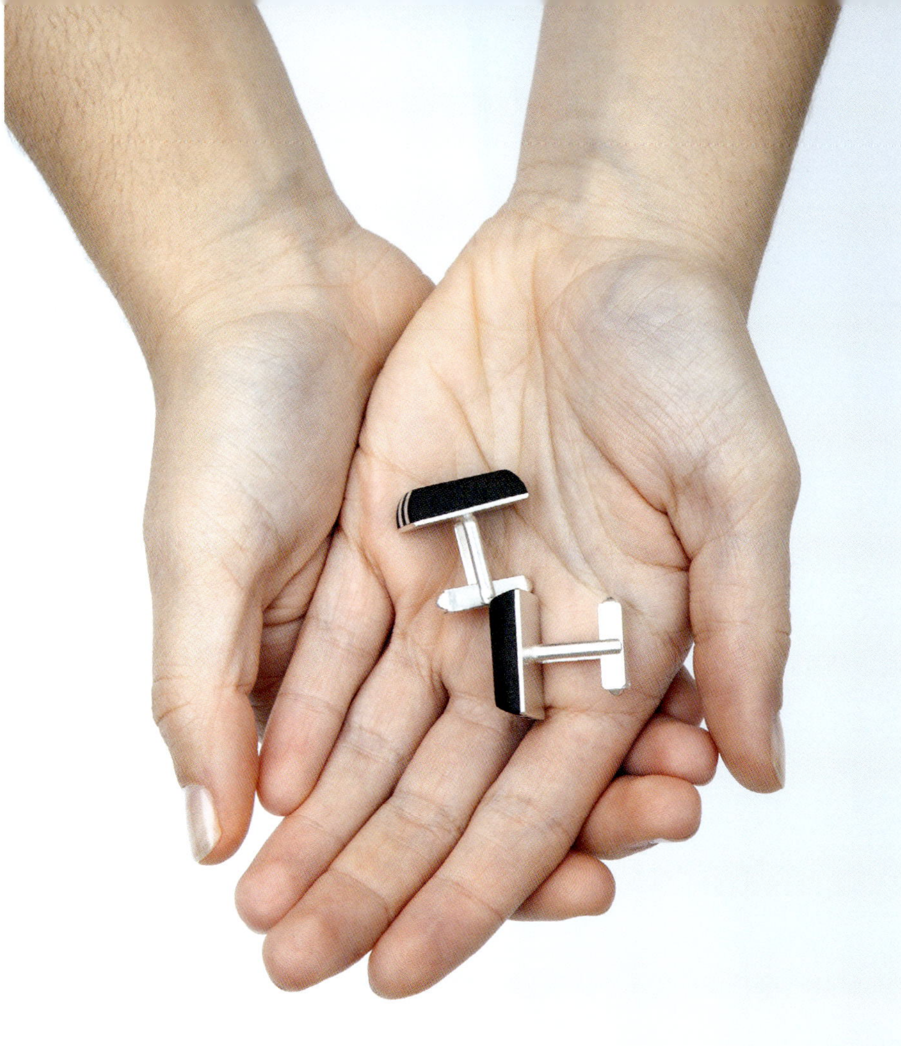

1 Schneiden Sie fünf Stück der zwei unterschiedlichen Holzarten mit der Juweliersäge und einem Sägeblatt für Holz zu, jedes 27 mm breit und 103 mm lang (das ergibt einige Paare).

2 Benutzen Sie die Leimspachtel, um den Holzleim auf jede Schicht aufzutragen, und achten Sie darauf, dass die gesamte Fläche bedeckt ist. Der Leim sollte nicht zu dick aufgetragen werden, da die Holzarten einander berühren müssen und die Verwendung von zu viel Leim zu Lücken führen kann.

3 Klemmen Sie die Schichten mit den Spannzwingen zusammen und lassen Sie sie vollständig trocknen. Lassen Sie den Leim außen herausquellen, falls er dazu tendiert.

4 Entfernen Sie die Zwingen und schleifen Sie die Seiten und Enden des geschichteten Werkstücks mit einer Feile oder einer Bandschleifmaschine, bis sie vollkommen glatt sind.

5 Markieren Sie 7 mm große Scheiben des Holzsandwiches mit dem Winkelmaß.

6 Sägen Sie 7-mm-Scheiben entlang der kurzen Seite des geschichteten Werkstücks ab, sodass Sie einen gestreiften Block aus Holz bekommen. Überprüfen Sie mit einem Winkelmaß, dass das Ende gerade ist, da es akkurat plan werden muss.

7 Bevor Sie die Holzteile weiter formen, gestalten Sie die Silberteile. Mit einer Juweliersäge mit Sägeblatt für Metall schneiden Sie zwei 12 x 23 mm große Stücke aus dem Silberblech aus.

8 Legen Sie das Silberblech auf die Lötsteine, löten Sie die erhitzbare Hälfte des Manschettenknopfs in die Mitte des Blechs und verwenden Sie dazu das Schmucklot und die Lötlampe. Verwenden Sie die Boraxpaste dort, wo Sie das Lot zum Fließen bringen möchten. Für den zweiten Manschettenknopf wiederholen.

9 Löten Sie den Draht auf die andere Seite des Blechs und balancieren Sie ihn zwischen zwei Lötsteinen. Löten Sie zwei Drähte (ich habe sie etwa 10 mm auseinander angelötet) an jede Manschettenknopfrückseite an.

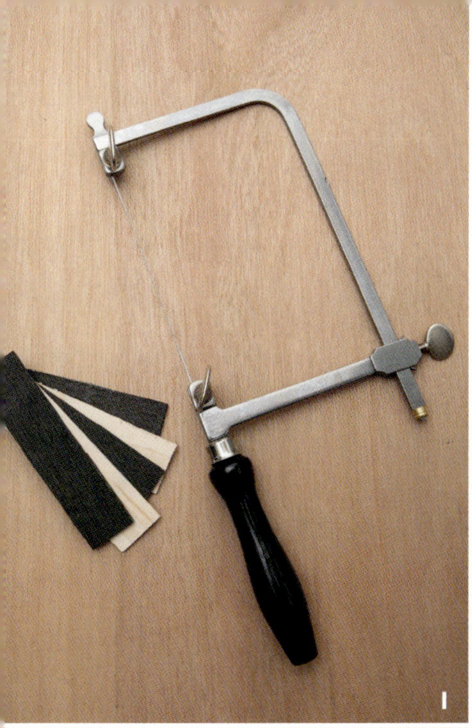
1

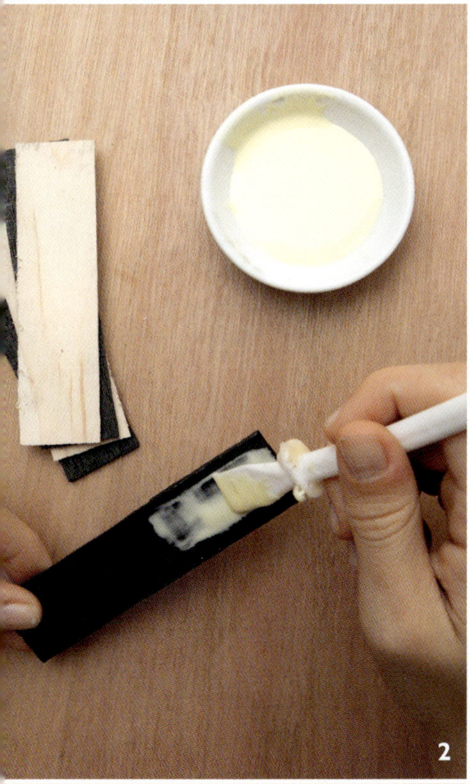
2

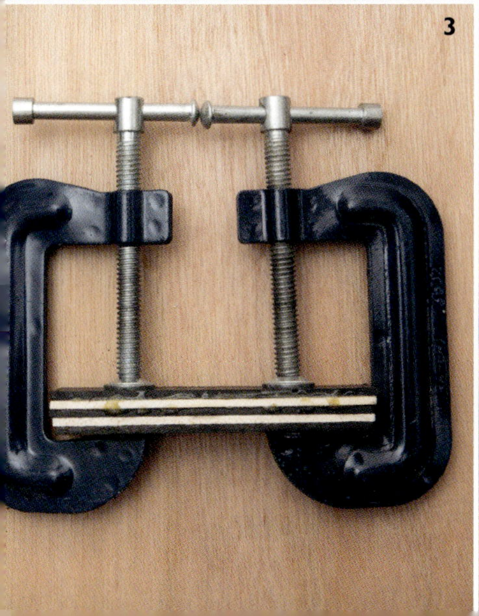
3

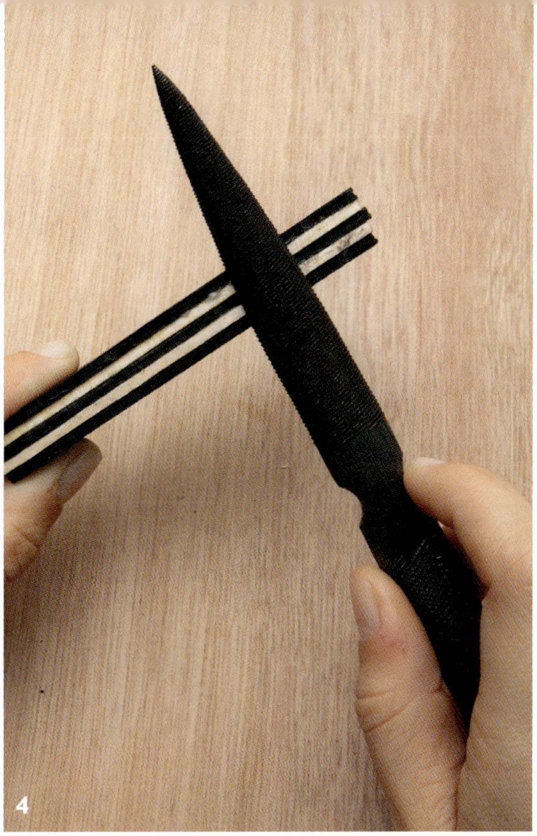
4

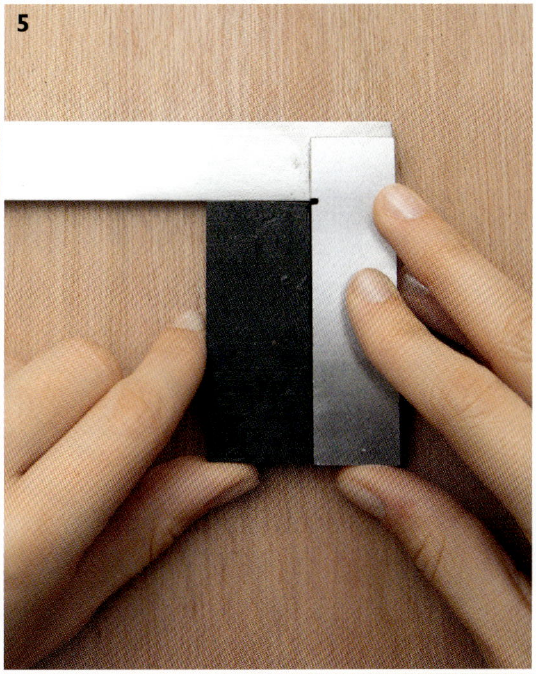
5

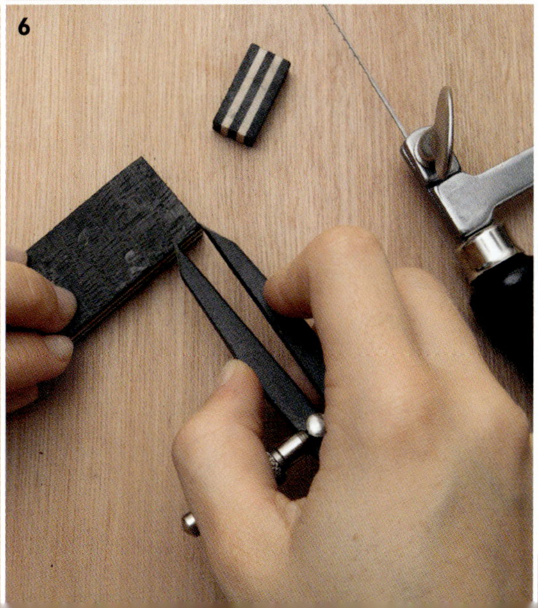
6

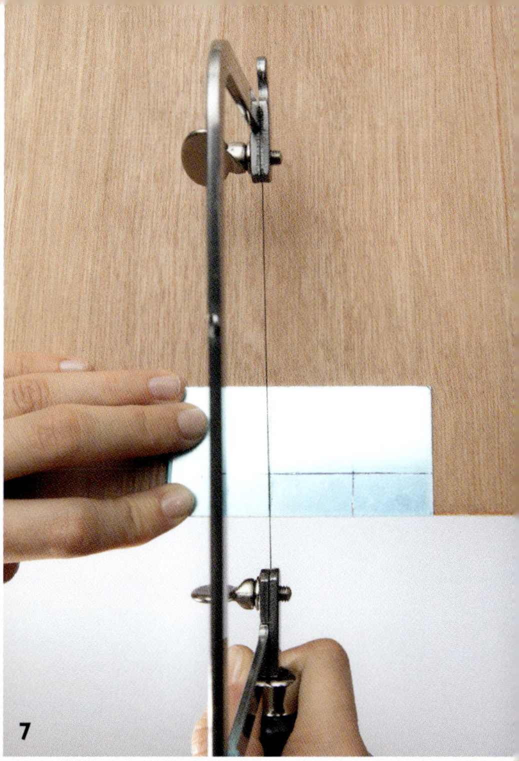
7

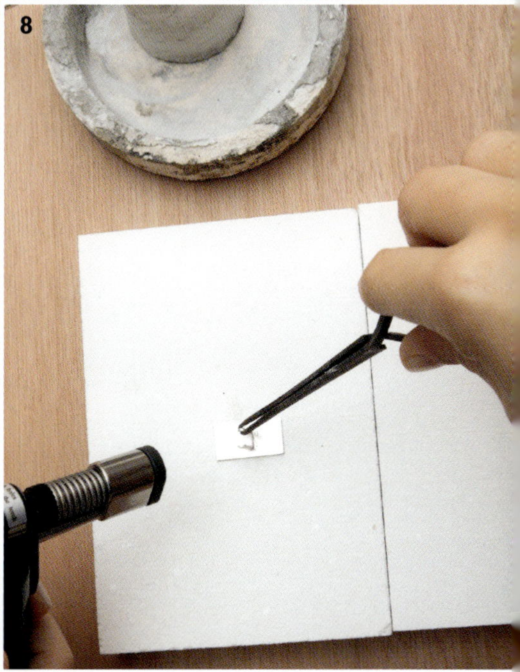
8

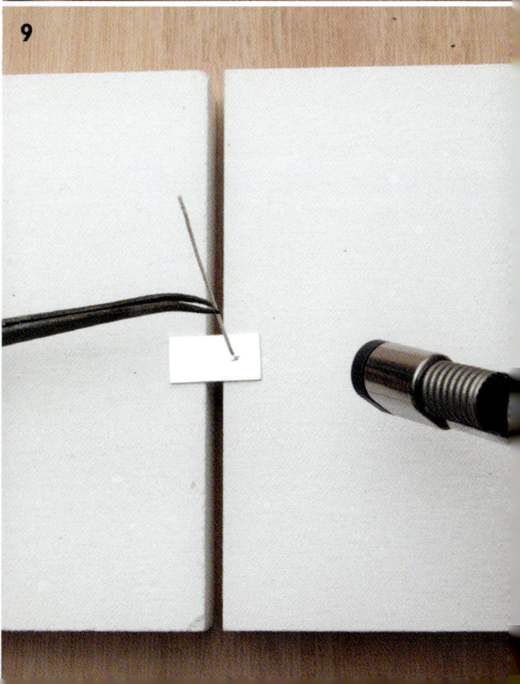
9

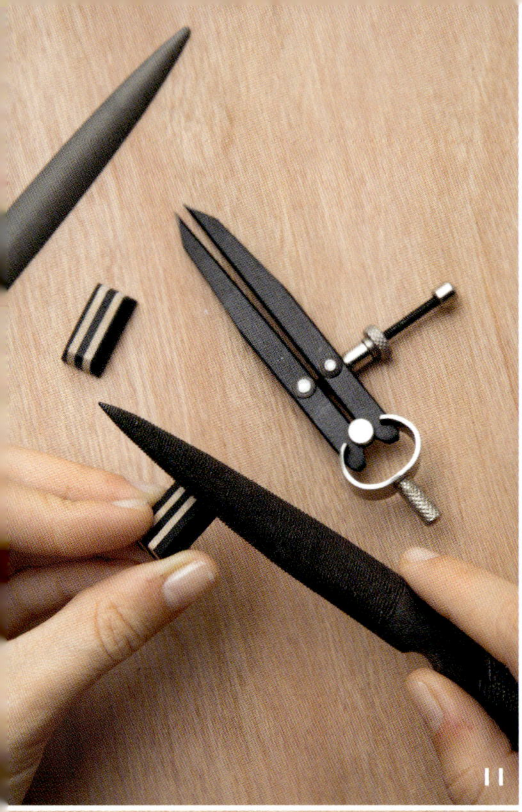
11

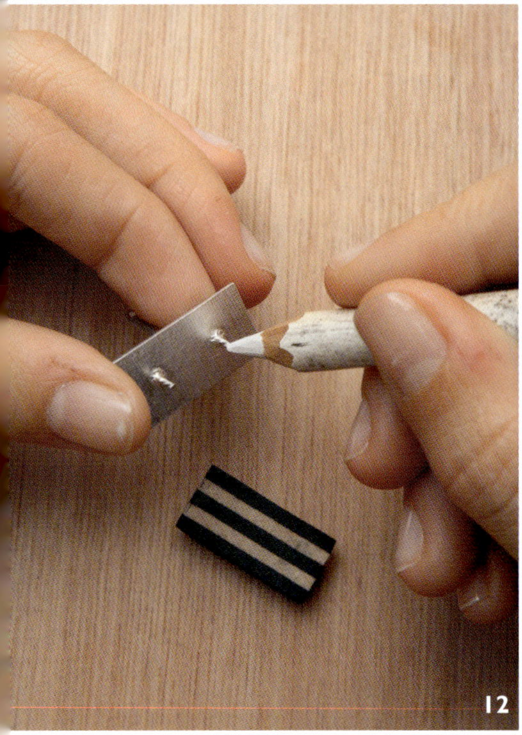
12

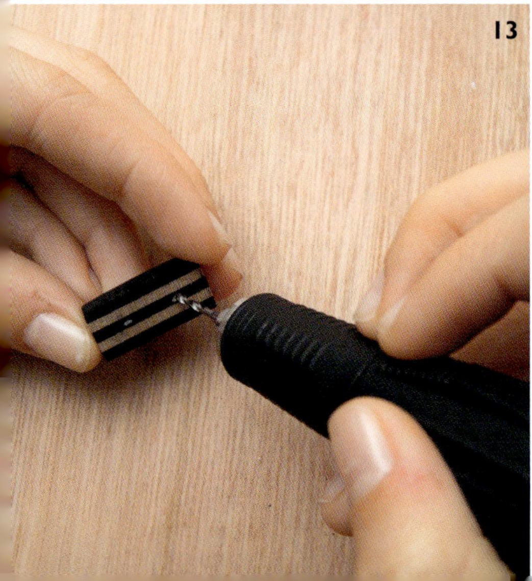
13

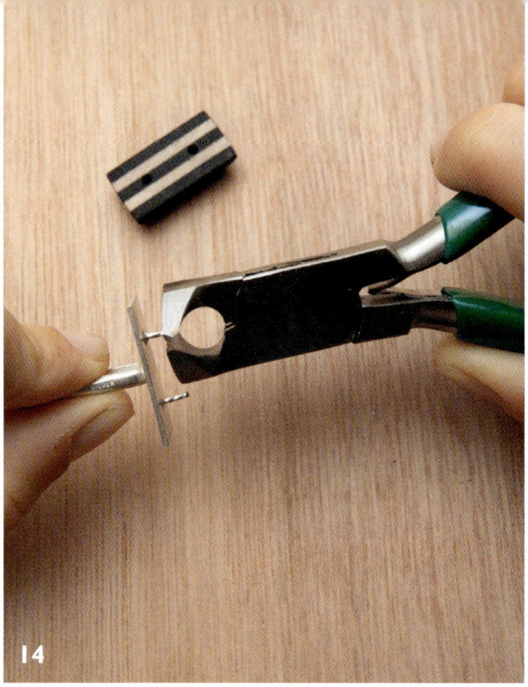
14

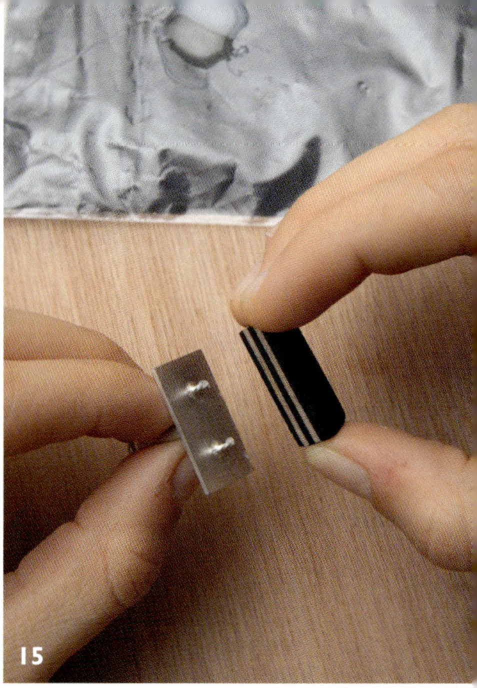
15

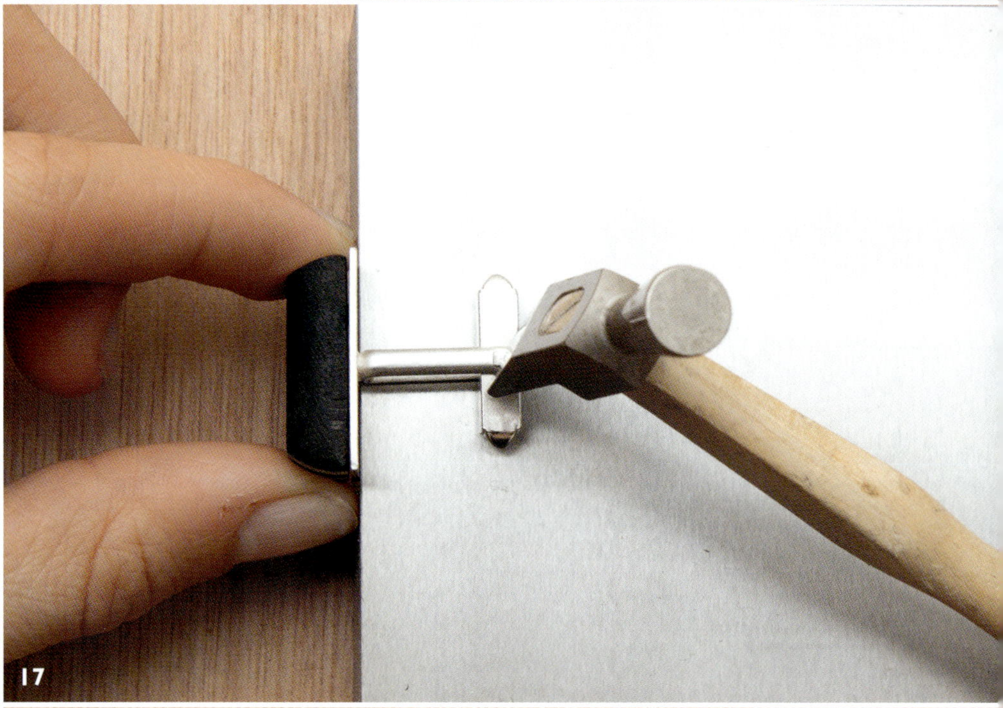
17

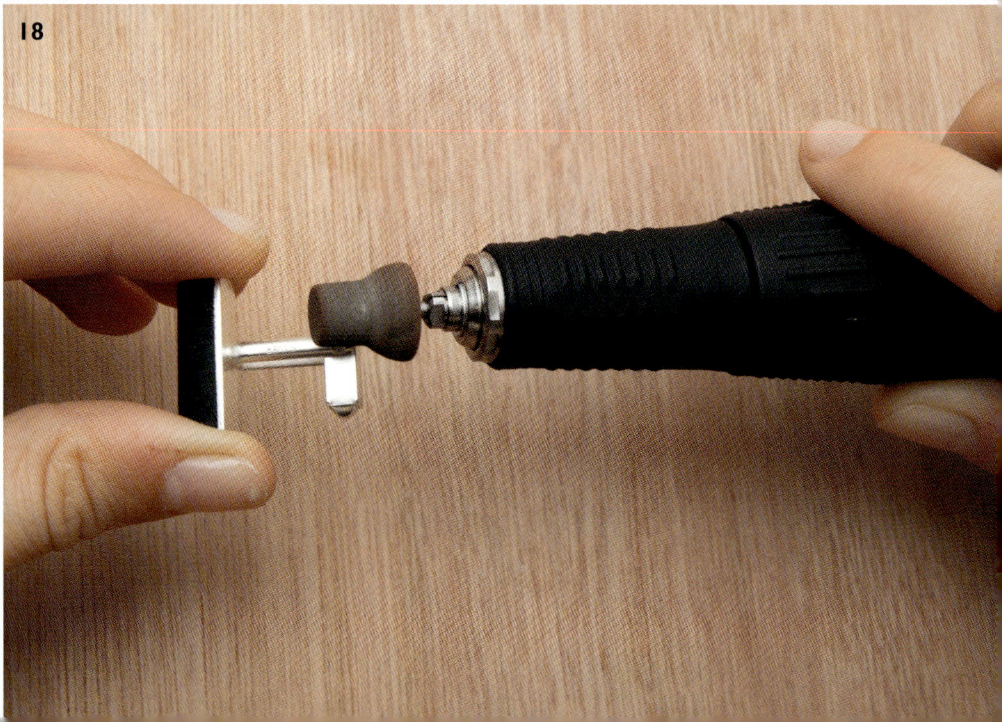
18

10 Tauchen Sie die Silberteile mit einer Messingpinzette in das Säurebad (siehe S. 55).

11 Feilen Sie die gestreiften Holzscheiben so, dass sie geringfügig größer sind als das Silberblech und feilen Sie jede Seite mit derselben Schräge an den Kanten zu. Ich habe von jeder Seite aus 3 mm nach innen gefeilt. Ein auf 3 mm eingestellter Stechzirkel hilft dabei, dies auszumessen. Verwenden Sie eine raue Feile, um Material zu entfernen und arbeiten Sie die Form dann mit einer feinen Feile genauer aus.

12 Markieren Sie, wo Sie an der Unterseite des geschichteten Holzes Löcher bohren müssen. Bemalen Sie dafür die Spitzen des Drahts mit dem Kreidestift und übertragen Sie dies auf die Rückseite des Holzes, um die Position zu markieren.

13 Bohren Sie an jeder Markierung von unten bis zur Hälfte in jedes Holzstück.

14 Kappen Sie den Draht mit dem Frontschneider, sodass er in die Löcher aus Schritt 13 passt und plan aufliegt. Sollte etwaiges Lot am Grund des Drahts dies verhindern, erweitern Sie das Loch leicht mit einem Kugelfräser.

15 Kleben Sie das Holz auf das Silberblech.

16 Sowie der Kleber vollständig getrocknet ist, feilen Sie das Silberblech und das Holz zurück, bis es völlig plan mit dem Holz ist und nehmen Sie letzte Korrekturen mit einer feinen Feile vor, um sicherzugehen, dass die Abschrägungen auf allen Seiten gleichmäßig verlaufen.

17 Vernieten Sie die andere Hälfte der Manschettenknopfdetails auf dem Silberblech mit einem Niethammer und einer flachen Platte. Auf jede Seite klopfen, um den Draht im Gesamten zu spreizen. Erledigen Sie diesen Schritt gleichmäßig und hämmern Sie abwechselnd beide Seiten, bis die Niete gesichert ist, und schlagen Sie dann mit der flachen Seite des Niethammers, um die Oberfläche zu glätten.

18 Polieren Sie die Silberteile mit einem weichen Gummiaufsatz auf einem Feinbohrschleifer. Ich habe diese Manschettenknöpfe unversiegelt gelassen, Sie könnten sie jedoch auch mit Decklack oder Wachs behandeln.

Halskette aus vernieteten Sperrholzblättern

WERKZEUG UND MATERIALIEN

- Bleistift, Karton, Skalpell, Schneidmatte
- Juweliersäge und 4/0-Metallsägeblätter (wenn Sie per Hand ausschneiden)
- Schutzbrille und Staubschutzmaske (wenn Sie per Hand ausschneiden)
- Sperrholz (3 mm), 40 x 60 cm
- Stahlwolle
- Pinsel
- Acrylfarben (ich habe Ultramarinblau und Karminrot verwendet)
- Mikrokristallines Wachs
- Feinbohrschleifer
- Bohraufsatz (1,2 mm)
- Silberdraht (1,2 mm)
- Seitenschneider
- Raue Feile
- Flache Platte
- Niethammer

Das Vernieten ist eine Methode, um mehrere, sich wiederholende Formen zusammenzufügen, die entweder mit einer Juweliersäge oder mittels Laserschneiden gestaltet wurden. Kontaktieren Sie den Service Ihres Laserschneiders vor Ort, bevor Sie beginnen, um herauszufinden, welches laserschnittgeeignete Holz Sie bekommen, welche CAD-Software unterstützt wird und wie groß die Arbeitsfläche des Lasercutters ist. Die Kleber in einigen Sperrholzarten machen es unbrauchbar für das Laserschneiden und es ist sinnvoll, Holz zu verwenden, mit dem Ihr Zuschnittservice auch arbeiten kann. Sie können die Teile auch mit einer Juweliersäge per Hand ausschneiden. Wenn Sie per Hand arbeiten möchten, ist jedes 3 mm dicke Birkensperrholz geeignet. Die Nieten werden zu einem Teil des Designs, denken Sie also genau darüber nach, wie sie aussehen sollen. Da die Verbindungen hier mit verschiedenen Farben gemacht wurden, ist auch das ein Teil der Form einer jeden Komponente. Eine Kette dieser Art benötigt eine gerade Zahl an Verbindungen. Fertigen Sie ein Modell an, bevor Sie das Werkstück selbst herstellen, um zu sehen, wie die Kette sich bewegen und auf dem Körper zu liegen kommen wird.

GEGENÜBER Bemalte und genietete abstrakte Formen im Laserschnittverfahren, inspiriert durch Blätter, die eine atemberaubende Halskette bilden.

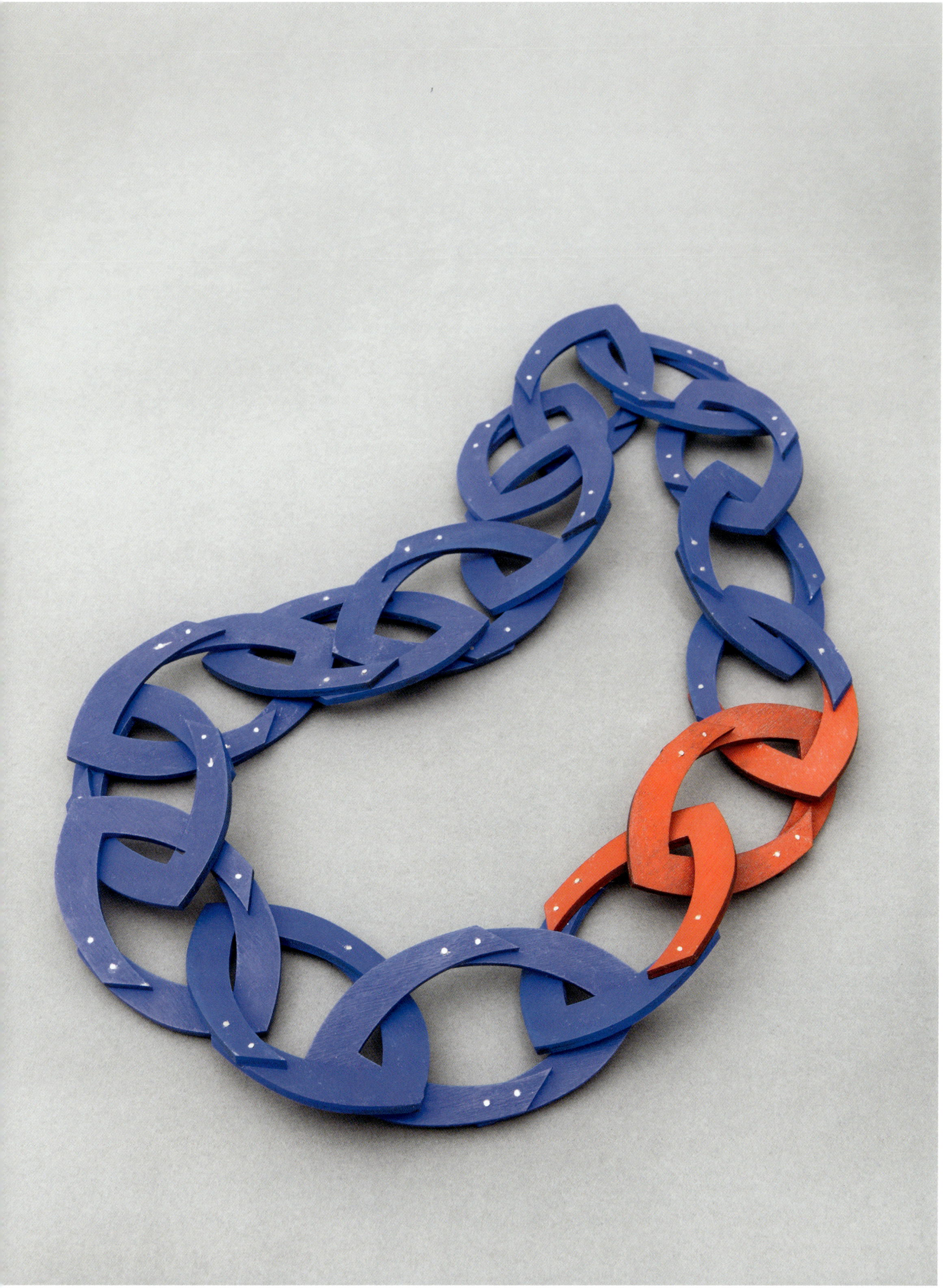

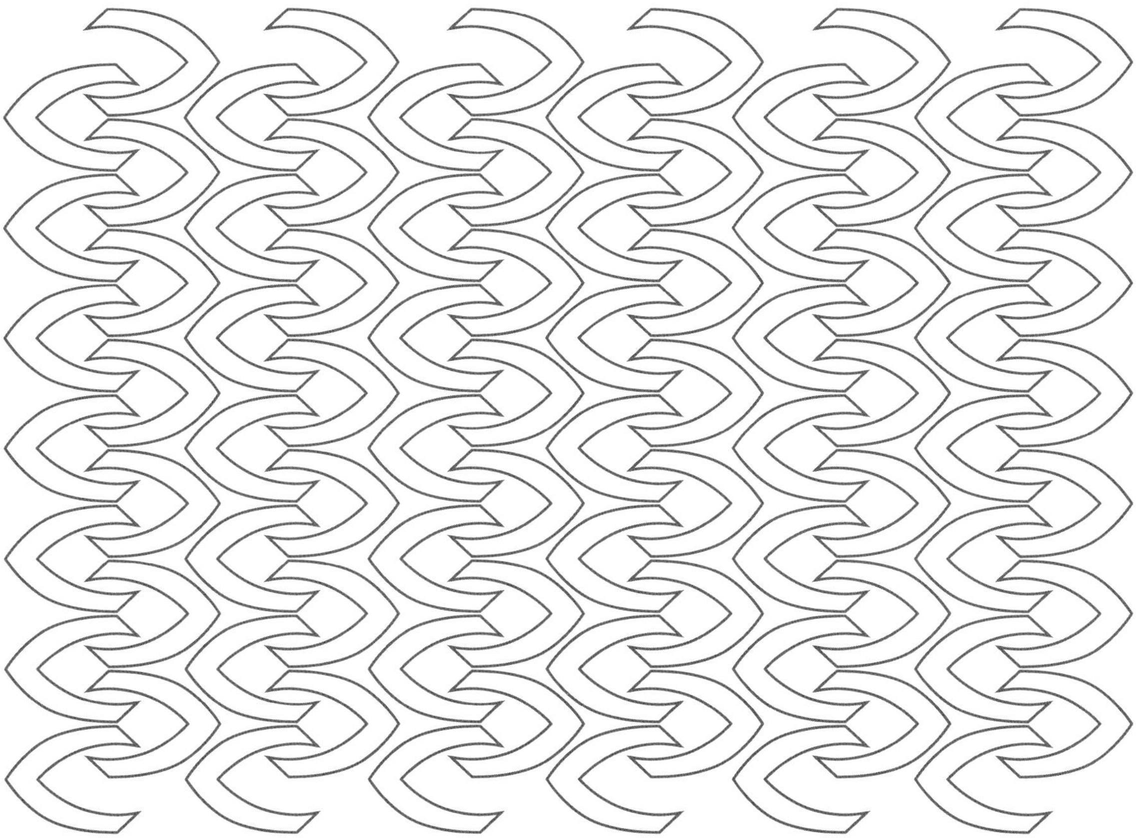

1 Experimentieren Sie mit Karton, Bleistift und Skalpell, um Schablonen und Formen zu gestalten.

2 Verwenden Sie dann die Formen, die Ihnen gefallen, um Sperrholzmodelle zu gestalten, indem Sie sie mit einer Juweliersäge ausschneiden. Die Kanten des Sperrholzes brechen leicht und darum ist es besser, ein feines Sägeblatt für Metall zu verwenden, um Ihre Sperrholzstücke zu sägen, anstatt ein gröberes zu nehmen, das Sie normalerweise für Holz verwenden würden.

3 In meinem Design (siehe Zeichnung oben) sind die Einzelteile 50 × 65 mm groß und überlappen einander, sodass sie im verbundenen Zustand 50 mm in der Breite und 93 mm in der Länge messen.

4 Wenn Sie mit Ihrem Design zufrieden sind, erstellen Sie eine CAD-Zeichnung mit so vielen Wiederholungen, wie in den Bereich der Arbeitsfläche des Lasercutters hineinpassen, und senden Sie es dann zum Schneiden. Alternativ sägen Sie die Elemente, die Sie benötigen, per Hand aus.

5 Bemalen Sie Ihre Verbindungsstücke mit Acrylfarbe und lassen Sie sie in Ruhe trocknen.

6 Wenn die Farbe getrocknet ist, schleifen Sie die Verbindungsstücke leicht mit Stahlwolle, um etwaige Holzfasern zu entfernen, und streichen Sie sie erneut.

7 Wenn die zweite Schicht ebenfalls getrocknet ist, tragen Sie eine Schicht Wachs mit einem Stück Küchenkrepp auf und lassen das Werkstück trocknen.

8 Legen Sie zwei Verbindungsstücke so hin, wie Sie sie gerne hätten, wenn sie verbunden sind, und halten Sie sie fest, während Sie ein 1,2 mm breites Loch durch beide Stücke bohren. Passen Sie auf, dass Ihre Finger nicht mit dem Bohraufsatz ins Gehege kommen! Wiederholen Sie den Vorgang, sodass jedes Verbindungsstück zwei Löcher hat (Ober- und Unterseite des Verbindungsstücks).

9 Fädeln Sie ein Stück des Silberdrahts durch beide Löcher auf einer Seite des Verbindungsstücks.

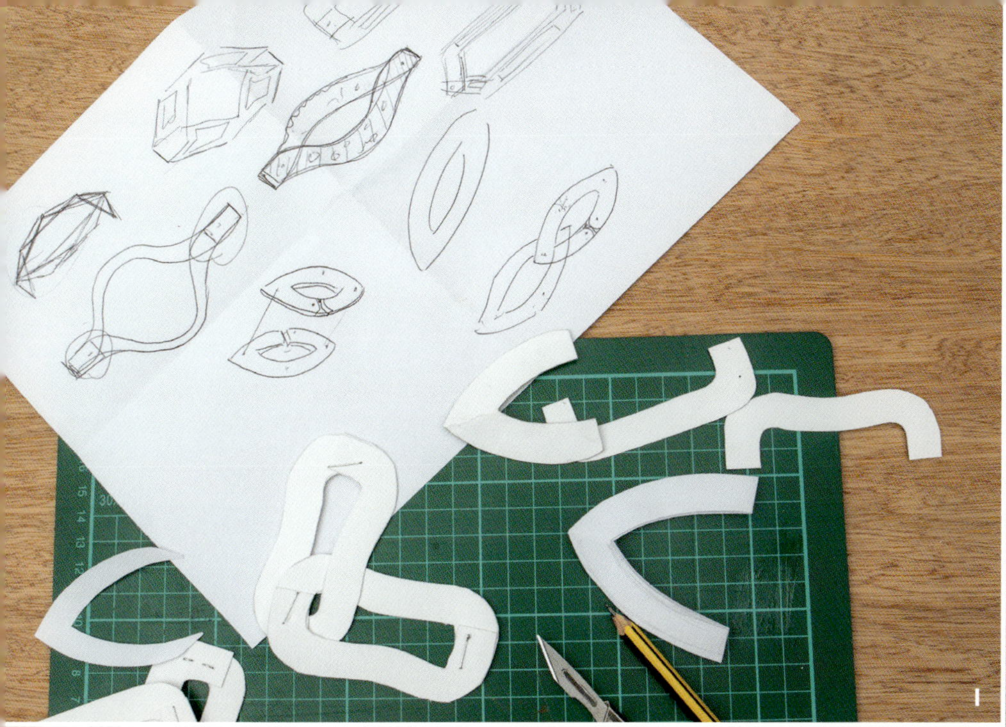

1

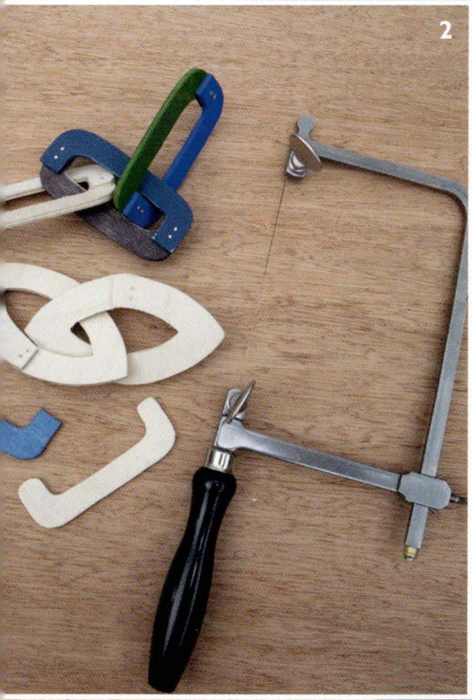

2

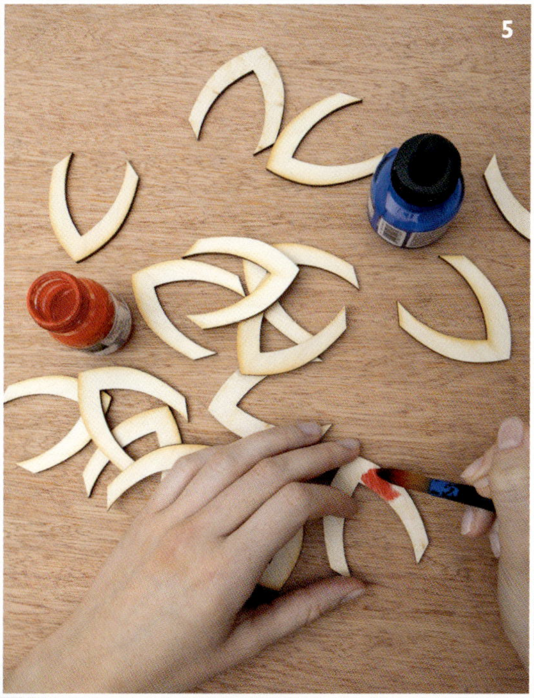

5

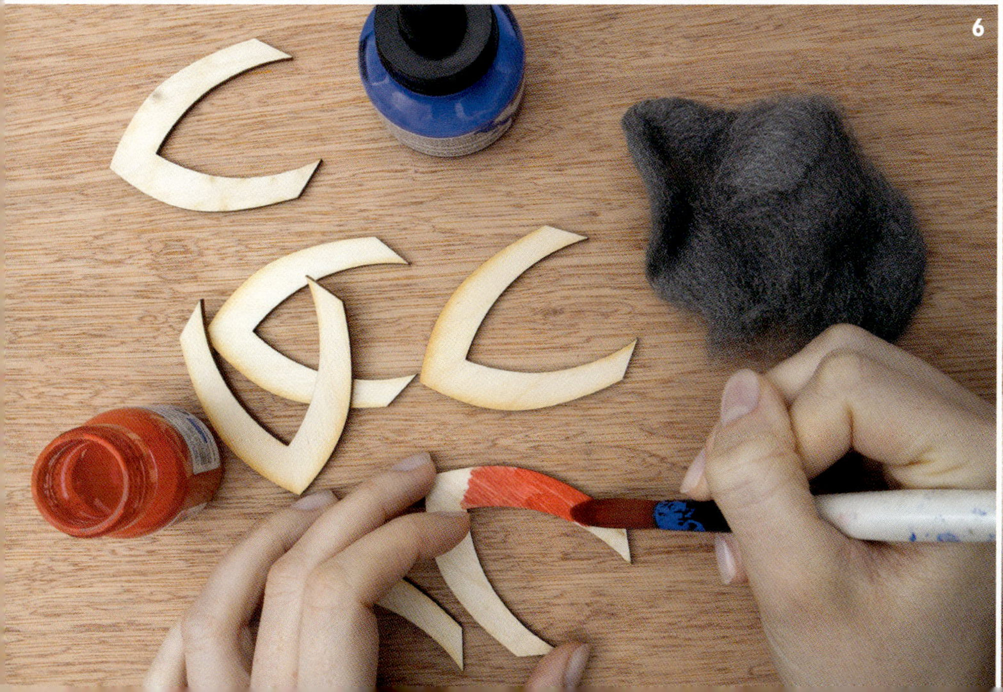

6

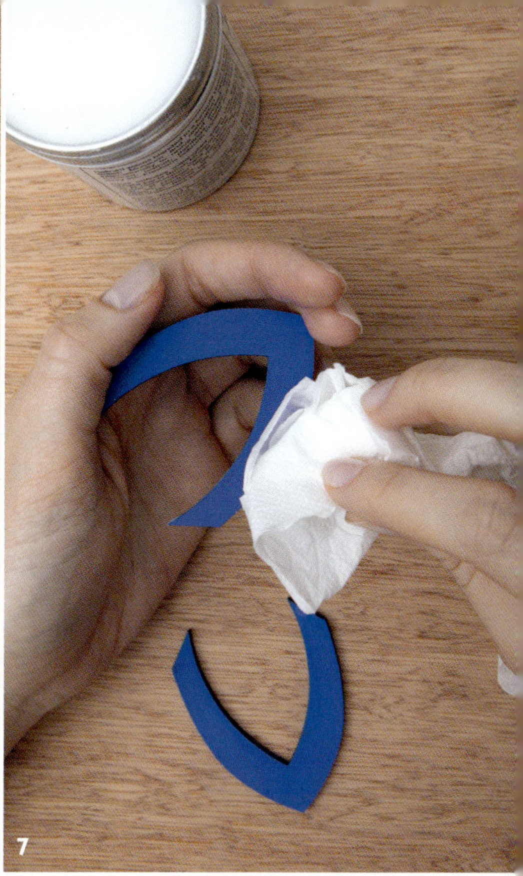

7

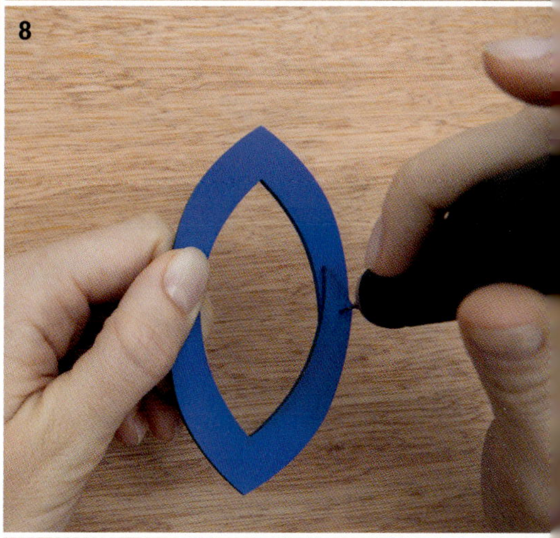

8

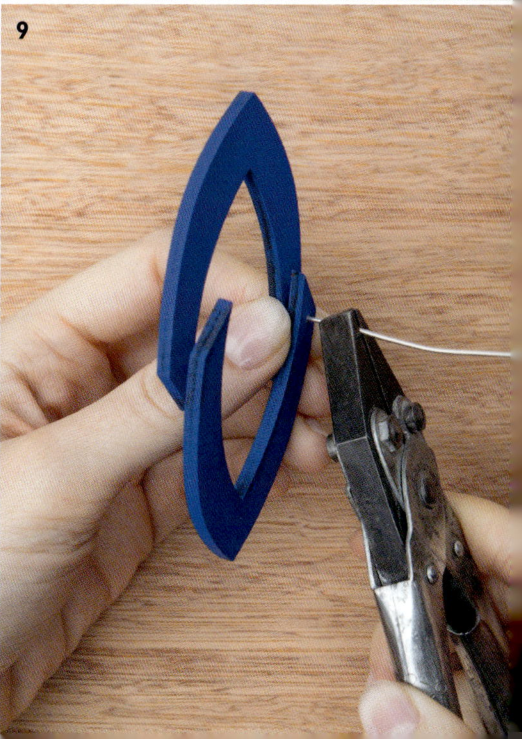

9

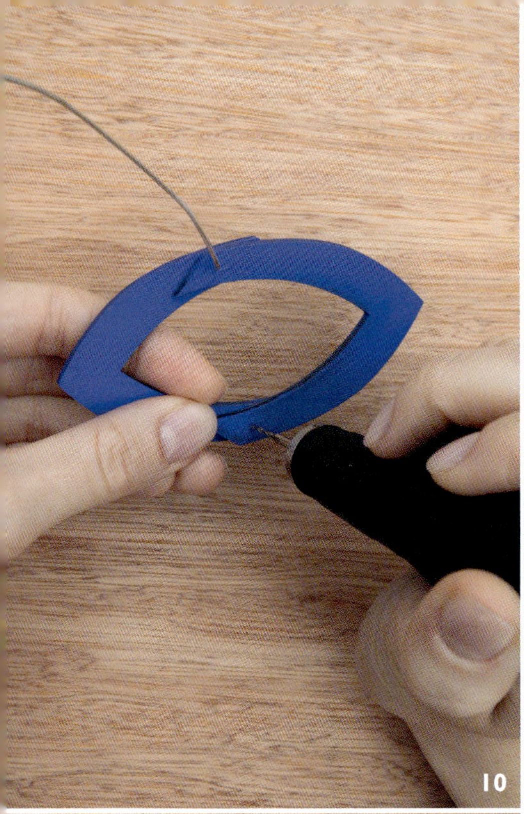
10

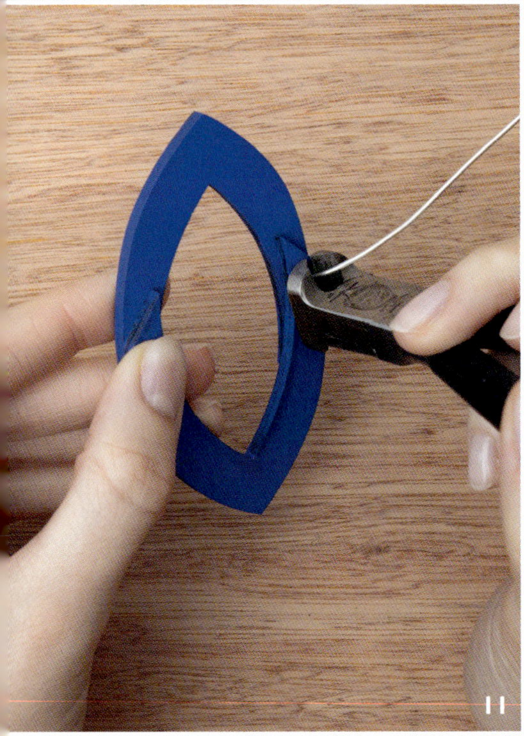
11

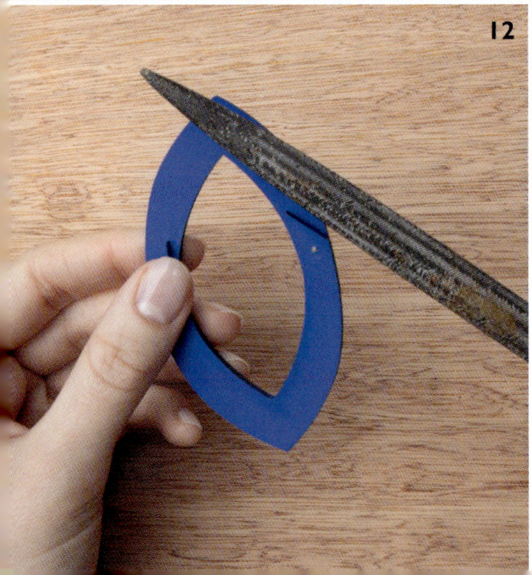
12

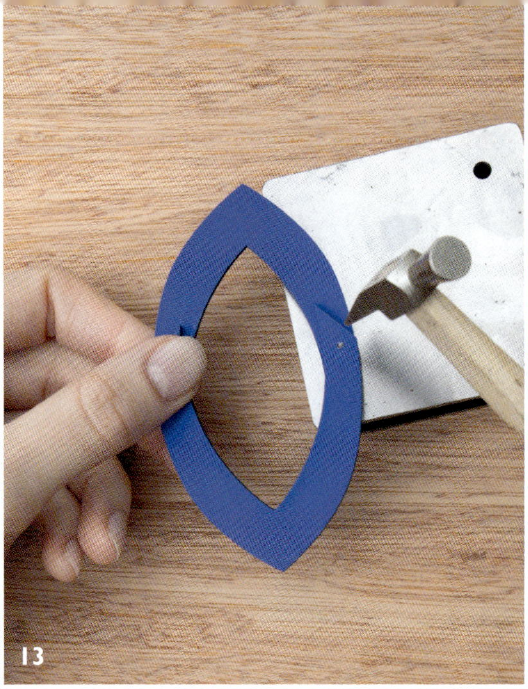
13

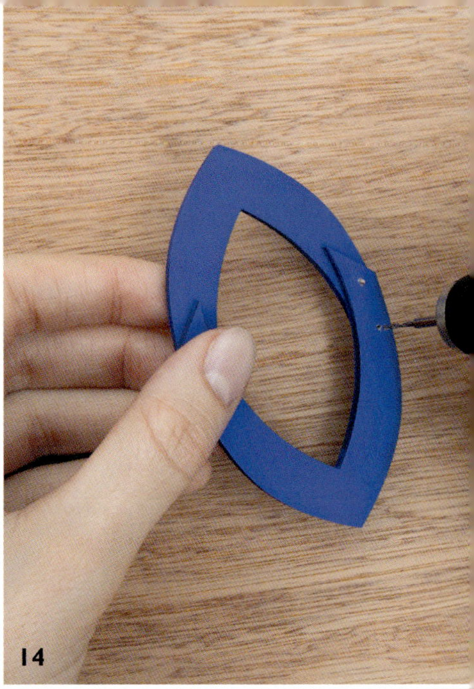
14

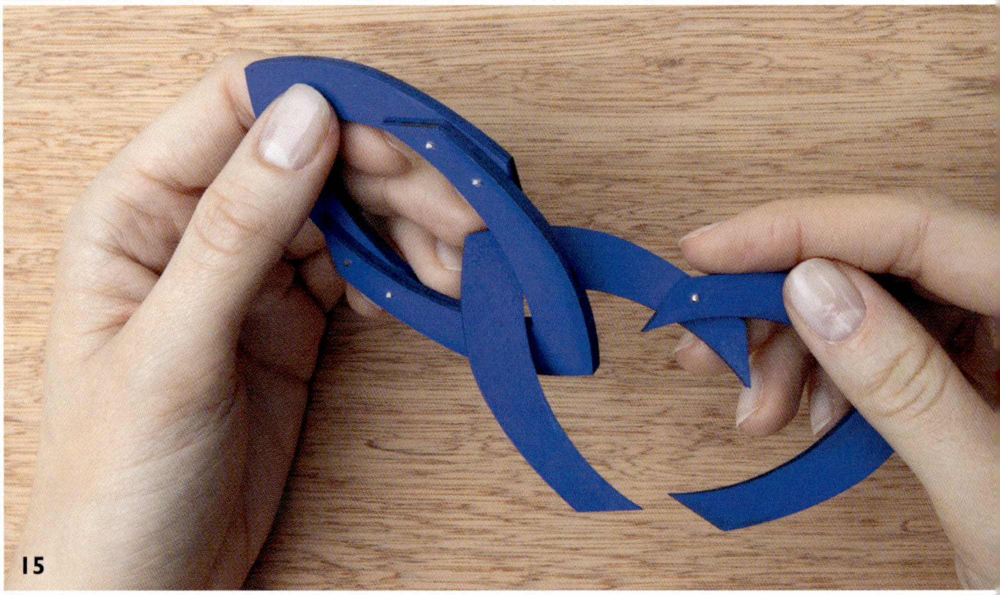
15

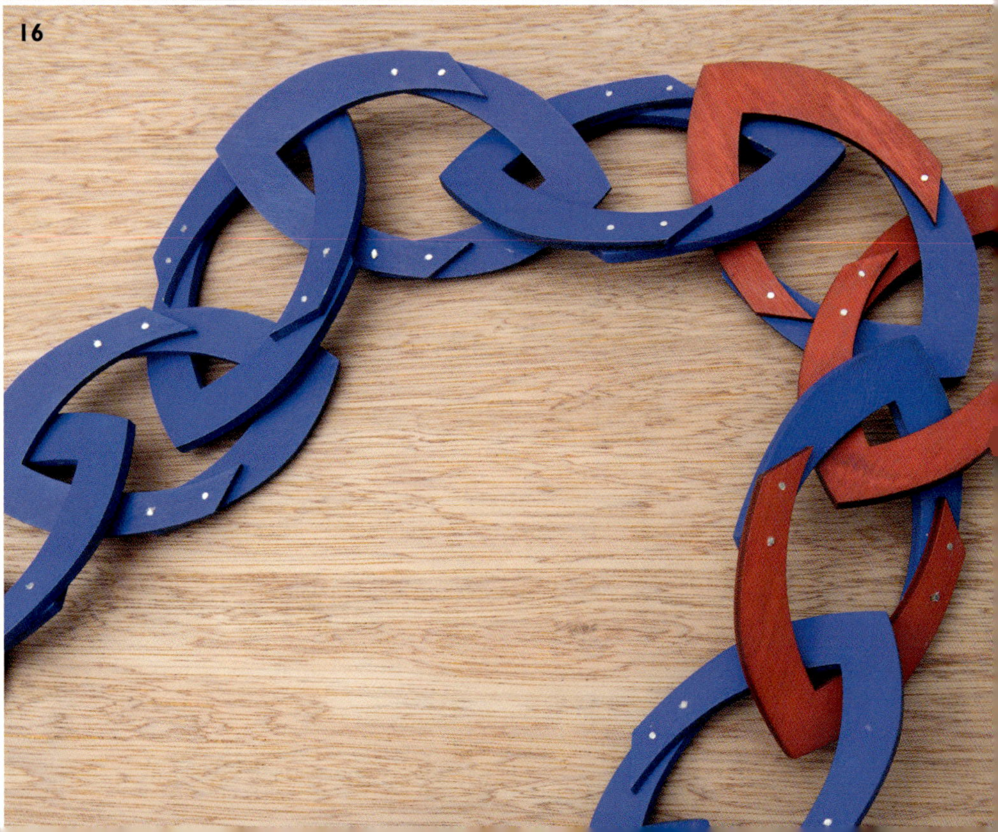
16

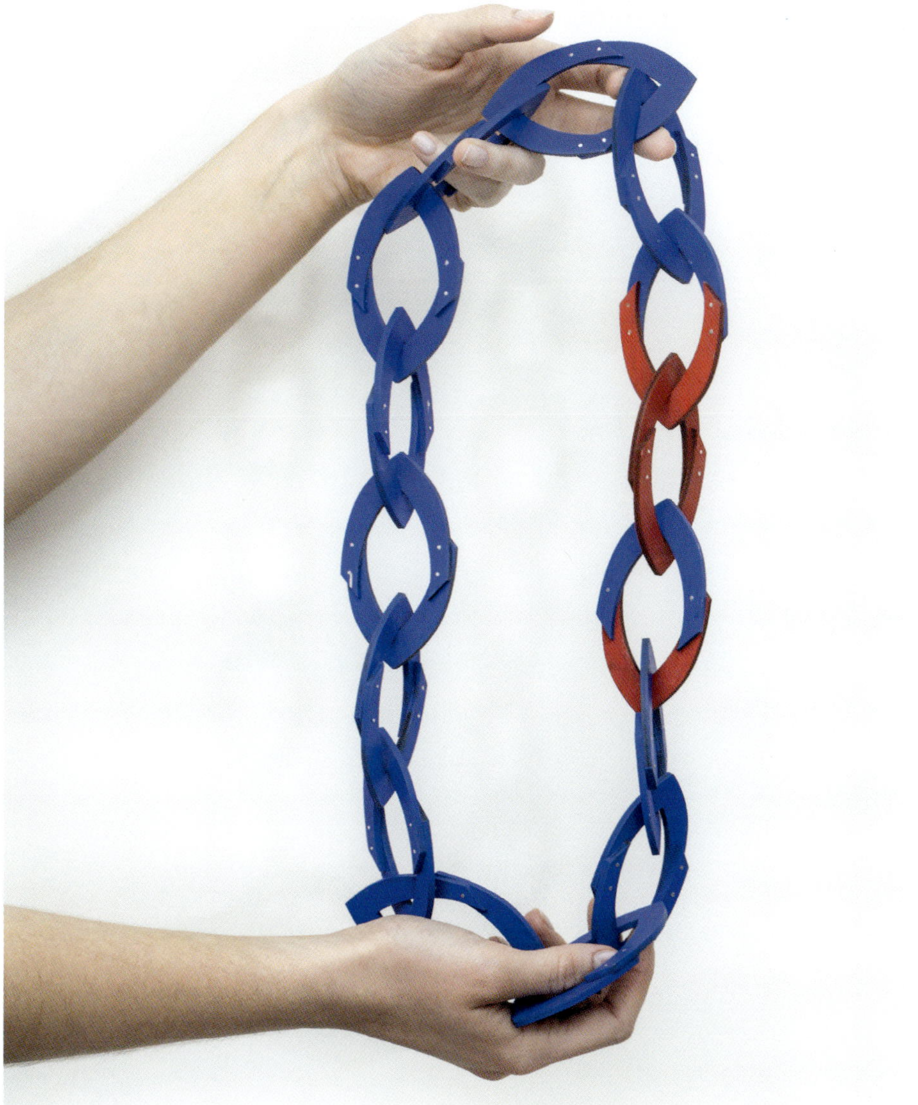

10 Richten Sie die beiden Stücke so neu aus, dass sie richtig zusammengehalten werden, dann bohren Sie zwei Löcher auf der anderen Seite des Verbindungsstücks und stecken den Draht durch beide Löcher auf der anderen Seite.

11 Kappen Sie die zwei Drähte mit dem Seitenschneider, sodass sie auf jeder Seite des Holzes nur noch 1 mm hervorstehen.

12 Ich finde, dass ich ein saubereres Ergebnis im nächsten Schritt erhalte, wenn ich die Enden des Drahts flachfeile, bevor ich ihn mit dem Hammer bearbeite.

13 Verwenden Sie den Niethammer auf einer flachen Platte, hämmern Sie das Ende des Drahts mit der spitzen Seite des Hammers. Sie müssen jedes Drahtende auf beiden Seiten gleichzeitig vorsichtig in die Breite hämmern, was gelingt, indem Sie es immer wieder umdrehen. Wenn die Enden angeschrägt sind, hämmern Sie sie mit dem abgerundeten Ende fertig.

14 Bohren Sie die zwei unteren Löcher in Ihre erste Verbindung und nieten Sie sie, sodass die Verbindung fertiggestellt ist.

15 Stecken Sie den ersten Teil Ihres nächsten Verbindungsstücks durch das erste fertiggestellte „Kettenglied“ und verbinden Sie dann die nächsten zwei Teile miteinander, indem Sie Schritt 8–14 wiederholen.

16 Erneut wiederholen, bis das ganze Werkstück konstruiert und lang genug ist, um ohne Schließe über den Kopf zu passen.

Bewegliche Hohlnieten

WERKZEUG UND MATERIALIEN

- Karton
- Feinbohrschleifer
- Bohraufsatz oder Kugelfräser (4,5 mm)
- 2 Holzstücke, 5 mm dick
- Silberröhrchen, 4,5 mm Außendurchmesser
- Körner (6 mm)
- Flache Platte
- Hammer
- Juweliersäge
- Sägeblatt für Metall (4/0)
- Lötlampe
- Lötsteine
- Säurebad
- Staubschutzmaske und Schutzbrille

Sie können Silberröhrchen benutzen, um flexible Nietverbindungen zu gestalten, die ähnlich wie Drahtnieten durch das Verbiegen der Kanten der Röhrchen auf dem Holz rund um die Löcher entstehen. Drahtnieten können mit der hier gezeigten „Kartonschichttechnik" ebenso beweglich gemacht werden.
Die bewegliche Verbindung, die durch die Hohlniete entsteht, hilft Ihnen, Ketten aufzubauen, ähnlich wie die genietete Halskette auf S. 88–93.

1 Bohren Sie zwei 4,5 mm große Löcher in Ihre Holzstücke.

2 Beginnen Sie mit kleinen Löchern und vergrößern Sie diese dann, falls Sie lieber einen 4,5-mm-Kugelfräser anstelle eines Bohraufsatzes verwenden.

3 Glühen Sie das Silberröhrchen mit Lötlampe und Lötsteinen weich.

4 Reinigen Sie das Silberröhrchen im Säurebad.

5 Schneiden Sie ein Stück des Röhrchens ab, das etwa 2 mm länger als die beiden Holzschichten plus die Dicke des Kartons ist.

6 Stecken Sie das Rohr durch die Löcher im Holz, lassen Sie oben und unten etwa 1 mm mehr übrig und legen Sie das Kartonstück auf beiden Seiten zwischen die beiden Holzschichten.

7 Hämmern Sie beide Enden des Rohrs mit einem gewölbten Körner und wechseln Sie die Seiten ab, sodass beide Enden gleichmäßig gerundet werden.

8 Ist die Niete auf jeder Seite so weit gespreizt, dass sie sicher ist, entfernen Sie den Karton. Die miteinander verbundenen Holzstücke sollten sich nun bewegen lassen.

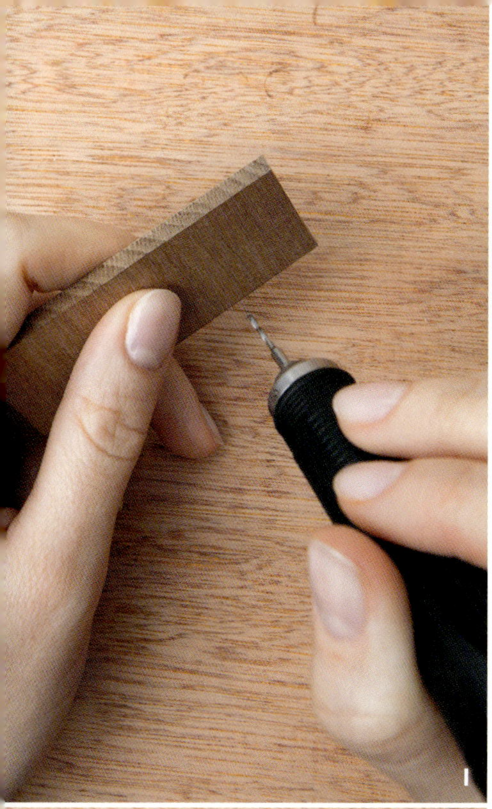
1

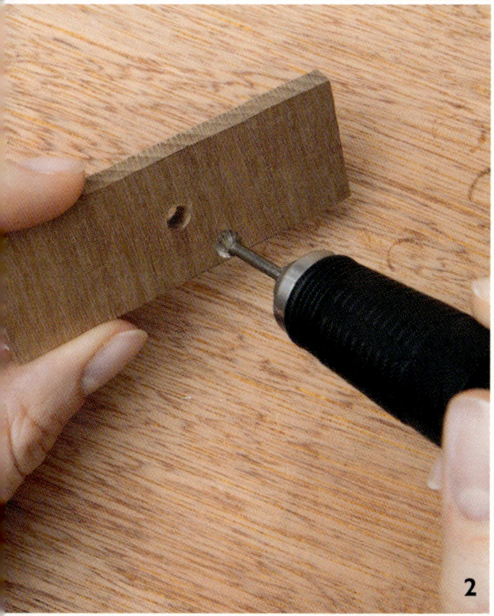
2

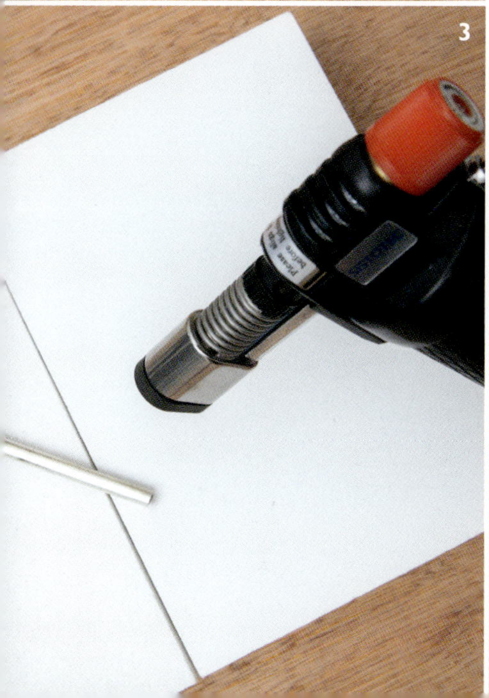
3

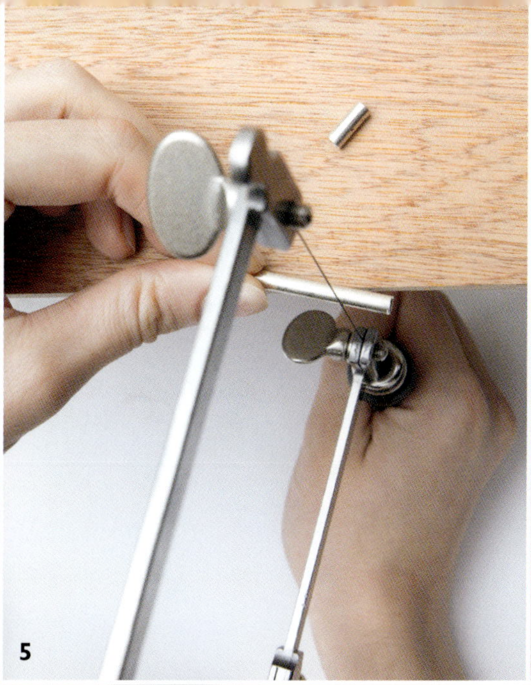
5

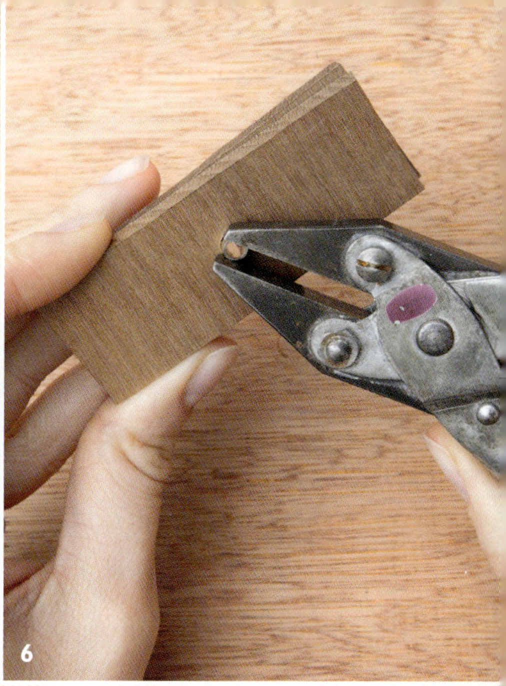
6

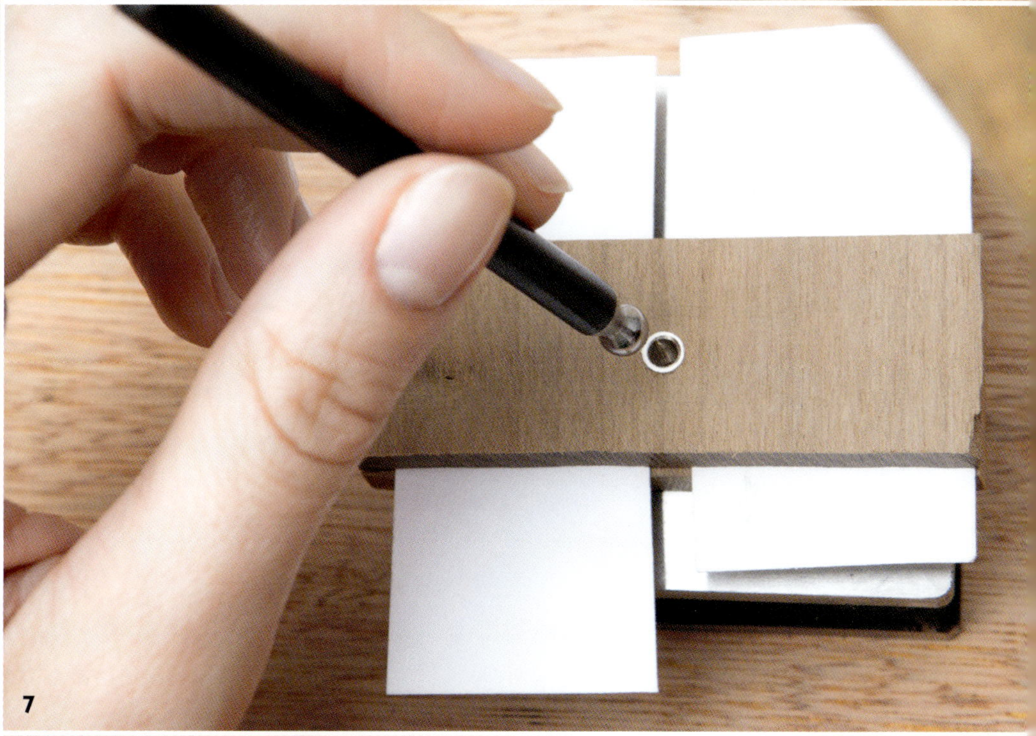
7

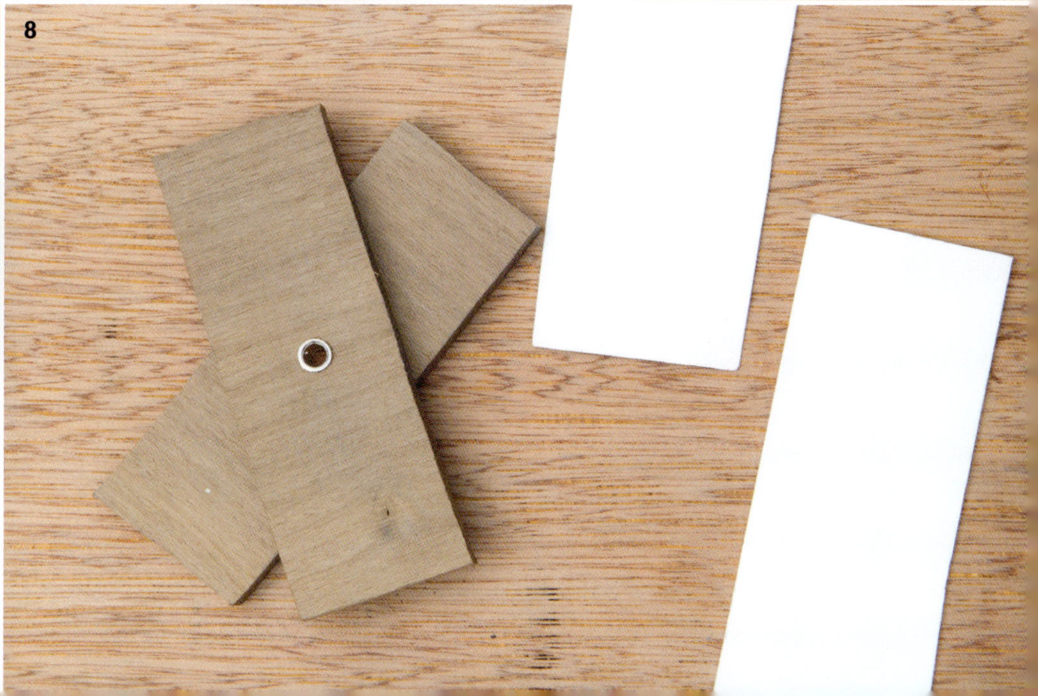
8

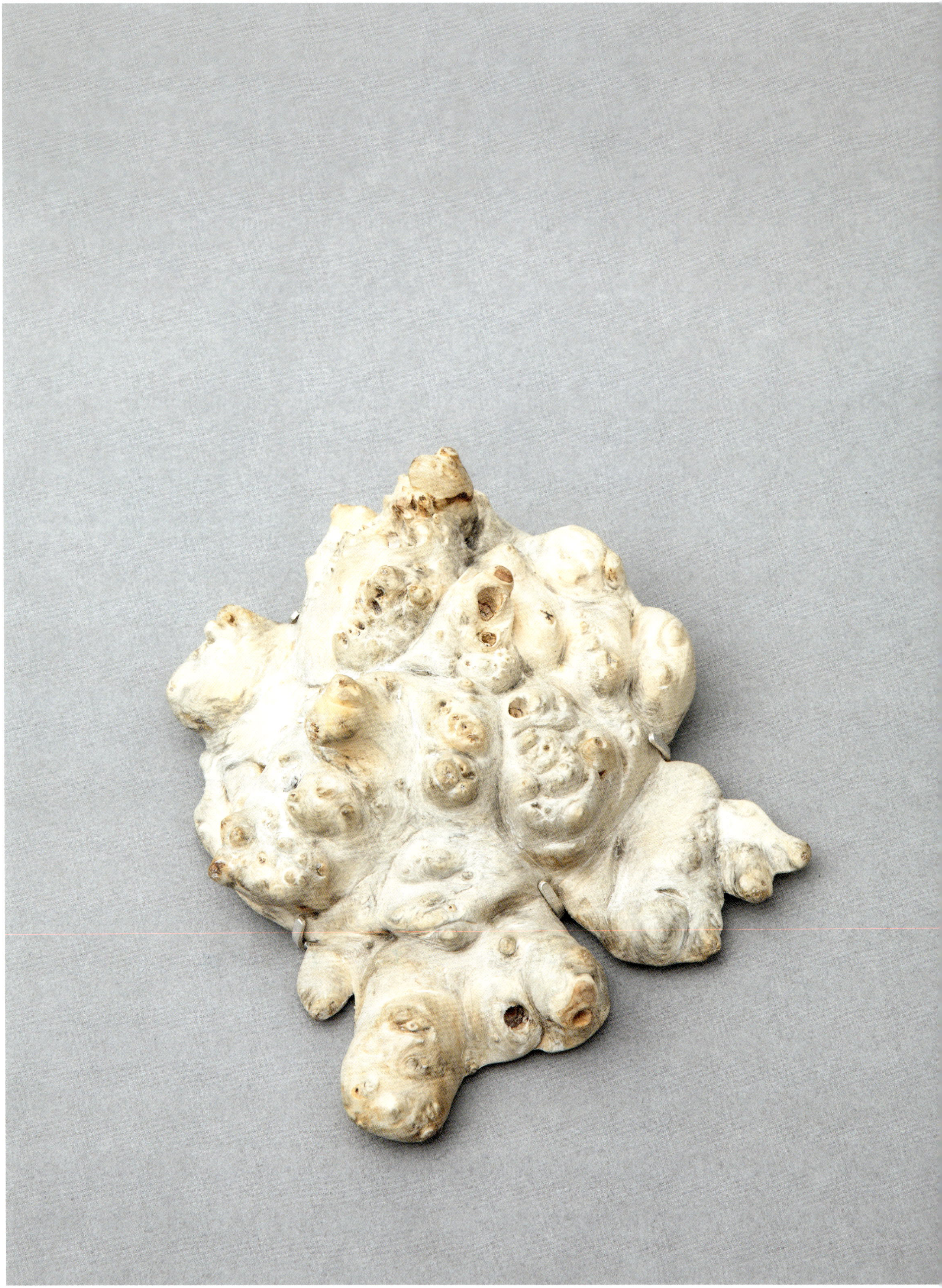

Brosche aus einer Maserknolle

Dieses Broschenprojekt zeigt, wie Sie eine Krappenfassung verwenden können, um Holz an einer Silberstruktur anzubringen. Ich habe die Maserknolle einer Rosskastanie verwendet, da sie so eine interessante, leicht surreale Oberfläche hat. Eine Maserknolle ist ein Anzeichen von Stress im Baum und zeigt, wo er von einem Pilz oder einem Virus angegriffen wird oder verletzt ist. Hersteller schätzen dieses Holz wegen seiner kreativen Möglichkeiten und relativen Seltenheit. Broschen sind nicht die einfachsten Schmuckstücke, die man herstellen kann, aber Sie können das Prinzip auch adaptieren, um einen Anhänger zu gestalten, indem Sie einfach den Hauptrahmen mit den Krappen herstellen, die Rückseite mit der Nadel weglassen und zuletzt einen Sprengring oben zum Aufhängen anbringen. Die hier gezeigte Technik der Krappenfassung kann für jedes interessante Stück Holz adaptiert werden, etwa für ein Stück Treibholz oder eine sandgeschliffene, geschnitzte Form.

GEGENÜBER Eine Statement-Brosche betont die natürliche Form einer Maserknolle, eingesetzt in eine silberne Krappenfassung.

WERKZEUG UND MATERIALIEN

- Holz mit Rinde
- Großer Schlitzschraubenzieher
- Feinbohrschleifer
- Drahtbürstenaufsatz
- Pauspapier, Schere und Bleistift
- Gebogene Spitzzange
- Hammer
- Flache Platte
- Rohhauthammer
- Lötlampe
- Lötsteine
- Härterer Lötstreifen
- Raue Feile
- Feine Feile
- 39 cm Rechteckquerschnittdraht (1,5 mm)
- 125 mm Rechteckiger Draht (2 x 1 mm)
- 41 mm Silberröhrchen (2,2 mm im Außendurchmesser)
- Nass- und Trockenschleifpapier (Körnung 240)
- Bindedraht
- Säurebad
- Flachzange
- Rundzange
- Juweliersäge
- Stichsägeblatt für Metall
- Seitenschneider
- Scheuerpulver mit Bleichmittel
- Alte Zahnbürste
- Mikrokristallines Wachs

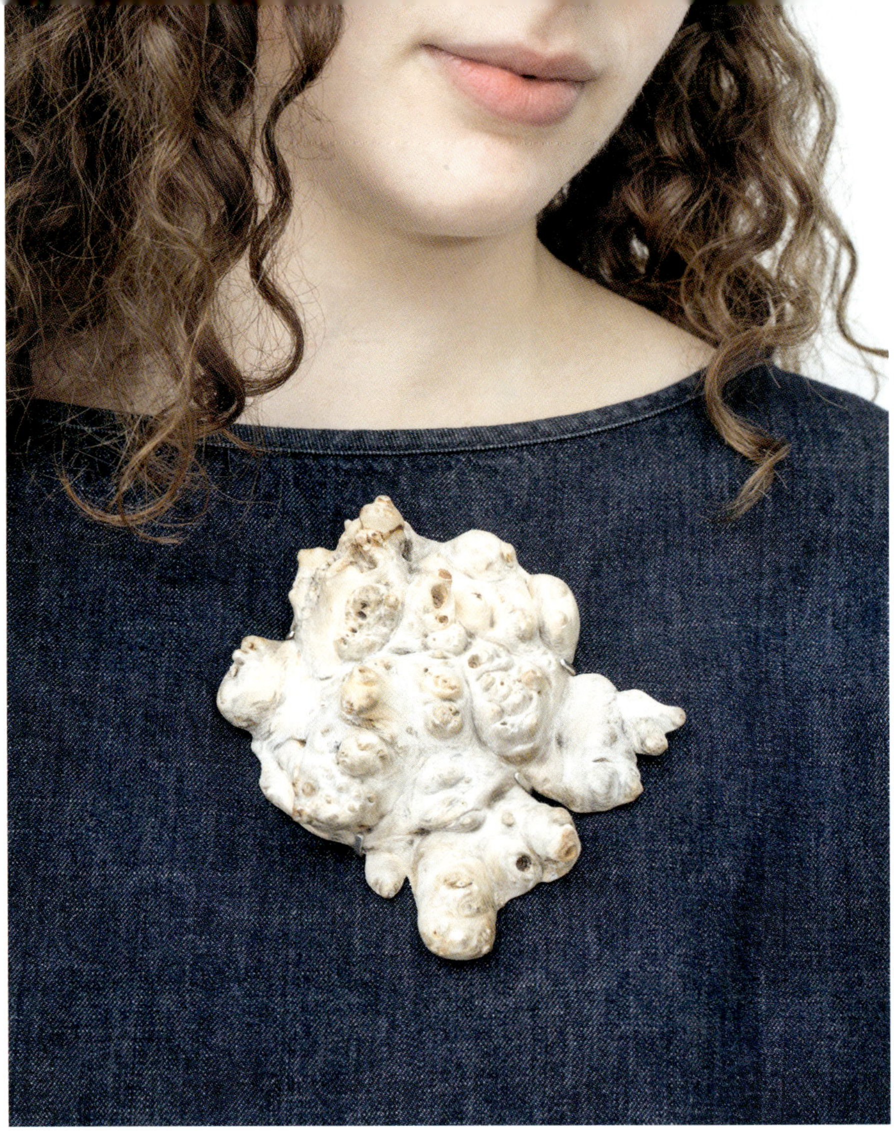

1 Heben Sie die Rinde mit einem starken Schraubenzieher oder etwas Ähnlichem vom Holz ab (siehe S. 12). Sie müssen eventuell ein geeignetes Stück der Maserknolle aus einem größeren Holz mit einer Bandsäge heraussägen (siehe S. 162).

2 Das Stück mit einem Drahtbürstenaufsatz in einem Feinbohrschleifer von jeglichem losen Material befreien. Kleine Aufsätze sind perfekt geeignet, da sie auch in die Ritzen des Holzes gelangen können.

3 Übertragen Sie die Form des Holzes auf Pauspapier. Verwenden Sie dies, um die Form Ihres Silberrahmens zu planen, indem Sie das Papier umdrehen, damit es der Rückseite Ihrer Holzform entspricht. Mein Holzstück misst ca. 10,5 x 12 cm.

4 Runden Sie etwaige scharfe Kanten ab und stellen Sie das Holz so weit fertig, wie Sie es am Ende in der Brosche sehen möchten.

5 Reinigen Sie das Holz mit Scheuerpulver. Spülen Sie es ab und lassen Sie es dann trocknen. Ist es getrocknet, versiegeln Sie das Holz mit mikrokristallinem Wachs.

6 Verwenden Sie die Zeichnung des Umrisses Ihres Holzstücks, planen Sie eine einfache Form für Ihren Rahmen und markieren Sie, wo gute Stellen zum Anbringen der Krappen wären. Ich habe fünf Positionen gefunden, an denen sie glücklich gewählt sitzen können, rund um die Brosche verteilt. Ich habe 27 cm des Rechteckquerschnittdrahts (1,5-mm) benötigt.

7 Verwenden Sie eine gebogene Spitzzange (oder eine Rundzange, falls Sie keine haben), um den Silberdraht in die gewünschte Form zu biegen. Falls es sich als schwierig erweist, ihn hinlänglich zu biegen, benutzen Sie die Lötlampe und die Lötsteine, um das Silber weichzuglühen, und reinigen Sie es dann in einem Säurebad.

8 Hämmern Sie den Draht behutsam auf einem flachen Blech mit einem Rohhauthammer.

9 Legen Sie den Draht auf die Lötsteine und löten Sie die beiden Enden mit Lötlampe und -paste zusammen, um die Form des Rahmens zu schließen.

10 Glätten Sie die Lötstelle mit einer feinen Feile.

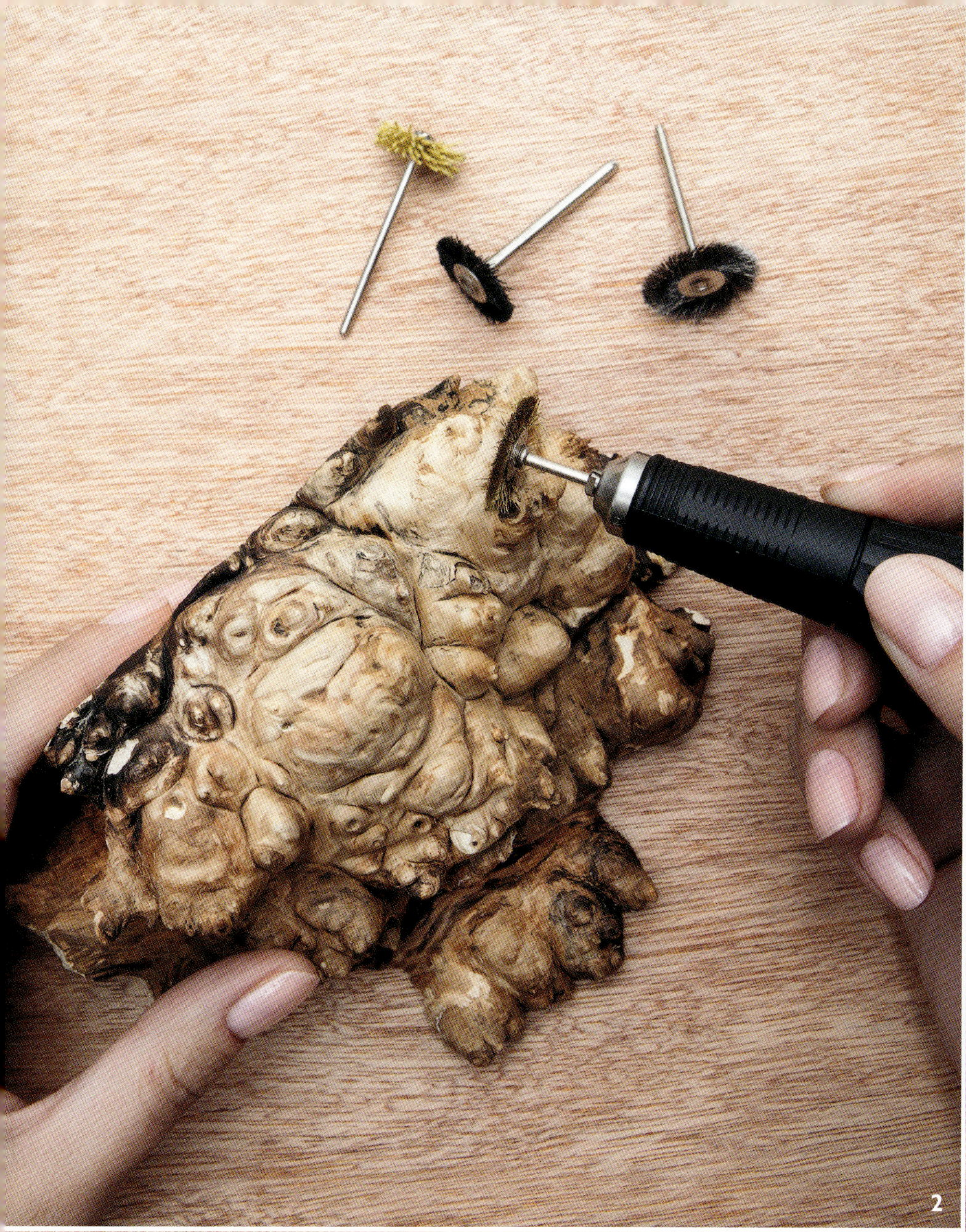

2

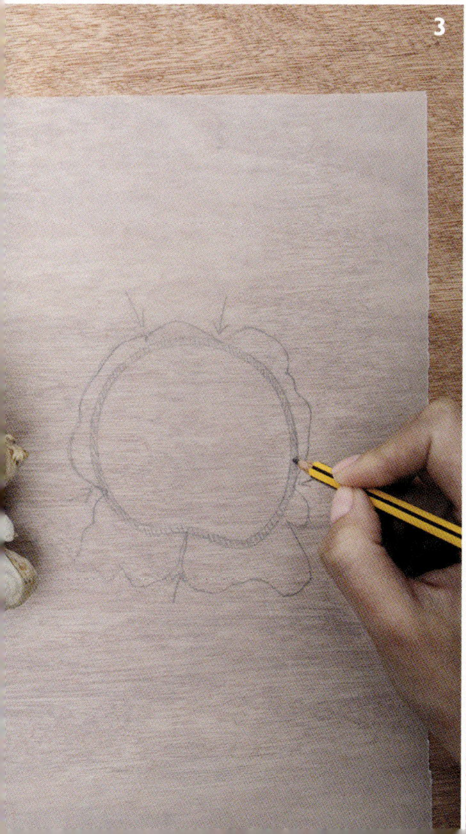

3

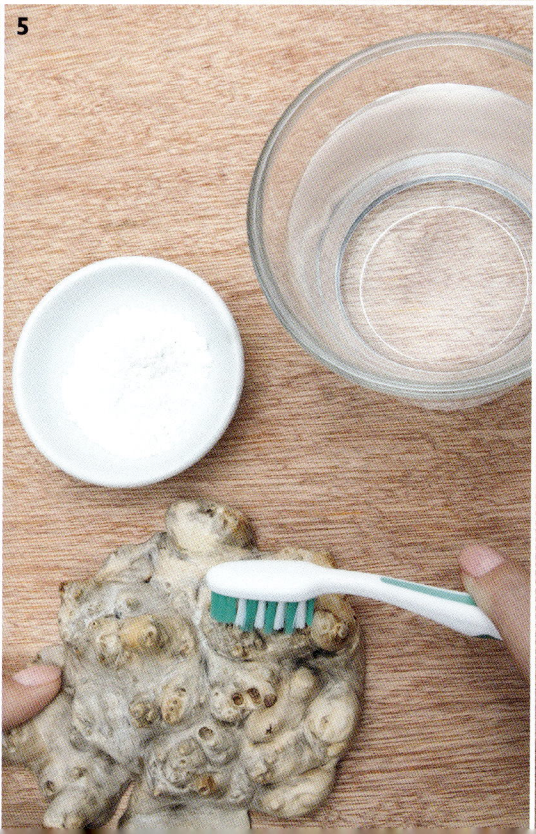

5

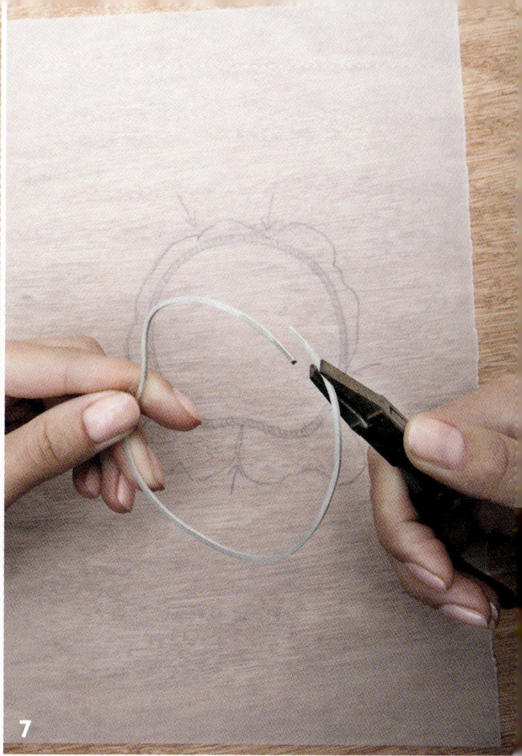

7

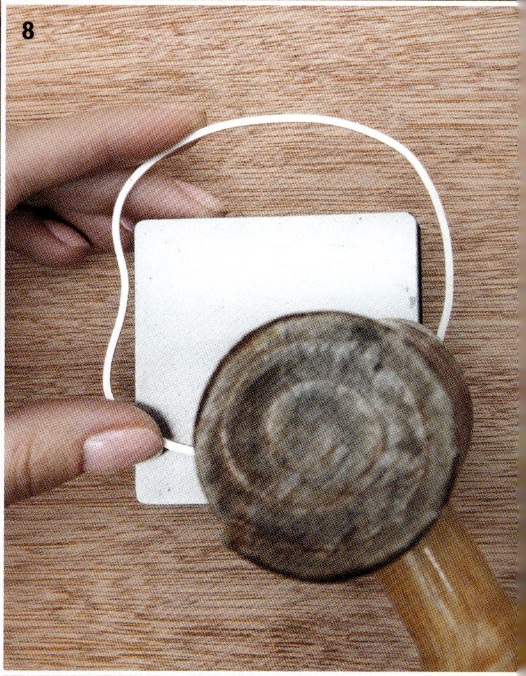

8

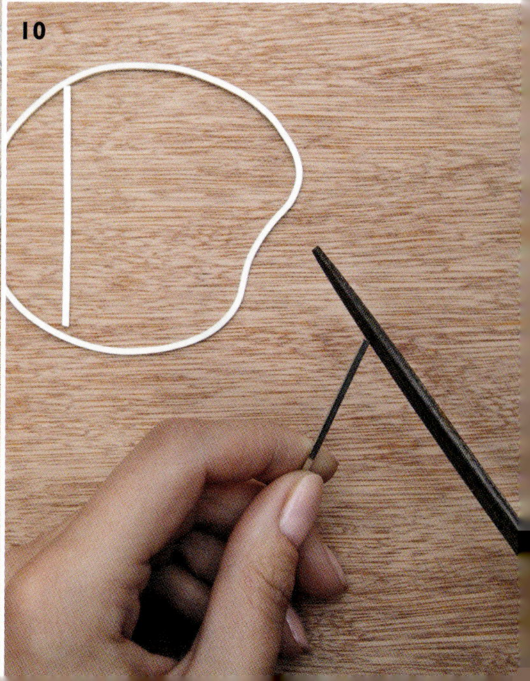

10

11 Um die Halterung für die Befestigung der Brosche herzustellen, sägen Sie zwei Längen des 1,5 mm-Rechteckquerschnittdrahts (ich habe 55 mm und 65 mm verwendet). Feilen Sie sie mit einer rauen Feile, bis Sie gut in den Rahmen passen. Insgesamt habe ich 12 cm des Drahts verwendet.

12 Die zwei Längen flach hämmern und dann die Spuren des Hammers abschleifen, bevor Sie sie an den Rahmen anlöten.

13 Schneiden Sie die Drähte für die Krappen aus dem Rechteckquerschnittdraht so zu, dass sie lang genug sind, um sich um ihr Holzstück biegen zu können. Meine messen zwischen 12 und 20 mm. Feilen Sie die Enden flach, damit sie bereit zum Löten sind.

14 Heben Sie den Rahmen auf Lötsteine, um die Krappen anzulöten. Erhitzen Sie nur den Teil des Rahmens, der nahe an der Krappe ist, an der Sie gerade arbeiten.

15 Bereiten Sie die Haken für den Broschenstecker vor, indem Sie zwei 20 mm lange Stücke des 1,5-mm-Drahts und ein 41 mm langes Stück des Silberröhrchens mit einem Außendurchmesser von 2,2 mm zuschneiden.

16 Löten Sie die beiden Drahtlängen an ihren Platz an den geraden Halterungen.

17 Halten Sie das Silberröhrchen mit Bindedraht und die Haken mit einer Umkehrpinzette an Ort und Stelle und löten Sie sie an. Säubern Sie die Lötstellen mit Nass- und Trockenschleifpapier.

18 Für die eigentliche Nadel verwenden Sie hartgezogenen Draht oder, falls Sie ein Zieheisen besitzen, ziehen Sie 1,5 mm starken runden Draht zu 1,2 mm, um ihn zu härten. Klarerweise muss die Nadel schön gerade bleiben, wenn Sie die Brosche anstecken und wieder abnehmen.

19 Schneiden Sie ein längeres Stück des Nadeldrahts zu, als Sie benötigen, und formen Sie es zu einem L. Stecken Sie ein Ende durch das Röhrchen und biegen Sie die andere Seite mit Ihren Händen. Das dortige Röhrchen macht einen ausreichend scharfen 45-Grad-Winkel.

20 Schneiden Sie die Enden der Nadel auf die richtige Länge zurück und feilen Sie mit einer feinen Feile eine Spitze.

21 Um der Nadel einen gewissen Widerstand zu verleihen, verwenden Sie die Rundzange, um den Draht so nah ans Röhrchen nach unten zu knicken, wie möglich.

22 Richten Sie das Holz in der fertigen Brosche aus und biegen Sie die Krappen darüber, damit es an seinem Platz bleibt.

23 Benutzen Sie Ihre Hände, um die Krappen vorsichtig über das Holz zu biegen, und drücken Sie sie mit der Zange behutsam am Ende nach unten, falls das Holz sich bewegt.

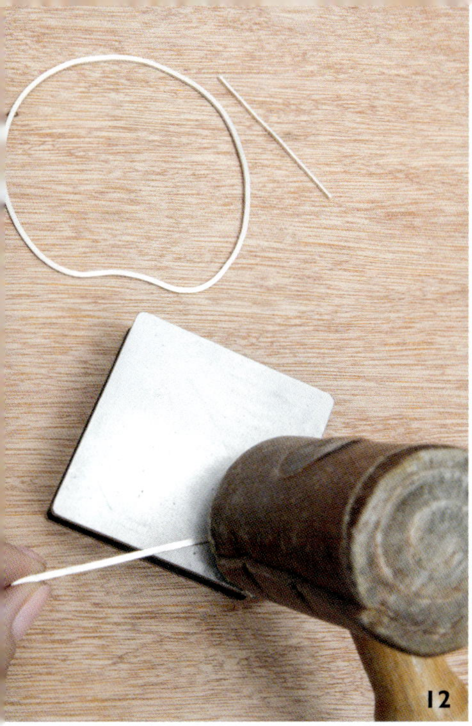
12

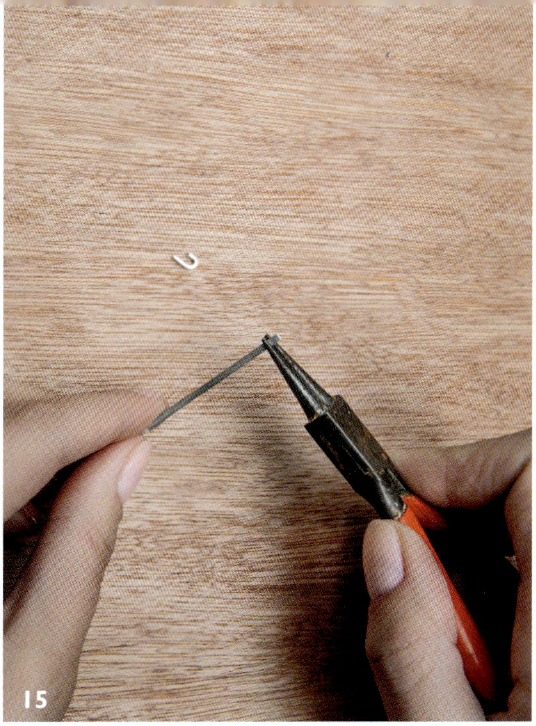
15

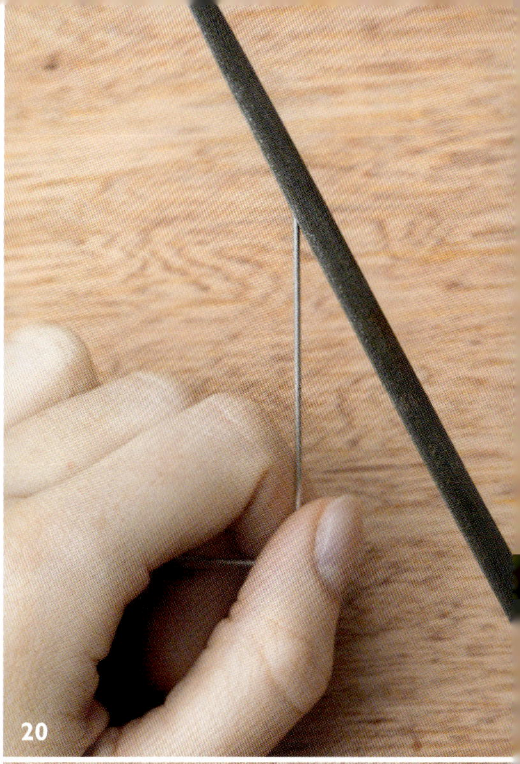
20

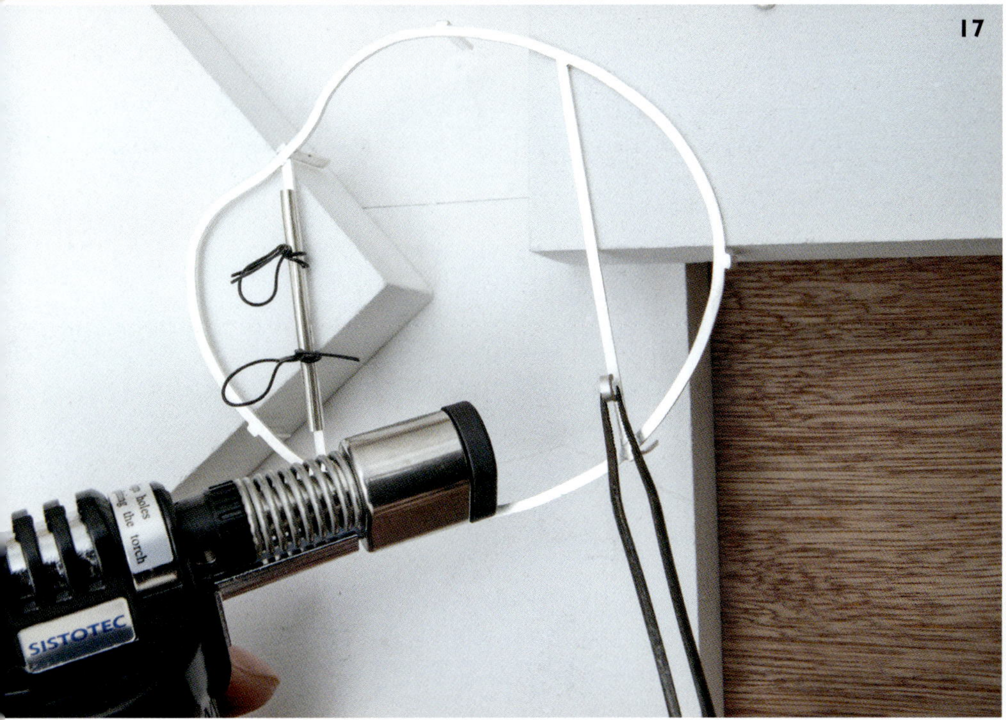

17

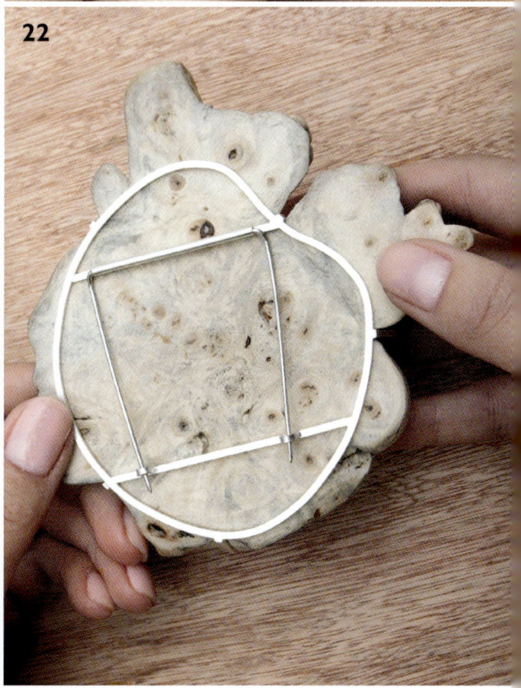
22

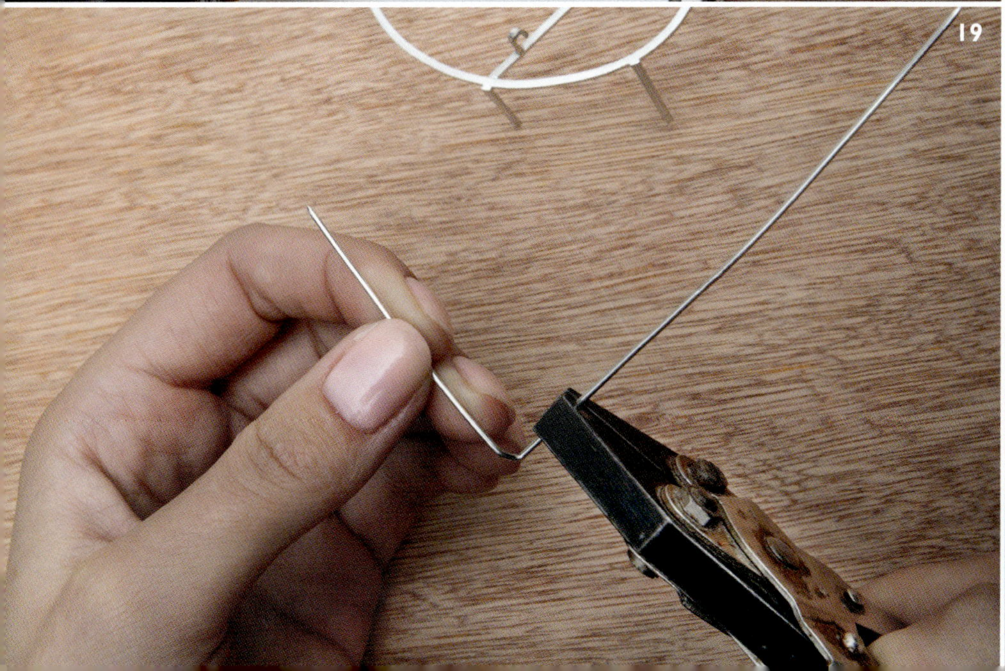
19

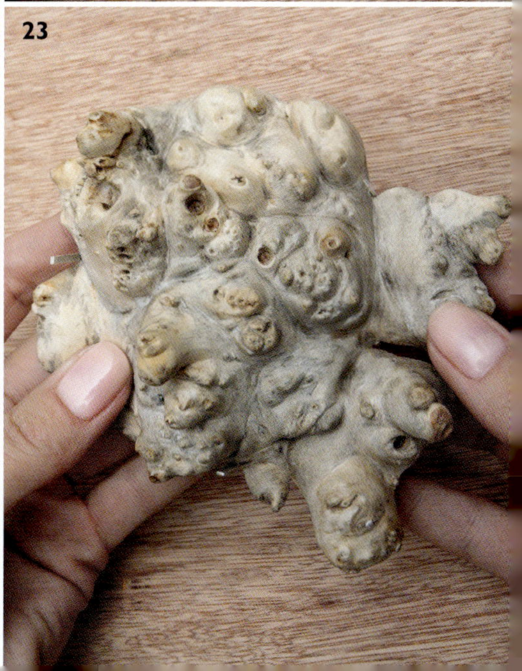
23

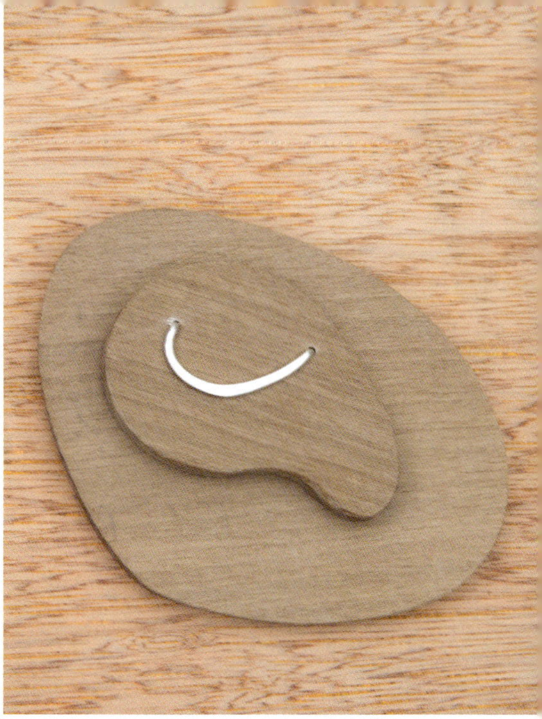

Verdrahten

Eine Methode, zwei flache Holzplatten miteinander zu verbinden, ist das Verdrahten – ein Prozess, der auch mit Acrylplatten als eine der Schichten funktionieren würde, falls Sie Holz mit einem Kunststoff kombinieren möchten. Behalten Sie jedoch im Hinterkopf, dass die Drähte durchscheinen, wenn Sie lichtdurchlässiges Acryl verwenden.

WERKZEUG UND MATERIALIEN

- Walnussholzplatte (5 mm)
- Juweliersäge
- Metallsägeblatt für die Juweliersäge (4/0)
- Feine Feile
- Raue Feile
- 45 mm Silberdraht (1,2 mm Durchmesser)
- Staubschutzmaske und Schutzbrille
- Seitenschneider
- Rundzange
- Flachzange
- Flache Platte
- Hammer
- Polieraufsatz
- Feinbohrschleifer
- Weiße Farbe
- Mikrokristallines Wachs

1 Fertigen Sie Papierschablonen der Formen Ihrer Wahl an und schneiden Sie Ihre zwei Formen mit der Juweliersäge aus Ihrer Walnussholzplatte aus.

2 Feilen Sie mit einer rauen Feile entlang der Seiten jeder Holzform und glätten Sie die Kanten mit einer feinen Feile.

3 Formen Sie den Silberdraht mit der Rundzange.

4 Messen Sie 20 mm von jedem Ende des Drahts ab und biegen Sie die Enden in 90-Grad-Winkeln mit der Flachzange.

5 Sind die Enden länger als 20 mm, kappen Sie den überschüssigen Draht mit dem Seitenschneider.

6 Feilen Sie die abgeschnittenen Drahtenden mit einer feinen Feile flach.

7 Legen Sie den gebogenen oberen Draht auf eine flache Platte und hämmern Sie ihn flach.

8 Polieren Sie den oberen Teil der Klammer mit mikrokristallinem Wachs.

9 Bringen Sie eine kleine Menge weiße Farbe am Ende der Drähte auf, um das Holz zu markieren, damit die Bohrlöcher für Ihre Drähte an die richtige Stelle mit dem richtigen Abstand gebohrt werden.

10 Bohren Sie ein 1,2 mm großes Loch durch beide Holzlagen und halten Sie diese sehr still, sodass beide Lochpaare gut in Linie gebracht sind.

11 Stecken Sie den Silberdraht durch die eben gebohrten Löcher – es sollten etwa 10 mm herausschauen – und biegen Sie ihn mit Ihren Daumen flach.

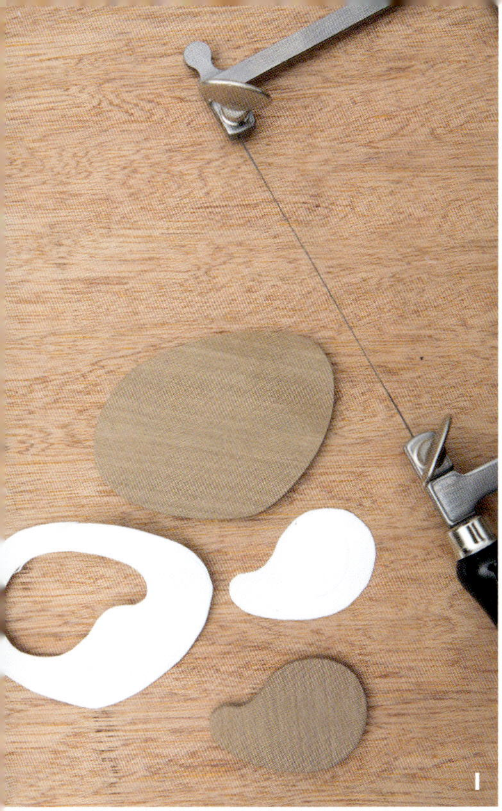

1

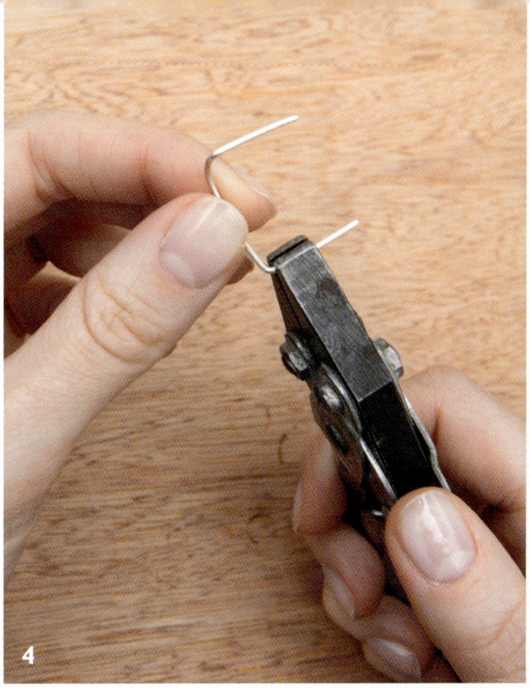

4

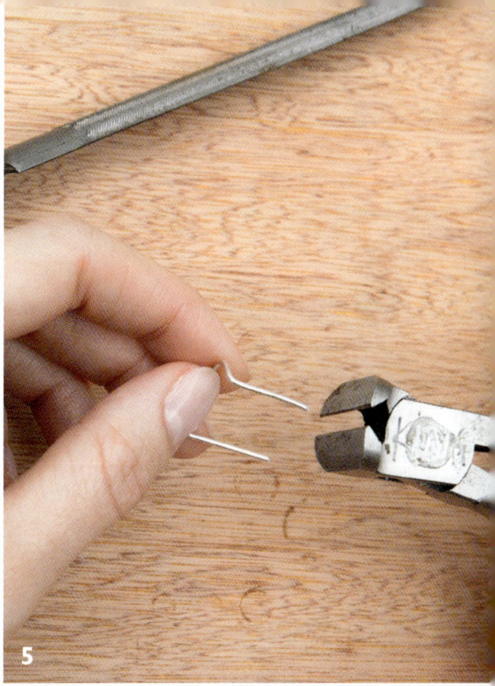

5

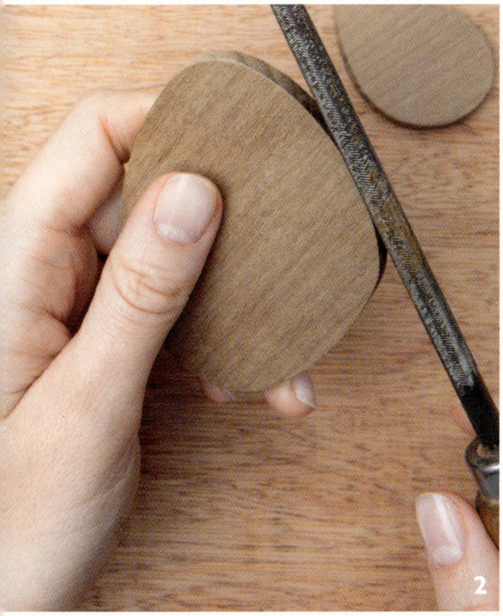

2

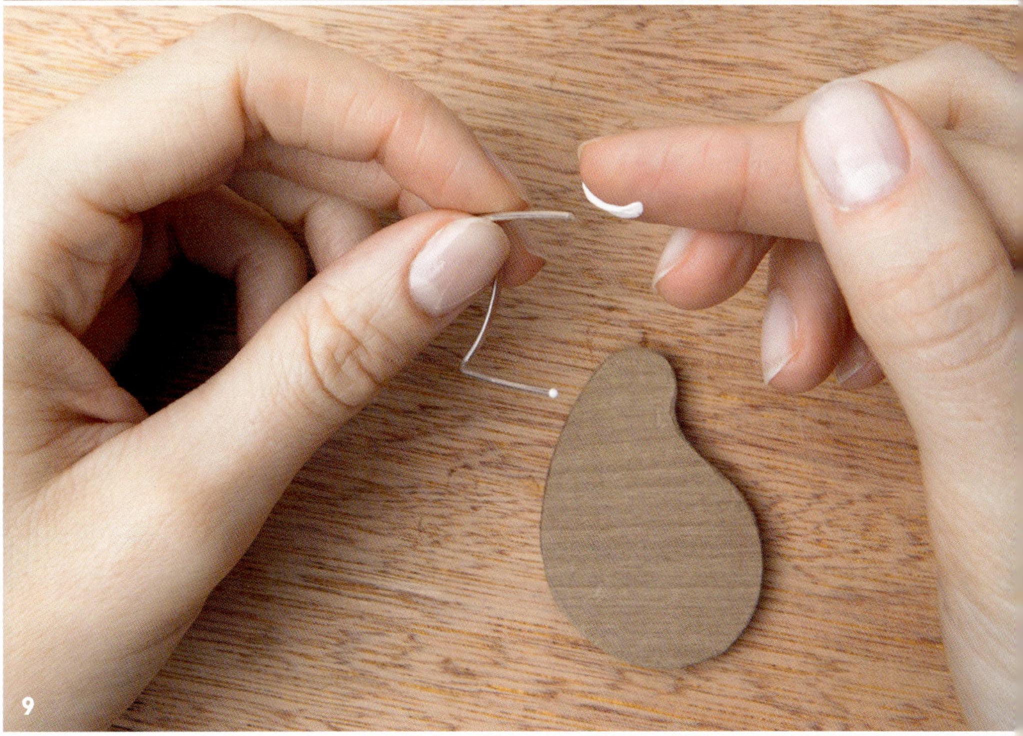

9

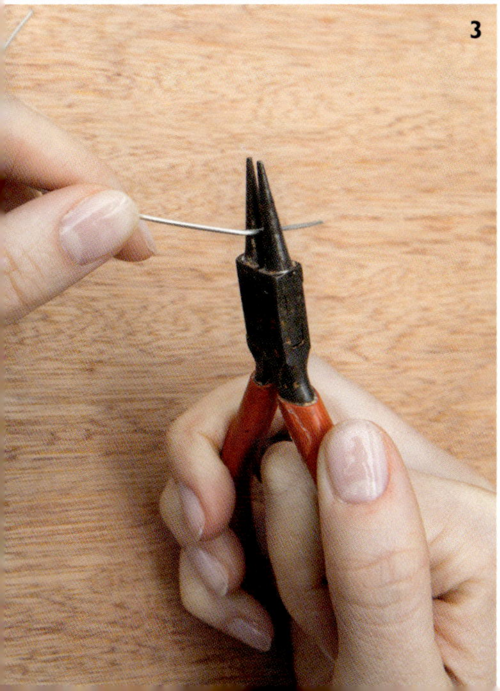

3

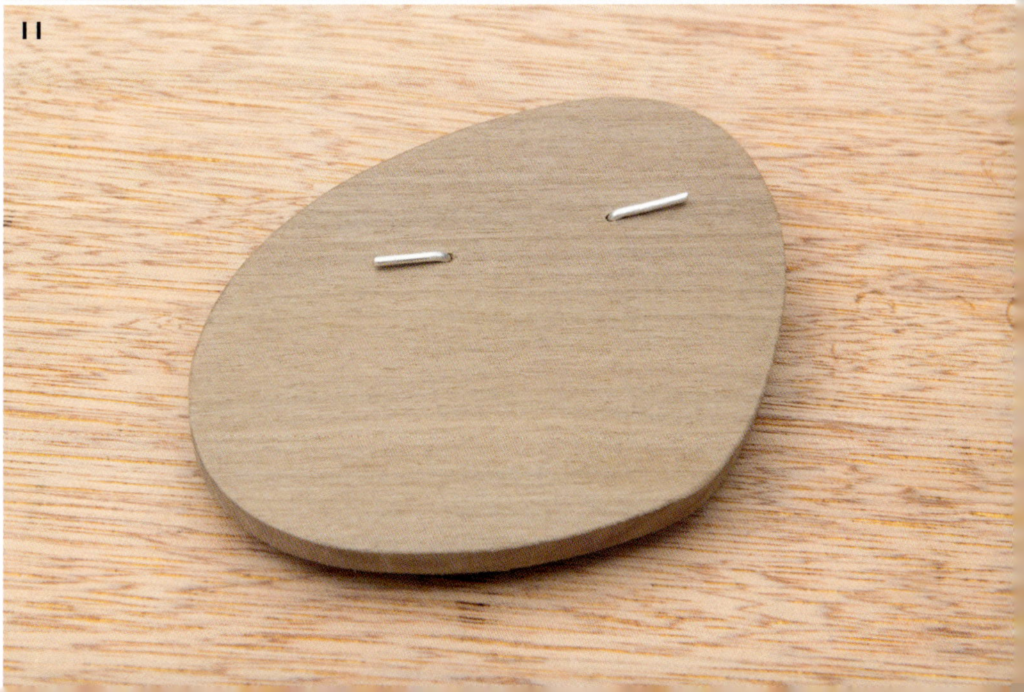

11

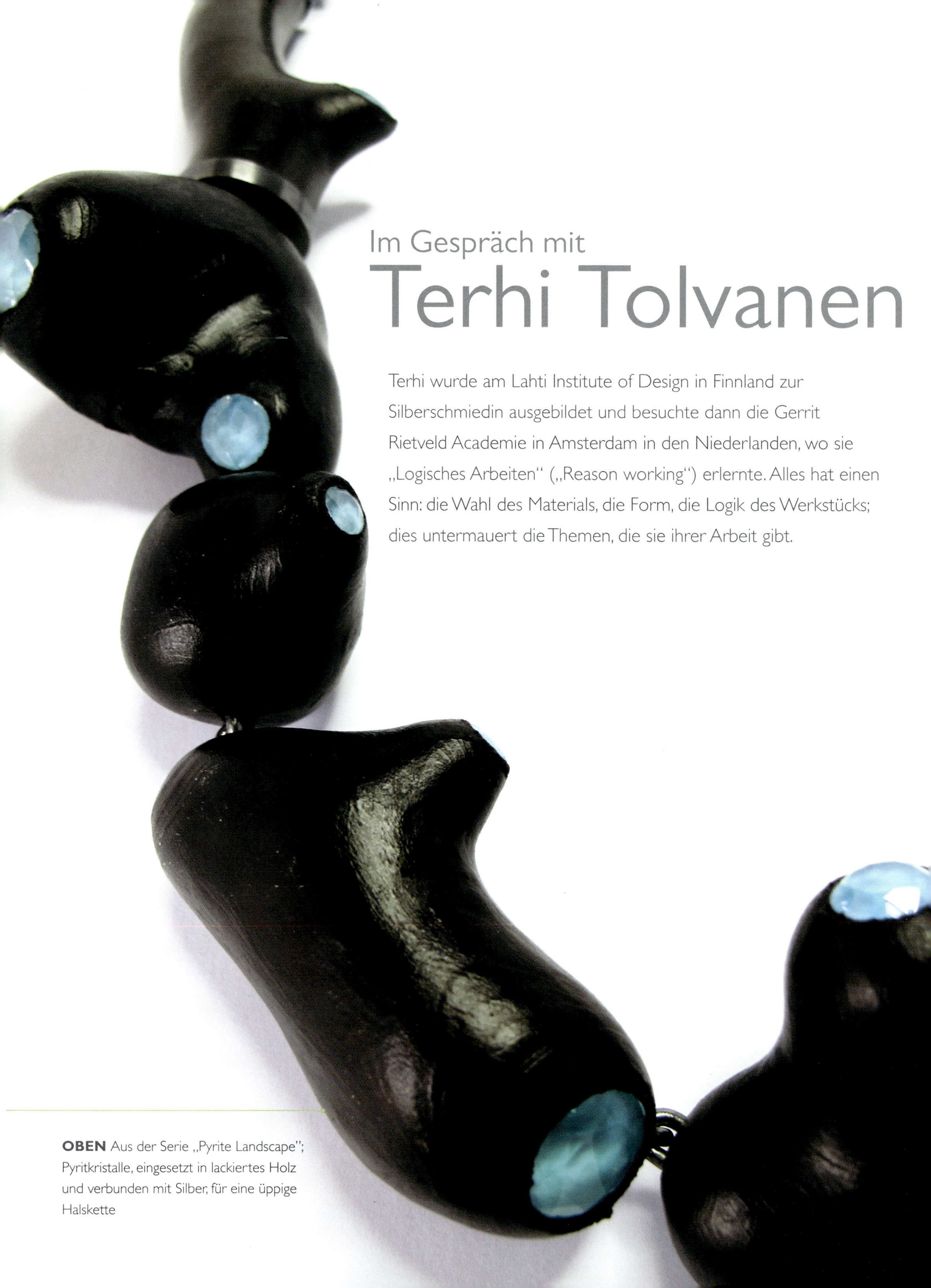

Im Gespräch mit

Terhi Tolvanen

Terhi wurde am Lahti Institute of Design in Finnland zur Silberschmiedin ausgebildet und besuchte dann die Gerrit Rietveld Academie in Amsterdam in den Niederlanden, wo sie „Logisches Arbeiten" („Reason working") erlernte. Alles hat einen Sinn: die Wahl des Materials, die Form, die Logik des Werkstücks; dies untermauert die Themen, die sie ihrer Arbeit gibt.

OBEN Aus der Serie „Pyrite Landscape"; Pyritkristalle, eingesetzt in lackiertes Holz und verbunden mit Silber, für eine üppige Halskette

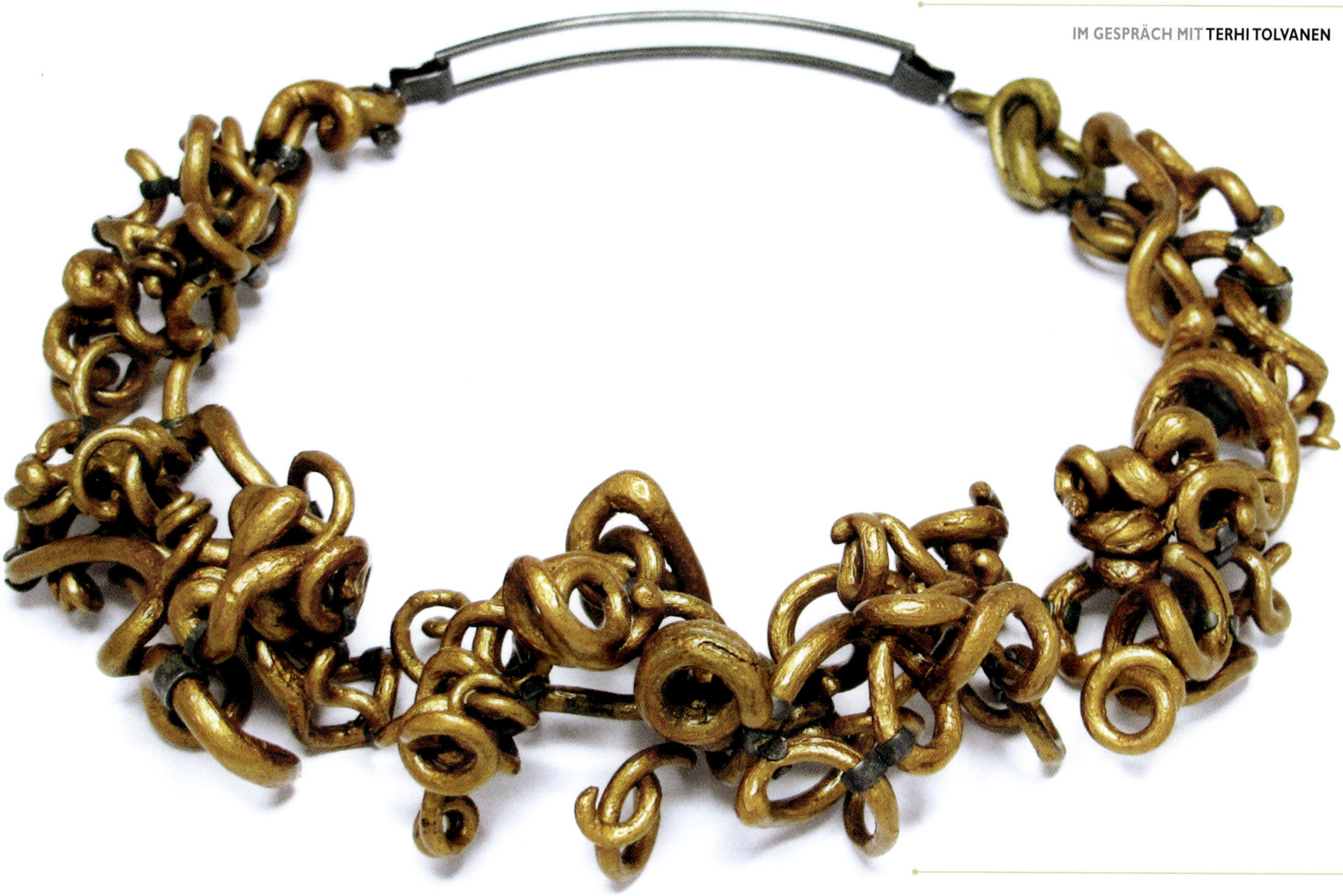

OBEN Halskette „Adonis" aus lackiertem Rebstockholz, verbunden und geschlossen mit Silber

Gibt es Künstler oder andere Einflüsse, die besonders wichtig für deine Entwicklung waren?

Ruudt Peters, der mein Lehrer an der Rietveld-Akademie war. Er war es, von dem ich lernte, dass alles einen Grund haben muss. „Folge deiner Geschichte und folge den Eigenschaften deines Materials", würde er sagen, und: „Nicht denken, einfach machen." Diese Herangehensweise hilft meiner Arbeit, besonders am Anfang des Prozesses.

Als ich noch zur Schule ging, kam der tschechische Bildhauer und Juwelier Pavel Opocensky zu uns, um einen Vortrag zu halten. Ich war sehr beeindruckt von seiner Arbeitsweise, wo raue Steinsägespuren sichtbar auf seinen Werkstücken waren und das Resultat gleichzeitig sehr fein und zart war. Das ist etwas, was ich bis heute sehr bewundere, und mein Ziel ist es, rauh, aber elegant in meinen Stücken zu sein.

Als ich meinen Master in Amsterdam machte, hatte ich eine für mich entscheidende Konversation mit meinem Lehrer Marjan Unger über die ästhetischen Werte dessen, was ich mache: Die Frage war, für wen ich meine Werkstücke anfertige? Du musst eine Entscheidung treffen!

Lange Zeit teilte ich mir ein Atelier mit Evert Nijland, dessen leidenschaftliche Vorstellung von Kunst und kompromisslose Sicht auf Qualität mich so viel gelehrt hat und die seitdem sehr wertvoll für mich sind.

Kannst du deinen Arbeitsprozess beschreiben, etwa deinen Gebrauch von Zeichnungen, Skizzenbüchern und Modellen?

Ich zeichne nicht wirklich. Manchmal mache ich ein paar kleine Aufzeichnungen. Ich arbeite lieber direkt mit dem Material. Ich beginne zu arbeiten, indem ich meine Materialien in meinem Atelier auf ein langes Regal lege. Die Broschen bleiben auf dem Regal, doch die Halskettenteile wandern schnell auf die Büste, gehalten von dutzenden Stecknadeln.

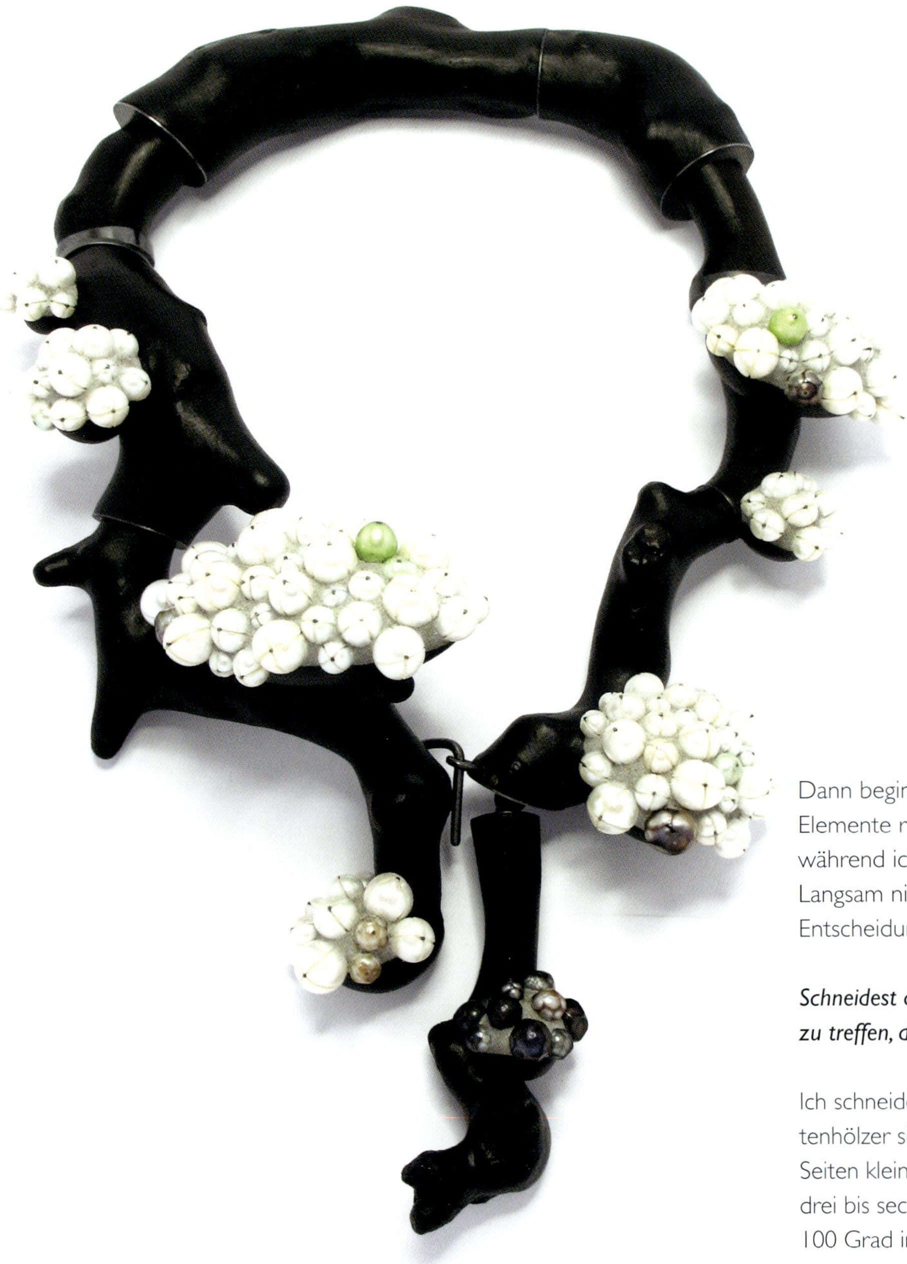

GEGENÜBER OBEN Halskette „Autumn Dots" aus Lavendelholz, mit Farbe und Silber

GEGENÜBER UNTEN Detail der Halskette „A Greenhouse For A Tree" aus lackiertem Weißbuchenholz mit Einlegearbeiten aus Capiz-Muschel und Silber

OBEN Halskette „Flores Nubius" aus Birnen- und Kirschholz mit Perlen und Silber

Dann beginne ich, die Dinge zusammenzusetzen, Teile herzustellen, Elemente rund um das Regal und die Büste herum zu bewegen, während ich nach guten Proportionen und Kompositionen suche. Langsam nimmt das Werkstück Form an und dann können letzte Entscheidungen getroffen werden.

Schneidest du dein eigenes Grünholz und gibt es da viele Vorbereitungen zu treffen, damit es stabil genug für ein Schmuckstück wird?

Ich schneide mein Grünholz selbst, vor allem im frühen Frühjahr. Gartenhölzer sind nicht leicht zu finden, darum schneide ich sie an den Seiten kleiner Landstraßen und im Wald. Das Holz muss mindestens drei bis sechs Monate trocknen. Wenn es trocken ist, lege ich es bei 100 Grad in den Ofen, um es gegen Schädlinge zu behandeln.

Du hast das Hauptthema deiner Arbeit als den Dialog zwischen Mensch und Natur beschrieben. Könntest du uns mehr darüber erzählen?

Ich bin fasziniert von menschlichen Eingriffen in die Natur: der Drang zu steuern, zu kontrollieren. Zu entscheiden, wie ein Baum wachsen soll, das Bedürfnis, ein bisschen Natur in der Nähe zu haben – etwa Zimmerpflanzen zu besitzen oder aus einem kleinen Balkon einen Garten zu machen. Aber nicht alles ist unter mensch-

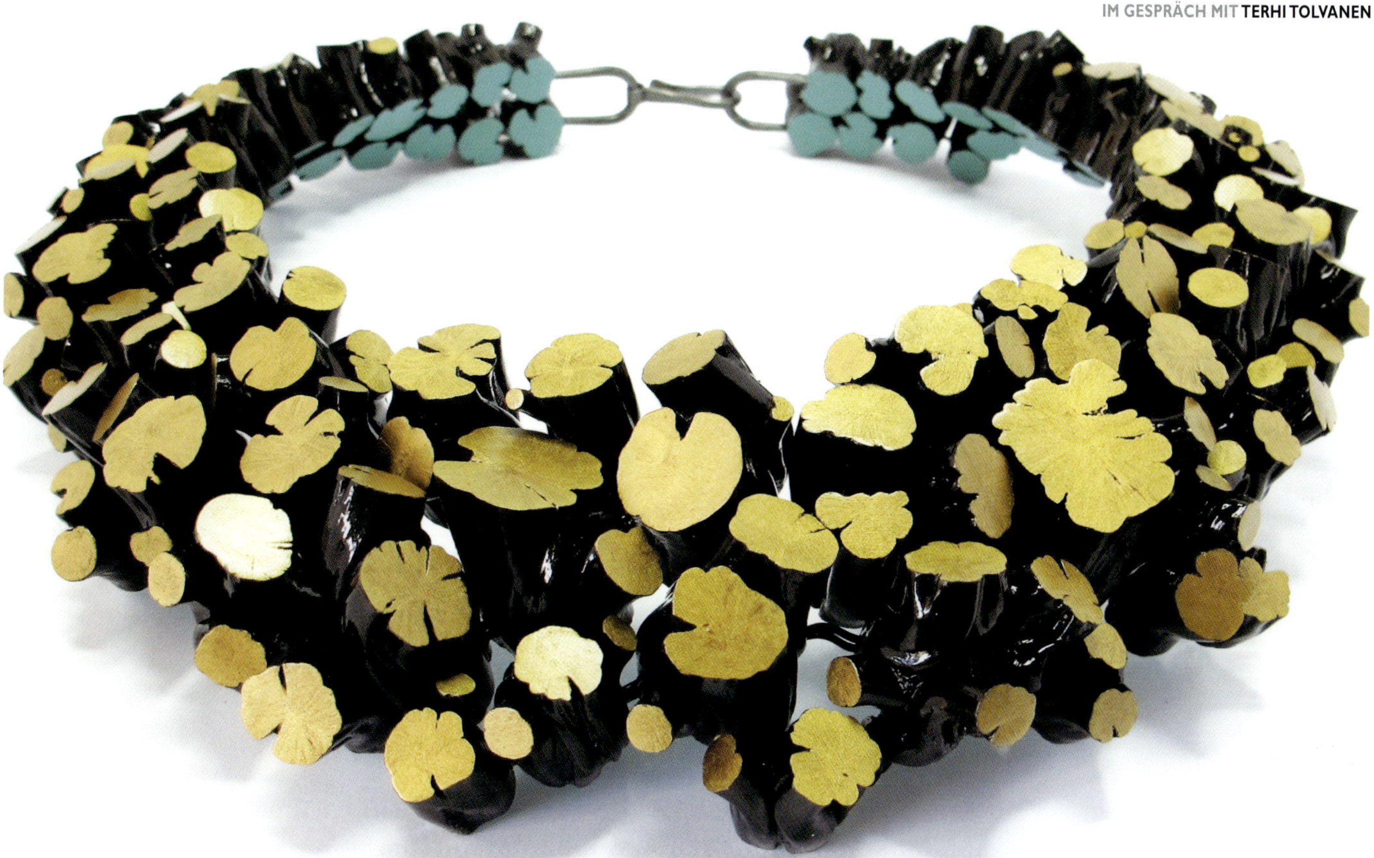

licher Kontrolle; die Natur schlägt zurück und lässt Moos oder Rost an Gebäuden wachsen, zum Beispiel. Da ist ein beständiger Austausch zwischen den beiden, viel Energie.

Wie balancierst du Ideen und Funktionalität in deiner Arbeit aus?

Ich gestalte meine Stücke, damit sie tragbar sind. Ich fertige meine Halsketten immer an einer Büste. Sogar Broschen erhalten einen „Tragbarkeits-Check", um ihr Gewicht zu überprüfen und die beste Stelle für den Verschluss zu finden. Funktionalität ist von Anfang an Teil des Werkstücks und oft wird die ursprüngliche Idee an die Funktion angepasst. Aber die Funktion kann auch aus einer Idee heraus entstehen.

Die Verbindungsmechanismen deines Halsschmucks sehen trügerisch einfach aus. Ich stelle mir vor, sie sind der Schlüssel dazu, sich nicht von der Einheit eines Stücks ablenken zu lassen?

Ja, ich habe viele Ast-Schmuckstücke gefertigt, bei denen ich einen Ast in der Form rekonstruiert habe, in der ich ihn haben wollte. In diesen Fällen ist es besonders wichtig, dass das Werkstück visuell ein durchgehendes Stück Ast ist. Das ist auch der Grund, weshalb ich oft halb unbewegliche Konstruktionen verwende.

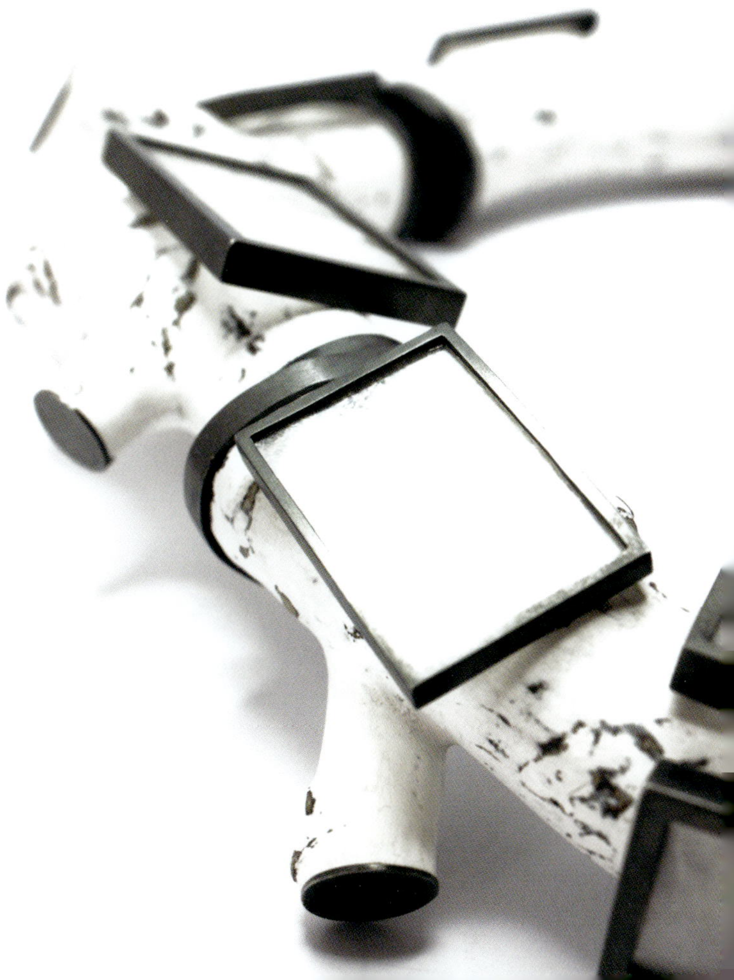

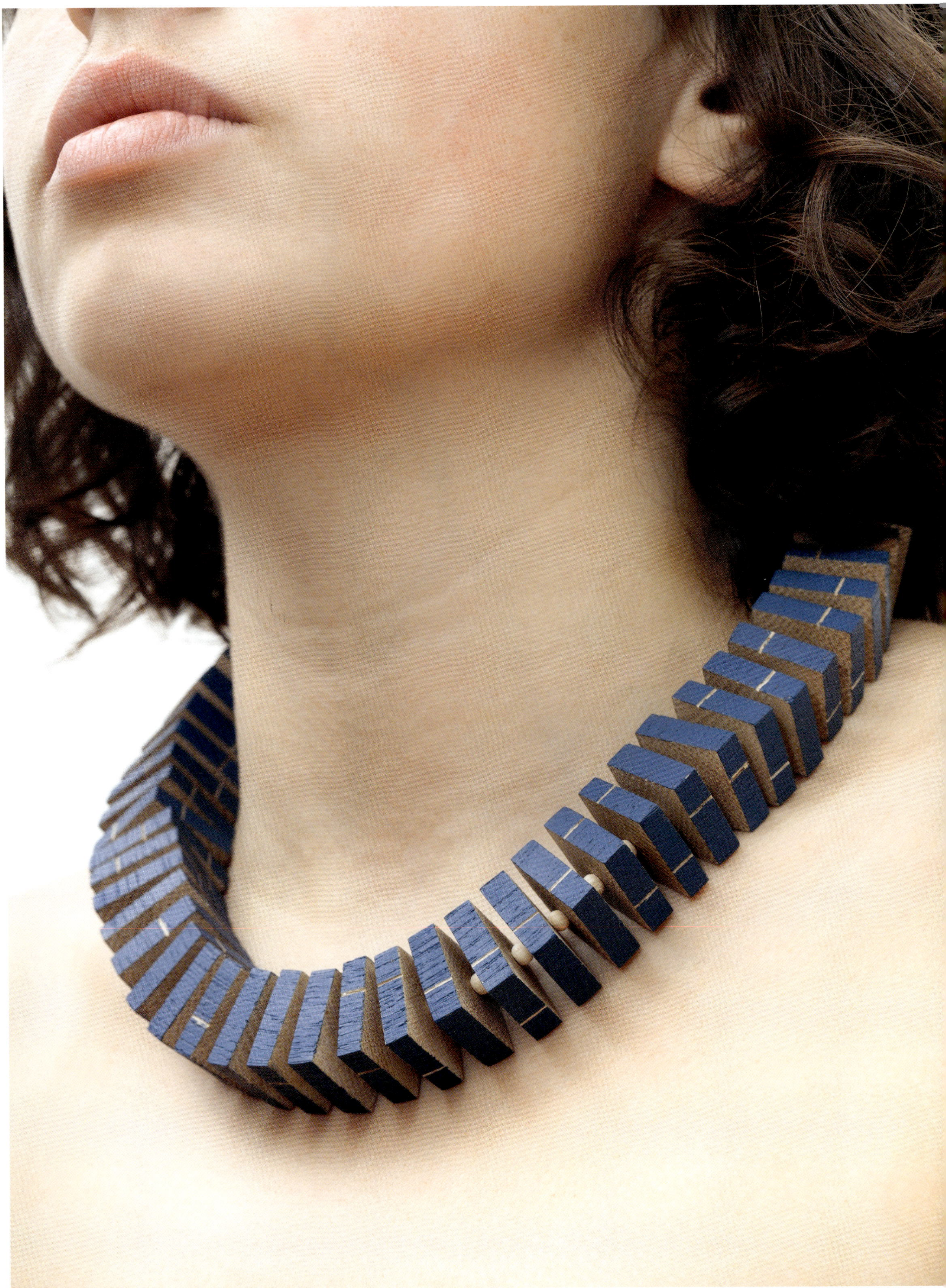

Halskette „Gebrochene Linie“ aus Eichenholz

Dieses Projekt erkundet die Herstellung von Perlen aus Standard-Hartholzstäben, wie man sie im Baumarkt erhält. Der Draht, auf den sie aufgefädelt werden, wird in einem Silberröhrchen geschlossen; dieses ist stark und sehr vielseitig und kann an jede Perlenhalskette angepasst werden. Ich habe Eichenholz verwendet, das eine starke Maserung aufweist. Holzarten ohne eine derartig ausgeprägte Maserung, wie Eschenholz, sind möglicherweise leichter ohne Splitter zu sägen. Es gibt so viele Gestaltungsmöglichkeiten, die sich einer einfachen Verdübelungstechnik (siehe S. 112) bedienen, aber für dieses spezielle Design benötigen Sie eine genaue Bandsäge.

GEGENÜBER Bewegliche quadratische Eichenperlen werden von kleinen runden Eichenperlen unterbrochen und durch bemalte Ränder begrenzt.

WERKZEUG UND MATERIALIEN

- Bandsäge
- Schutzmaske und Schutzbrille
- Ca. 1 m Eichenholz, 20 x 20 mm
- Stechzirkel
- Biegsame Welle mit Hängemotor oder Feinbohrschleifer
- Bohraufsatz (1,5 mm)
- Kleiner Pinsel und Schale für die Farbe
- Lasurpinsel
- Juweliersäge
- Sägeblätter für Holz
- Seitenschneider
- Kleine Lötlampe
- Lötsteine
- Nass- und Trockenschleifpapier (Körnung 240 und 1.000)
- Acrylfarbe in der Farbe Ihrer Wahl
- Wachslasur
- Kugelfräser
- 4 kleine runde Magnete
- 60 cm Schmuckdraht
- Schmucklot
- Silberröhrchen (4 mm Außendurchmesser x 5 mm Länge)
- 15 mm Silberdraht (1 mm)
- Nadelfeile
- Bohraufsatz (1 mm)
- 55 runde Holzperlen (4 mm) als Abstandshalter.
- Crimpzange
- Quetschhülsen
- 2-Komponenten-Epoxidkleber

 HALSKETTE „GEBROCHENE LINIE" AUS EICHENHOLZ

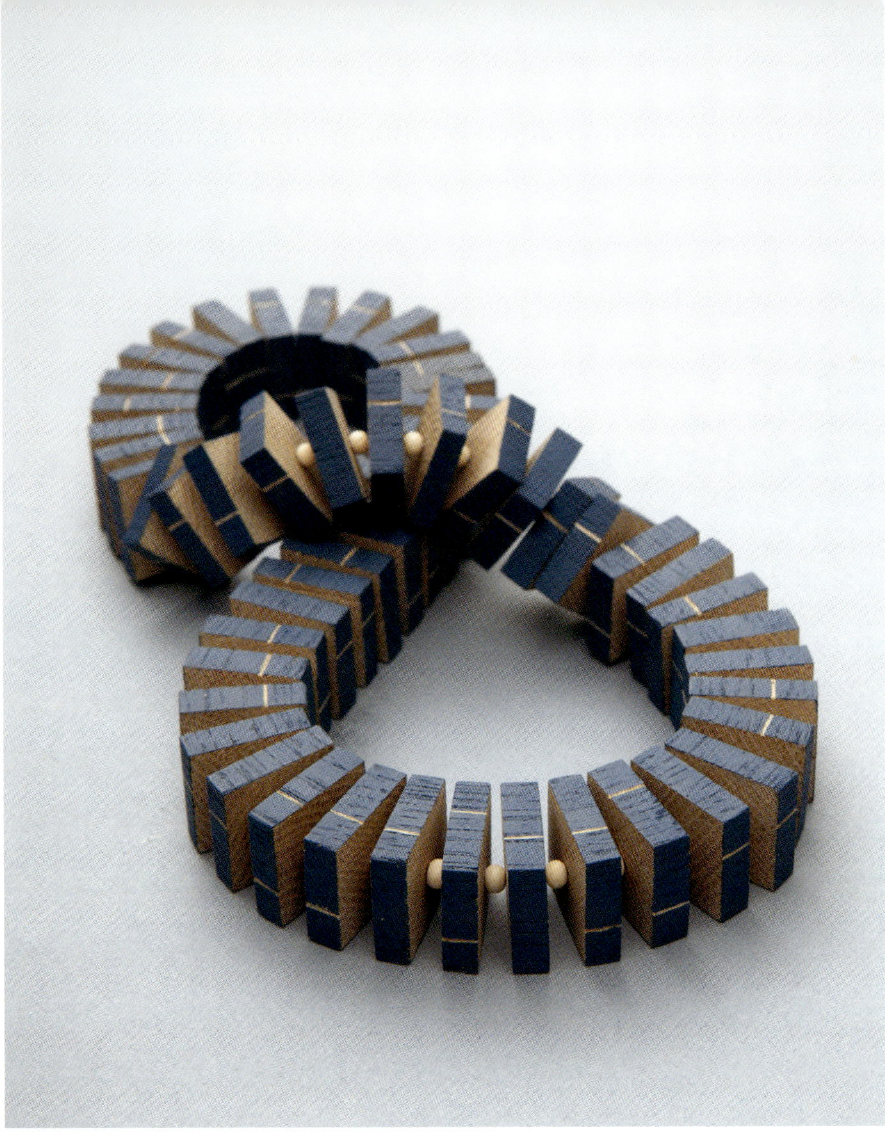

1 Sägen Sie 56 Scheiben zu je 5 mm an der Bandsäge aus dem Eichenholz (siehe S. 162), um quadratische Perlen mit den Maßen 20 × 20 × 5 mm zu fertigen.

2 Legen Sie das Nass- und Trockenschleifpapier (Körnung 240) flach auf Ihre Werkbank und schmirgeln Sie die Seiten und Kanten eines jede Stücks, bis sie glatt sind.

3 Markieren Sie die Mitte eines jeden Stücks mit einem Stechzirkel als Richtwert.

4 Legen Sie die zwei Perlen beiseite, die den Verschluss bilden sollen. Bohren Sie in die Mitte der restlichen Perlen jeweils ein 1,5 mm großes Loch; verwenden Sie dazu eine biegsame Welle mit Hängemotor oder Feinbohrschleifer.

5 Bemalen Sie die Kanten der quadratischen Perlen mit Acrylfarbe.

6 Sobald die Farbe getrocknet ist, schmirgeln Sie die Seiten mit feinem Nass- und Trockenschleifpapier (Körnung 1.000) an, um überschüssige Farbe zu entfernen.

7 Markieren Sie die Stelle der Zierlinie am Rand jeder Perle mit dem Stechzirkel.

8 Sägen Sie mit der Juweliersäge einen flachen Einschnitt, um die Farbe zu entfernen. Ich habe auf zwei Seiten eine Linie in der oberen Hälfte der Kante gemacht, einen Schnitt in der unteren Hälfte von einer Seite zur anderen und die vierte Seite unbehandelt gelassen. So entstehen Lücken zwischen den Linien als Besonderheit des Designs.

9 Versiegeln Sie die gesamte Oberfläche der Perlen mit zwei Schichten Wachslasur. Bedecken Sie eine Hälfte jeder Perle mit Decklack und lassen Sie sie, auf der unlackierten Seite stehend, trocknen. Umdrehen und den Vorgang auf der anderen Seite vornehmen. Für die zweite Schicht wiederholen.

10 Um die Schließe zu fertigen, messen Sie mit dem Stechzirkel ein 4 mm langes Stück des Silberröhrchens (5 mm) ab.

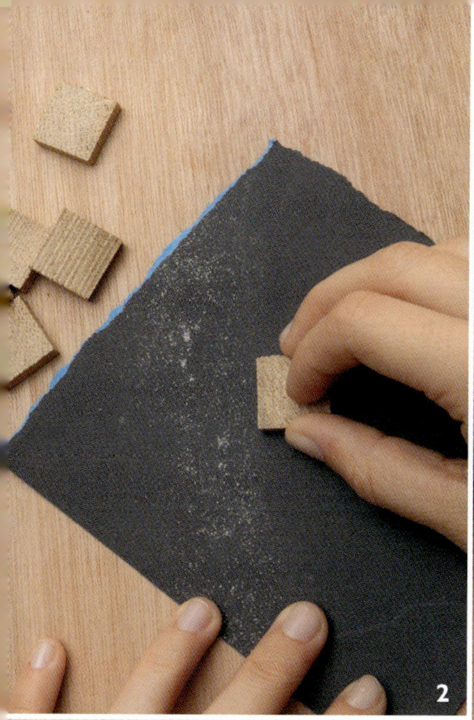
2

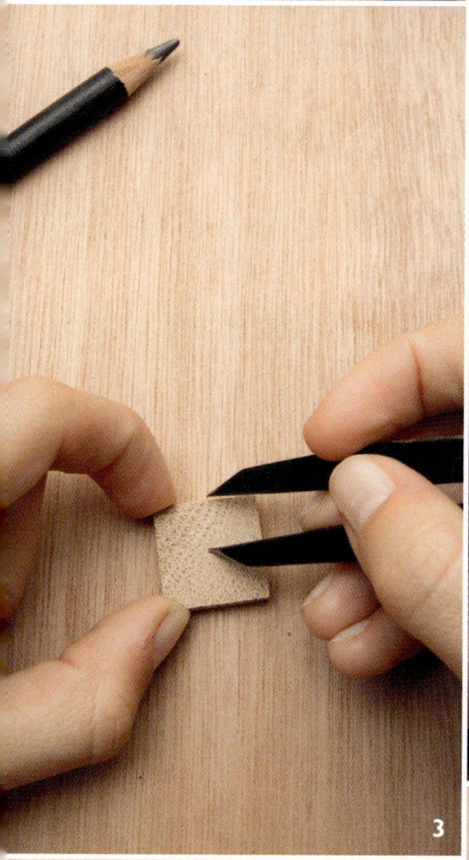
3

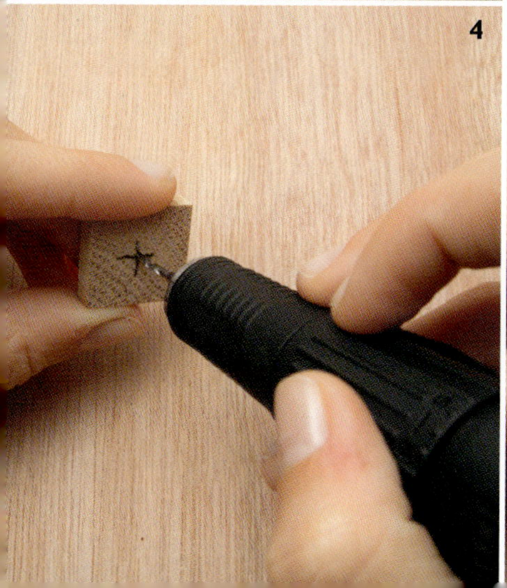
4

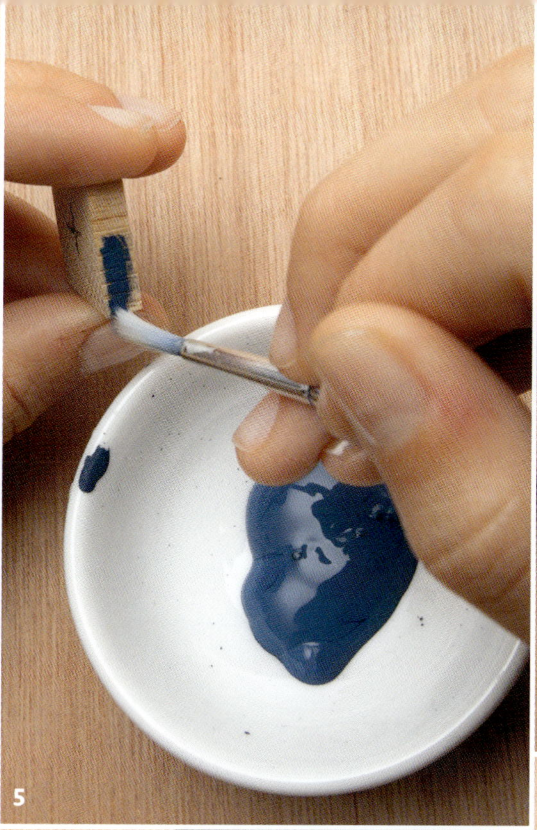
5

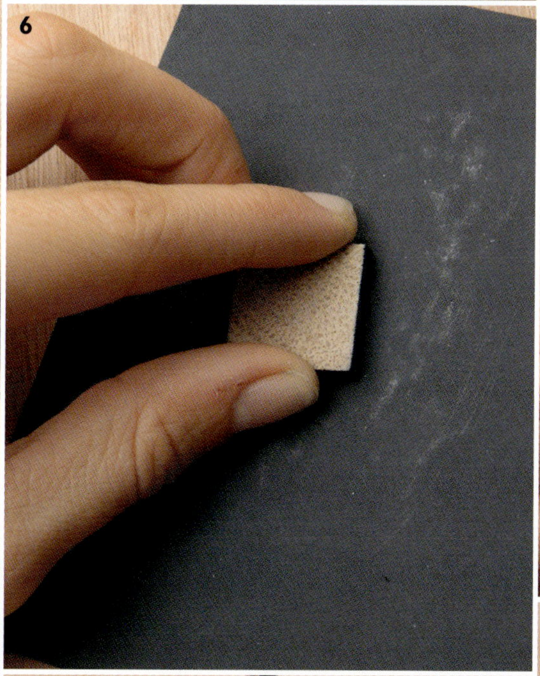
6

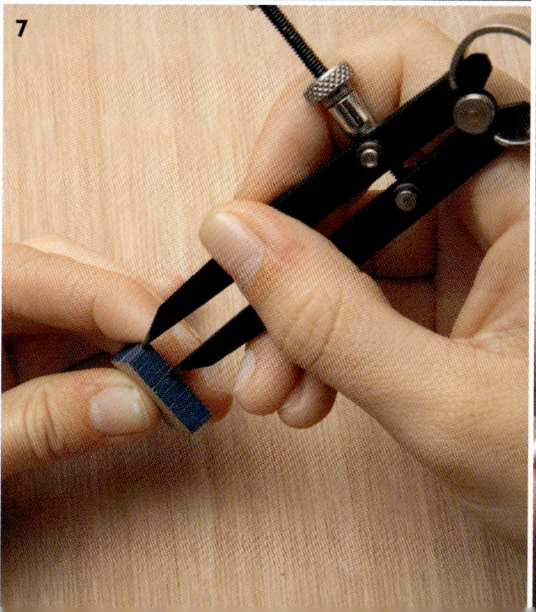
7

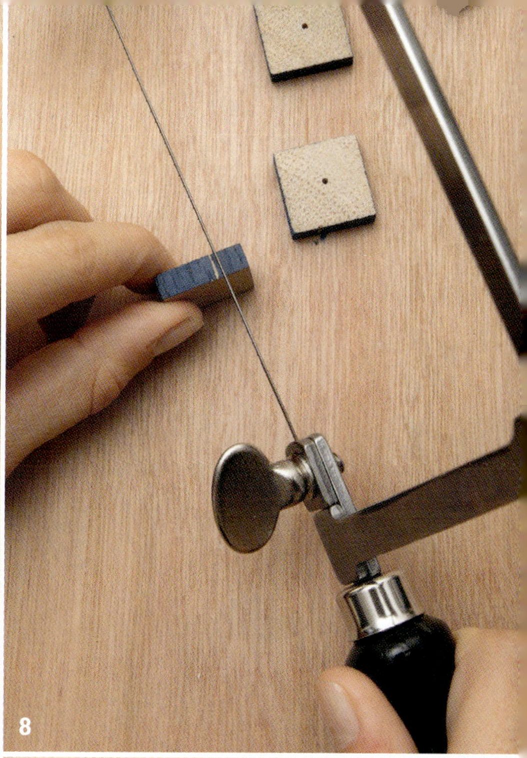
8

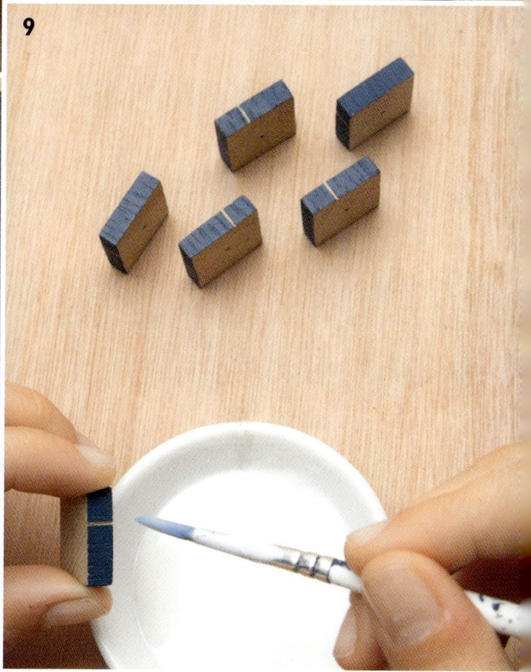
9

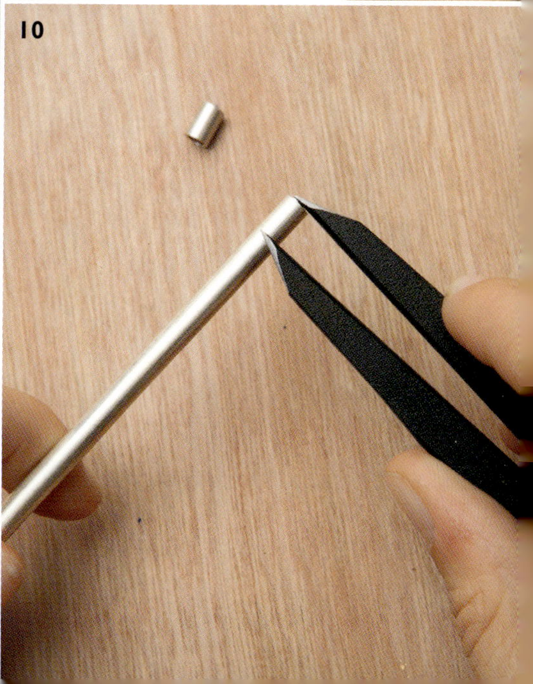
10

11 Bohren Sie ein Loch 3 mm vom ausgemessenen Ende des Röhrchens.

12 Schneiden Sie das abgemessene Röhrchenstück mit einer Juweliersäge zu.

13 Wiederholen Sie Schritt 10–12, um ein zweites Stück Silberröhrchen zu markieren, anzubohren und zuzuschneiden.

14 Löten Sie mithilfe von Lötlampe, -steinen und -paste ein 5 mm langes Stück Draht an. Der Draht sollte an jeder Seite aus dem Röhrchen herausstehen (er wird als nächstes dazugefeilt). Er wird verwendet, um den Schmuckdraht zu halten.

15 Kappen Sie überschüssigen Draht mit einem Seitenschneider und feilen Sie ihn dann bündig zurecht.

16 Markieren Sie die Mitte der zwei quadratischen Holzperlen, die Sie für Ihre Schließe verwenden möchten und bohren Sie je ein 4,5 mm großes Loch hinein.

17 Kleben Sie die zugeschnittenen Silberröhrchenstücke ein und lassen Sie den Kleber trocknen.

18 Markieren Sie die Position der Magneten an beiden Quadraten für die Schließe und machen Sie mit einem 1 mm-Bit und dem Feinbohrschleifer eine Vertiefung, die tief genug ist, dass die Magneten darin bündig mit dem Holz unterkommen. Beginnen Sie mit dem Bohraufsatz und erweitern Sie die Öffnung dann mit dem Kugelfräser.

19 Kleben Sie die Magneten mit 2-Komponenten-Epoxidkleber in das Holz.

20 Fädeln Sie die quadratischen Perlen abwechselnd mit den runden Abstandshalterperlen auf den Silberdraht. Die Größe der Abstandshalter erlaubt den quadratischen Perlen, sich um den Hals zu schmiegen, ohne zu sehr vom Gesamtkonzept abzulenken. Fügen Sie an beiden Enden des Drahts zwei zusätzliche Abstandshalterperlen hinzu.

21 Um die Quadrate der Schließe anzupassen, fädeln Sie den Schmuckdraht über den Draht im Röhrchen und quetschen Sie ihn zusammen, um den Draht zu befestigen. Auf der anderen Seite wiederholen. Die Quetschhülse wird in zwei Schritten am Schmuckdraht befestigt. Crimpzangen haben Unterteilungen: Verwenden Sie die Unterteilung, die der Hand näher ist, um die Quetschhülse in U-Form zu pressen, und verwenden Sie dann die vorne liegendere Abteilung, um das U zu runden. Verstecken Sie die Quetschhülse mit kleinen Perlen.

22 Bild der fertigen Schließe mit beiden Hälften des Magnetverschlusses.

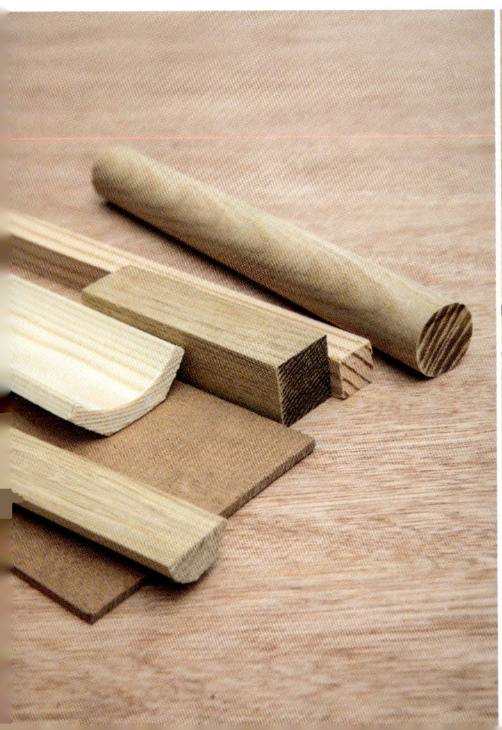

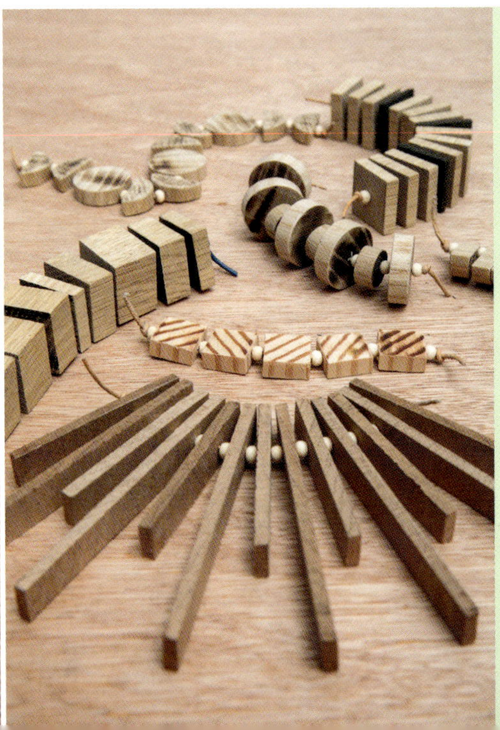

Alternative Ausführungen

Experimentieren Sie mit unterschiedlichen Holz- oder Stabgrößen und -formen, um eine Bandbreite an Perlen herzustellen. Dübel werden für verschiedenste Tischlerarbeiten in großem Stil verkauft und sind daher in vielen Formen erhältlich – unendlicher Spielraum zum Sägen und Bohren bei der Gestaltung Ihrer eigenen Perlen.

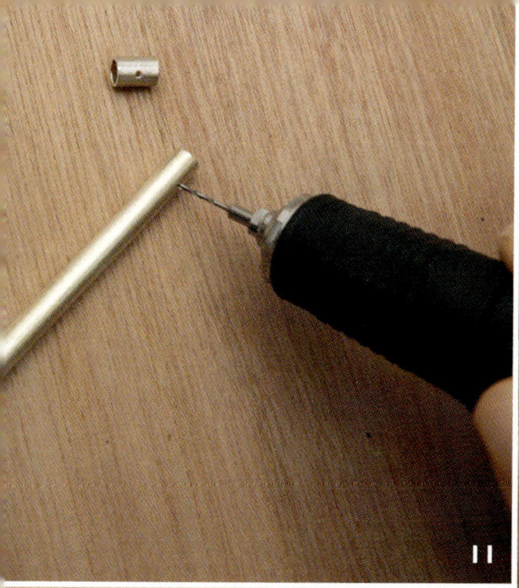
11

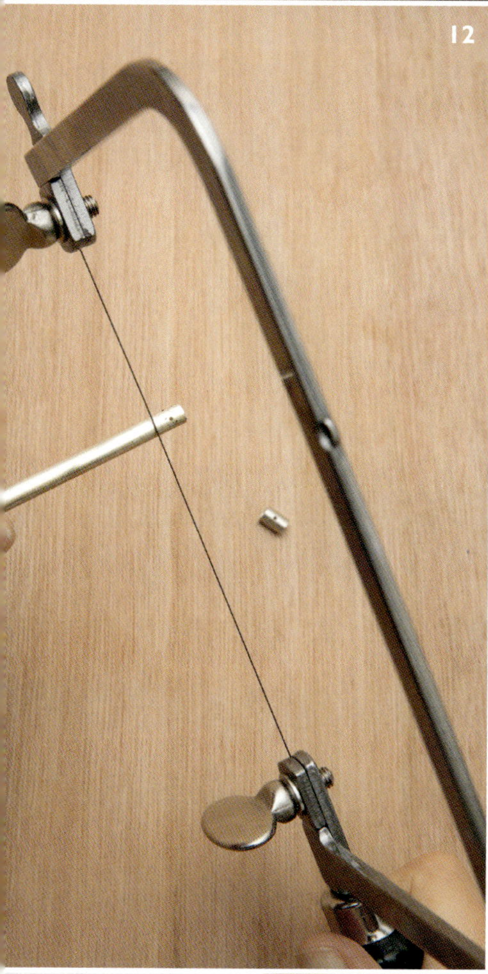
12

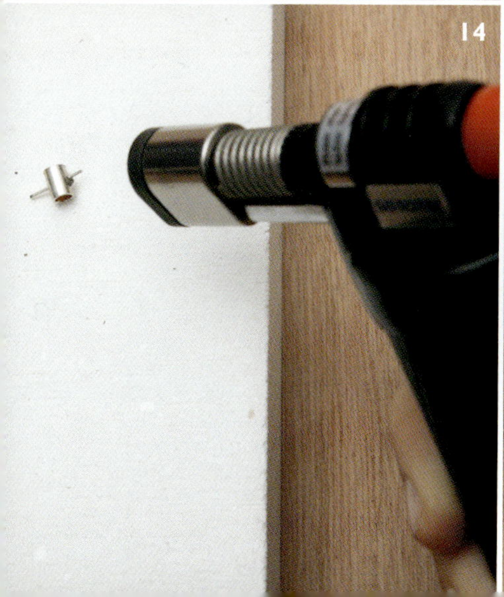
14

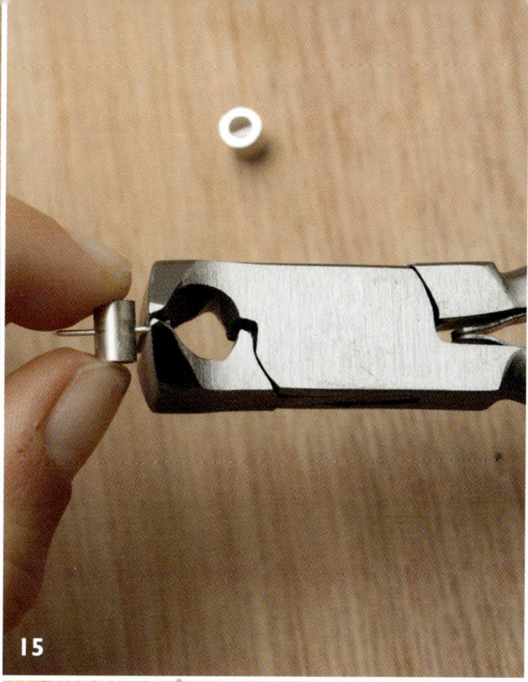
15

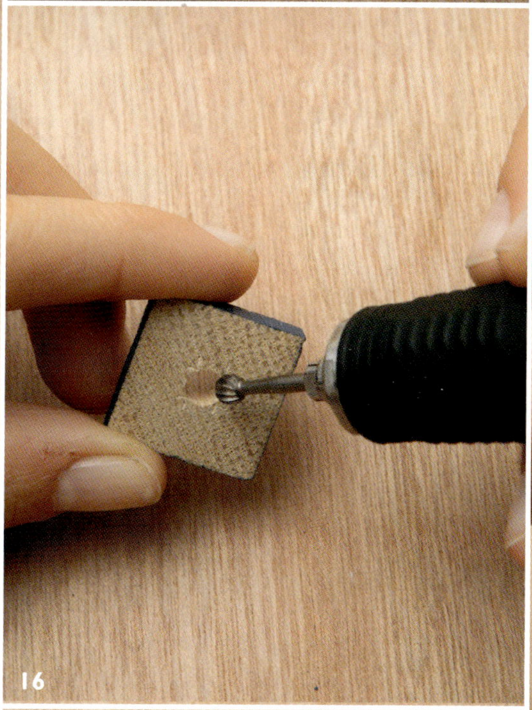
16

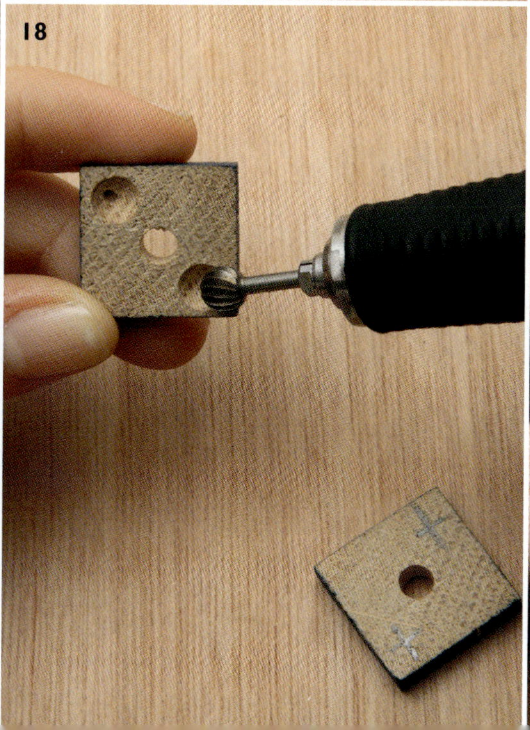
18

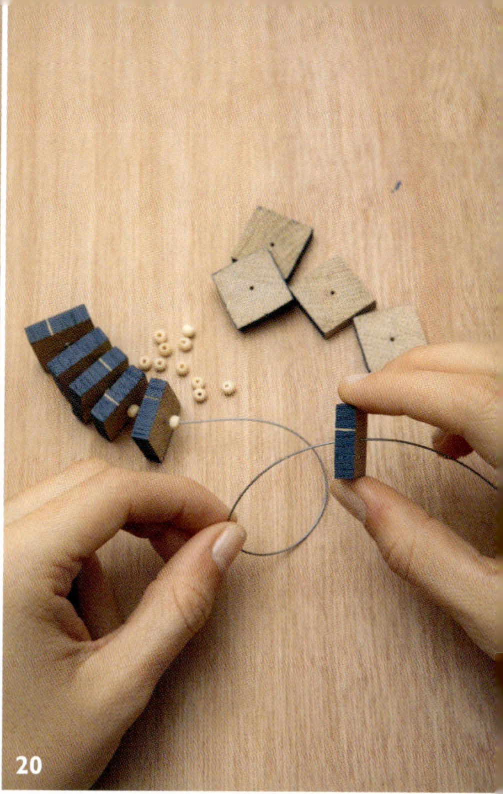
20

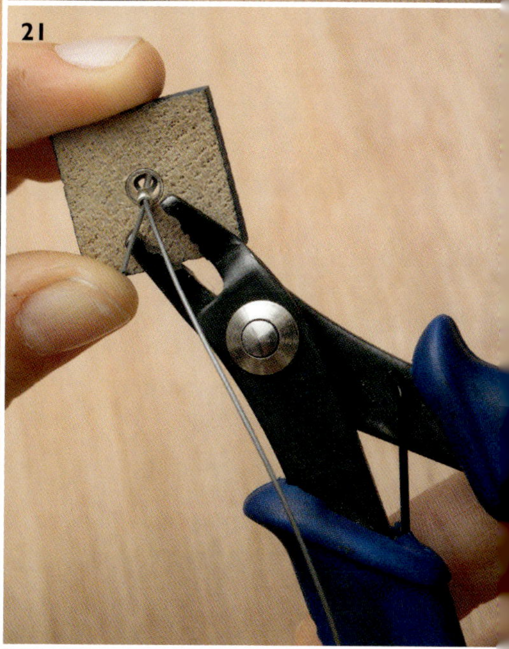
21

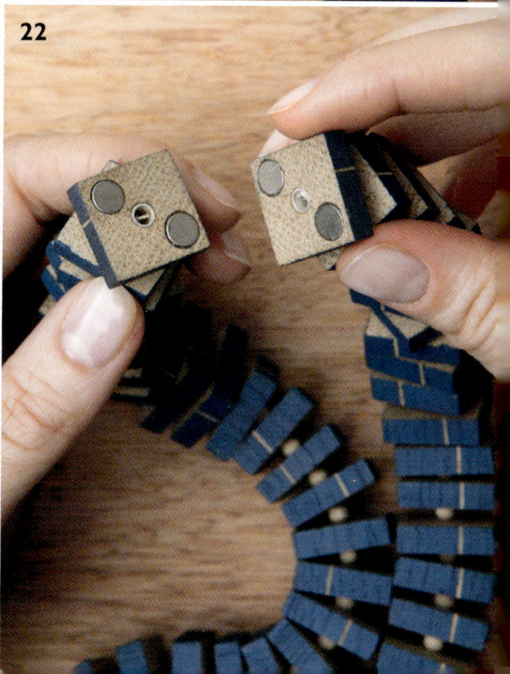
22

Ein Schmuckstück fassen

WERKZEUG UND MATERIALIEN
- Juweliersäge
- Juweliersägeblatt für Metall (4/0)
- Schutzmaske und Schutzbrille
- Silberblech (0,8 mm), 30 x 37 mm
- Ausgeschnittenes Holzstück, 25 x 31 mm
- Gebogene Spitzzange
- Silberstreifen (0,8 mm), 4 x 95 mm, für den Rahmen
- Silberstreifen (0,8 mm), 3 x 25 mm, für die Anhängeröse
- Schmucklot
- Nass- und Trockenschleifpapier (Körnung 240)
- Raue Feile
- Lötlampe
- Lötsteine
- Flussmittel
- Rundzange
- 2-Komponenten-Epoxidkleber

Ähnlich einer Zargenfassung ohne Abreibung wird die Kesselfassung hauptsächlich zum Einsetzen von Steinen mit glatter Rückseite verwendet. Sie können sie jedoch auch für andere Materialien verwenden, darunter auch Holzformen. Der Rand, der sich um den Rand des Stücks legt, das eingefasst werden soll, ist niedriger als bei einer Kesselfassung und das Holz oder Objekt wird an seinen Bestimmungsort geklebt. Ich habe eine Silberöse für die Fassung gestaltet, um daraus einen Anhänger zu machen.

1 Verwenden Sie eine Juweliersäge, um die Unterseite der Einfassung aus dem Silberblech auszuschneiden, und lassen Sie etwa 3 mm Überstand von der Silbergrundplatte stehen, um Ihren Gegenstand fassen zu können.

2 Legen Sie einen Papierstreifen um die Holzform, um die Länge des Silberstreifens abschätzen zu können, der die Einfassung bildet.

3 Lassen Sie Ihren Silberstreifen ein bisschen länger als benötigt.

4 Verwenden Sie die gebogene Spitzzange, um den Silberstreifen zu der Form Ihres Werkstücks zu biegen.

5 Sägen Sie das überlappende Silber ab, sodass es exakt die richtige Länge hat.

6 Löten Sie die Enden des Streifens zusammen. Dieses Stück wird die Einfassung, die das Objekt halten wird.

7 Schmirgeln Sie die Unterkante Ihres Fassungsstreifens mit Nass- und Trockenschleifpapier, sodass dieser bündig auf der Grundplatte zu liegen kommt.

8 Löten Sie den Streifen von außen an, da es so leichter ist, überschüssiges Lot wegzufeilen.

9 Feilen Sie mit einer rauen Feile rundherum entlang der Kante der Fassung.

10 Biegen Sie mit einer Zange den Silberstreifen, der zur Öse werden soll, in seine Form.

11 Löten Sie die Enden der Öse zusammen.

12 Verwenden Sie die abgerundete Seite der rauen Feile, um die Öse leicht zu feilen, sodass sich die Oberkante der eiförmigen Fassung oben in der Biegung der Öse befindet.

13 Nachdem Sie die Oberseite der Einfassung mit flach auf die Werkbank gelegtem Nass- und Trockenschleifpapier geschliffen haben, legen Sie sie mit der Oberseite nach unten auf die Lötsteine und halten Sie die Öse mit der Spitze der gebogenen Pinzette mit der Vorderseite nach unten, sodass sie die Einfassung berührt. Stützen Sie die Öse auf einem Stahlstift oder einem Lotschieber, falls dies notwendig ist, um sie in Position zu bringen. Tragen Sie das Schmucklot auf die Verbindung auf und löten Sie Einfassung und Öse aneinander.

14 Reinigen Sie die Lötstelle und kleben Sie Ihr Holzstück (oder den Stein) in die fertige Einfassung.

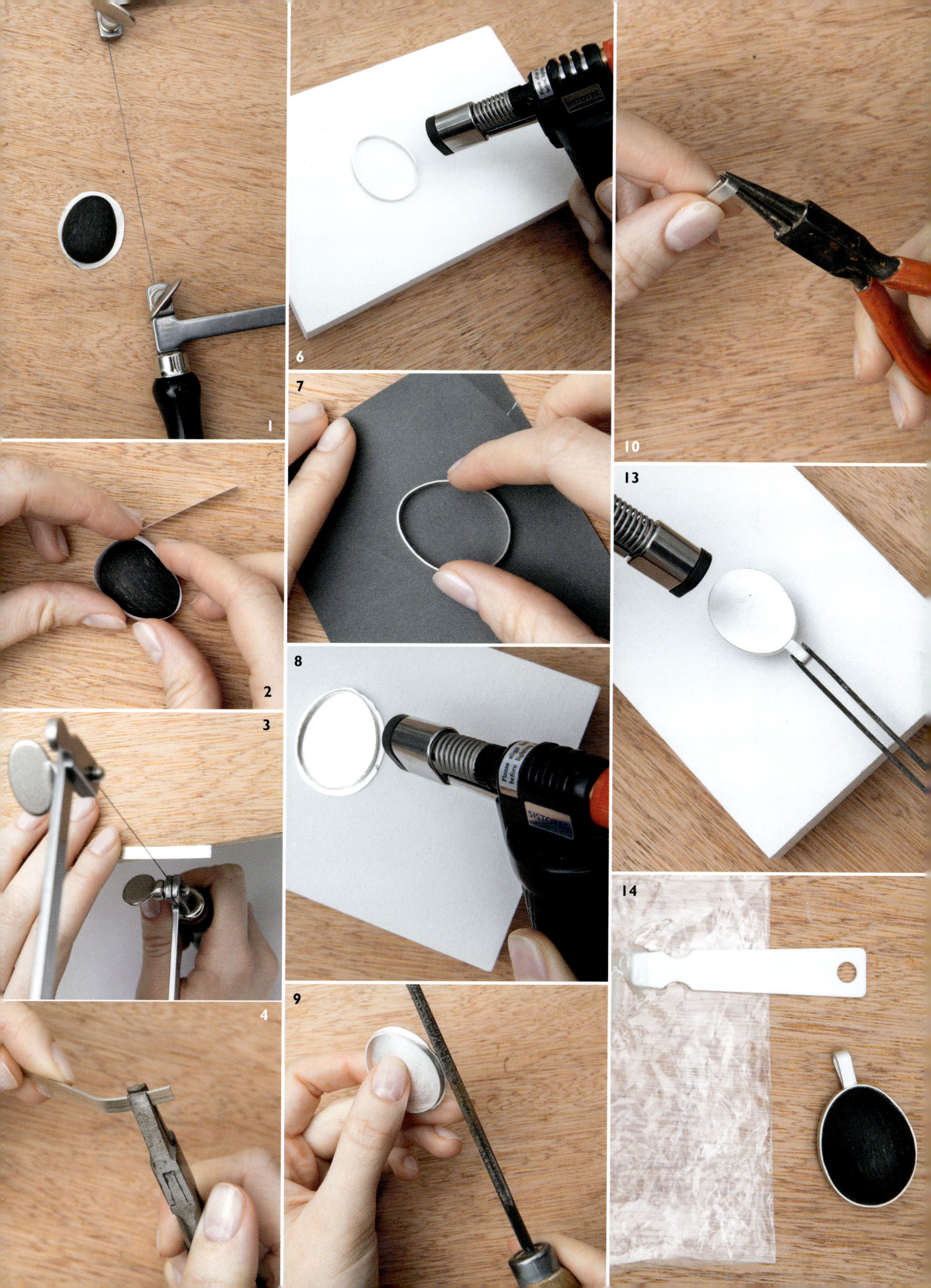
1
2
3
4
6
7
8
9
10
13
14

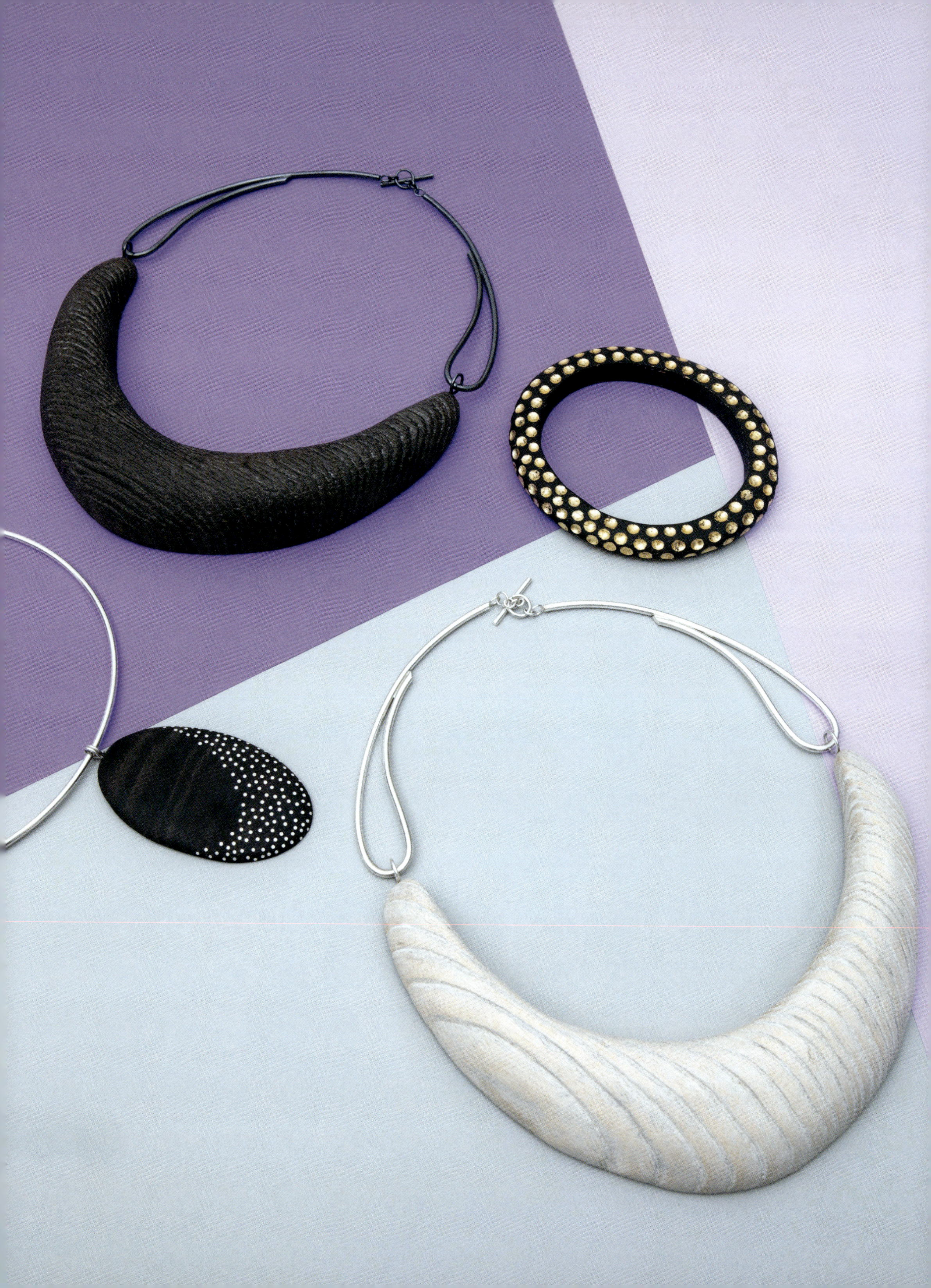

KAPITEL 5

Oberflächen-behandlungen

Holz veredeln

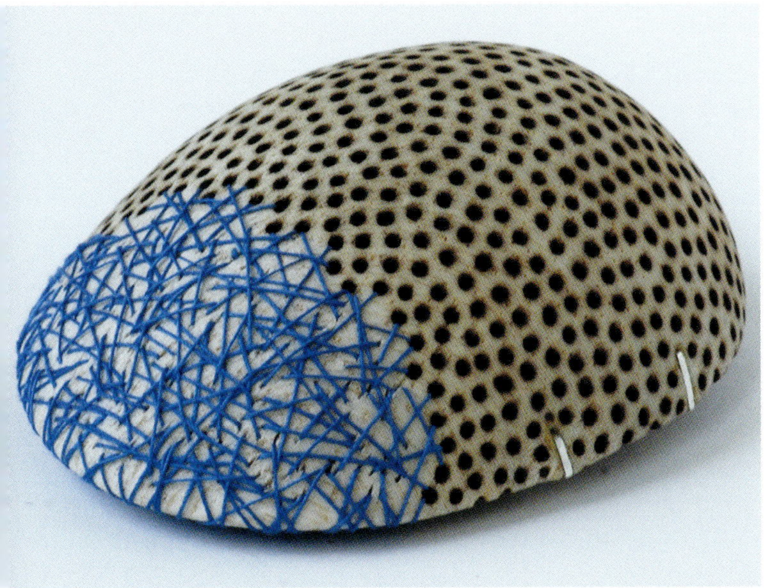

OBEN Brosche von Beppe Kessler, veredelt mit Stickarbeit und Brandmalerei

Dieses Kapitel über Oberflächenbehandlungen verfolgt einen weiten Ansatz zur Veredelung hölzerner Oberflächen. Die Auswahl von Material, Konstruktion und Veredelung von Holzschmuck – alle müssen im Zusammenhang miteinander betrachtet werden. Beispielsweise wurde das Design des gepunkteten Armreifs auf S. 132 mit seinen Vertiefungen auch so gestaltet, um die Vergoldungen vor dem Abwetzen zu schützen. Doch dass die Oberfläche eines Schmuckstücks sich allmählich abnutzt, wenn es getragen wird, kann vom Konzept her auch eine interessante Idee sein, wenn es die bewusste künstlerische Intention ist.

Hier werden zwei Einlegemethoden gezeigt, die Silberdraht nutzen, um Punkte oder Linien auf der Holzoberfläche zu gestalten. Vorsichtiges Feilen und Schleifen der Oberfläche hat diesen Einlegearbeiten eine glatte Oberfläche verliehen, wenn Sie also Ihr Holz auswählen, müssen Sie darüber nachdenken, wie das Schleifen und Versiegeln des Holzes sich auf das Silber auswirken könnte. Ein echter Bonus dieser Technik ist, dass Sie kein spezielles Werkzeug benötigen. Das Vergolden erfordert einige Investitionen in Werkzeuge, doch es bietet endlose Möglichkeiten, wie etwa die luxuriöse Veredelung des Holzes unten. Die Oberflächenstruktur kann auch mittels Sandstrahlen oder – noch einfacher – mit verschiedenen Aufsätzen eines Feinbohrschleifers erkundet werden. Das Galvanisieren überzieht natürliche Objekte mit Silber und diese können dann zu Schmuckstücken vereinigt oder der zentrale Fokus eines Designs werden. Farbbereich und Druckübertragungsinformationen sind Referenzquellen von Empfehlungen, die erst dann zur Geltung kommen, wenn Sie sie bei einem vollständig ausgeformten Stück Holz verwenden oder in ein fertiges Schmuckstück einarbeiten.

GEGENÜBER Eine Auswahl von veredelten Ebenholzringen mit eingelegten Silberlinien (siehe S. 126)

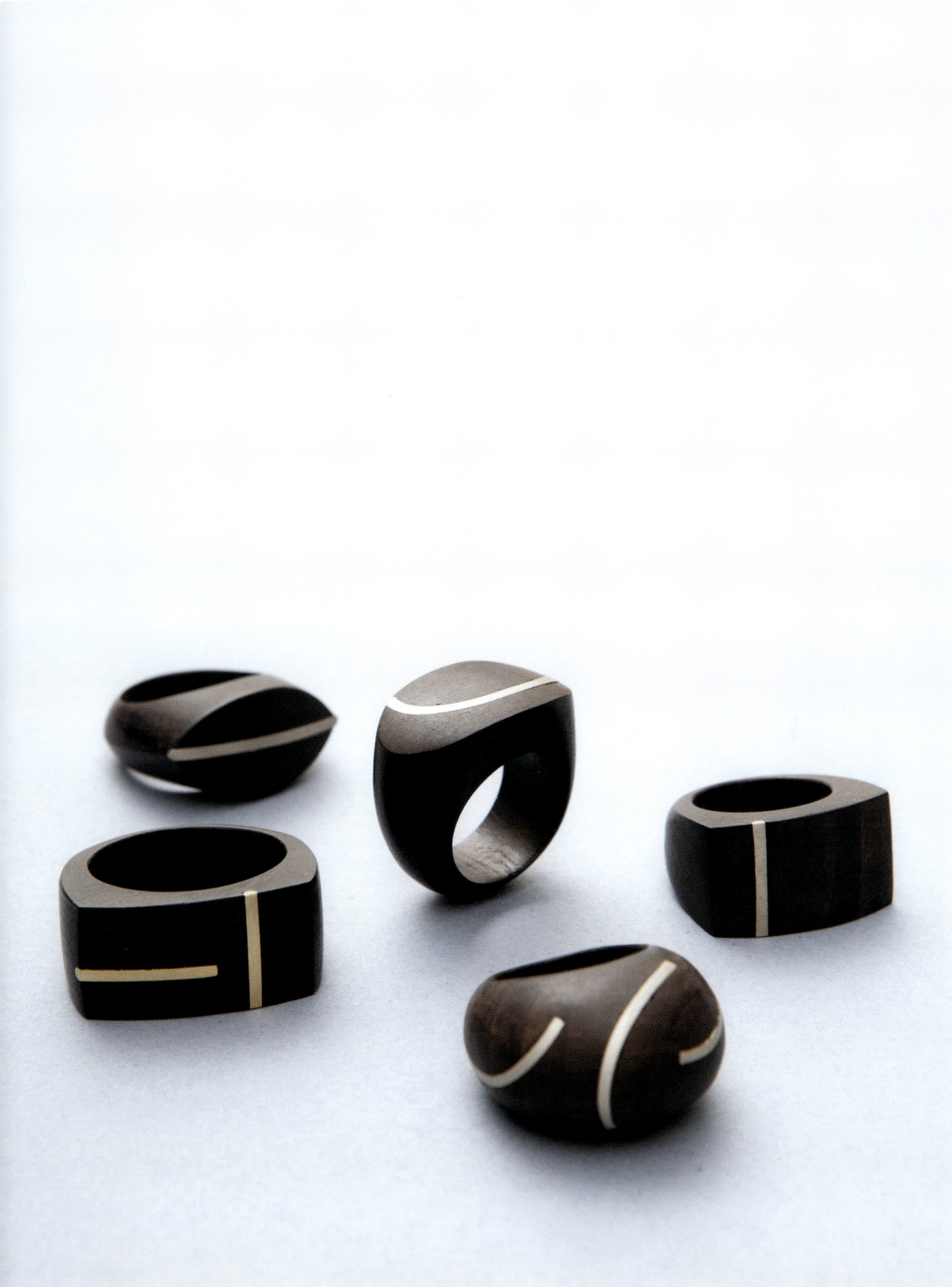

WERKZEUG UND MATERIALIEN

- Ebenholz, ca. 5 x 10 x 0,5 cm
- Schablone (optional)
- Bleistift oder weißer Wachsmalstift
- Staubschutzmaske und Schutzbrille
- Juweliersäge
- Holzsägeblätter für Juweliersäge
- Lineal
- Papier
- raue halbrunde Metallfeile
- Handbohrer
- Bohraufsatz (1 mm)
- Silberrunddraht (1 mm), 10 cm Länge
- Kleines Stück Plastik
- Sekundenkleber
- Nass- und Trocken-schleifpapier (Körnung 240)
- Seitenschneider
- Rundzange
- Babyöl und Küchenrolle

Ebenholz-anhänger mit Silberpunkten

Ein Anhänger ist eine gute Methode, mit Holz zu arbeiten, da es keine Größenanpassungen oder die Herstellung eines identischen Paars erfordert. Dieses Design wird mithilfe einfacher Handsägearbeit, Bohren und das Einlegen von Punkten in der Piqué-Technik gestaltet. Das Ergebnis ist atemberaubend, trotz der simplen Techniken, die dazu notwendig sind. Die Bestandteile, die dieses leichte Werkstück ergeben, sind ein relativ dünnes Stück Holz (5 mm), die kleinen Punkte (1 mm) und ihr willkürlich angeordnetes Muster. Ich habe für die Gesamtform eine Schablone verwendet. Ich möchte Sie dazu ermutigen, Ihr eigenes Design zu zeichnen – denken Sie aber darüber nach, wie die Veredelung und die Öse zum Gesamtbild passen!

GEGENÜBER Gewölbter ovaler Ebenholz-anhänger mit asymmetrischen Silberdetails

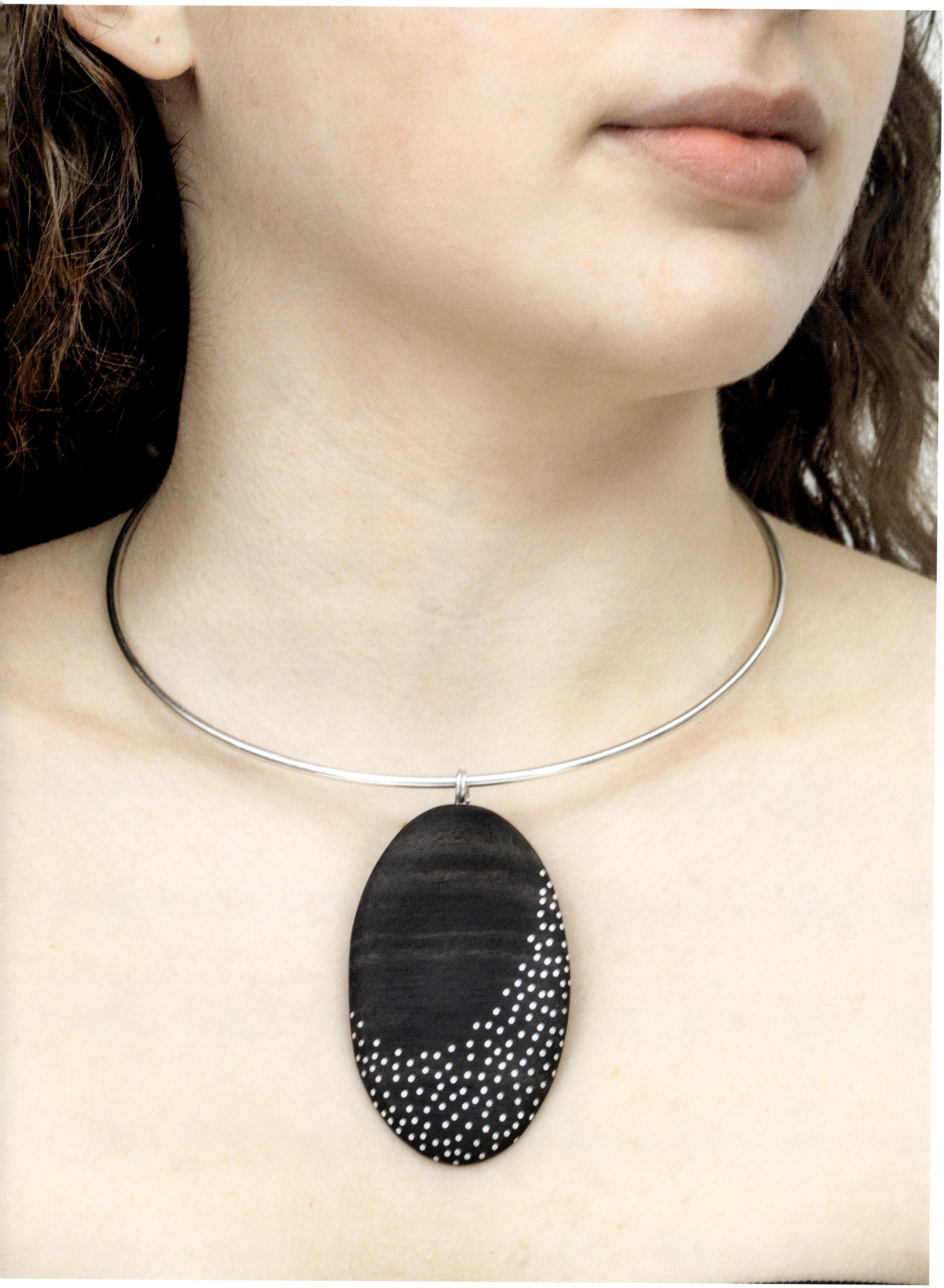

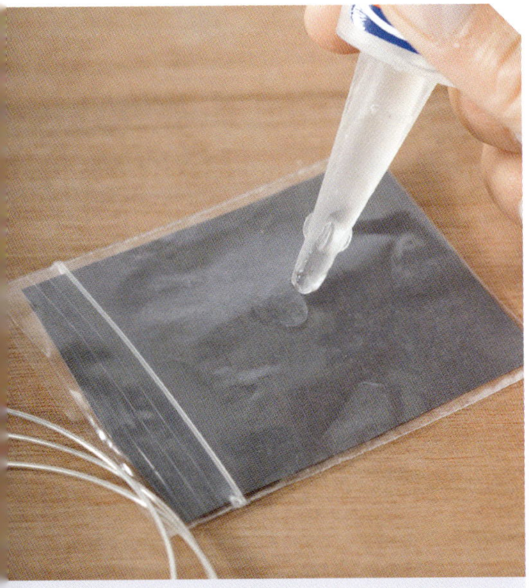

Tipp

Tropfen Sie den Kleber auf ein Stück Plastik und tauchen Sie alles, was Sie ankleben möchten, dann hinein – so lässt er sich viel leichter kontrollieren.

1 Verwenden Sie einen Bleistift und eine Schablone, um die Außenlinie Ihres Anhängers auf das Holz zu übertragen. Für einen starken Kontrast mit den Silberpunkten habe ich Ebenholz verwendet.

2 Legen Sie die Staubschutzmaske an – dies ist von essenzieller Wichtigkeit, wann immer Sie Arbeiten verrichten, bei denen Staub entsteht. Halten Sie Ihr Holz auf der Werkbank fest und beginnen Sie, an der für Sie angenehmsten Stelle zu sägen. Sägen Sie leicht außerhalb Ihrer Linie mit langen, lockeren Strichen. Halten Sie die Säge immer vertikal, da sonst Ober- und Unterkante des Holzes verschieden geformt sind und nicht parallel zueinander verlaufen. Achten Sie darauf, dass Ihre Finger niemals vor das Sägeblatt geraten!

3 Wenn Sie die Form vollständig ausgesägt haben, verwenden Sie eine halbrunde Feile, um die Sägerückstände von der Außenkante zu entfernen. Als Nächstes markieren Sie den Bereich mit dem höchsten Punkt Ihres Anhängers mit einem Bleistift, um später beim Füllen einen Anhaltspunkt zu haben.

4 Feilen Sie ihr Holz allmählich mit der flachen Seite Ihrer Feile so zu, dass eine Wölbung entsteht und lassen Sie den Bereich mit Ihrem höchsten Punkt unberührt, um sich weiter in die niedrigsten Bereiche am Rand vorzuarbeiten. Halten Sie Ihr Werkstück vor Ihre Augen und prüfen Sie von der Seitenansicht aus, ob die gesamte Form gleichmäßig verläuft. Arbeiten Sie zuerst die Grundform aus und verfeinern Sie die Bogenlinie dann mit mehreren behutsamen Strichen.

5 Zeichnen Sie Ihr Design mithilfe Ihrer Schablone auf ein Stück Papier, bis Sie zufrieden damit sind, wie sich der Bereich mit den Punkten im Gesamtbild verhält.

6 Schneiden Sie die Form des Bereichs, der veredelt werden soll, aus.

7 Benutzen Sie die ausgeschnittene Papierform als Vorlage, um den Bereich zum Veredeln auf ihrem Holz zu markieren.

8 Bohren Sie ca. 2–3 mm tiefe Löcher, bohren Sie jedoch nie ganz durch das Holz. Das hier gezeigte Muster entstand willkürlich, darum habe ich das Holz nicht vorher angezeichnet, Sie können dies jedoch mit einem Bleistift tun, wenn Sie das wünschen. Sie müssen außerdem ein Loch in derselben Größe oben in Ihr Werkstück, nah an der Kante, bohren, um einen Haken einzukleben, an dem der Anhänger hängen soll.

9 Haben Sie alle Ihre Löcher gebohrt, geben Sie ein bisschen Kleber auf ein Stück Plastik und nehmen Sie sich ein Stück des runden Silberdrahts (1 mm).

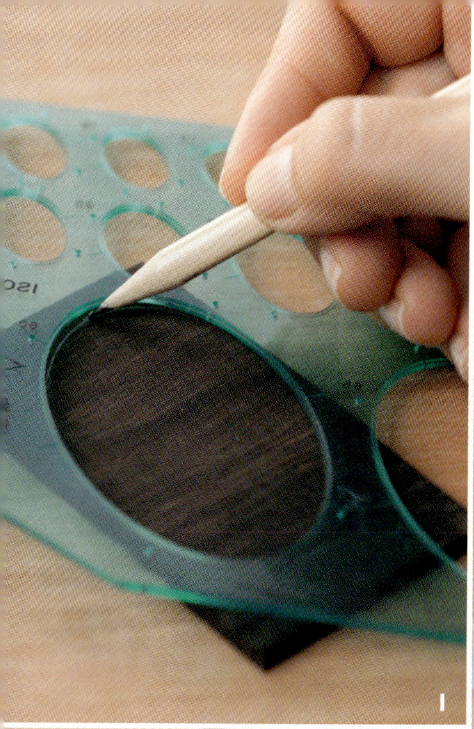

1

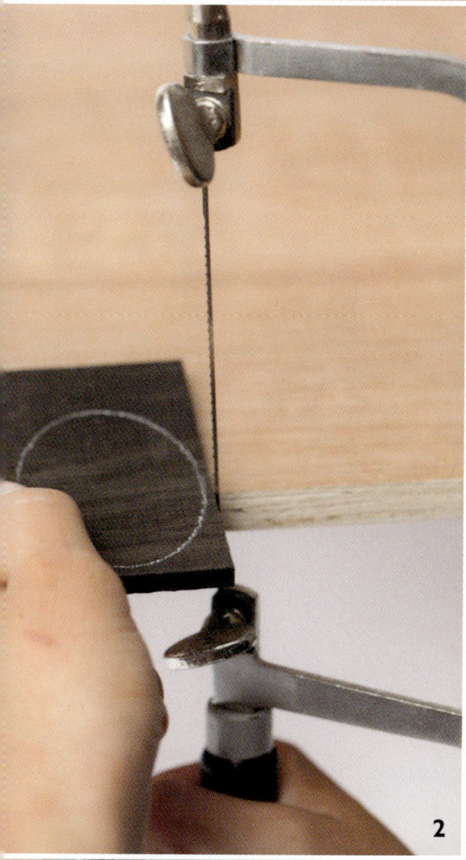

2

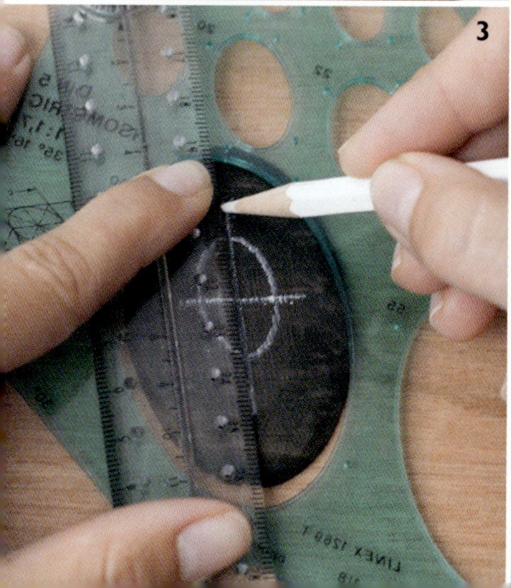

3

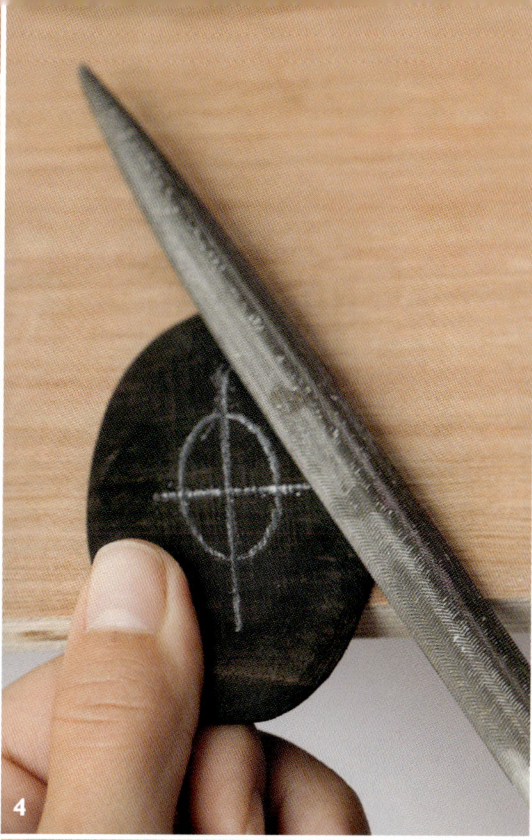

4

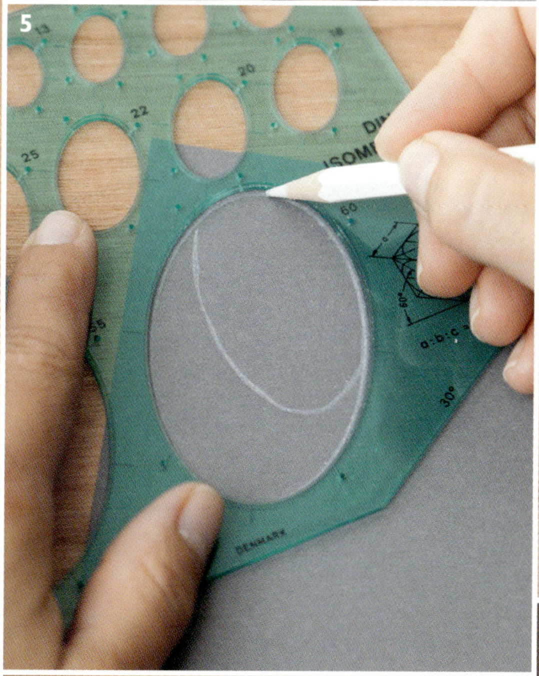

5

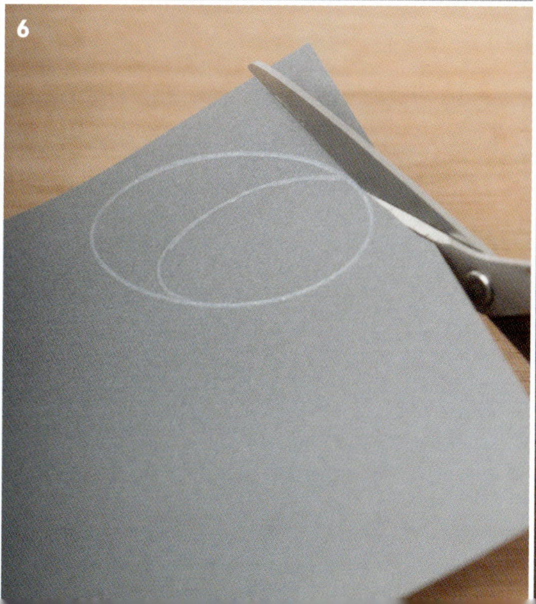

6

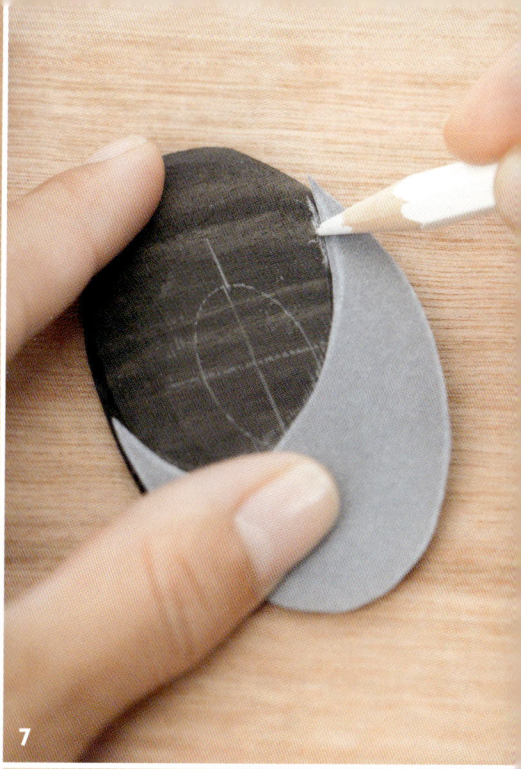

7

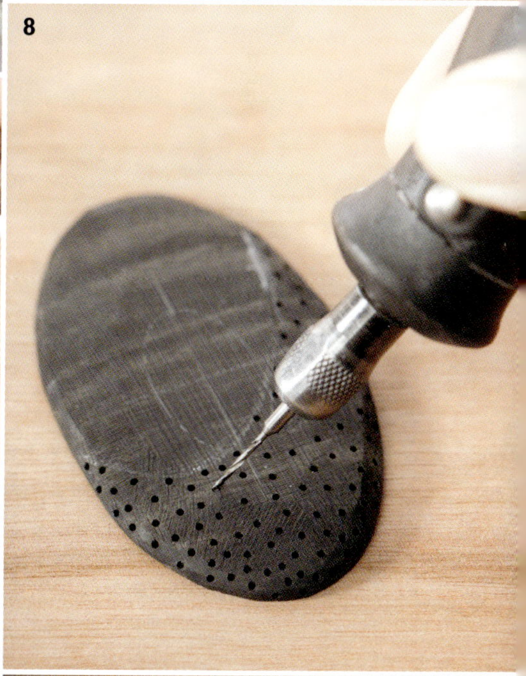

8

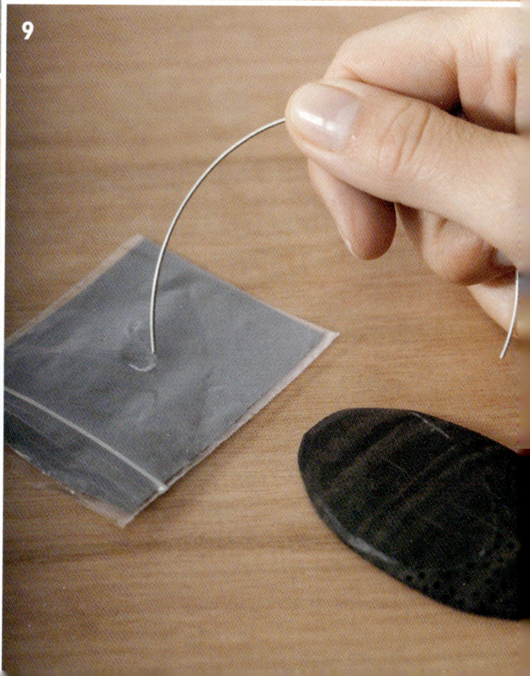

9

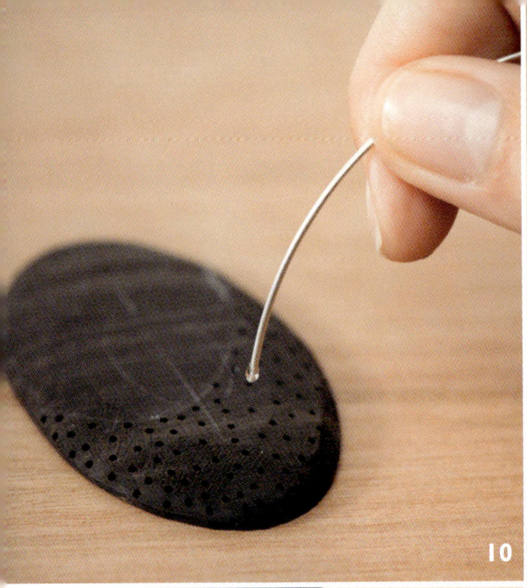
10

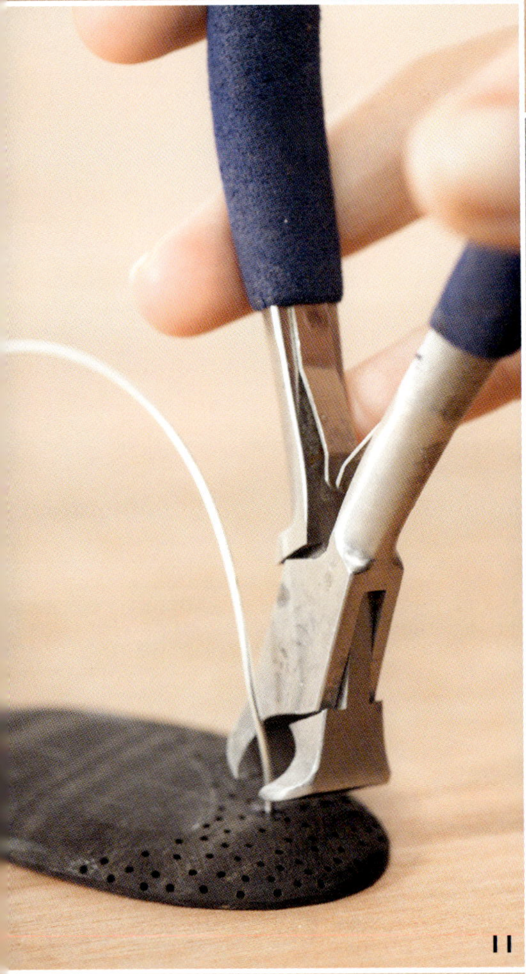
11

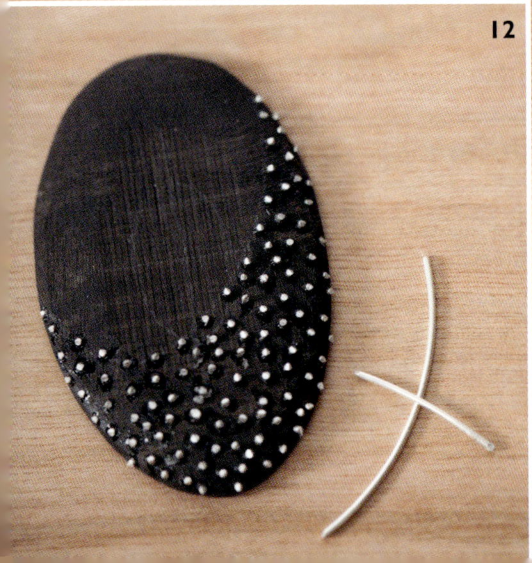
12

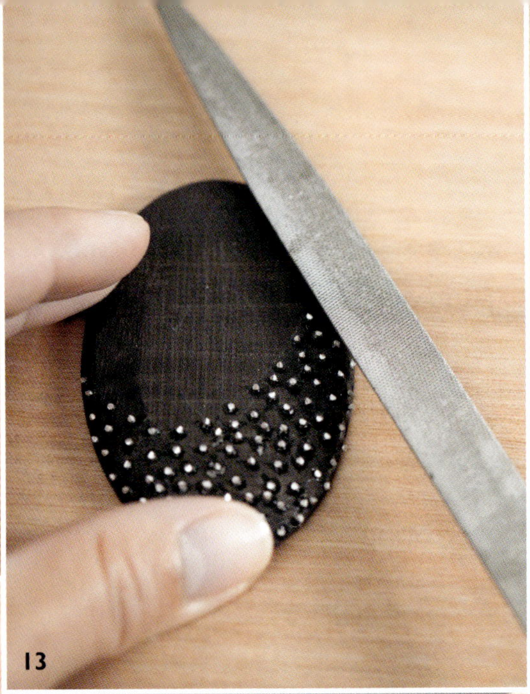
13

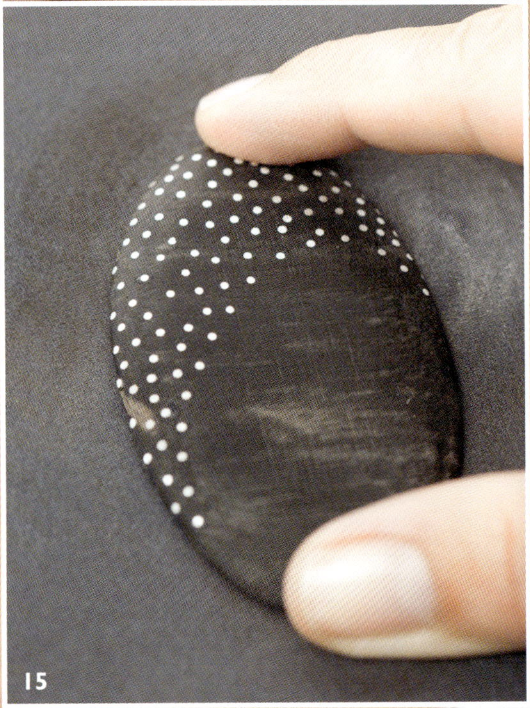
15

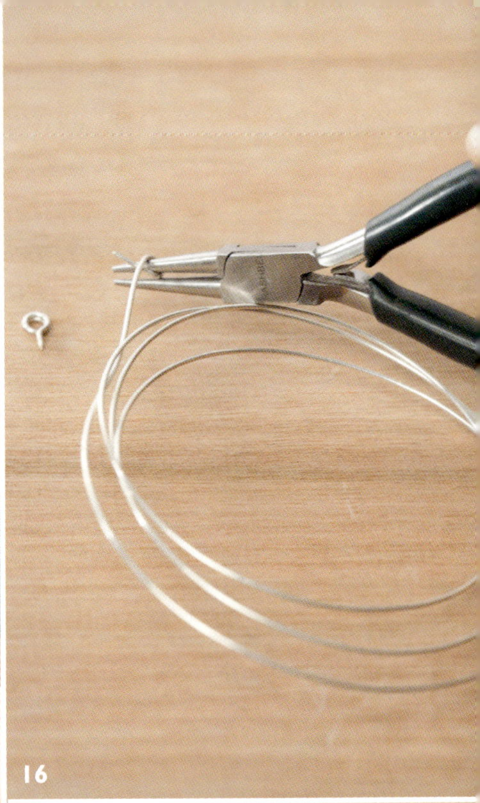
16

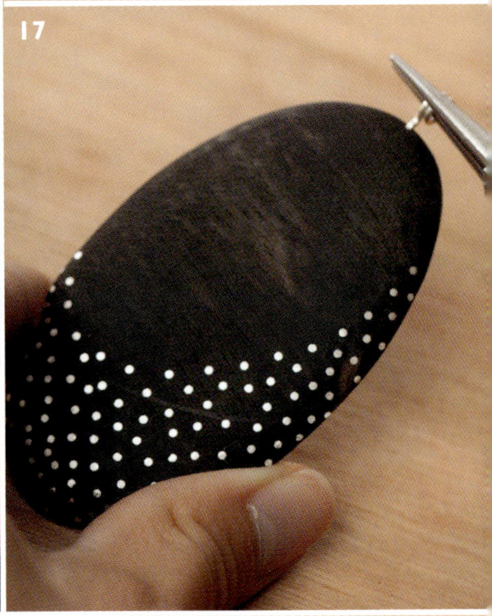
17

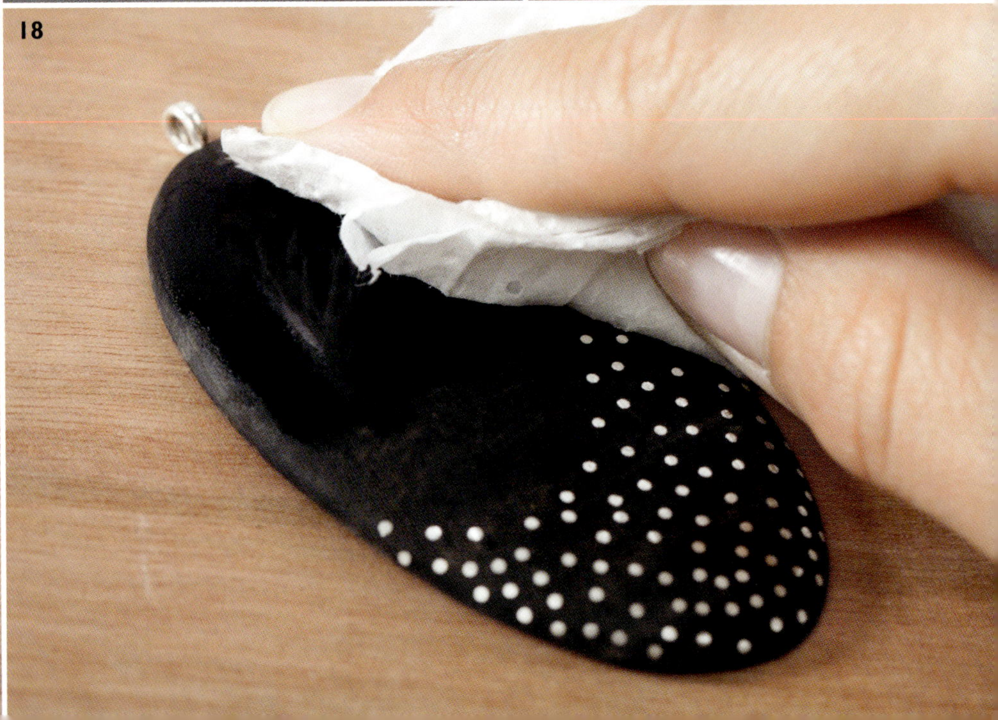
18

10 Tauchen Sie das Ende des Drahts in den Kleber und drücken Sie ihn in das erste Loch. Sollte es schwierig sein, den Draht in das Loch zu bekommen, kann es helfen, den Draht mit einer Zange unten in Holznähe zu halten.

11 Kappen Sie überschüssigen Draht mit einem Seitenschneider so nah am Holz wie möglich. Machen Sie sich keine Sorgen, falls ein bisschen Kleber auf dem Anhänger zu sehen ist; Sie können ihn später entfernen.

12 Arbeiten Sie sich durch den Bereich, der verziert werden soll, indem Sie Schritt 10 und 11 wiederholen, bis alle Löcher mit Silberdraht gefüllt sind.

13 Feilen Sie nun mit der runden Seite Ihrer rauen Feile behutsam über die herausstehenden Drahtspitzen. Tun Sie dies, bis sie komplett bündig mit dem Holz sind.

14 Als Nächstes wickeln Sie ein Stück Nass- und Trockenschleifpapier (Körnung 240) um die Feile und fahren Sie fort, bis die Oberfläche sich auch mit geschlossenen Augen komplett glatt anfühlt.

15 Legen Sie ein Blatt Nass- und Trockenschleifpapier (Körnung 240) flach auf Ihre Werkbank. Legen Sie den Anhänger darauf und reiben Sie ihn in Kreisbewegungen darauf, um die Rückseite des Werkstücks zu glätten.

16 Legen Sie ein wenig Silberdraht um die Rundzange, um einen einfachen Haken zu formen und schneiden Sie ihn in der richtigen Länge für Ihr vorgebohrtes Loch ab.

17 Sowie Sie die Länge in dem Loch überprüft haben, kleben Sie den Haken in selbiges, indem Sie das gerade Ende in den Kleber tauchen, wie in Schritt 10.

18 Wischen Sie die Oberfläche mit Babyöl auf einem Stück Küchenkrepp ab, um den Glanz des Holzes zum Vorschein kommen zu lassen, und erzeugen Sie so den maximalen Kontrast zwischen Holz und Silberdetails.

Alternative Ausführungen

Die Varianten der Piqué-Technik sind schier endlos. Es gilt, zahlreiche Varianten der Anordnung von verschiedenen Silberdrahtstärken auszuprobieren. Jede Änderung im Durchmesser des Silberdrahts muss logischerweise auch ein Loch in passender Größe haben.

Sie könnten unterschiedliche Drähte und Röhrchen verwenden, um eine darstellende Form, wie etwa ein Blume, zu gestalten. Die Einlegearbeit geschieht auf exakt dieselbe Weise wie bei den Punkten, nur dass das Röhrchen mit der Juweliersäge abgesägt werden muss.

Als Alternative zur Piqué-Technik könnten Sie den Anhänger auch an der Rückseite mit einem Kugelfräser aushöhlen, um einen Rahmen mit einem dünneren Mittelteil zu gestalten und dann eine Serie von Löchern von vorne hineinbohren. Sie müssen große Sorgfalt walten lassen und das Holz vorsichtig behandeln, da es dann sehr zerbrechlich wird. Sie könnten auch für eine Oberflächenstruktur sorgen, ohne die Rückseite auszuhöhlen – erneut mit dem Kugelfräser.

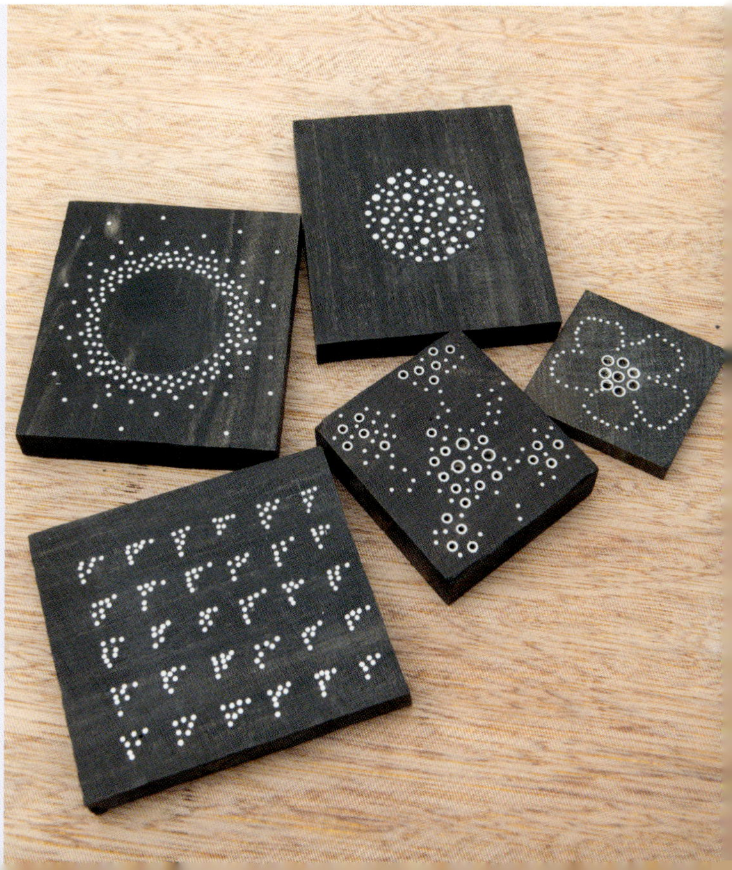

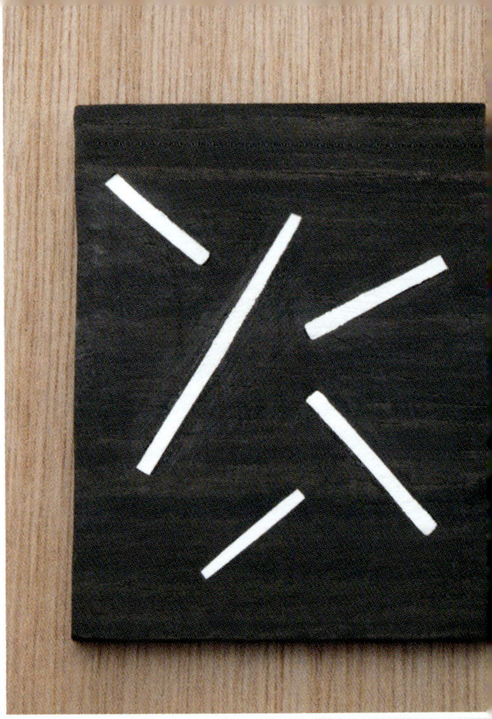

Eingelegte Silberlinien

Sie können diese Technik anwenden, um jedes ebene Stück Holz zu veredeln. Für ein paar Ideen, wie Sie sie in andere Projekte aus diesem Buch einbauen können, werfen Sie einen Blick auf die Glosse unten links und das Bild auf Seite 119. Verwenden Sie sie auch als Ausgangspunkt für Ihre eigenen Designs!

WERKZEUG UND MATERIALIEN

- Bleistift und Skalpell
- Weißer Marker oder Fettstift
- Biegsame Welle mit Hängemotor oder Feinbohrschleifer
- Kugelfräser (1,5 mm)
- Halbrunde, raue Feile (16 cm)
- Feine Feile
- Seitenschneider
- Flachzange oder flache Platte und Hammer
- Karton für die Vorlage
- Silberdraht (1,5 mm)
- Sekundenkleber
- Nass- und Trockenschleifpapier (Körnung 240)
- Holz

Eingelegte Linien anwenden

Sie können diese Technik anwenden, um einige der Projekte in diesem Buch zu adaptieren:

- **Anhänger mit Silberpunkten** (siehe S. 120–125): Legen Sie Silberlinien anstelle der Punkte in Ihren Anhänger ein.
- **Mooreichenarmreif** (siehe S. 132–137): Ersetzen Sie die Vertiefungen mit eingelegeten Linien aus Gold- oder Silberdraht..

1 Erstellen Sie mit Hilfe von Karton und Skalpell eine Vorlage für Ihr Design.

2 Markieren Sie mit Hilfe Ihrer Vorlage und des weißen Stifts die Position der Einlage auf dem Holz. Es ist einfacher, diese Einlegearbeit auf einer flachen Oberfläche durchzuführen, wenn Sie dies zum ersten Mal versuchen.

3 Verwenden Sie den Kugelfräser (1,5 mm) und halten Sie ihn wie einen Bleistift, um eine zarte Hilfslinie im Holz zu markieren. Beginnen Sie sehr vorsichtig und vertiefen Sie den Kanal, bis er tief genug ist, dass der Draht so hineinpasst, dass er halb im Holz ist und halb herausschaut.

4 Schneiden Sie Ihren Silberdraht mit dem Seitenschneider auf die korrekte Länge.

5 Feilen Sie die Enden mit einer halbrunden, rauen Feile flach.

6 Hämmern Sie die Drähte mit dem Hammer, ohne die Form des Drahts zu stören, bis sie flach sind.

7 Wenn Sie zufrieden mit dem Sitz des Silberdrahts in dem Kanal sind, füllen Sie den Kanal mit Sekundenkleber und legen Sie den Draht hinein. Keine Sorge, wenn der Kleber an den Seiten unordentlich aussieht. Lassen Sie ihn vollständig trocknen.

8 Beginnen Sie behutsam mit der feinen Feile und feilen Sie über die Silberlinie, bis sie bündig mit der Holzoberfläche ist. Wenn Sie Ihre Augen schließen und ihre Finger über den Draht gleiten lassen, sollten Sie nicht mehr in der Lage sein, ihn zu fühlen.

9 Sie können alle Abstände zwischen Holz und Draht mit ein wenig Kleber, vermischt mit Sägestaub desselben Holzes, füllen. Lassen Sie das Werkstück trocknen und feilen Sie es dann erneut.

10 Legen Sie das Nass- und Trockenschleifpapier flach auf den Tisch und wischen Sie das Werkstück darüber, bis die Oberfläche ganz glatt ist

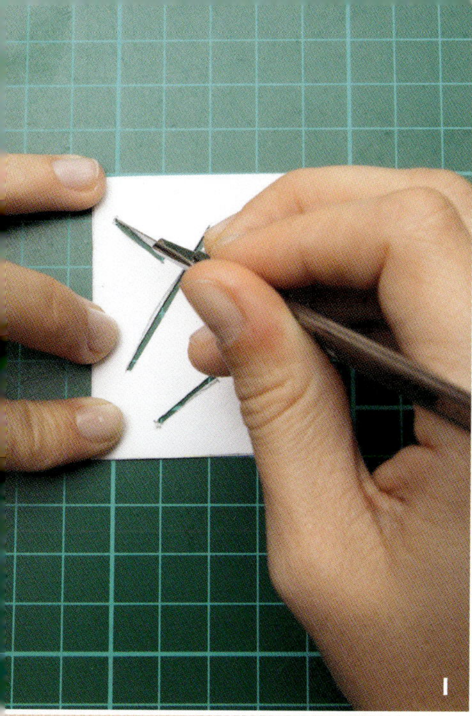
1

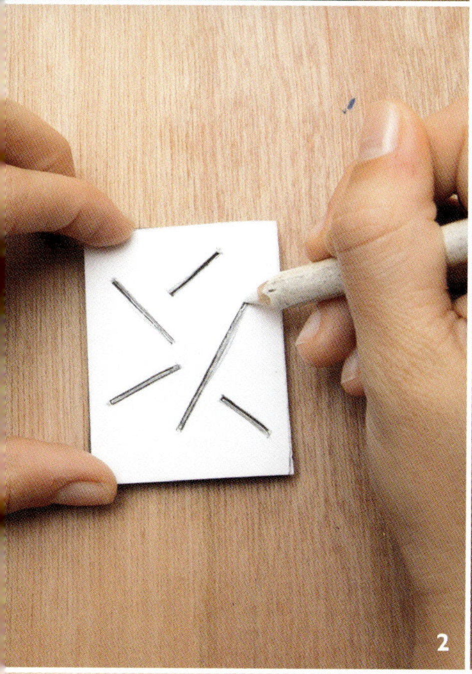
2

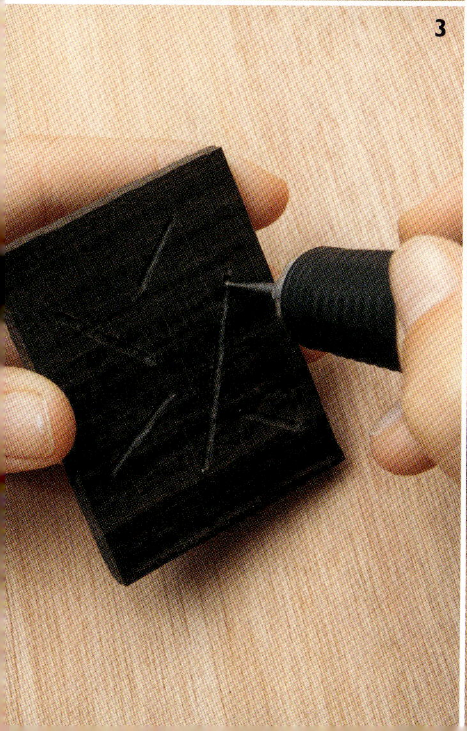
3

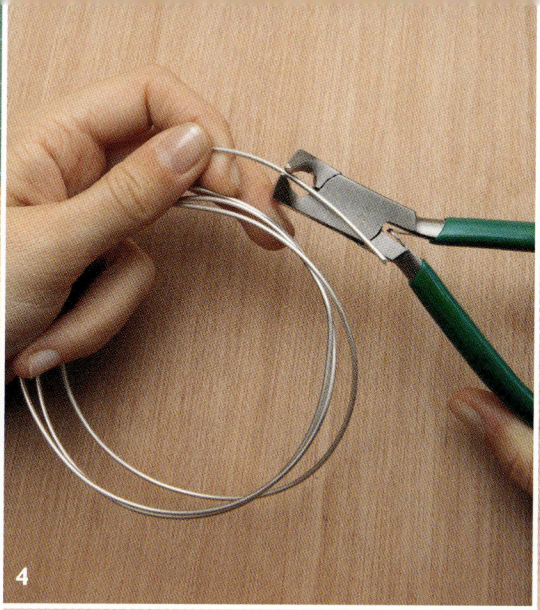
4

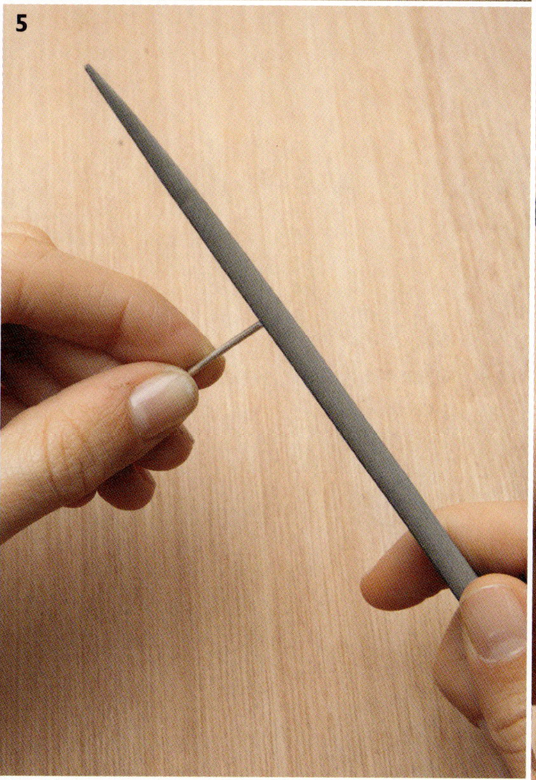
5

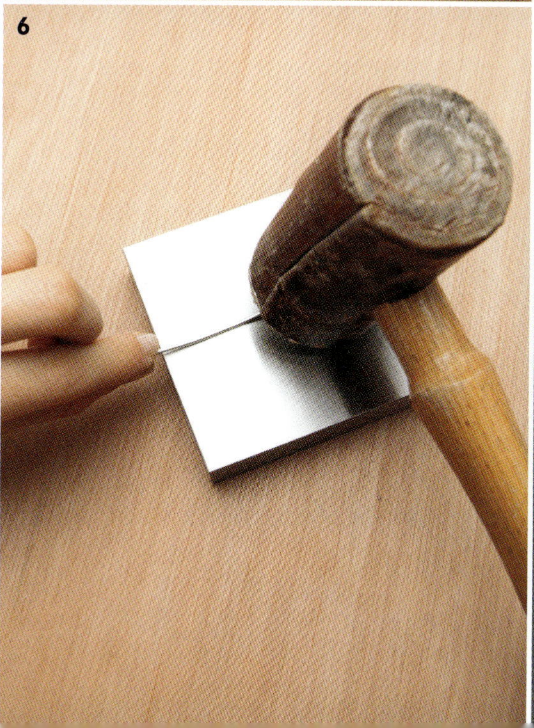
6

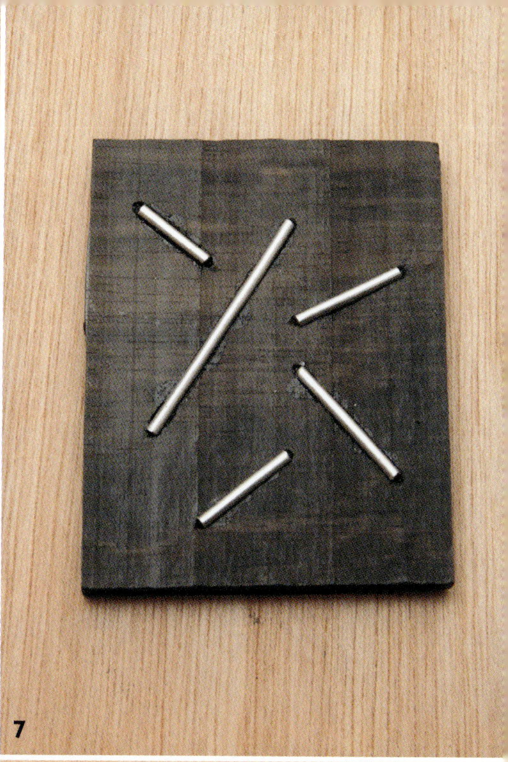
7

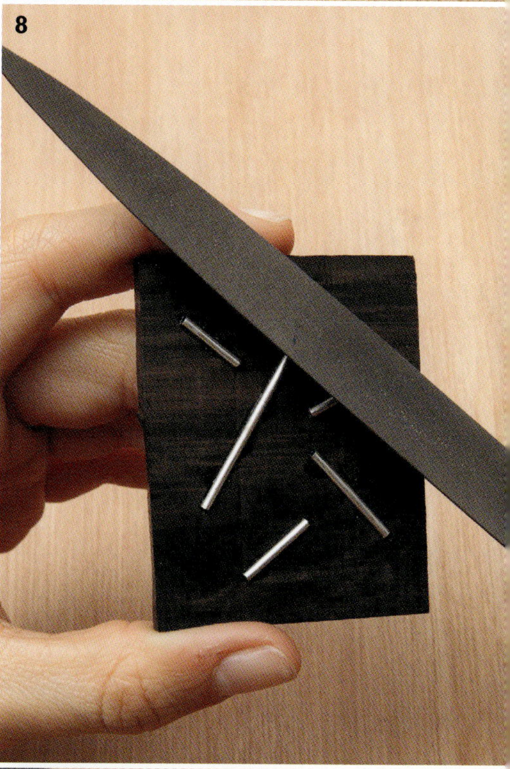
8

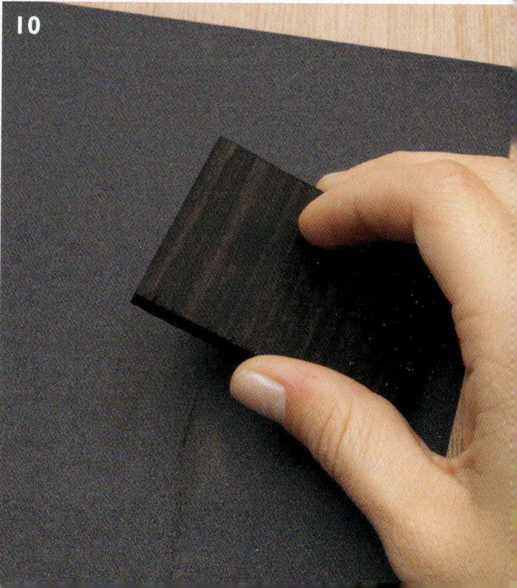
10

Im Gespräch mit Beppe Kessler

Beppe lernte in den späten 1970er-Jahren am Textilinstitut der Gerrit Rietveld Academie in Amsterdam in den Niederlanden. Nachdem sie Zeit als Textildesignerin für die Industrie verbracht hatte, begann sie, als Juwelierin und Malerin zu arbeiten.

Was sind die Hauptthemen deiner Arbeit?

Ich habe mich immer schon für Themen interessiert, die sich nicht leicht erfassen lassen: riesige Konzepte wie Zeit, Raum, Wetter oder (seit Neuestem) Nichts. Meine Arbeit muss eine Geschichte erzählen, die mir klar ist. 2008 habe ich eine Kollektion darüber gemacht, Zeit mit sich in einer Brosche herumzutragen, die ich „Ocean of Time" nannte, mit Stücken wie „what time is it, it is late, slowly, long time, now and then" (zu Deutsch: Wie spät ist es, es ist spät, langsam, lange Zeit, ab und zu). Später habe ich mit dem Konzept „Raum" gearbeitet und dabei festgestellt, dass, ein Zuhause zu haben oder Platz oder Raum um dich herum zu haben, eines der wertvollsten Dinge ist, die es gibt, um landschaftsartige Broschen herzustellen. Im Moment bin ich fasziniert von der Thematik des Nichts. Es ist eine Herausforderung, bei einer Brosche nichts (engl. „nothing") mit dir herumzutragen. Vielleicht verbergen Dinge, die nichts, also „no-thing", zu Deutsch „kein Ding", sind, alles in ihrem Inneren.

Was war das Besondere an Schmuck, das für dich mehr künstlerische Möglichkeiten eröffnete und damit deine frühere Arbeit mit Textilien ersetzte?

Textilien waren die perfekte Wahl für mich, da ich die Idee mochte, mit einer Vielfalt an Materialien zu arbeiten. Nicht nur was das Empfinden angeht, sondern auch Farbe, Struktur und Wiederholung. Es war immer mein Fokus, Materialien bis an ihr Limit zu bringen und zu sehen, wie sie auf neue Weisen in jedem Medium, mit dem ich arbeite, kombiniert werden können. Als ich als Textildesignerin arbeitete, mochte ich es zu sehen, dass meine Zeichnungen und Malereien sich zu hochwertigen, gedruckten Stoffen verwandelten, aber auch wenn ich stolz auf diese Textilien war, gab mir diese Arbeit nicht genug künstlerische Freiheit. Der Wendepunkt kam, als ich beauftragt

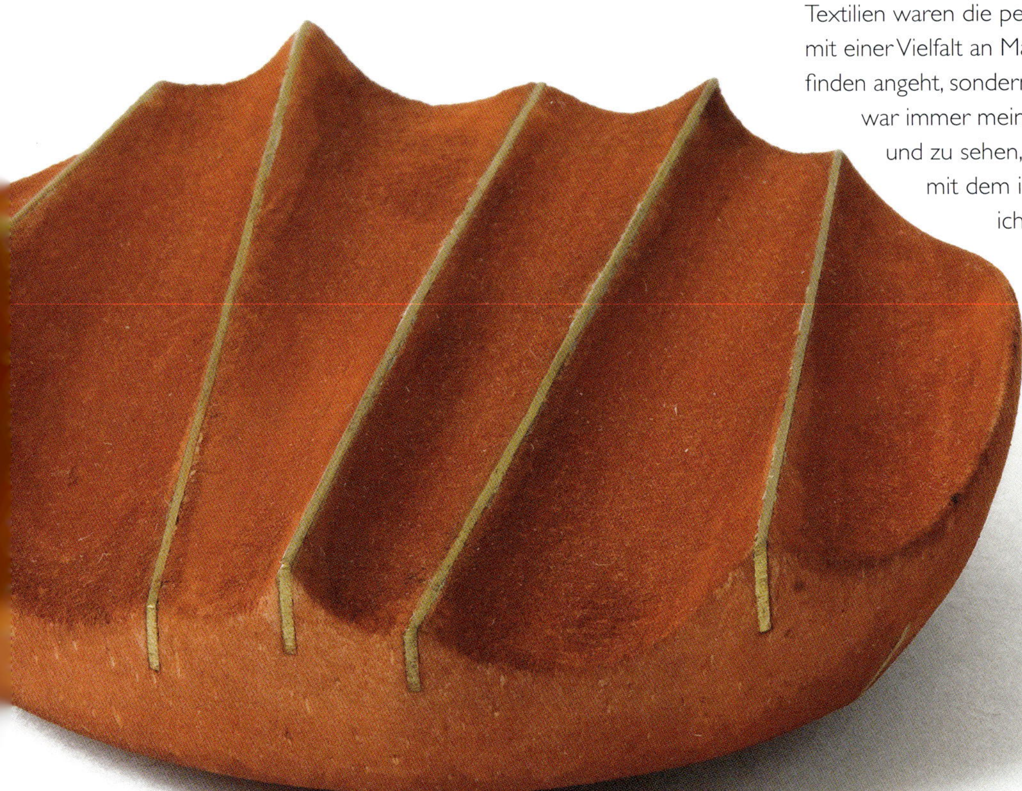

GEGENÜBER OBEN Die Halskette „La Condition Humaine" bietet geschnitzte Balsaholzperlen mit eingestreuten kleinen Korallenperlen dar.

LINKS „Over and Over Again", Brosche aus Balsaholz und Messing

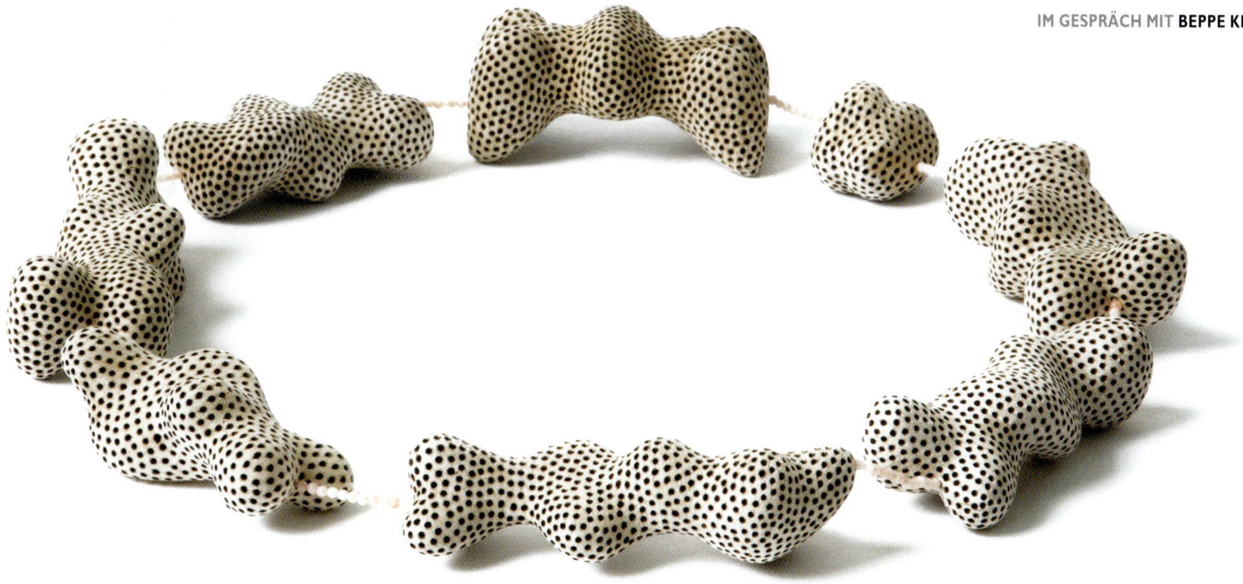

wurde, einen einzigartigen Teppich für das Regierungsgebäude in Den Hag zu entwerfen. Dies verlieh mir mehr Freiheit als meine Arbeit davor. Ich realisierte, dass mein Herz dafür schlug, eigenständig mit Schmuck und Malerei zu arbeiten und die beiden zu kombinieren, deshalb war das der Weg, den ich weiterverfolgte.

Gibt es Künstler oder andere Einflüsse, die besonders wichtig für deine Entwicklung waren?

Eva Hesse war am Anfang wichtig. Robert Ryman, die ZERO-Bewegung (Jan Schoonhoven) und Sheila Hicks. Ich verehre Giuseppe Penone. Ich habe festgestellt, dass ihre Arbeitsweise eine Bestätigung meines eigenen Weges und gleichzeitig Inspiration war.

Kannst du deinen Arbeitsprozess beschreiben, etwa deinen Gebrauch von Zeichnungen, Skizzenbüchern und Modellen?

Denken ist immer der erste Schritt. Und ich muss den Drang fühlen, etwas zu gestalten. Am Anfang ist es nur ein vages Wissen, wohin die Reise geht. Manchmal ist ein Wort der Ausgangspunkt: Zeit, Raum, Nichts. Manchmal auch eine Frage: „Ist es möglich, ..."
Für mich sind Fragen wichtiger als Antworten.

Bei Schmuck beginne ich, mit dem Material zu arbeiten, und fertige Materialskizzen an: Zahlreiche Muster unfertig verpackter, behauener oder zusammengeklebter Materialien. Ich denke mit meinen Händen. Tatsächlich gibt es eine Intelligenz in den Händen, die sich von der im Gehirn unterscheidet. Ich muss sorgsam aufpassen, was in meinen Händen passiert, um im richtigen Moment aufzuhören. Fehler sind interessanter als Perfektion; sie können Sie auf einen unerwarteten Weg führen.

Mein Material kommt von überall her: alle möglichen Holzarten, Kohle, Alabaster, Knochen, Stücke von Rohmaterialien; Gefundenes, Weggeworfenes, Verstreutes, in der Natur oder meiner tagtäglichen Umgebung, weich genug, um sich von einer Elektrofeile formen zu lassen. Ich arbeite immer von Groß nach Klein; das bedeutet, dass ich mit einem großen Brocken Material anfange und langsam seine Form reduziere. Ich treibe Materialien an ihre Grenzen und noch weiter, bis sie brechen. Die Art, wie ein Material bricht, zeigt seine Verletzbarkeit. Das ist ein interessanter Punkt, seine wahre Identität. Holz ist eines meiner Lieblingsmaterialien, um damit zu arbeiten. Es ist recht leicht und geduldig, mit einem enormen Variantenreichtum an Arten, jede mit unterschiedlichen Eigenschaften. Es ist ein lebendiges Material, das in Kreisen wächst, in Jahresringen. Sie können die Zeit von ihm ablesen. Sie können ihm so viele Gesichter verleihen: Lassen Sie es rau oder machen Sie es weich und glänzend. Verbrennen, schneiden, bohren, zerbrechen, biegen, ja sogar besticken Sie es. Ich mag es, schwache und starke Materialien miteinander zu kombinieren, wie etwa weiches Balsaholz und Metall. Wenn Sie beide mit demselben Aufwand bearbeiten, lässt sich das weiche Material leichter formen als das starke und das ist interessant (siehe Brosche „Over and Over Again", gegenüber). Sie können damit spielen, sich diese Tatsache zunutze machen und eine Methode entwickeln, mit beiden umzugehen.

Beeinflussen sich deine Malerei und dein Goldschmiedehandwerk gegenseitig?

Natürlich tun sie das. Wenn ich male, bekomme ich Ideen zur Schmuckgestaltung und umgekehrt. Seit den Anfängen meiner Karriere mache ich beides und ich habe nie eine Entscheidung getroffen, ob ich nun Malerin oder Goldschmiedin bin; ich bin beides.

Es ist eine Entscheidung, sich nicht zu entscheiden. Das Malen auf Aluminium hat mich dazu inspiriert, diese Technik in einem kleineren Maßstab für eine Brosche zu verwenden. Das Besticken der Leinwand bei einem Bild brachte mich zur Stickerei auf Balsaholz beim

Schmuckdesign. Ich arbeitete ein paar Jahre mit besticktem Balsaholz und entwickelte eine Art Sprache damit. Ich habe diesen Prozess jedoch wieder in größere Objekte mit verbranntem Balsa übersetzt, die man an die Wand hängen konnte, ähnlich einem Bild. Kurz gesagt: Es gibt immer eine Interaktion. Sich gleichzeitig in zwei Arbeitsfeldern zu betätigen, ist eine kontinuierlich fortschreitende Geschichte

Du hast dich als praktischen, haptisch orientierten Menschen beschrieben – könntest du von deinen Experimenten mit Materialien erzählen?

Schmuck, den du in deinen Händen hältst – einfach dasitzen und genau hinschauen. Du beginnst mit etwas, mit einem Rauminhalt. Das ist der Grund, weshalb das Wort „Nichts" im Schmuckdesign mich so fasziniert. Auf intellektueller Ebene können Sie viel überlegen und Konzepte erfinden, aber am Ende muss das physische Ding überzeugen und die Geschichte erzählen. Wenn du sofort beginnst, mit dem Material zu arbeiten, manchmal geleitet von der Intuition, folgst du einem anderen Weg, parallel zu einer vagen intellektuellen Richtung. Gedanken sind ein Motor; sie warten nicht. Sie fordern ein Berühren des Materials, das Gestalten von vielen Mustern nach dem Prinzip „Versuch und Irrtum". Was dabei herauskommt, sieht aus wie Chaos, ohne eine geradlinige Richtung, aber es macht die Dinge viel klarer. Es erzeugt Möglichkeiten und Unmöglichkeiten, an die du vorher nicht gedacht hast, Reize oder unerwartete Wendungen. Und weitere Worte treten hervor. Es ist immer ein Zusammenspiel und ein Intellekt zwischen Händen und Auge, mit kritischen Gedanken dazwischen. Worte sind begrenzt. Ich bin keine Poetin, aber ich mag es, Gedichte durch Materialien zu gestalten, die eine Geschichte erzählen.

Ich fand es sehr interessant, dass du vermieden hast, traditionelle Goldschmiedetechniken wie das Löten, zu erlernen, um deine eigenen Lösungen zu finden. Könntest du die Werkzeuge und Techniken beschreiben, die du entwickelt hast?

Auf eine gewisse Art ist es eine Freiheit, nicht als Goldschmiedin (oder gar als Malerin) ausgebildet worden zu sein, auch wenn es manchmal viel Extrazeit kostet, doch es führt mich zu anderen Wegen. Wenn du nicht weißt, was du tun solltest, gibt es keine Regeln, abgesehen von deinen eigenen. Da ich über keine Goldschmiedefähigkeiten verfüge, muss ich Probleme anders lösen. Über die Jahre habe ich ein Gefühl dafür bekommen, mit Metall und Gold auf meine eigene Art umzugehen, ohne zu löten. Wenn ich das Löten beherrschen könnte, käme eine überwältigende Menge an Möglichkeiten dabei heraus. Trotzdem habe ich bis jetzt noch nicht den Drang verspürt, es zu lernen.

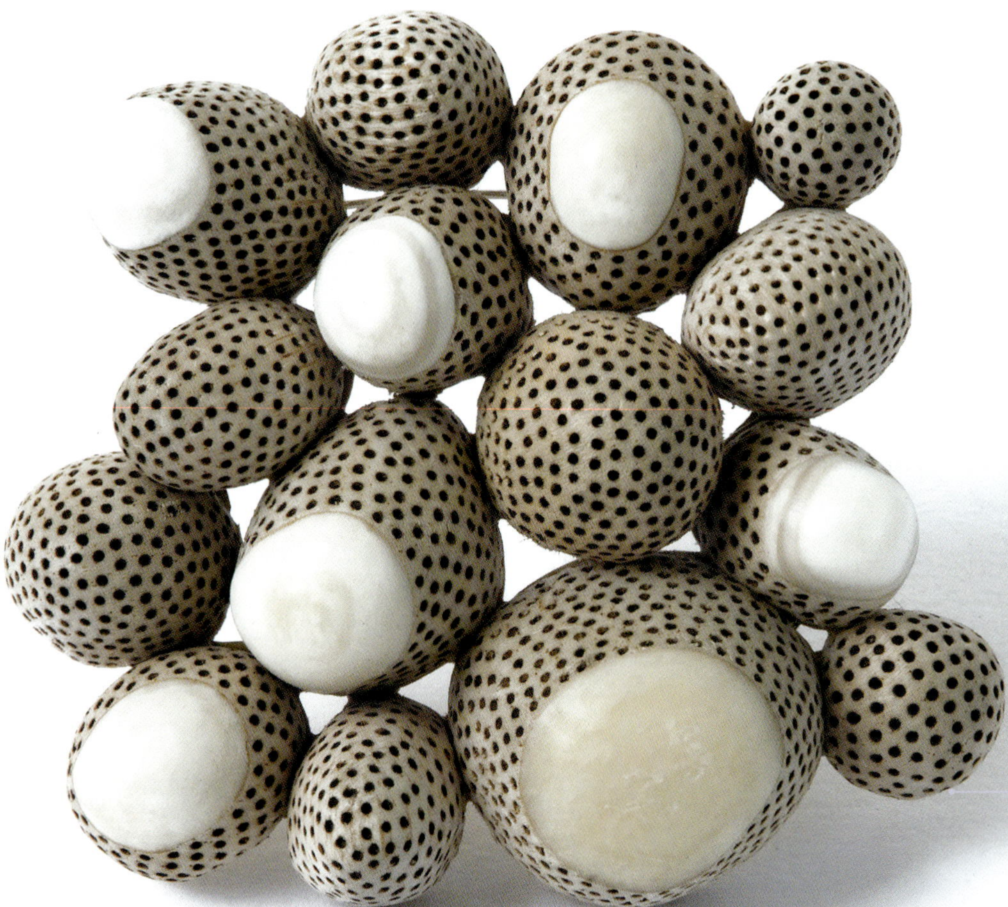

LINKS „Eyebright", Brosche aus Balsaholz, Messing und Knochen

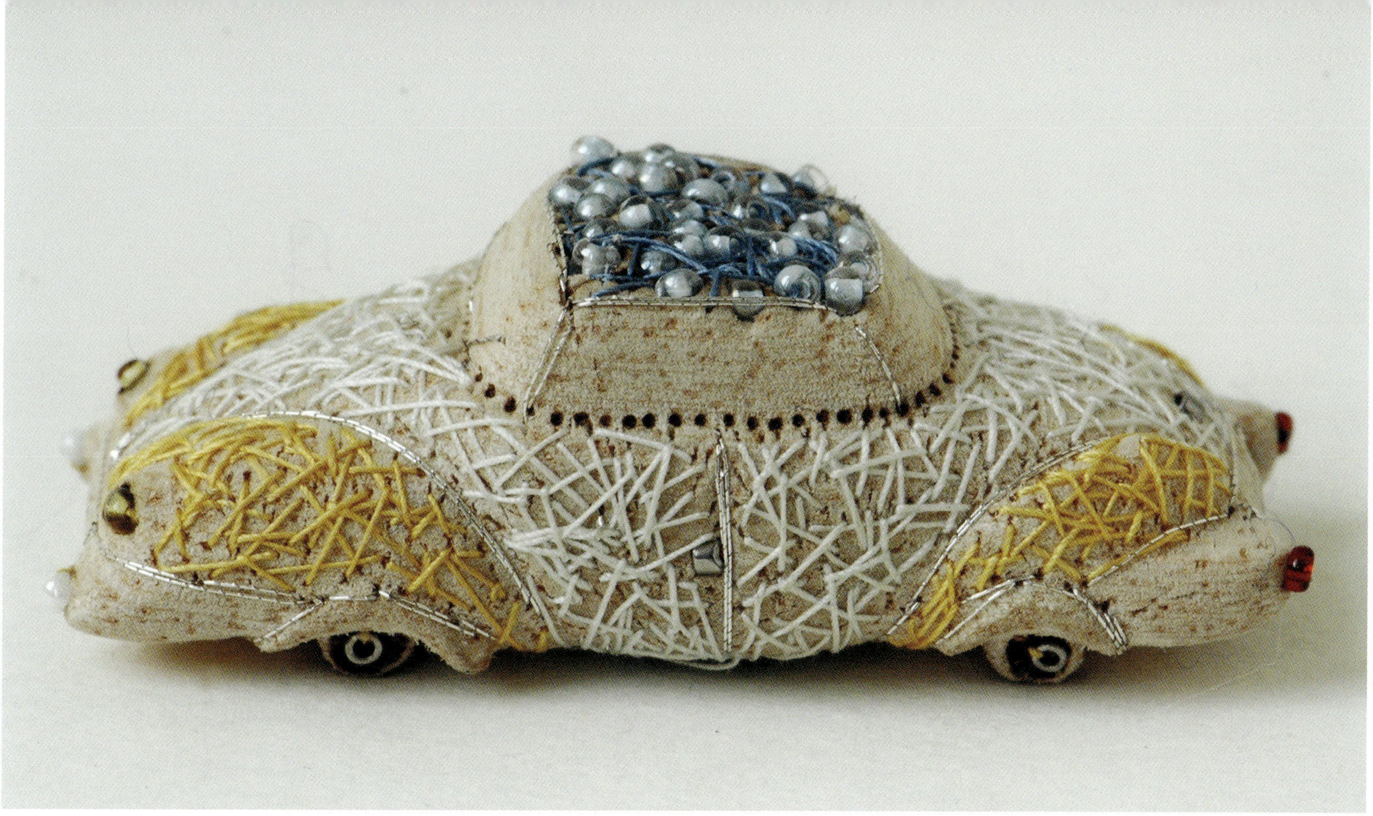

Außerdem gibt es mehr als genug Kolleginnen und Kollegen, die das beherrschen, also warum sollte ich? Die Einschränkung ist meine Stärke. Und die Art, wie meine Arbeit sich entwickeln wird, ist wahrscheinlich freier und unvorhersehbarer.

OBEN Stickerei und Perlenarbeit werden verwendet, um diese Holzbrosche zu dekorieren.

Am Anfang habe ich Blattgold eher als eine Farbe verwendet, eine Oberfläche auf einem anderen Material. Jetzt benutze ich das reine Material, etwa als Blech. Und mit einer Handsägemaschine und Epoxidharz klebe ich das Metall in das Holz, sodass es Teil des Bildes wird. Das ist alles, was ich brauche. Es ist also nicht so viel Werkzeug notwendig. Manchmal sind Schüler überrascht, dass ich nur ein paar Maschinen benutze und viele Handfertigkeiten nicht beherrsche und dass es trotzdem professionell aussieht …

Wie balancierst du Idee und Funktionalität in deinen Werken aus?

Das ist immer ein Kampf. Einige Ideen sind im Skizzenstadium am stärksten und verlieren ihre Kraft, sowie du versuchst, sie in Schmuck umzuwandeln. Also warten sie auf eine Lösung. Es ist eine Herausforderung, einen Weg zu finden. Bei meinen Bildern bin ich komplett frei, aber in der Schmuckherstellung möchte ich die Stücke wirklich tragbar machen, ohne irgendeinen Qualitätsverlust. Das ist möglich, das weiß ich, und darunter tu ich es nicht. Bei einer Brosche ist es einfacher als bei einer Halskette; es kann auch ein Objekt sein und die Schließe kann Teil des Objekts werden, wie zum Beispiel „Over and over again and always“ (siehe S. 128).

Es braucht Zeit, Ideen zu entwickeln, ohne an das Endergebnis zu denken. Am Ende gibt es immer eine Einschränkung, denn du musst innerhalb der Möglichkeiten der Funktionalität denken. Aber das bestärkt dich darin, erfinderisch zu sein und dich von diesen Einschränkungen zu befreien.

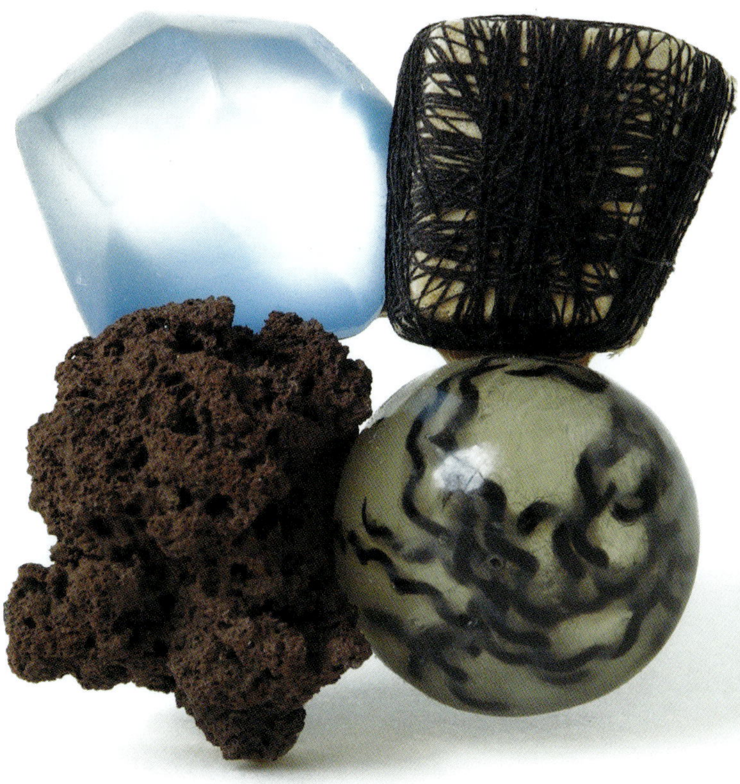

OBEN „Encounters“, Brosche aus umgarntem Holz, Vinyl, Acryl, Resin und Lava

Mooreichenarmreif mit goldenen Punkten

Das Design dieses dunklen Holzarmreifs bedient sich der Struktur, um das Blattgold in den kleinen Vertiefungen zu schützen, wodurch sich ein auf dramatische Weise kontrastierendes Muster ergibt. Die Technik ist eine Adaptation der Wasservergoldung (auch Temperavergoldung genannt), direkt auf das Holz aufgebracht ohne die übliche Grundierungsschicht aus Gesso oder Bolus-Pigmenten darunter. Ich habe einen rötlichen Goldton verwendet, aber es gibt Blattmetall in vielen verschiedenen Farbtönen.

WERKZEUG UND MATERIALIEN

- Skalpell und Schneidmatte
- Kleiner Pinsel für den Kleber
- Schüssel
- Kochtopf
- Glutinleim
- Mooreiche (10 mm dick), 10 x 9,5 cm
- Standbohrmaschine oder Handbohrer
- Staubschutzmaske und Schutzbrille
- Bandschleifmaschine
- Juweliersäge
- Juweliersägeblätter für Holz und Silber
- 15 cm lange halbrunde, raue Feile (Hieb 00)
- 15 cm lange halbrunde, feine Feile (Hieb 4)
- Stechzirkel
- Weißer Permanentstift oder Fettstift
- Kugelfräser (6 mm)
- Spachtel
- Anschießer (weicher Pinsel fürs Vergolden)
- Vergolderkissen
- Vergoldermesser
- Achat-Polierstein mit abgerundeter Spitze
- Stift und Karton
- Nass- und Trockenschleifpapier (Körnung 240 und 1.000)
- Blattgold
- Vaseline
- Wattebäusche
- Wattestäbchen

GEGENÜBER Mooreichenarmreif, veredelt mit geschnitzten und vergoldeten Vertiefungen

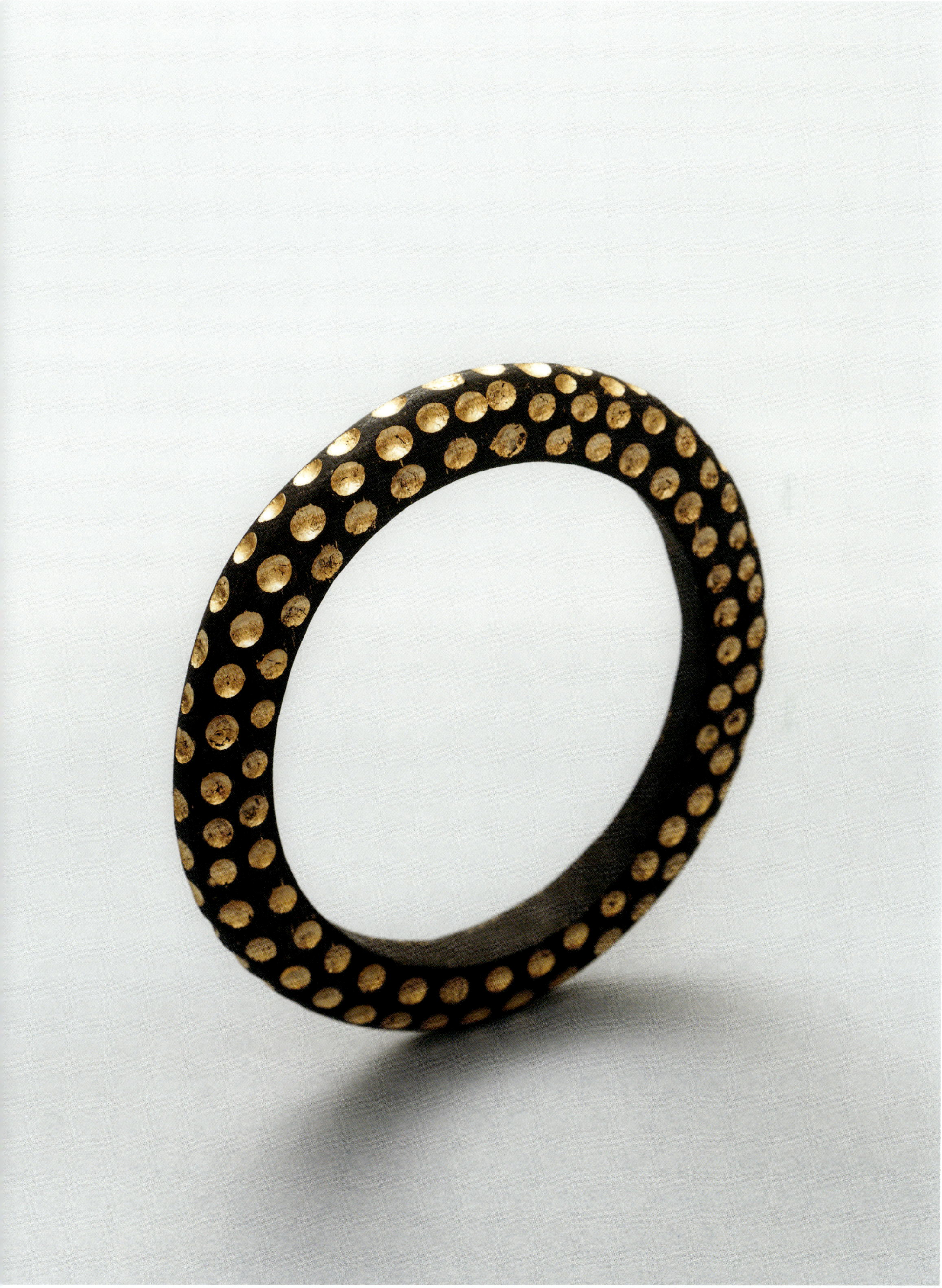

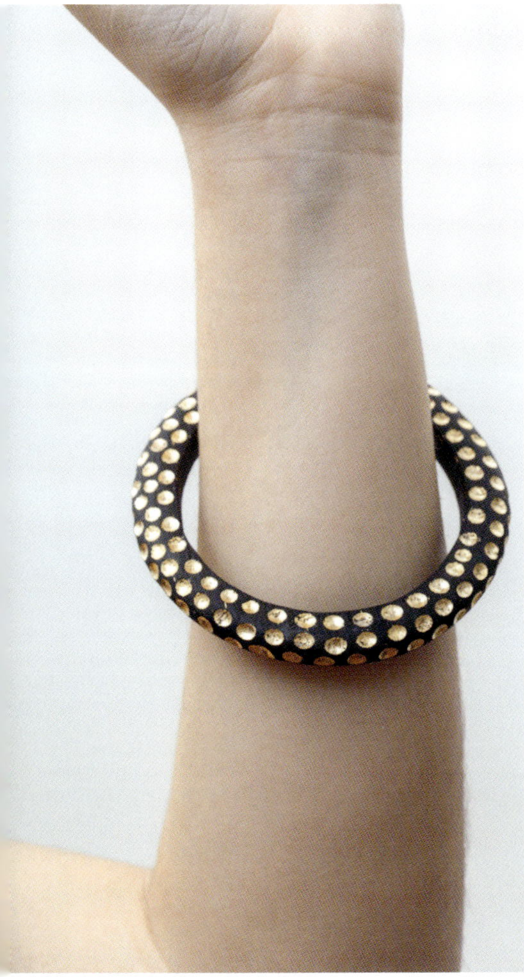

1 Wenn Sie dieses Stück innerhalb eines Tages fertigen möchten, müssen Sie das Glutinleimgranulat über Nacht in einer Schüssel mit 8 Teilen Wasser und 1 Teil Granulat einweichen.

2 Zeichnen Sie den inneren Rand Ihres Armreifs mit Bleistift auf ein Stück Karton. Ich habe um einen ovalen Silberarmreif mit dem Maßen 75 x 64 mm herumgezeichnet. Sie können die Größe ausprobieren, indem Sie den Karton ausschneiden, um zu sehen, wie er über Ihre Hand passt.

3 Übertragen Sie Ihre Kartonschablone auf die Mooreiche.

4 Bohren Sie mit einer Standbohrmaschine oder einer Handbohrmaschine ein 1,5 mm breites Loch in den „negativen Raum" (der später leer sein wird) nahe des Randes Ihrer inneren, ovalen Form.

5 Stecken Sie Ihr Juweliersägeblatt durch das Loch und ziehen Sie es durch Zusammendrücken des Rahmens fest. Sägen Sie die innere Form heraus und achten Sie darauf, die Säge vertikal zu halten.

6 Feilen Sie die Innenkante erst mit einer rauen und dann mit einer feinen Feile glatt.

7 Öffnen Sie Ihren Stechzirkel auf dieselbe Breite wie das Holz und verwenden Sie die Innenkante, um Ihre Außenkante zu markieren. Es kann hilfreich sein, die Linie mit einem weißen Permanentstift zu verstärken.

8 Sägen Sie entlang der Außenkante und feilen Sie sie mit der feinen Feile glatt.

9 Beginnen Sie, Ihren Armreif mit einer Bandschleifmaschine oder einer rauen Feile zu formen und arbeiten Sie zuerst an der Innenkante.

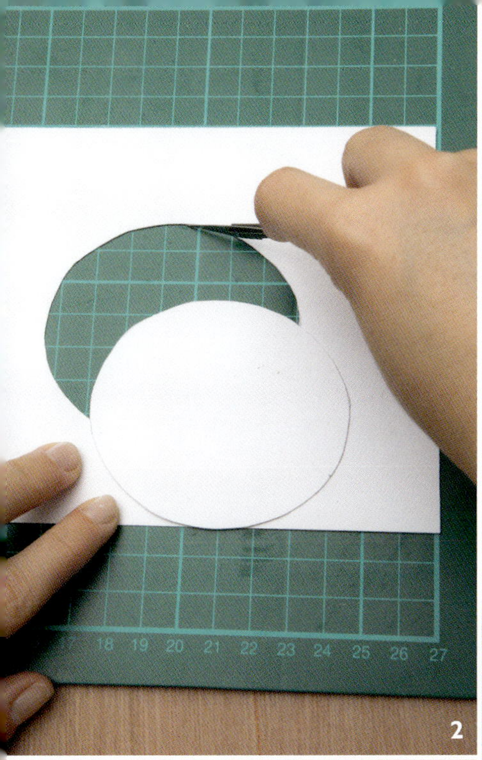

2

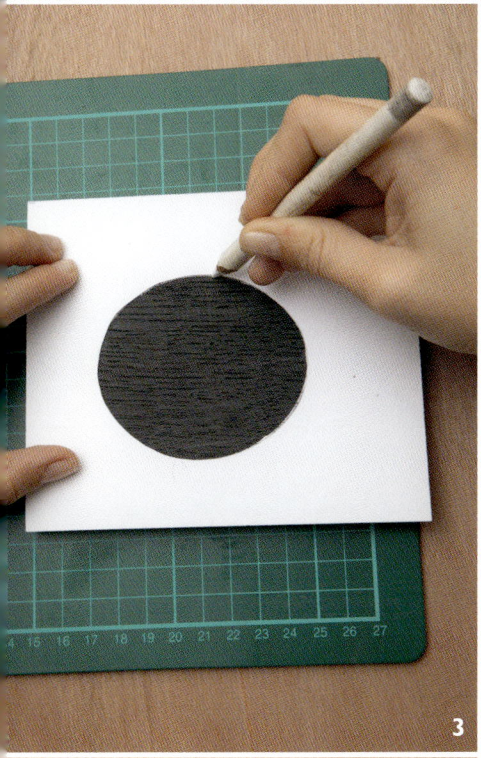

3

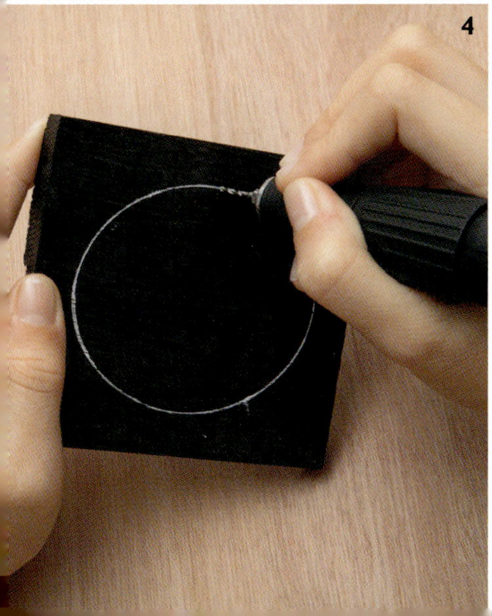
4

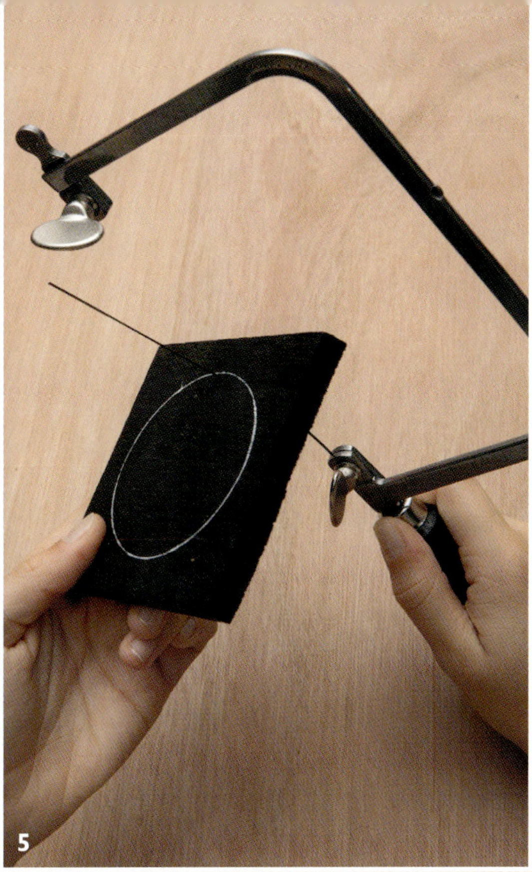
5

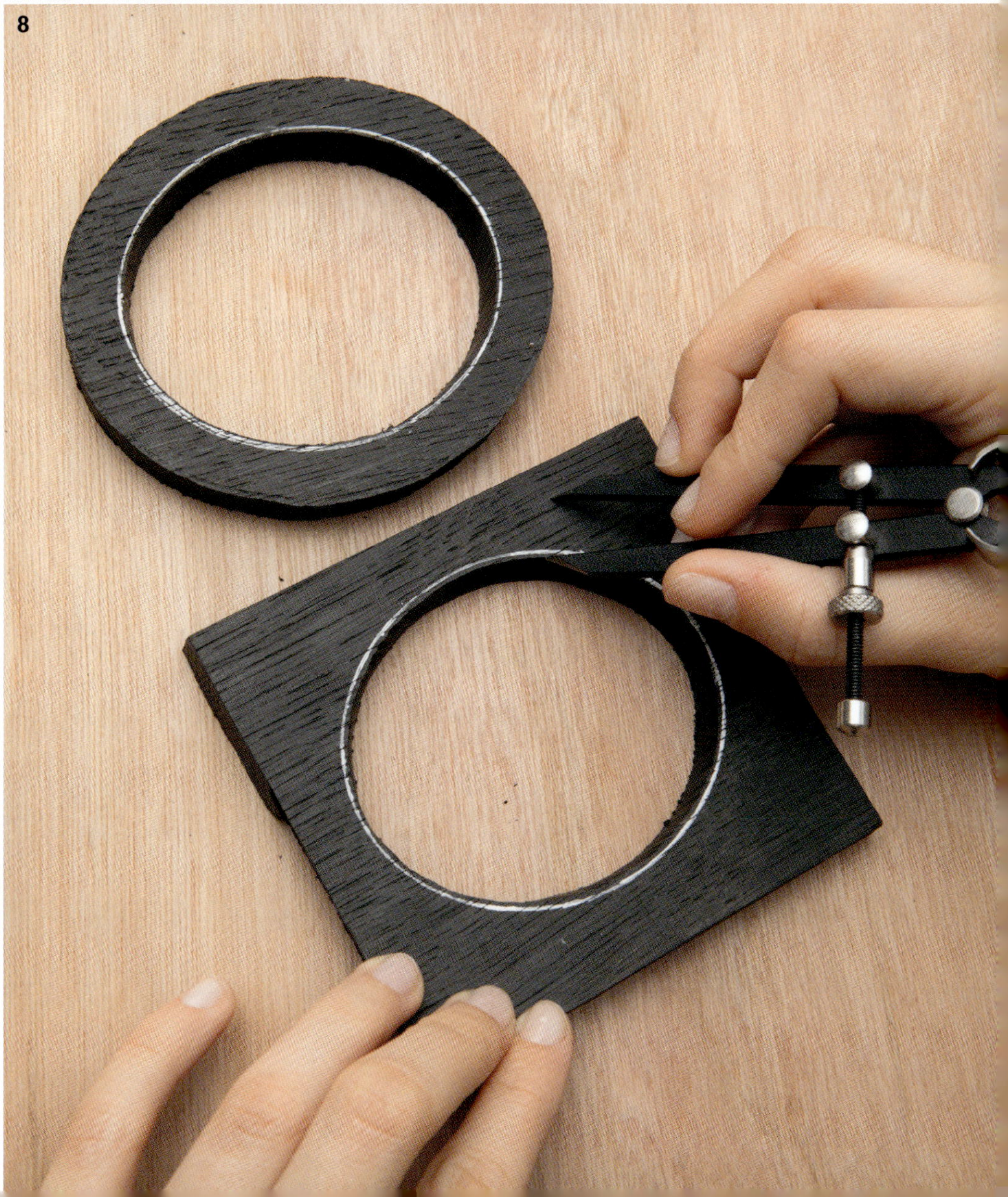
8

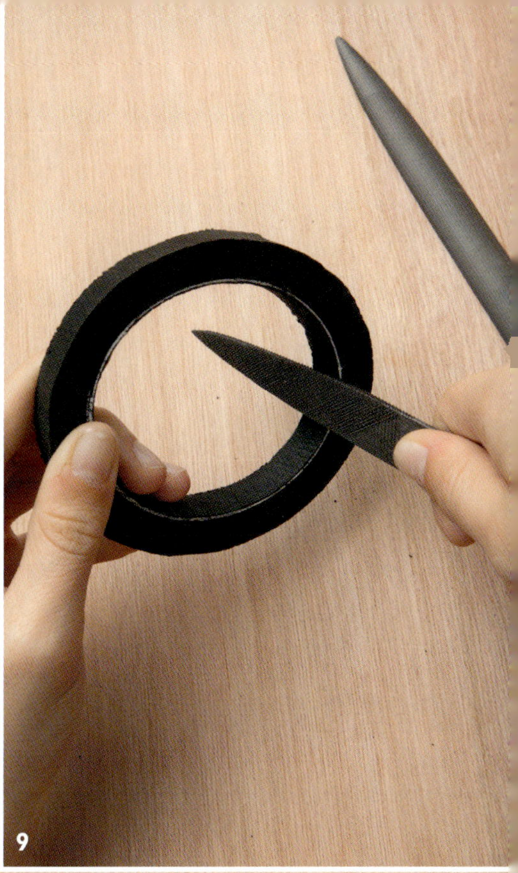
9

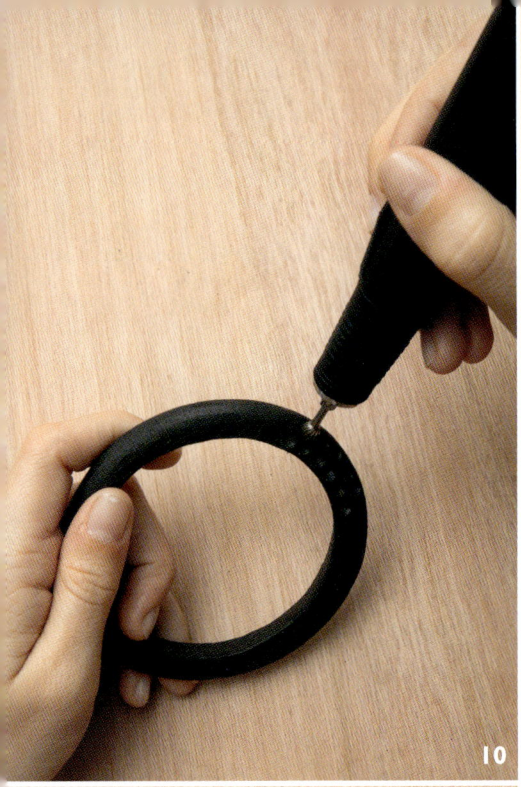
10

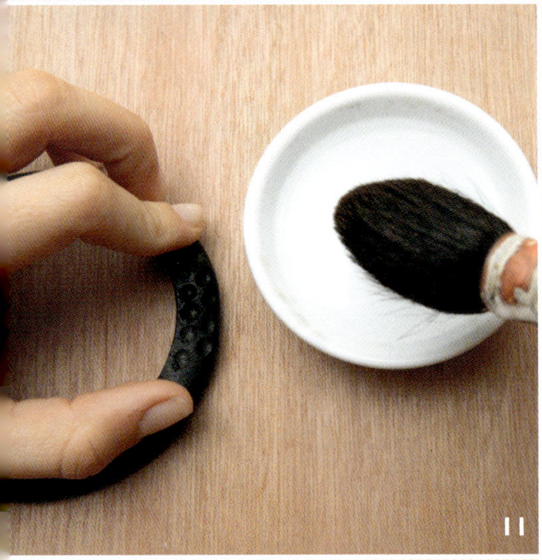
11

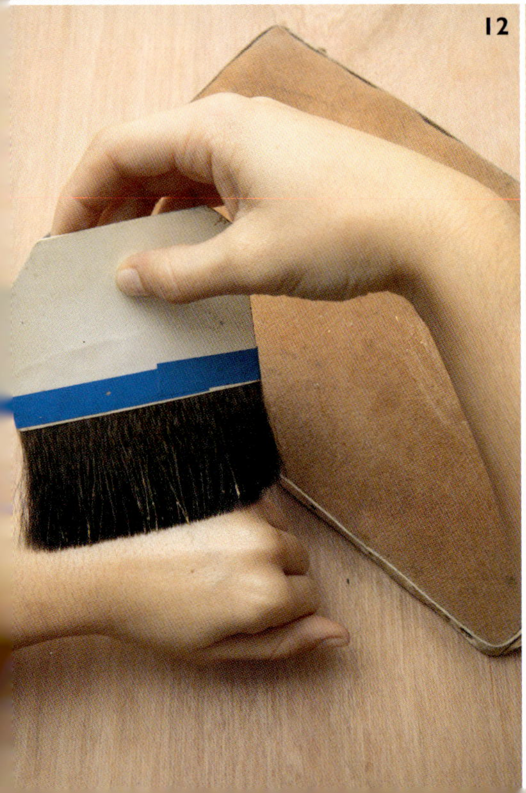
12

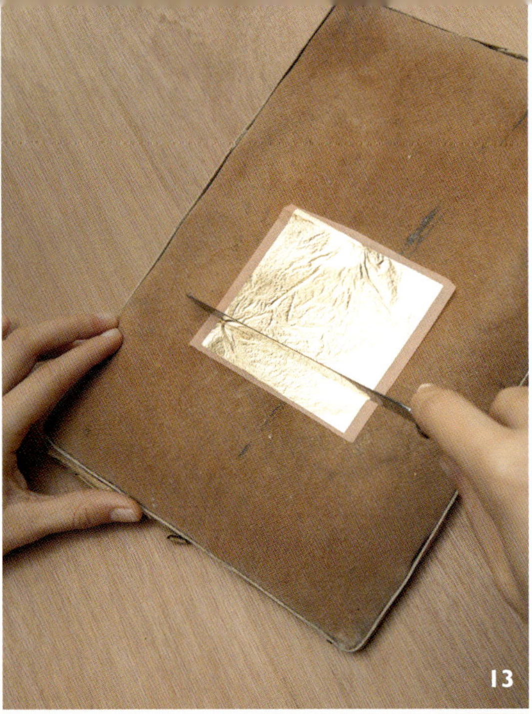
13

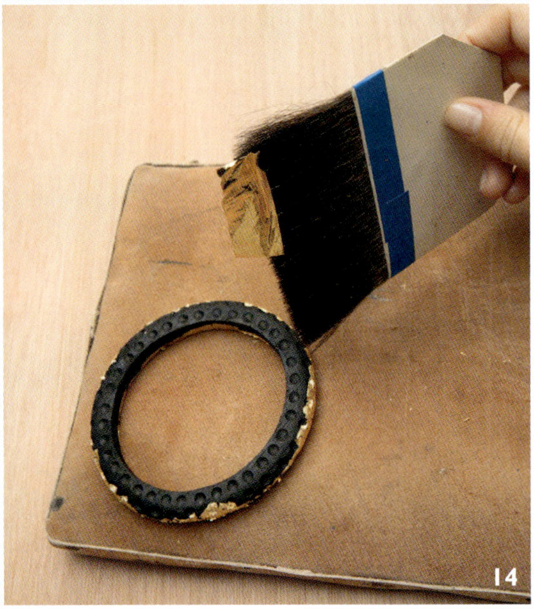
14

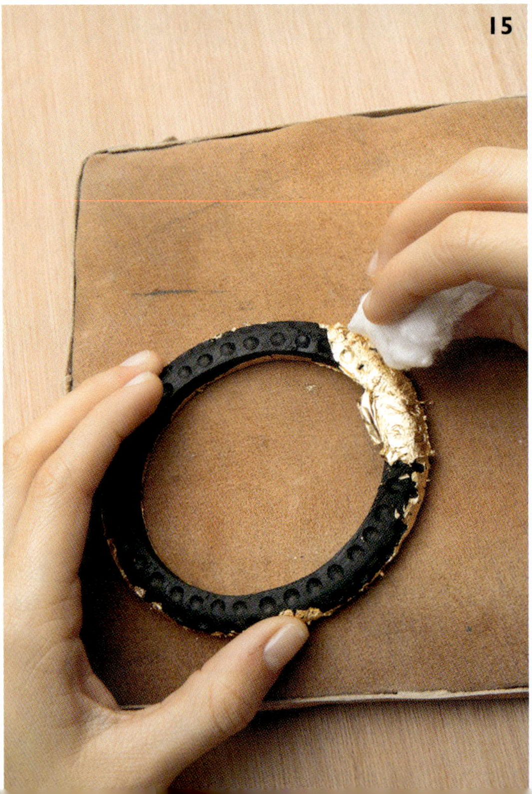
15

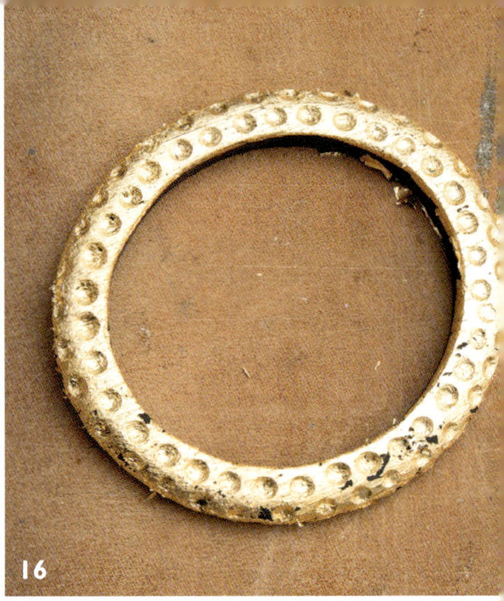
16

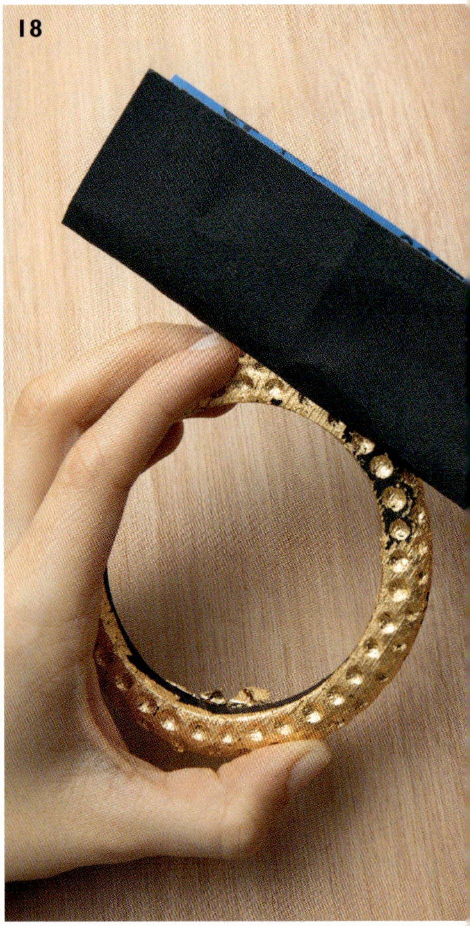
18

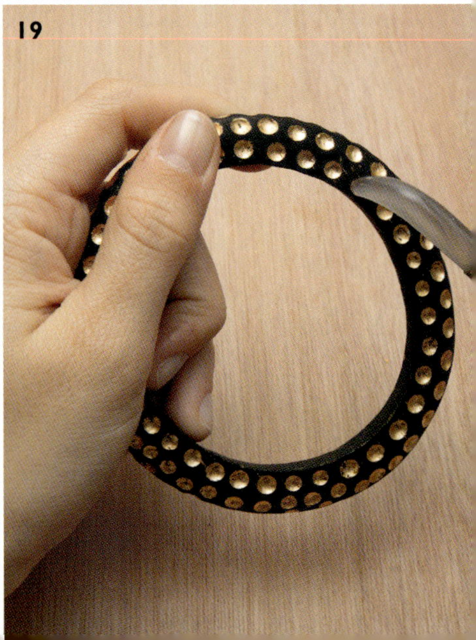
19

10 Bei diesem Design bleibt die Innenkante gerade, die Außenkante hingegen wird gewölbt. Wenn Sie mit der Form Ihres Armreifs zufrieden sind, benutzen Sie den 6-mm-Kugelfräser, um Ihre Vertiefungen zu bohren. Üben Sie zuerst an einem Stück Verschnitt, bis Sie sich sicher genug fühlen, Ihr Werkstück zu bearbeiten. Das Vergolden funktioniert am besten, wenn die Vertiefungen glatt sind.

11 Geben Sie die Schüssel mit Glutinleim in einen Kochtopf mit frisch aufgekochtem Wasser und rühren Sie, bis sich das Granulat auflöst. Bringen Sie den Leim NICHT zum Kochen, da er sonst nicht mehr klebt. Ist er einmal aufgelöst, streichen Sie den Kleber auf den Bereich, den Sie vergolden möchten, und lassen Sie ihn einziehen.

12 Streichen Sie Vaseline auf Ihren Handrücken und pinseln Sie dann mit dem Anschießer ein paar Mal darüber. So wird es leichter, das Blattgold aufzunehmen.

13 Legen Sie das Blattgold auf das Vergolderkissen und verwenden Sie die Spachtel, um das Blatt in verarbeitbare Stückchen zu schneiden.

14 Heben Sie das Blattgold mit dem Anschießer auf den Armreif.

15 Verwenden Sie Wattebäusche und tupfen Sie das Blattgold mit Auf- und Abwärtsbewegungen in die Vertiefungen des Armreifs.

16 Bedecken Sie den gesamten mit Leim bepinselten Bereich mit Blattgold. Einige Bereiche benötigen eventuell eine zweite oder sogar dritte Schicht, tragen Sie also erneut Leim auf, bevor Sie Lücken schließen.

17 Lassen Sie den Armreif für 3–6 Stunden komplett trocknen.

18 Schmirgeln Sie die flachen Bereiche mit Nass- und Trockenschleifpapier und lassen Sie die vertieften Golddetails ungeschliffen.

19 Polieren Sie die Holzoberfläche für ein glänzendes Finish rundherum mit der runden Spitze des Achat-Poliersteins.

Alternative Schlussbehandlungen

Rechts: Einige unterschiedliche Blattgoldddekorationen auf Ebenholz. Experimentieren Sie beim Gestalten von Texturen auf allen möglichen Hartholzarten und verwenden Sie dabei Aufsätze für den Feinbohrschleifer, Gravierwerkzeuge usw., um unterschiedliche Muster für das Vergolden zu finden. Bei dem linken Beispiel wurde kein Werkzeug verwendet und nur die Holzmaserung auf der Mooreiche selbst mit Blattgold behandelt, was einen interessanten Effekt ergibt. Blattgold gibt es in vielen verschiedenen Farben, somit haben Sie eine Vielzahl an Varianten, wenn Sie mit unterschiedlichen Holzarten arbeiten.

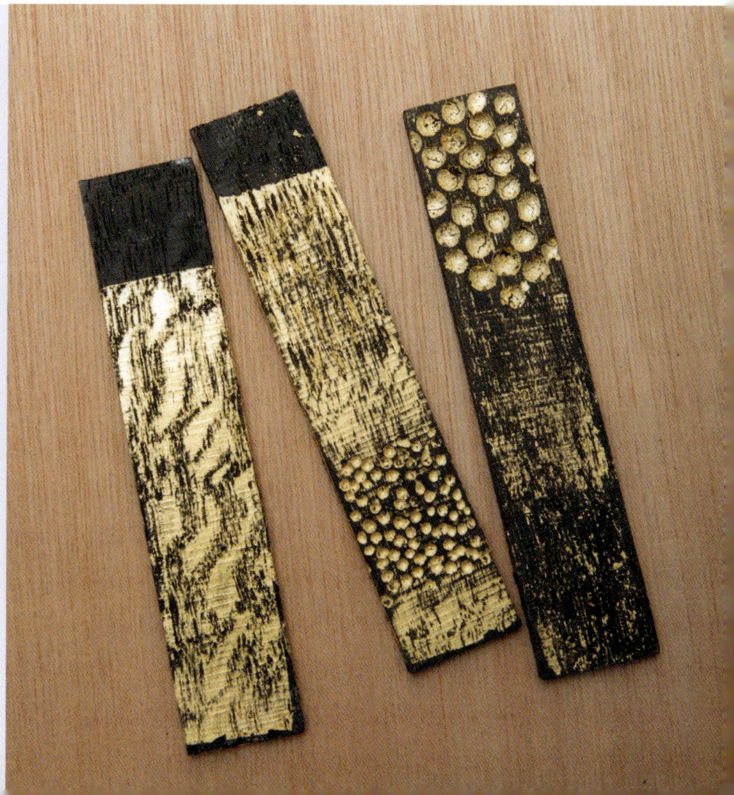

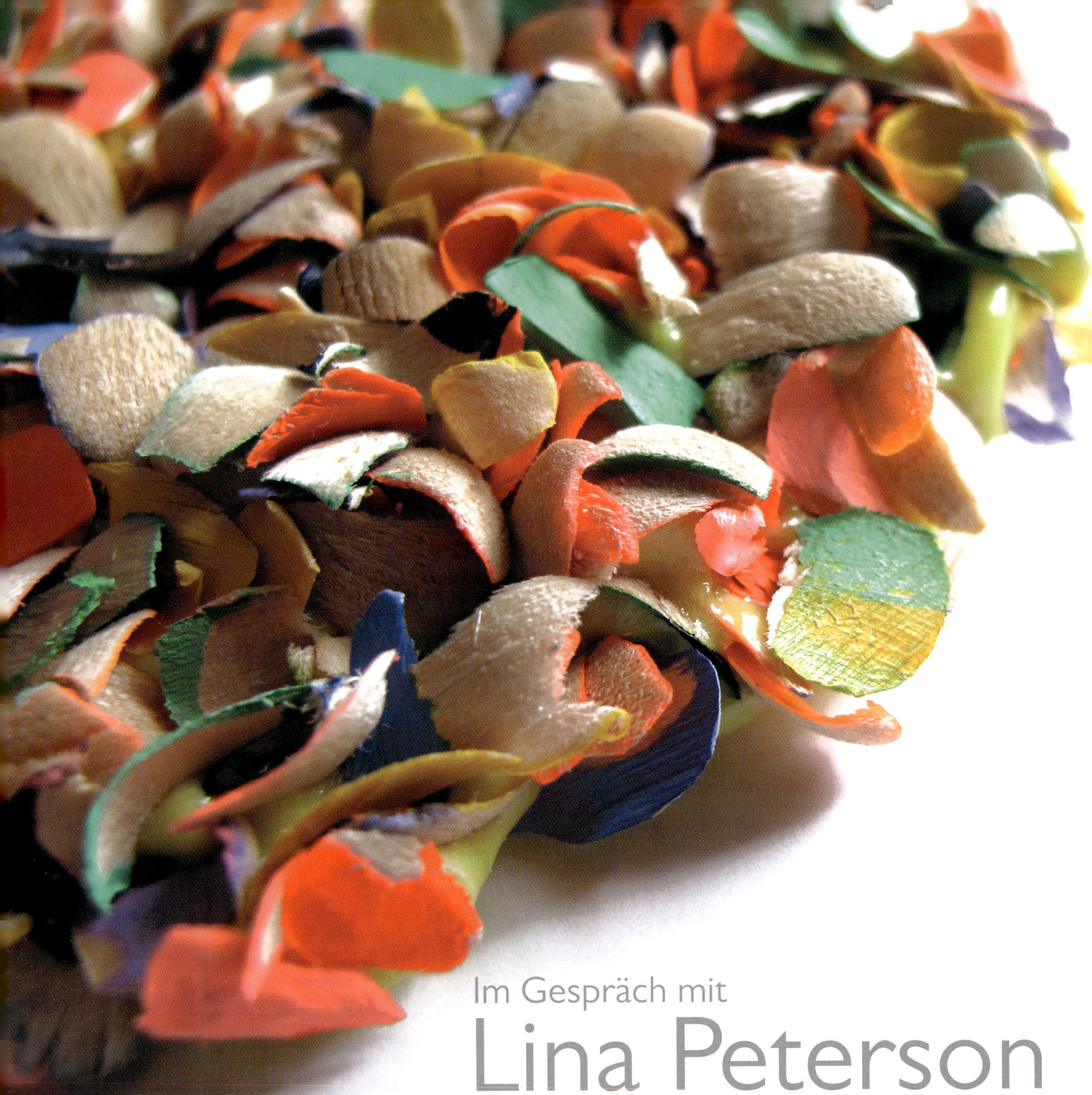

Im Gespräch mit

Lina Peterson

Die in Schweden geborene Lina schloss das Royal College of Art mit einem Master in Gold- und Silberschmieden, Metallbearbeitung und Schmuckherstellung ab und lebt und arbeitet in London. Ihre Arbeit wird in Ausstellungen auf der ganzen Welt gezeigt und ist Bestandteil öffentlicher Sammlungen in Großbritannien und Schweden.

OBEN Detail von einer Brosche der Kollektion „Carved in Colour"

Kannst du deinen Arbeitsprozess beschreiben, etwa deinen Gebrauch von Zeichnungen, Skizzenbüchern und Modellen? Unterscheiden sich diese bei unterschiedlichen Arbeitsbereichen?

Oft entspringt ein neues Werkstück direkt einer technischen Entdeckung, die der Herstellung eines früheren Stücks entstammt. Etwas, worüber ich gestolpert bin, oder wie etwas aussieht, bevor es fertiggestellt wurde, das selbst interessant genug ist, um weiter erkundet zu werden. Ich zeichne, ich skizziere schnelle Einfälle und ich mag es, darauf zurückzublicken, um zu sehen, wie mein Denken sich entwickelt, oder eher öfter als seltener erscheint derselbe Grund auf eine andere Weise. Herumzuprobieren bildet einen großen Teil davon, wie die Arbeit sich entwickelt, bis zu einem Ausmaß, das mehr und mehr Teil des tatsächlichen Herstellungsprozesses wird

Gibt es Künstler oder andere Einflüsse, die besonders wichtig für deine Entwicklung waren?

Ich bewundere Goldschmiede und Künstler, die etwas Interessantes mit Materialien anstellen, etwas, das sich intuitiv anfühlt, jedoch das Ergebnis großen Wissens und Materialverständnisses ist. Ich liebe die Arbeit von Karla Black, Phyllida Barlow, Iris Eichenberg, Richard Tuttle und Sally Marsland. Für mich ist ihr Schaffen mutig, innovativ und manchmal rücksichtslos.

Du hast immer zahlreiche Materialien verwendet, doch Holz scheint eine zunehmend zentrale Rolle zu spielen – was ist der Grund dafür? Gibt es eine bestimmte Rolle, die Holz neben anderen Materialien spielt?

Für mich ist das Arbeiten mit Holz eng mit der Arbeit mit Farbe verbunden und in vielerlei Hinsicht ist es das, was die Arbeit vorantreibt. Mit Holz zu arbeiten, fliegt mir nicht wirklich natürlich zu, aber vielleicht liegen in dieser Herausforderung auch Möglich-

UNTEN Halskette aus der Kollektion „Carved in Colour"

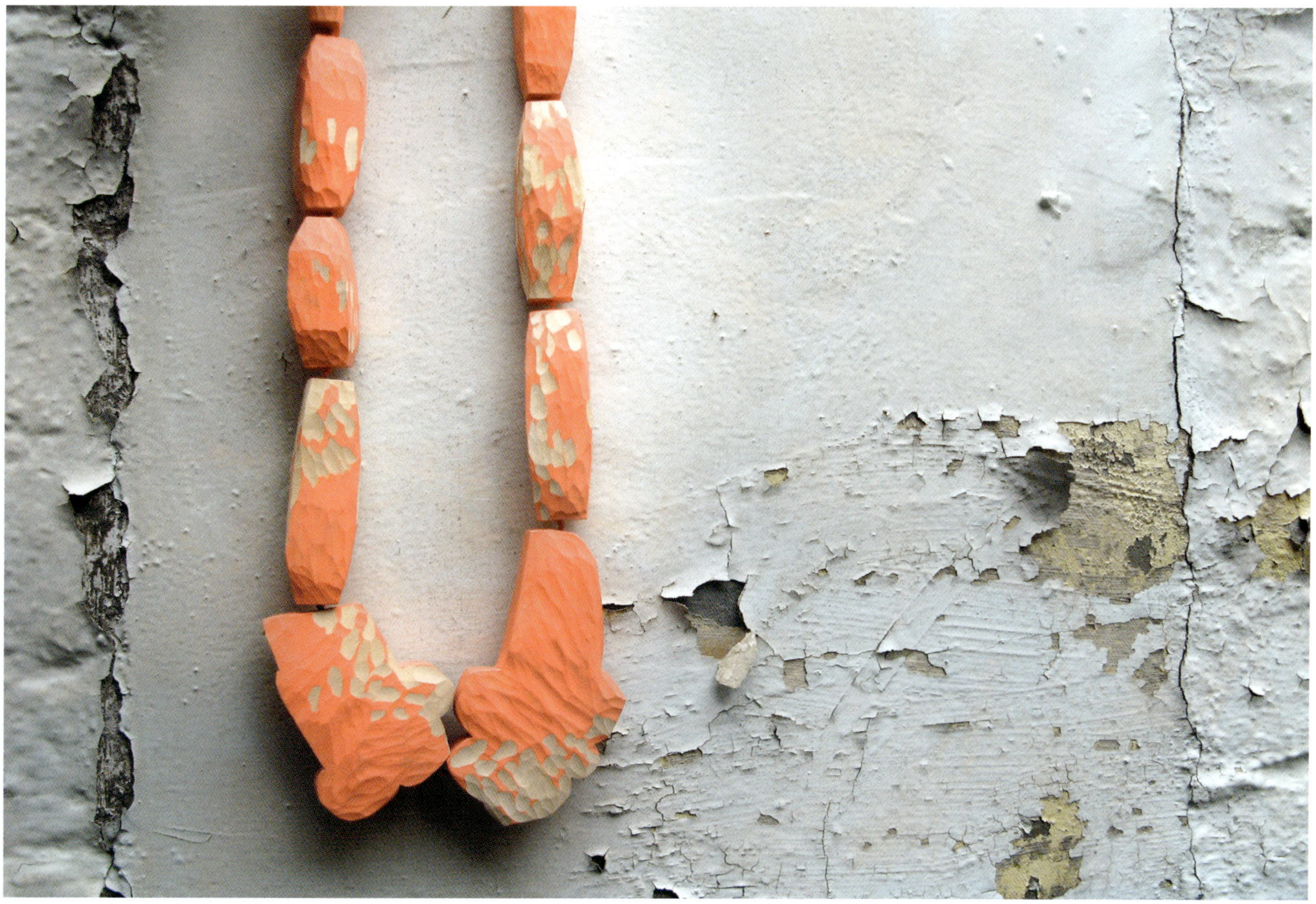

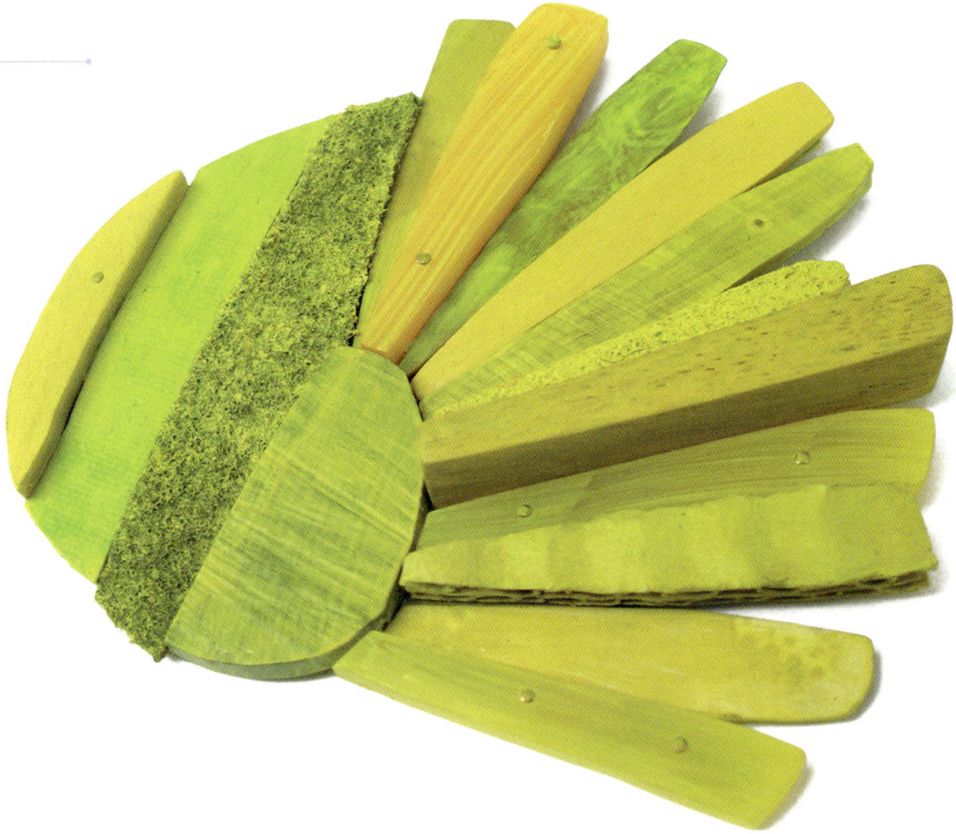

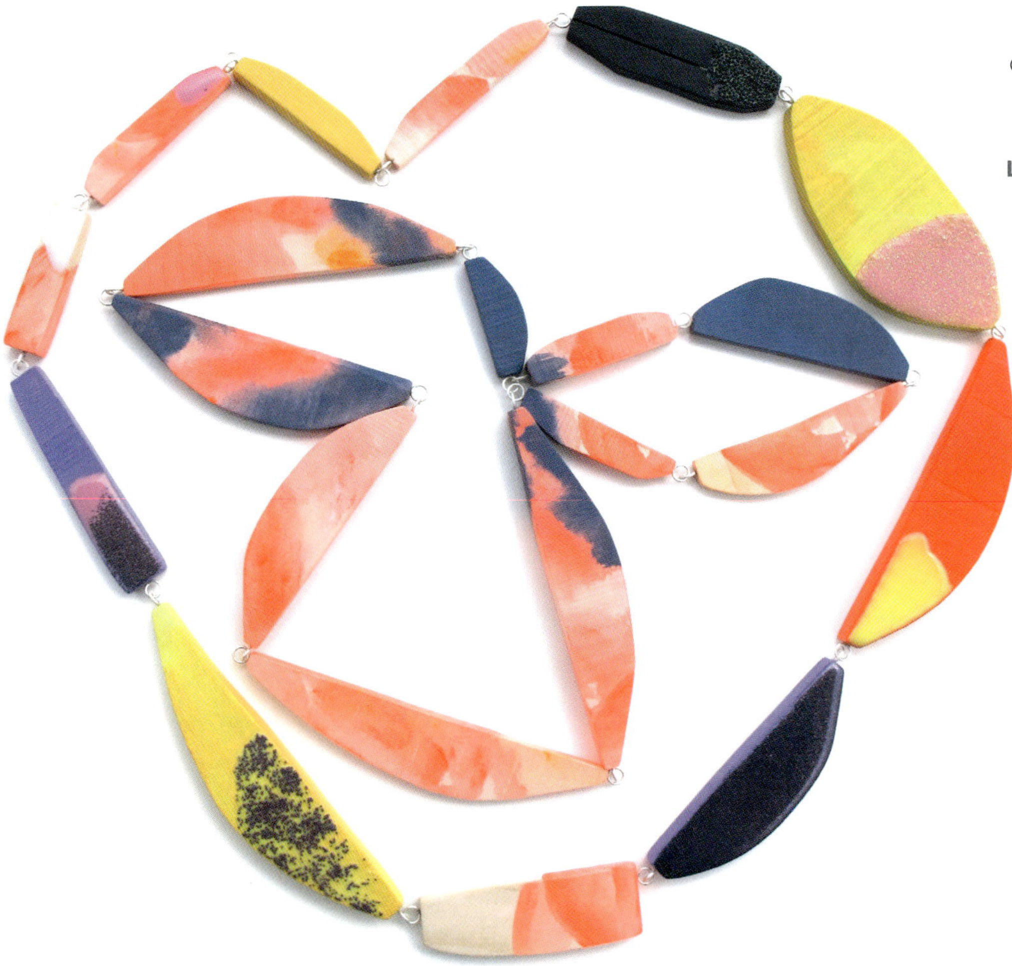

OBEN Brosche „Yellowly"; „Exploring Colour"-Serie, in Auftrag gegeben vom britischen Handwerksverband

LINKS Halskette „Flora", Blütenblattformen mit abstrakten Mustern, inspiriert von Blumenfarben und Texturen, gearbeitet aus Lindenholz, Resin und Resin mit Glitter

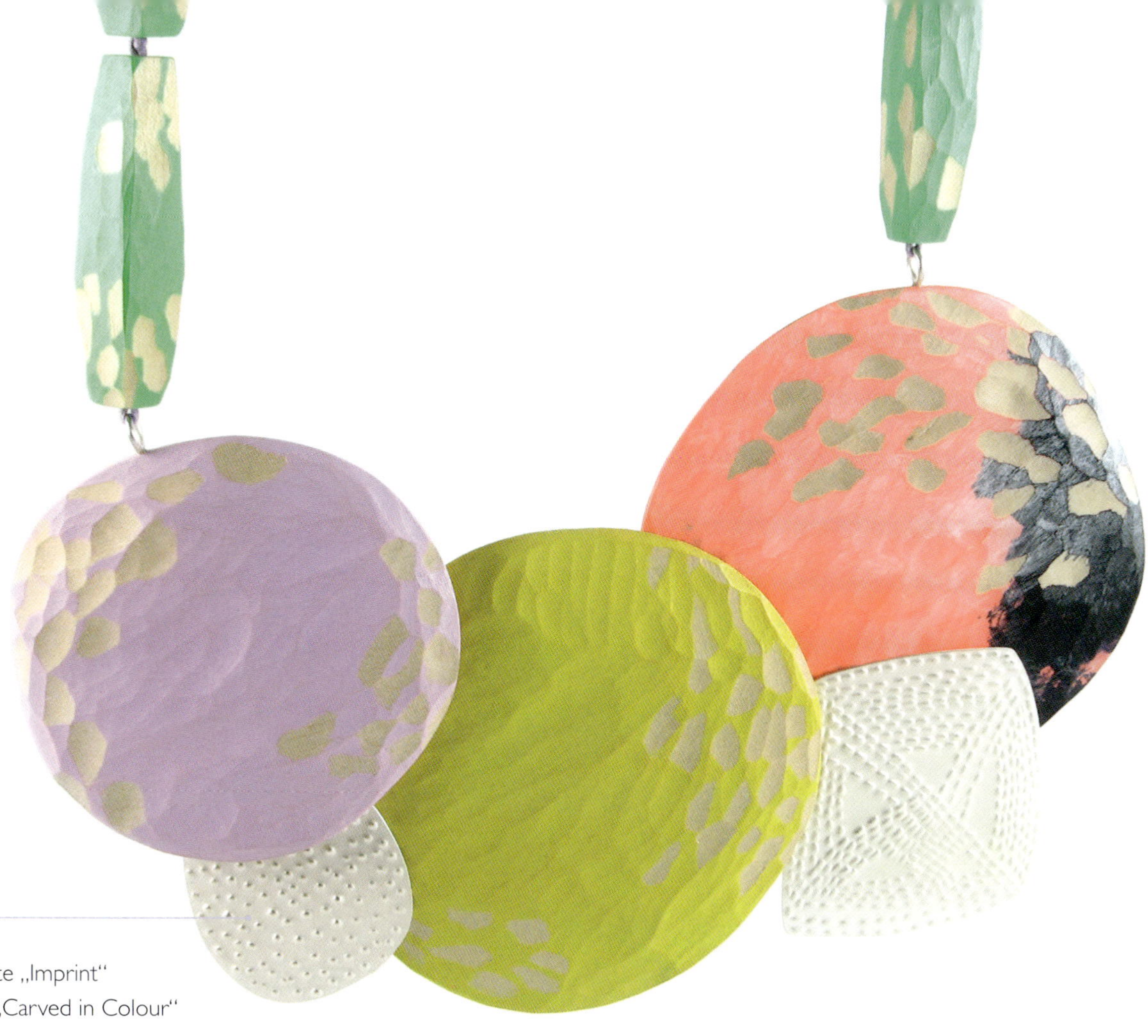

RECHTS Halskette „Imprint"
aus der Kollektion „Carved in Colour"

keiten. Wahrscheinlich ist die Tatsache, dass es hier eine Unstimmigkeit geben kann, eine Frustration mit dem Material, der Grund, warum es mich noch nicht langweilt, damit zu arbeiten?

Ich begann, mehr mit Holz zu arbeiten, da es Farbe sehr gut annimmt und halbwegs widerstandsfähig ist. Aus diesen Gründen arbeite ich fast ausschließlich mit Lindenholz, da es sehr blass ist und sich leicht schnitzen lässt. Ich arbeite allerdings mit einer Vielzahl an Materialien, aber manchmal dominiert eine über die anderen.

Kannst du über die unterschiedlichen Techniken sprechen, die du angewandt hast, um Holz in deine Werkstücke einzubauen, wie etwa Vernieten, Guss und Schnitzen?

Bei einem Gutteil der Arbeiten, wie etwa die „Carved in Colour"-Serie (siehe die Werkstücke oben und links), spielt das Schnitzen eine zentrale Rolle. Bei diesen Stücken ist das Schnitzen die Technik, die die Form gestaltet, es ist aber auch ein Werkzeug, das eine Spannung zwischen Oberfläche und Material erzeugt, zwischen Farbe und dem Holz selbst. In früheren Arbeiten, bei denen ich mehrere Materialien in einem Stück kombiniert habe, habe ich Nieten genutzt. Ich verwende oft verdeckte Bolzen, die auf Metall gelötet und dann im Holz angeklebt werden.

Was sind die zentralen Themen in deinen Werken? Gibt es Gebiete, zu denen du immer wieder zurückkehrst?

Meine Arbeit besteht aus speziellen Materialuntersuchungen bei Holz, Textilien, Kunststoffen und Metall. Damit zu arbeiten, wie Farbe und Material aufeinandertreffen, um einen visuellen Dialog über Prozess, Form und Oberfläche zu gestalten, ist der Kern der Sache. Manchmal kann das recht gestisch sein, manchmal auch recht gewagt. Die Verwendung von Farbe war immer schon ein zentraler Punkt meiner Arbeit und dies ist etwas, auf das ich nun aufgrund meiner Erfahrung beginne, bewusster zu sehen.

Wie balancierst du Ideen und Funktionalität in deiner Arbeit aus?

Ursprünglich hat mich genau das zum Schmuck hingezogen: Die Möglichkeit von Wesentlichkeit in Kombination mit den Einschränkungen, die mit der Tragbarkeit einhergehen. Jetzt bin ich mir da nicht so sicher!

Oft sind meine Werkstücke groß, aber nicht immer. Alles, was ich entwerfe, ist tragbar und der Körper wird berücksichtigt, aber im Kern meiner Arbeit ist stets die Idee.

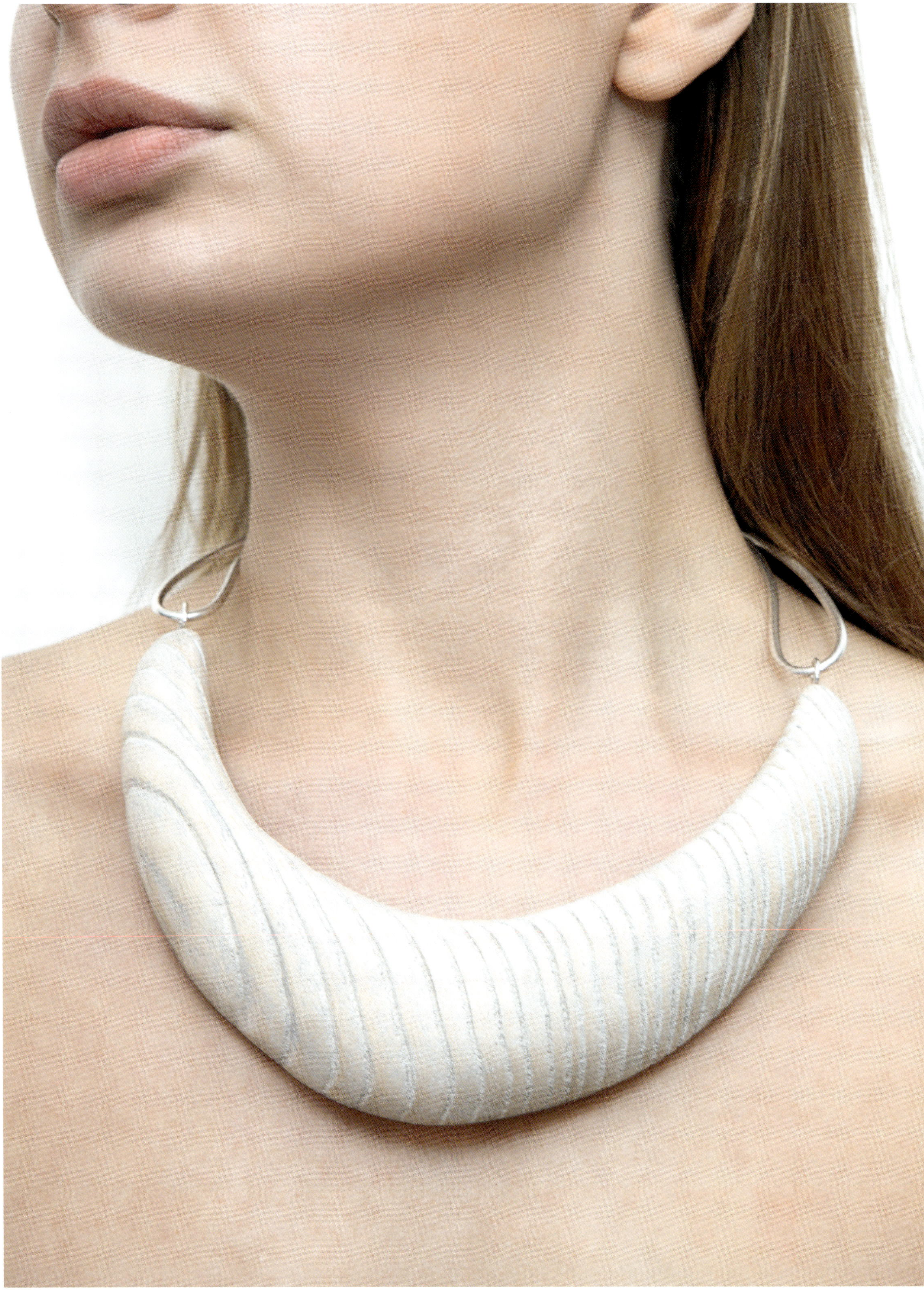

Halskette „Eichenschichten“

Der aus Holz geformte Teil dieser Halskette wurde professionell sandgestrahlt, um die Holzmaserung zu akzentuieren. Sandstrahlgeräte sprühen unter immensem Druck in einem Spezialtank Sand oder andere Schleifmittel auf die von Ihnen vorgesehene Oberfläche, um diese zu glätten oder aufzurauen. Dieser Prozess funktioniert besser bei Holzarten, deren Dichte aufgrund des Wachstums im Sommer anders ist als im Winter. Ich habe zwei Varianten gezeigt: gewachste Eiche mit Silberdetails und ebonisierte Eiche mit oxidierten Silberdetails.

GEGENÜBER Die Version aus Silber und sandgestrahlter Eiche

WERKZEUG UND MATERIALIEN

- Papier und Bleistift
- Schere
- Bandsäge oder Juweliersäge mit Holzsägeblatt
- Bandschleifmaschine
- Feinbohrschleifer
- Raue Feile
- Staubschutzmaske und Schutzbrille
- Rundes Objekt (10 mm)
- Rundes Objekt (6 mm)
- Rundes Objekt (2 mm)/Draht
- Gebogene Spitzzange
- Lötlampe
- Lötsteine
- Schublehre
- 2 Flachzangen
- Säurebad
- Gummipolieraufsätze
- Feine Stahlwolle
- Silberputztuch
- Bohrer (1,5 mm)
- Silberoxidationslösung
- Flache Pyrexglasschale, mind. 12 cm lang
- Pinsel
- Eichenholz, 18 cm lang × 15 cm breit × 2,5 cm hoch
- 10 cm runder Silberdraht (2,5 mm)
- 10 cm runder Silberdraht (1,2 mm)
- 10 cm runder Silberdraht (0,8 mm)
- Schmucklot
- Leichter Lotstreifen
- Ebonisierungslösung (siehe S. 152–153)
- Mikrokristallines Wachs
- 2-Komponenten-Epoxidkleber

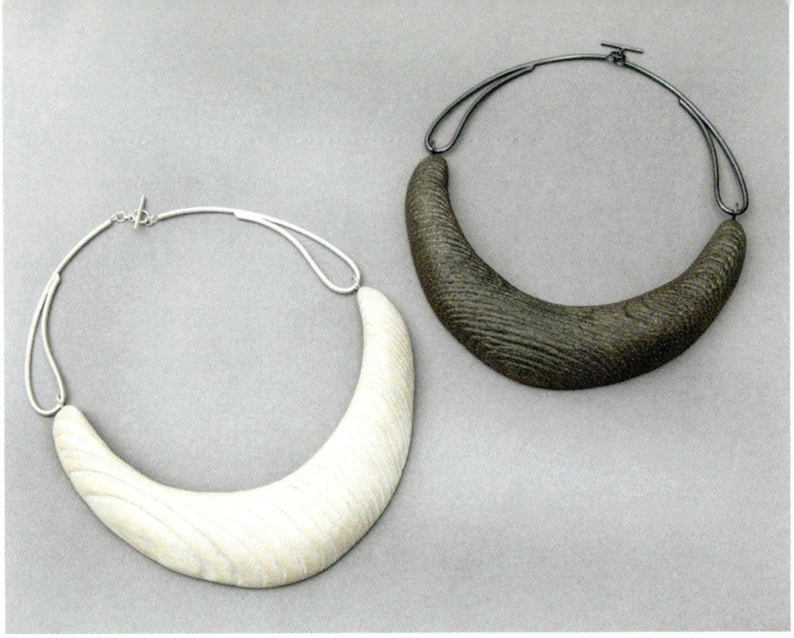

1 Schneiden Sie eine Papierschablone in der Form Ihrer Halskette aus und falten Sie sie in der Mitte, um zu überprüfen, ob sie symmetrisch ist. Halten Sie sie an Ihren Hals, um zu sehen, ob Sie mit der Form und den Proportionen direkt am Körper zufrieden sind.

2 Sägen Sie den Außenumriss des Holzes mit einer Bandsäge (siehe S. 162). Sollten Sie keinen Zugang zu einer Bandsäge haben, können Sie auch mit einer Juweliersäge arbeiten, was allerdings bei der Dicke und Festigkeit eines Holzes wie Eiche langsam vonstattengehen wird.

3 Runden Sie die innere Kurve mit dem runden Ende der Bandschleifmaschine ab und schmirgeln Sie das gesamte Werkstück in die gewünschte Form. Verfeinern Sie etwaige Rippen und Formen mit einer rauen Feile.

4 Sandstrahlen Sie das Holz (auf den Bildern: links vorher, rechts: nachher)

5 Diese Teststücke zeigen den Effekt des Sandstrahlens an unterschiedlichen Holzarten. Von oben nach unten: Eiche, Zeder, Esche, Mammutbaum.

6 Fertigen Sie für die Hauptsilberteile Ihrer Halskette eine Skizze an, die Sie leiten soll. Ich habe eine ungefähre Größe geschätzt, indem ich festgestellt habe, dass das Holz halb um den Hals passte, und so musste ich erneut etwas von ähnlicher Größe zeichnen.

7 Sägen Sie zwei Längen zu je 22 cm des runden Silberdrahts mit 2,5 mm zu und glühen Sie sie mit einer Lötlampe und Lötsteinen weich, damit sie sich leichter formen lassen.

8 Verwenden Sie Ihre Skizze als Anleitung und nutzen Sie die Biegung Ihres Drahts und biegen Sie das erste Drahtstück vorsichtig mit Ihren Händen oder biegen Sie es über einen ähnlich geformten Gegenstand. Eine gebogene Spitzzange kann ebenso nützlich sein, um die Biegung vorsichtig zu beschreiben, ohne Spuren am Silber zu hinterlassen.

9 Stimmt die grundsätzliche Biegung, biegen Sie das untere Ende um ein Objekt mit einem Durchmesser von 10 mm, bis das Silber fast parallel zur ersten Kurve ist. Verwenden Sie Ihren Daumen oder ein gebogenes Ding, um die Kurve nach innen zu formen, sodass die Oberseite auf Ihre erste Kurve trifft.

10 Sägen Sie den unteren Teil des Drahts schrägwinkelig mit einer Juweliersäge ab. Feilen Sie das schräge Ende flach und runden Sie die Kanten ab.

11 Wiederholen Sie Schritt 7–10 mit der Drahtbiegung in die andere Richtung, um den zweiten Teil der Silberhalskette herzustellen.

12 Mit Lötlampe und -steinen löten Sie die schrägen Enden beider Silberteile an die Hauptbögen.

13 Bereiten Sie als Nächstes alle Teile für die Schließe und die Befestigung am Holz vor. Zuerst wickeln Sie Draht (1,2 mm) um ein 6 mm dickes Objekt, sodass eine Spirale entsteht.

14 Sägen Sie dann drei Sprengringe aus Ihrer Drahtspirale. Wenn Sie eine Anleitung dazu brauchen, lesen Sie die Informationen über Sprengringe auf S. 44 und 46–47.

15 Wickeln Sie den 0,8 mm dicken Draht um ein 3 mm starkes Objekt (ich habe den Griff einer Nadelfeile verwendet) und sägen Sie wie zuvor vier Ringe ab.

16 Wickeln Sie den 0,8 mm dicken Draht um ein 2 mm starkes Objekt und sägen Sie diesmal drei Ringe ab. Sie sollten nun drei 6-mm-Ringe, vier 3-mm-Ringe und drei 2-mm-Ringe haben.

17 Schlussendlich brauchen Sie zwei Stück Silberdraht (1,5 mm) mit einer Länge von 10 mm, die, ohne Spuren zu hinterlassen, flach gedrückt wurden und deren Enden flach gefeilt sind. Idealerweise werden sie an einer elektrischen Poliermaschine poliert.

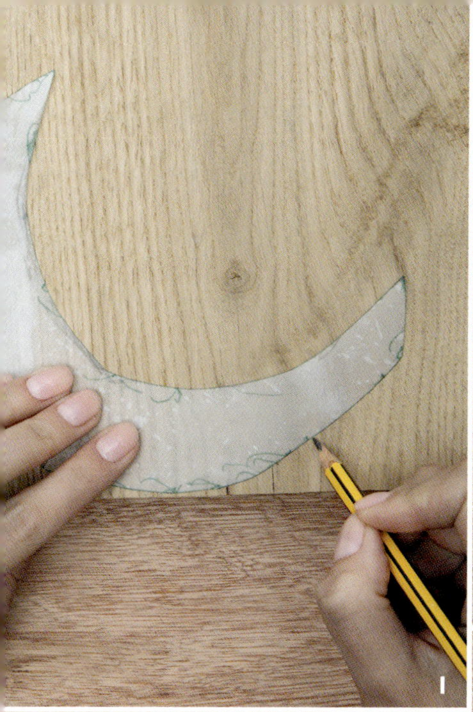
1

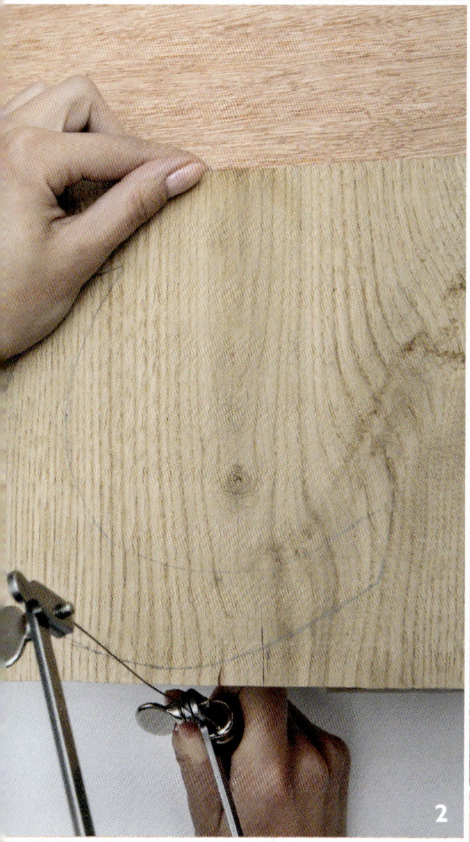
2

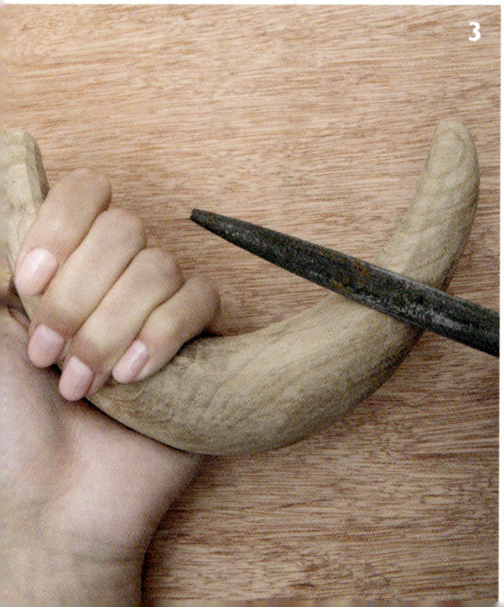
3

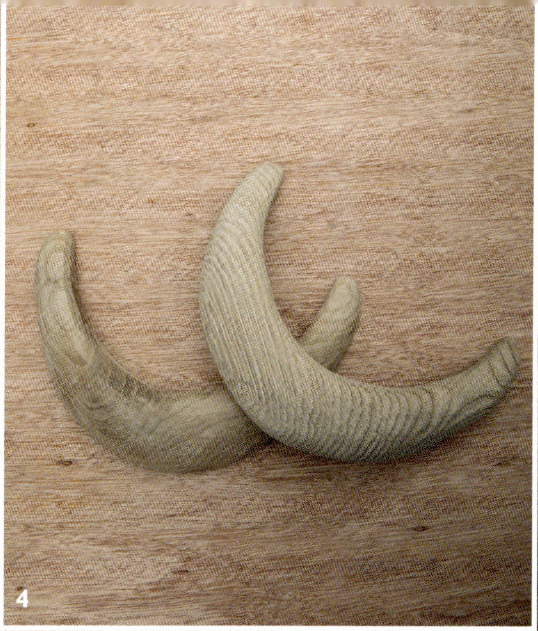
4

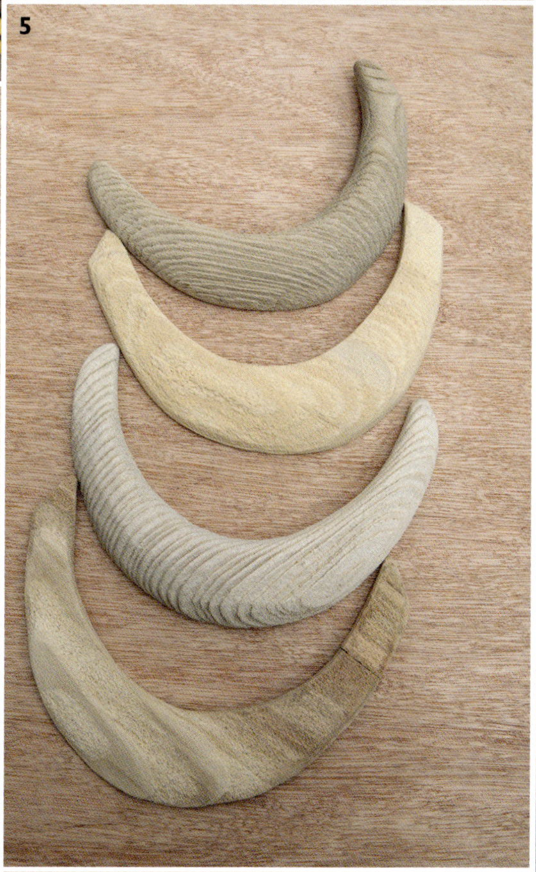
5

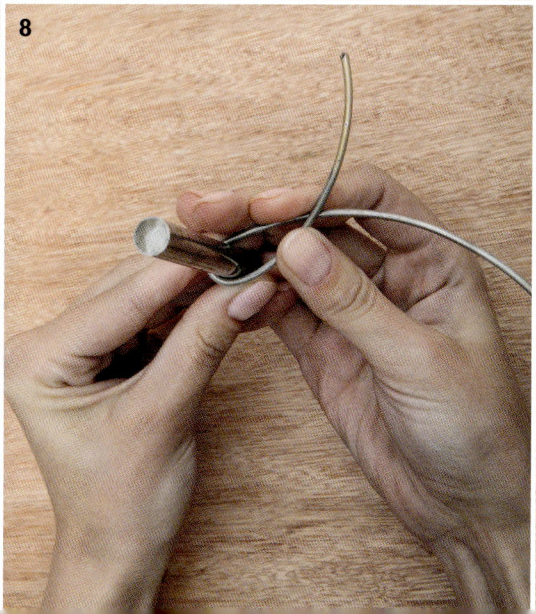
8

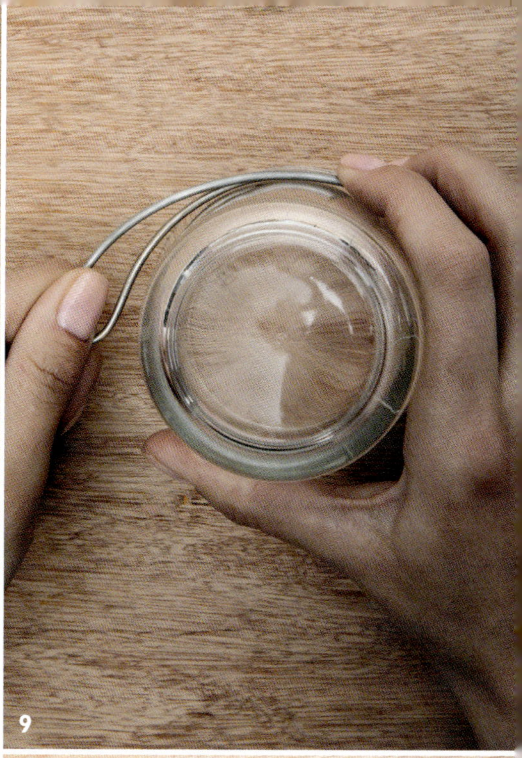
9

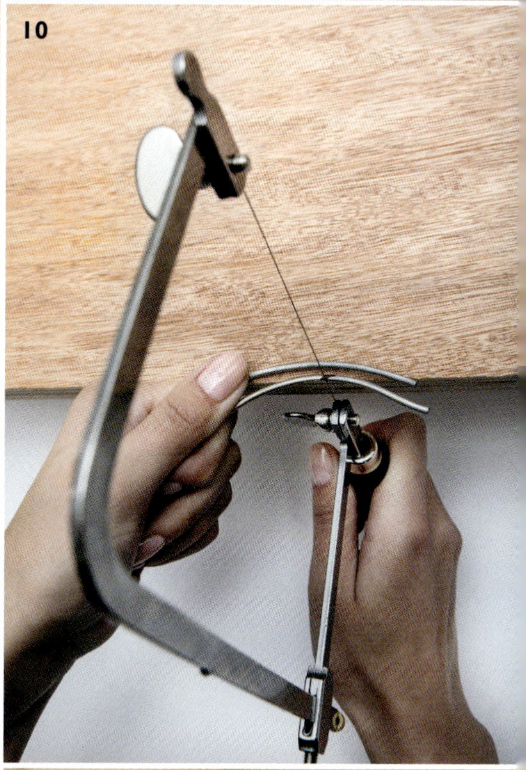
10

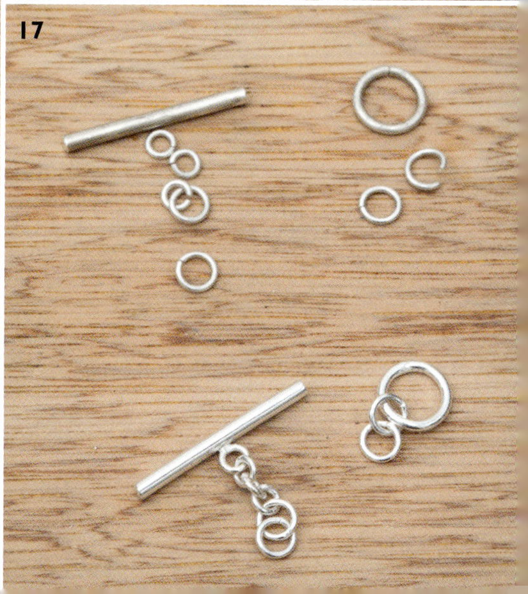
17

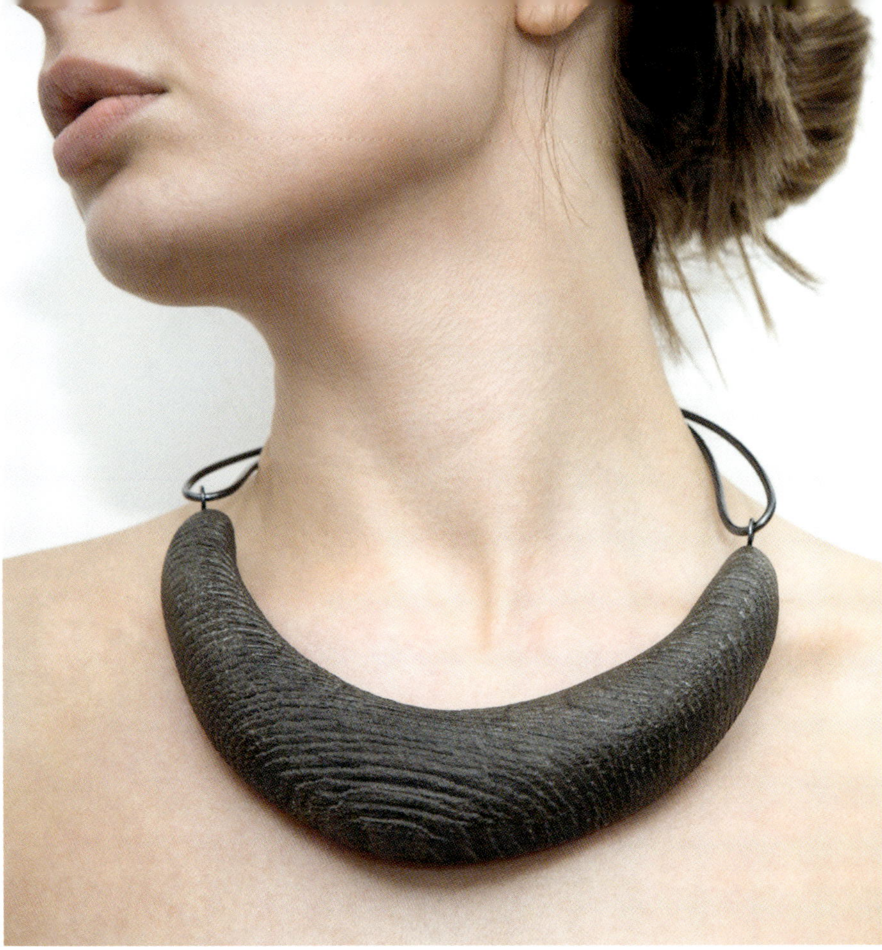

18 Fügen Sie die Schließe zusammen und verwenden Sie die Flachzangen, um die Sprengringe zu schließen. Sie müssen einander berühren, halten Sie sie also gegen das Licht, um sicherzugehen, dass Sie keine Lücke mehr sehen und löten Sie alle Ringe mithilfe von Lötlampe, Schmucklot und Lötsteinen zu. Achten Sie dabei darauf, dass Sie mit dem Lot nicht die einzelnen Sprengringe miteinander verlöten.

19 Löten Sie dann, erneut mit dem Schmucklot, die Schließe an die Enden der Hauptsilberteile.

20 Befestigen Sie die zwei großen Sprengringe aus dem 1,2 mm starken Draht an der geformten Schlinge und schließen Sie sie mit zwei Flachzangen.

21 Halten Sie die Ringe gegen das Licht, um zu überprüfen, dass zwischen den Enden keine Lücken sind. Verwenden Sie ein bisschen Schmucklot am Ende der 10 mm langen Drahtstücke (1,5 mm) und löten Sie sie an die Verbindungsstelle. Das Lot sollte entlang der Öffnung laufen, sodass die Verbindung dann verschwindet.

22 Reinigen Sie alle Silberteile im Säurebad.

23 Säubern Sie etwaige unordentlich aussehende Lötstellen mit einer feinen Feile und den Gummischwabbelscheiben auf dem Feinbohrschleifer.

24 Polieren Sie das Silber mit dem Silberputztuch.

25 Bohren Sie ein 1,5 mm breites Loch 10 mm in die Enden Ihres Holzstücks, genau an der Stelle, wo Sie die Silberteile anbringen möchten.

26 Tragen Sie die Ebonisierungslösung auf Ihr sandgestrahltes Holz auf und lassen Sie sie trocknen.

27 Ist es getrocknet, versiegeln Sie das Holz mit mikrokristallinem Wachs, indem Sie dieses mit feiner Stahlwolle auftragen, die sich nicht an der rauen Oberfläche verfängt.

28 Verdunkeln Sie die Silberteile mithilfe einer Oxidationslösung gemäß der Anleitung auf der Flasche.

29 Sobald das gewachste Holz getrocknet ist, schieben Sie die zwei Silberzapfen in die Löcher und probieren Sie die Kette ein letztes Mal an, um zu überprüfen, ob ihre Länge korrekt ist und dass die Schließe funktioniert.

30 Rauen Sie dann die Oberfläche der Zapfen auf und kleben Sie sie mit 2-Komponenten-Epoxidkleber in die Löcher, sodass der gesamte Zapfen versteckt ist. Trocknen lassen.

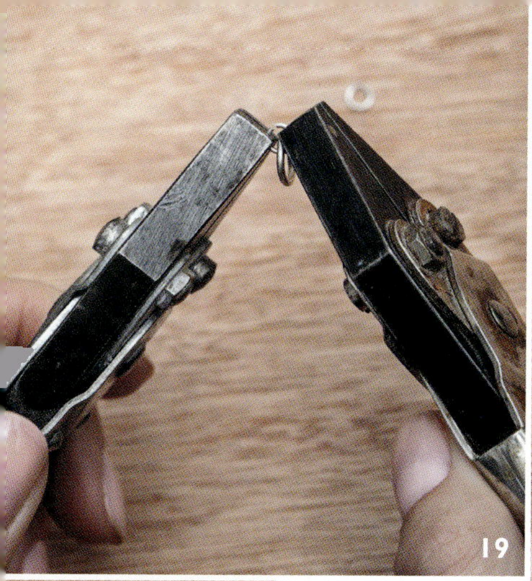
19

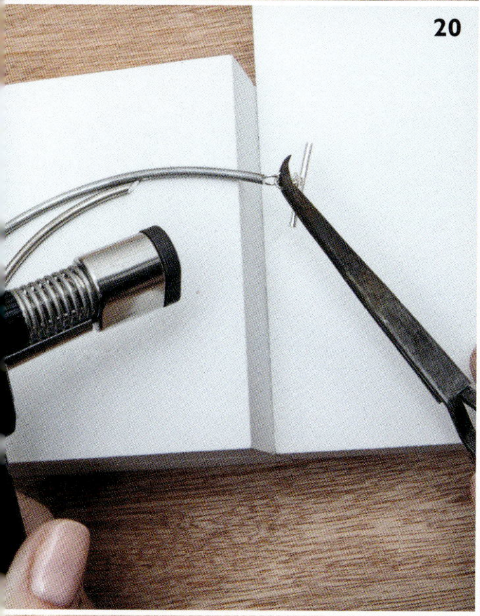
20

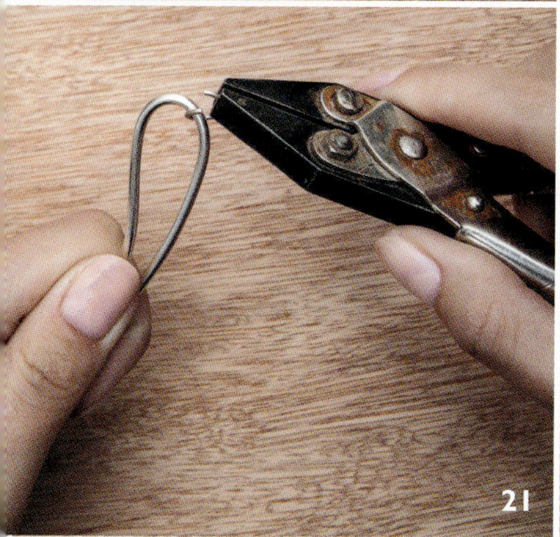
21

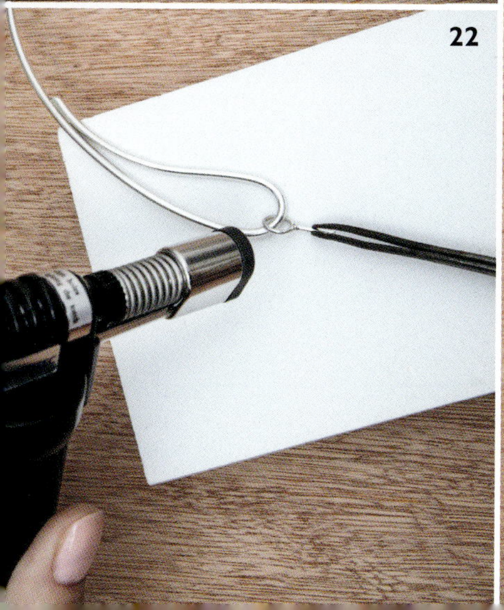
22

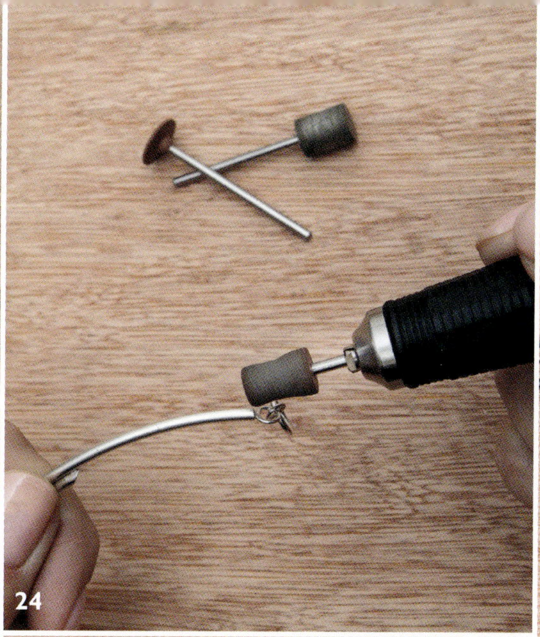
24

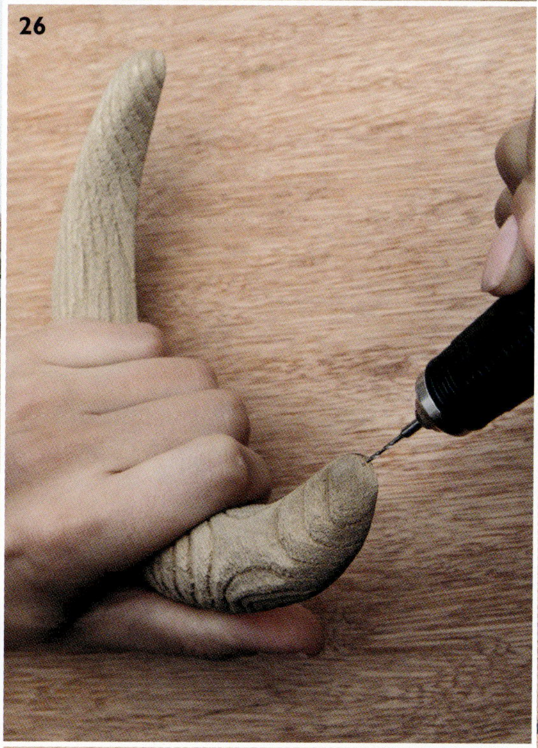
26

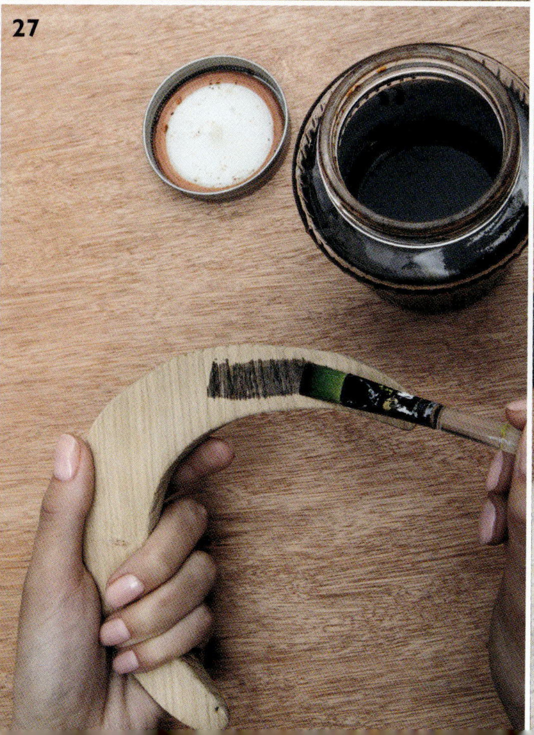
27

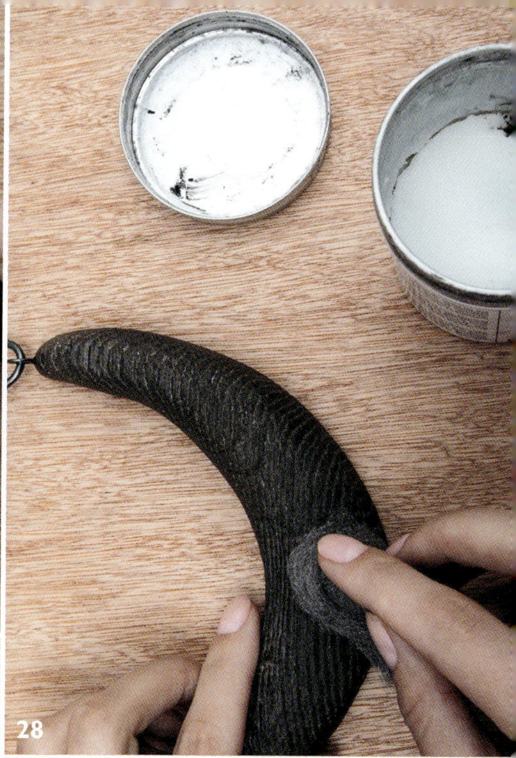
28

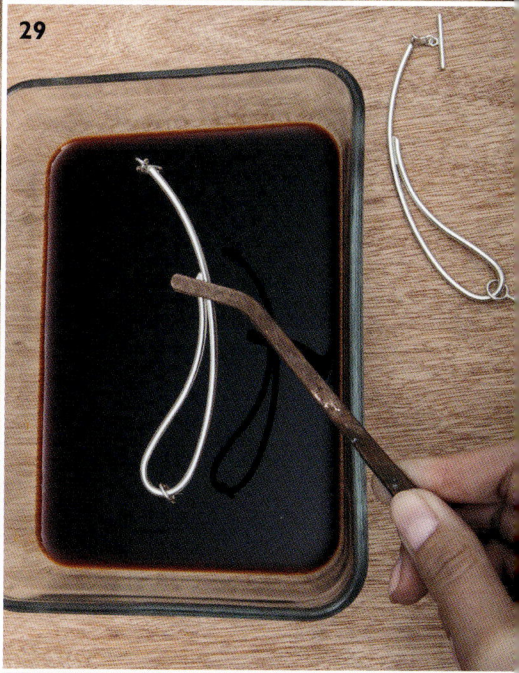
29

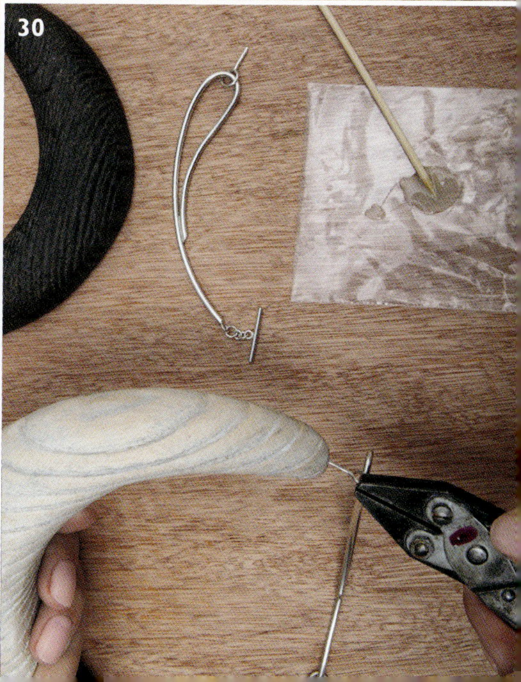
30

Oberflächenveredelungen

Allein die Entscheidung, unbehandeltes Holz zu versiegeln, ist eine recht einfache ästhetische Entscheidung in Balance mit Zweckmäßigkeit. Die Wahl Ihrer Versiegelung ist komplizierter, wenn Ihr Schmuck eingefärbt ist und die Versiegelungsschicht die Farbschicht darunter nicht stören darf. Wasserbasierte Pigmente heben die Holzmaserung hervor, darum müssen Sie bemalte Oberflächen leicht anschleifen und noch eine Farbschicht auftragen. Es gibt auch verschiedene Meinungen darüber, wie sicher wasserbasierte Pigmente im Vergleich zu alkoholbasierten für die Verwendung in der Schmuckherstellung sind, was davon abhängig ist, um was für ein Schmuckstück es sich handelt und wie stark es mit Wasser oder Körperausdünstungen in Kontakt kommt.

Einige Juweliere benutzen mit mikrokristallinem Wachs versiegelte Acrylfarben ganz ohne Probleme und andere verwenden nur Farben auf Spiritusbasis. Einige Hersteller mögen ein natürlicheres Aussehen und andere mögen etwas Künstlicheres, sodass Ihre Wahl ebenso von der Art des Effekts, den Sie erhalten möchten, abhängen wird. Egal, was für ein Pigment und welche Versiegelung Sie wählen, es werden Experimente und Tests notwendig sein, um Ihre eigenen erfolgreichen Werkstücke zu entwickeln. Hier zeige ich eine Auswahl an Experimenten, die ich zum Thema Oberflächenbehandlung gemacht habe.

Gefärbte Oberflächen

A Mit Waschbenzin verdünnte Ölfarbe. Sie wird mit Sprühversiegelung oder einem Wachs versiegelt.

B Textur mit einem Linolschnittmesser gestaltet und mit weißer Acrylfarbe bemalt. Nach dem Trocknen wurde die Oberfläche über ein flach auf die Werkbank gelegtes Stück feines Schleifpapier gezogen. Versiegelung mit mikrokristallinem Wachs, da dieses das Erscheinungsbild nicht verändert.

C Auftrag von zwei Schichten verschiedenfarbiger Acrylfarben auf das geformte Holz. Für den Used-Look nach dem Trocknen mit Schleifpapier über die Oberfläche schleifen. Mit mikrokristallinem Wachs versiegeln.

D Acrylfarbe; mit mikrokristallinem Wachs versiegeln.

E Vor dem Bemalen mit Silberacryltinte mit Stickern aus dem Papierfachhandel beklebtes Holz. Ist die Tinte getrocknet, Sticker entfernen und mit mikrokristallinem Wachs versiegeln.

F Acryltinte auf Zebranoholz lässt die Maserung durchscheinen. Nach dem Trocknen mit mikrokristallinem Wachs versiegeln.

G Holz erhält durch Verwendung des runden Endes einer Bandschleifmaschine eine wellige Textur. Mit Acrylfarbe bemalen und mit feinem Schleifpapier leicht über die Oberfläche schleifen. Mit mikrokristallinem Wachs versiegeln.

H Holz mit Acrylfarbe bemalen; nach dem Trocknen mit dem Linolschnittmesser bearbeiten.

I Farbe für Emaille-Modelle. Sie ist alkoholbasiert und muss nicht versiegelt werden, braucht jedoch eine Grundierungsschicht und zeigt jedes Staubkörnchen, das auf der Holzoberfläche verblieben ist. Matt und glänzend erhältlich.

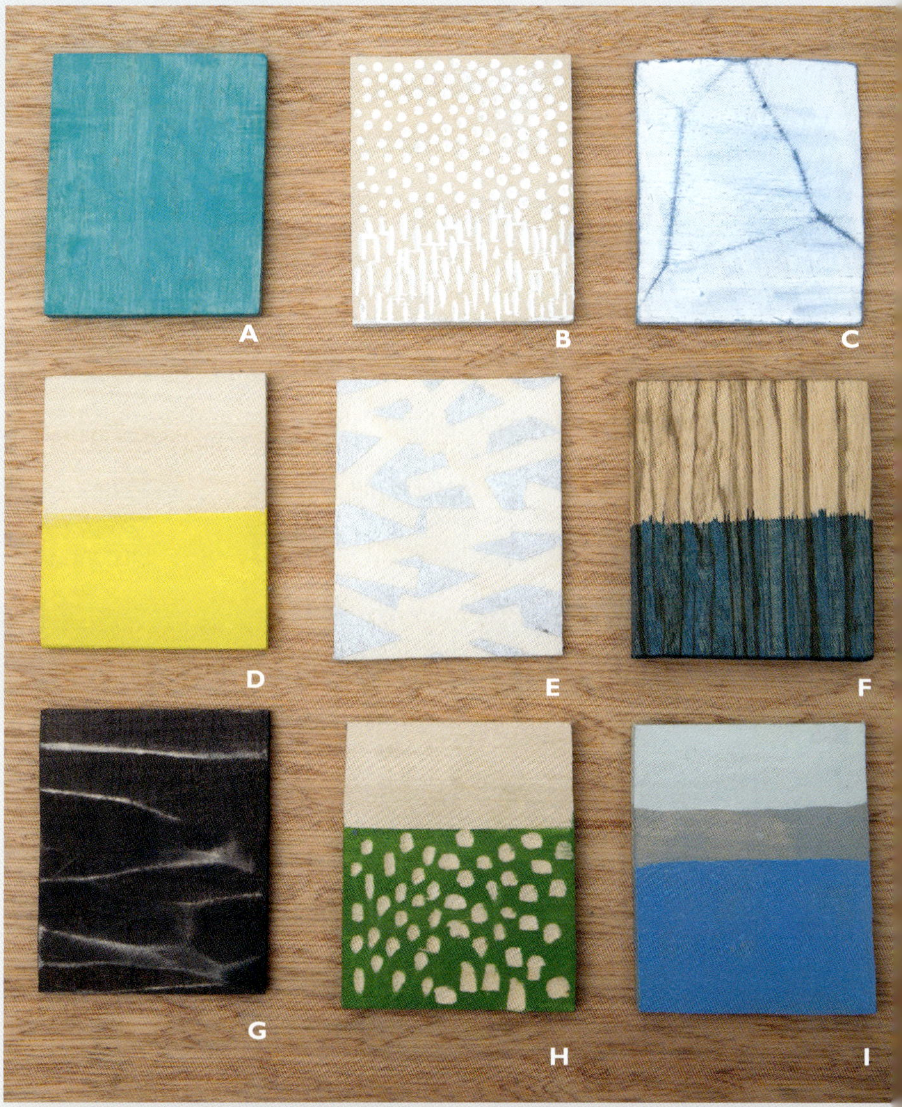

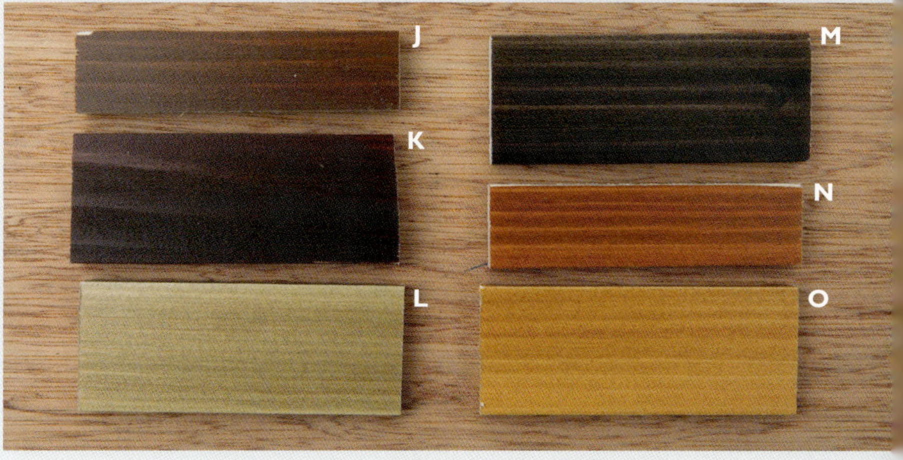

Gebeizte Oberflächen

Holzbeizen sind im Holzhandel erhältlich, für gewöhnlich in Brauntönen, die mit den verschiedenen Holzfarben in Zusammenhang stehen. Sie sind auf Alkohol- und auf Wasserbasis erhältlich und werden oft neben passenden Produkten zum Versiegeln verkauft. Hier sehen Sie eine Auswahl an kommerziellen Beizen: **J** Teak, **K** Viktorianisches Mahagoniholz, **L** helle Eiche, **M** dunkle Eiche, **N** Eibe, **O** antike Kiefer

WERKZEUG UND MATERIALIEN

- Holz
- Bild oder Text zum Übertragen (Ausdruck eines Laserdruckers)
- Aceton
- Baumwolltupfer oder Küchenrolle
- Latexhandschuhe
- Wachs oder klarer Decklack

Übertragen von Bildern oder Text auf Holz

Es gibt verschiedene Arten, Bilder oder Text auf Holz zu übertragen. Es gibt wasserbasierte Methoden, doch ich habe herausgefunden, dass Aceton, auch wenn es eine unangenehme Flüssigkeit ist, weniger Schmutz verursacht und den Vorteil hat, dass es dünnes Holz nicht verzieht. Sie müssen mit der Textstärke experimentieren, um sicherzugehen, dass Sie eine starke Übertragung zustandebringen. Verwenden Sie das Spiegelwerkzeug in Ihrem Bildbearbeitungsprogramm, um ein Spiegelbild zu erhalten, sodass der übertragene Text in die richtige Richtung gelesen werden kann. Die Ergebnisse variieren, abhängig davon, ob Sie einen Tintentstrahldrucker, einen Laserdrucker oder eine Fotokopie verwenden.

1 Bereiten Sie Ihr Bild oder Ihren Text vor, indem Sie ihn auf ein Stück Papier drucken oder fotokopieren. Ich habe hier meinen gestempelten Namenszug verwendet.

2 Positionieren Sie Ihr Bild oder Ihren Text auf Ihr Holzstück mit der Vorderseite nach unten.

3 Arbeiten Sie in einem gut belüfteten Raum und tragen Sie Latexhandschuhe, streichen Sie mit einem in Aceton getauchten Baumwolltupfer oder Küchenpapier über die Rückseite des Papiers mit Bild oder Text und achten Sie darauf, dass sich das Papier nicht bewegt.

4 Nach etwa einer Minute heben Sie das Papier vorsichtig ab; die Tinte sollte sich nun auf das Holz übertragen habe.

5 Versiegeln Sie das Ergebnis mit klarem Decklack oder Wachs.

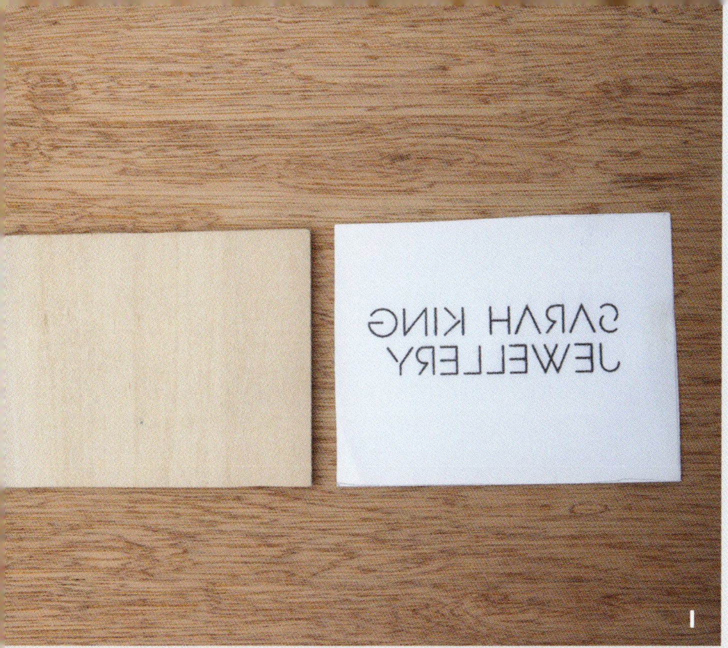

1

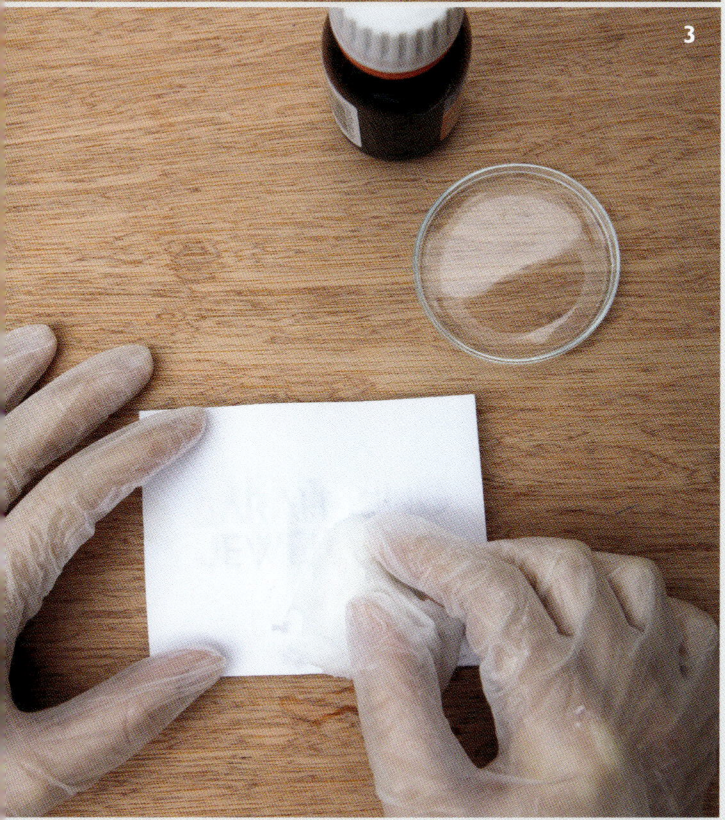

3

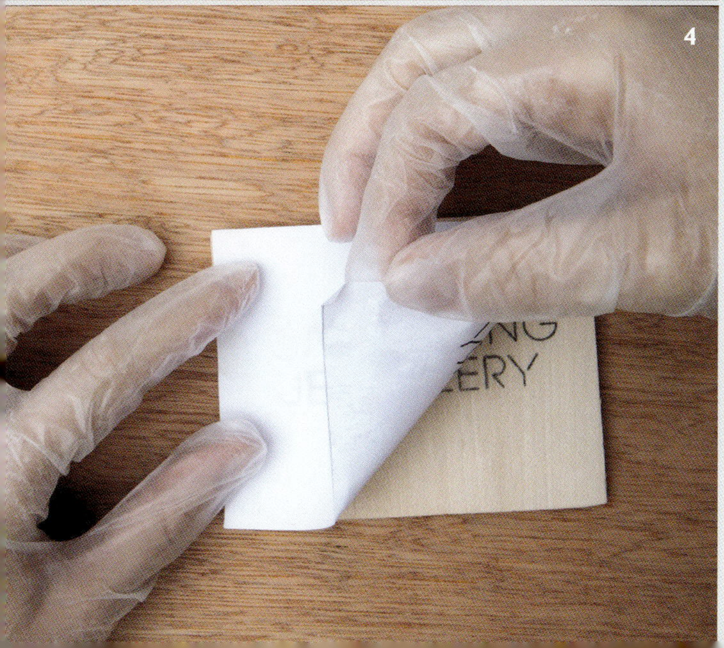

4

Tipps

- *Probieren Sie Ihren Text oder Ihr Bild zuerst an einem Stück Verschnitt aus, bevor Sie an Ihrem tatsächlichen Werkstück arbeiten; Sie sollten auch die Versiegelung Ihrer Wahl testen.*
- *Diese Methode ist gut geeignet, um eine Außenlinie auf das Holz zu übertragen, die Sie als Leitlinie für Pyrographie, Einlegearbeit oder Stickerei nutzen können.*
- *Sie könnten auf diese Weise auch eine Gedenkbotschaft, wie etwa für einen Geburtstag, eine Hochzeit oder für andere spezielle Anlässe, überbringen.*
- *Diese Übertragungsmethode funktioniert am besten mit Schwarz-Weiß-Kopien aus dem Tintenstrahldrucker; einige mehrfarbige Drucke können funktionieren, andere wiederum nicht.*

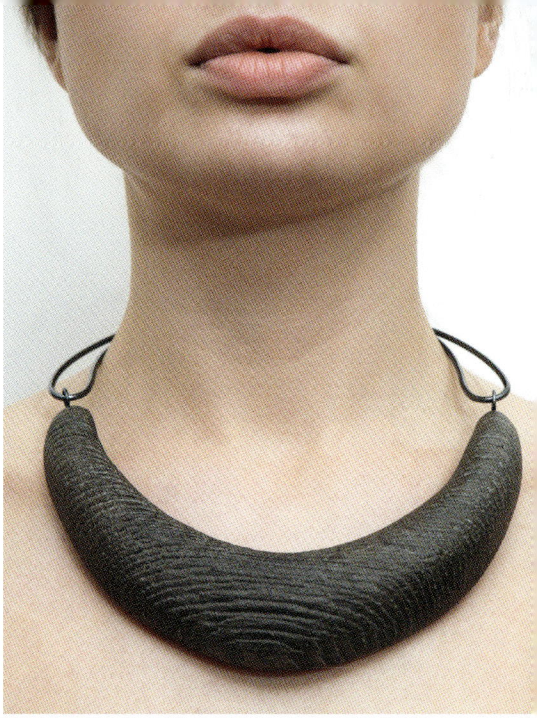

Ebonisieren

Eisenacetat färbt Holz dunkler und lässt es wie Ebenholz aussehen. Die Lösung reagiert mit dem Tannin im Holz, sodass Harthölzer mit hohem Tanningehalt die Farbe weit stärker ändern als Weichhölzer. Eiche, Kirsche und Walnuss sind gut geeignet, doch viele hellere Holzarten eher nicht. Das Ebonisieren muss der letzte Arbeitsschritt vor dem Versiegeln des Holzes sein. Nutzen Sie unbedingt Verschnitt, um zu sehen, wie die Beize aussieht, bevor Sie Ihr fertiges Werkstück damit einlassen. Testen Sie auch, womit Sie Ihr Werkstück versiegeln möchten, um herauszufinden, wie die beiden Oberflächenbehandlungen miteinander reagieren.

WERKZEUG UND MATERIALIEN

- Holz zum Beizen
- Feine Stahlwolle
- Apfelessig
- Flüssigreiniger
- Luftdicht verschließbares Marmeladenglas
- Kaffeefilter
- Große Plastikflasche
- Schüssel
- Pinsel

ANWENDUNG

Eine ebonisierte Version der Halskette „Eichenschichten" wird oben gezeigt. Sie könnten diese Behandlung bei einem weniger teuren Hartholz anstelle von Ebenholz verwenden, wie dem Perlenring auf S. 36; versiegeln Sie jedoch den Ring, bevor Sie die Perle anbringen, da Perlen durchlässig sind.

Diese Behandlung funktioniert auch gut an dem Ornament-Anhänger aus Walnuss (S. 20).

1 Waschen Sie Ihre Stahlwolle in heißem Wasser und Flüssigreiniger, um etwaige Öle an der Oberfläche zu entfernen. Legen Sie die Stahlwolle in das Glas mit dem Essig und lassen Sie es eine Woche mit verschlossenem Deckel stehen. Nach einer Woche sollte der Essig schwarz sein und die Stahlwolle sich aufgelöst haben.

2 Schneiden Sie den Oberteil der Plastikflasche ab und drehen Sie ihn mit hineingelegtem Kaffeefilter um. Gießen Sie die ebonisierende Lösung durch den Filter in eine Schüssel oder ein Glas, um eventuelle Rückstände zu entfernen.

3 Die Lösung zieht leichter in Holz ein, das nicht zu fein geschliffen ist. Möglicherweise möchten Sie vor dem Ebonisieren auch die Maserung verstärken, indem Sie ein wenig Wasser mit dem Pinsel auftragen und das Holz trocknen lassen, bevor Sie hochstehende Fasern abschleifen.

4 Streichen Sie die Lösung auf Holzteststücke, bevor Sie Ihr Werkstück damit einlassen. Hier sehen Sie den Effekt an verschiedenen Holzarten. Obere Reihe, von links nach rechts: Buchsbaum, Mammutbaum, Zeder, Eiche, Kiefer. Untere Reihe, von links nach rechts: Kirsche, Walnuss, Esche, Birkensperrholz, Ahorn.

5 Wenn Sie die Beize dunkler machen möchten, bestreichen Sie Ihr Holz mit starkem schwarzem Tee und pinseln dann die Ebonisierungslösung darüber, während das Holz noch feucht ist.

6 Streichen Sie Ihr Werkstück und lassen Sie es trocknen. Versiegeln Sie es dann mit dem Wachs oder dem Decklack Ihrer Wahl. Hier wird eine Nahaufnahme der ebonisierten Halskette (siehe S. 143–147) gezeigt.

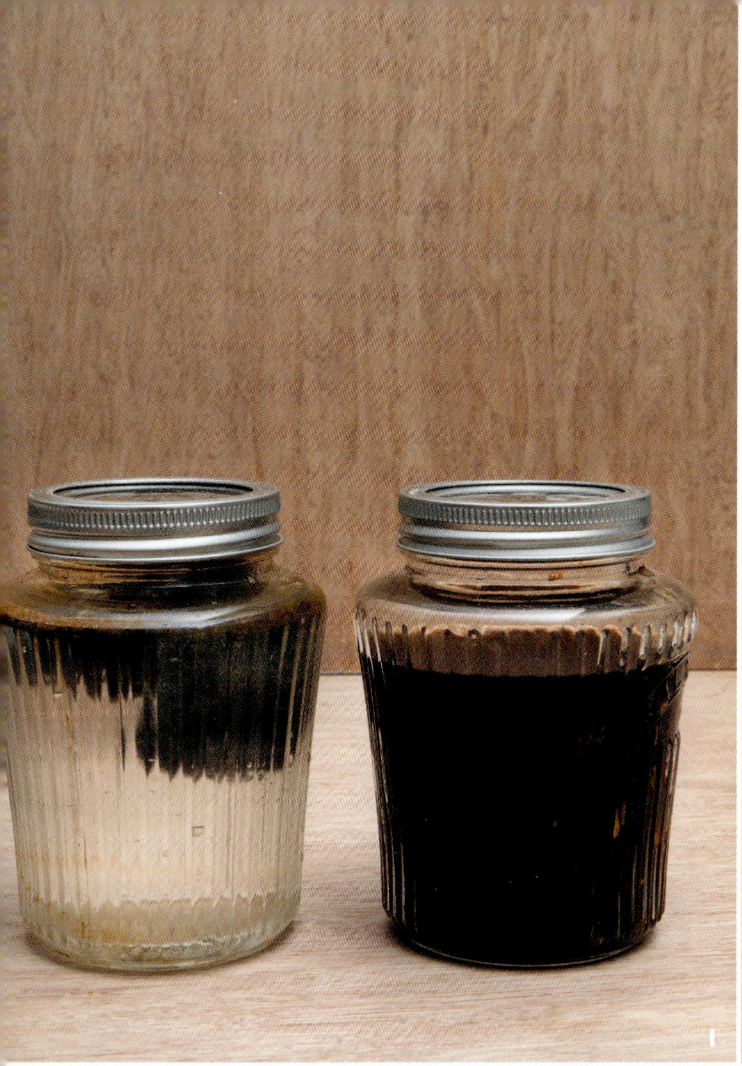
1

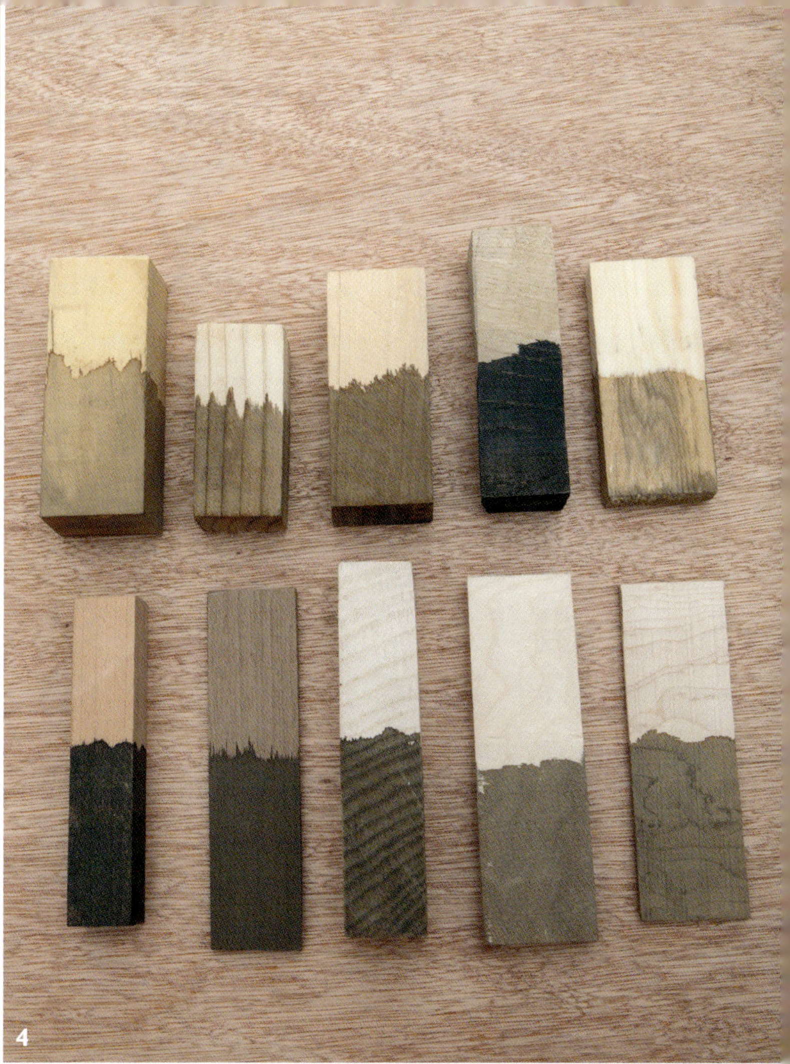
4

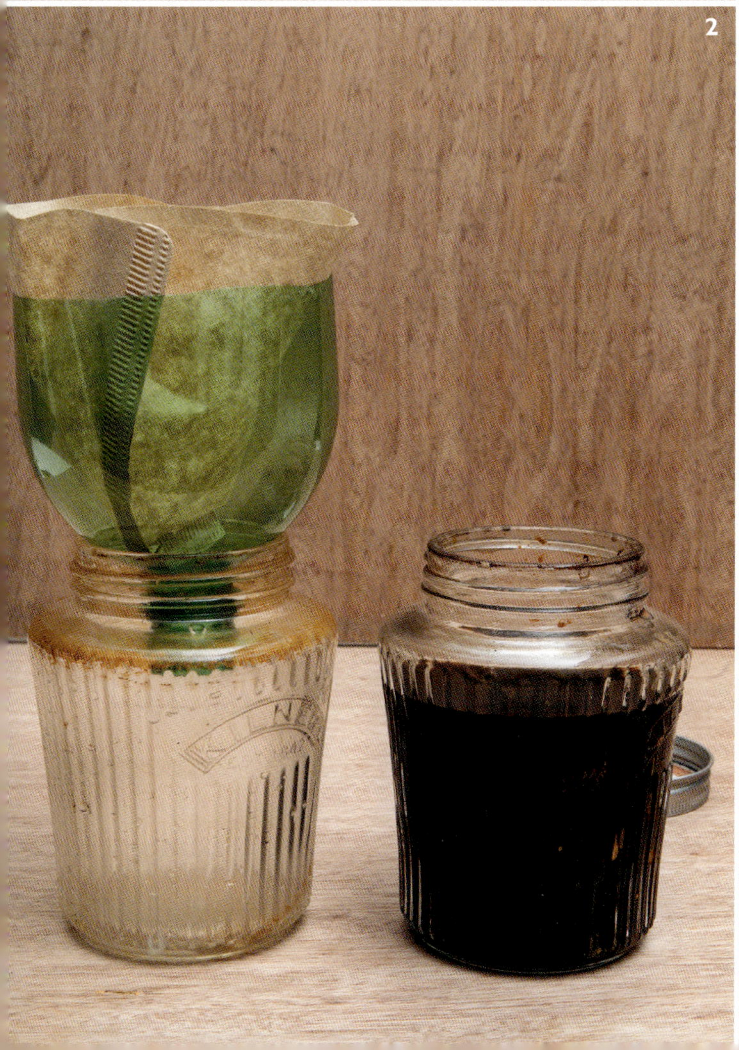
2

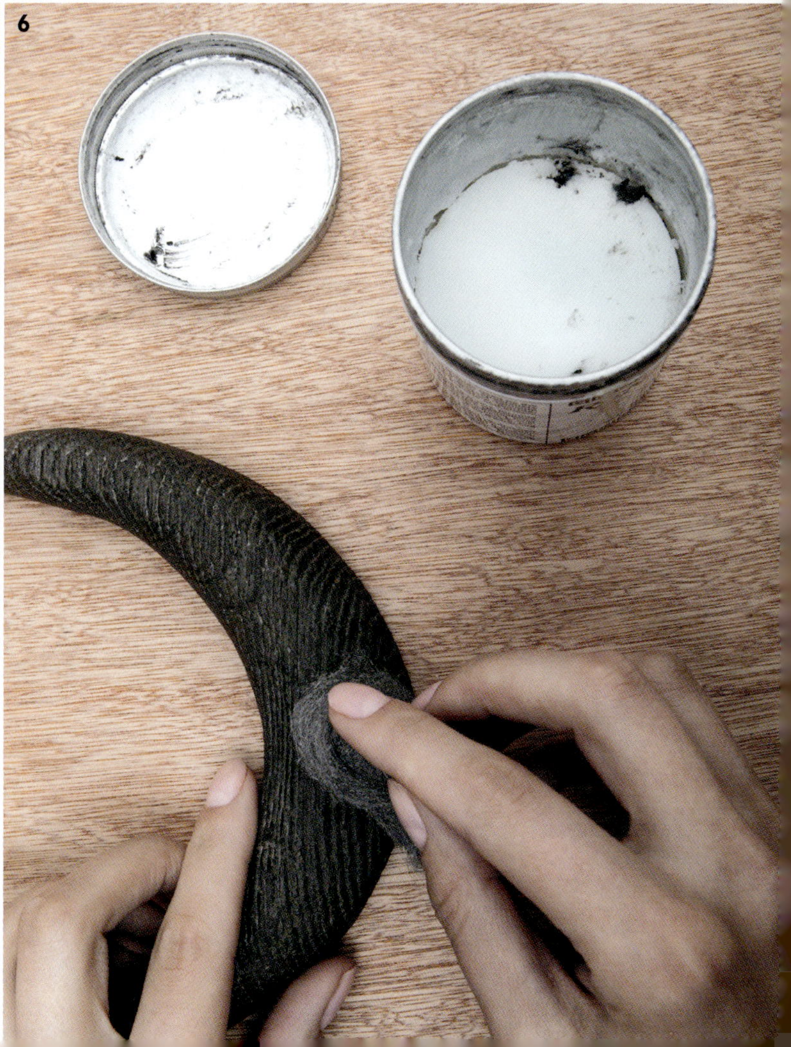
6

Galvanisieren

WERKZEUG UND MATERIALIEN

- Natürliche, gefundene Teile eines Baumes, z. B. ein Blatt oder ein Zweig
- Silbersprengring
- Sekundenkleber
- Firnis oder Decklack (beliebige Sorte)
- Graphitleitende Farbe
- Galvanisierungsapparat oder Galvaniseur

ANWENDUNG DES GALVANOFORMENS

Sie können Ihre versilberten Gegenstände aus der Natur alleine als Anhänger oder Ohrringe verwenden, Sie können sie aber auch in eine Halskette integrieren, etwa als Perlen (siehe die Arbeit von Terhi Tolvanen auf S. 104–108 für weitere Inspirationen).

Sie können Dinge aus der Natur, darunter auch Teile eines Baums, in Bestandteile von Schmuck verwandeln, indem Sie den Prozess des Galvanisierens für sich nutzen. Sie müssen die Objekte mit Überzugslack versehen und mit einer leitfähigen Farbe bedecken, bevor Sie sie in eine Lösung mit Metallpartikeln legen. Dann wird elektrischer Strom durch die Lösung geleitet und die Metallpartikel legen sich an das Objekt. Es gibt Geräte für den Hausgebrauch und am Ende des Buches finden Sie Details zu Bezugsquellen.
Allerdings würde ich Ihnen raten, sich zuerst an einen Galvaniseur zu wenden, der diese Arbeit für Sie erledigt, bis Sie sicher sind, finanziell in Ihr eigenes Equipment investieren zu wollen. Die Herausforderung bei diesem Prozess ist es, das Objekt zu Ihrem eigenen zu machen, da die Natur beinahe schon zu perfekt ist. Sie können sich Wege überlegen, es unerwartet zu gestalten, indem Sie Ihr Objekt mit anderen Materialien auf ungewöhnliche Weise kombinieren.

1 Lassen Sie Ihren Gegenstand trocken, indem Sie ihn für ein paar Wochen im Innenraum lassen. Ich habe hier einen Weißdornzweig, ein Weidenblatt, eine Eichel und einen Bergahornsamen ausgewählt.

2 Ist das Stück vollständig getrocknet, bringen Sie mit Sekundenkleber einen Silbersprengring an.

3 Versiegeln Sie das Werkstück mit einigen Schichten Firnis.

4 Bemalen Sie das Objekt mit graphitleitender Farbe.

5 Folgen Sie den Anleitungen auf Ihrem Galvanisierungsgerät oder senden Sie Ihr Objekt an einen Galvaniseur, um eine dicke Kupferschicht aufzutragen, die dann mit einer Schicht Silber überzogen wird.

GEGENÜBER Eine Auswahl fertiggestellter, versilberter natürlicher Formen, erzeugt durch den Prozess des Galvanoformens

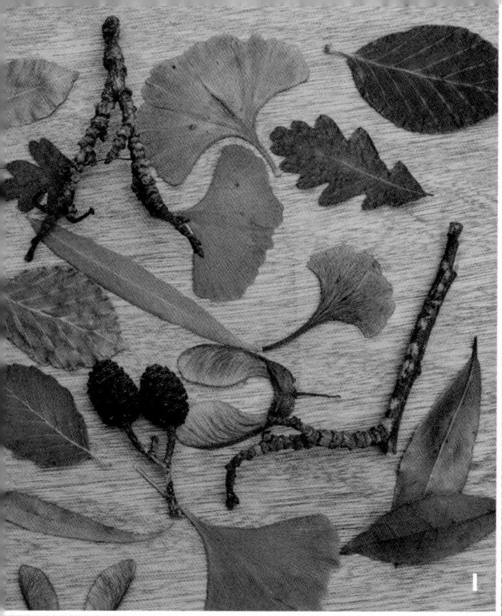
1

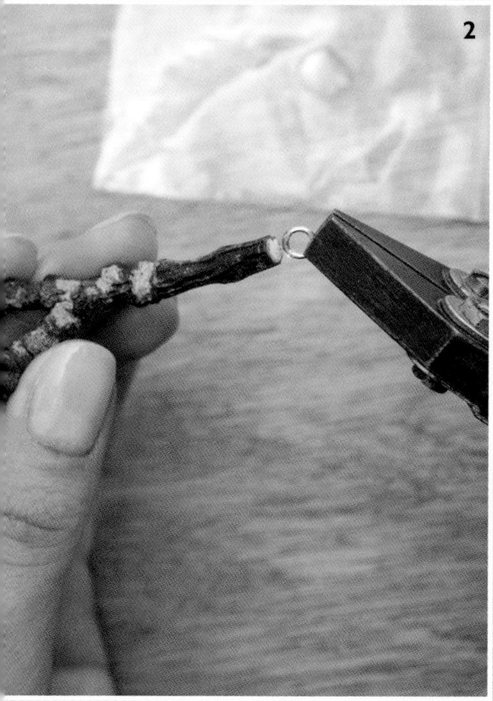
2

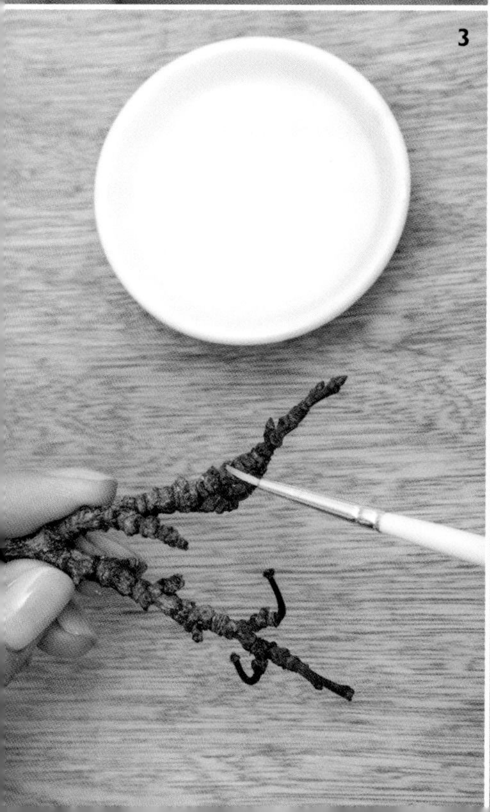
3

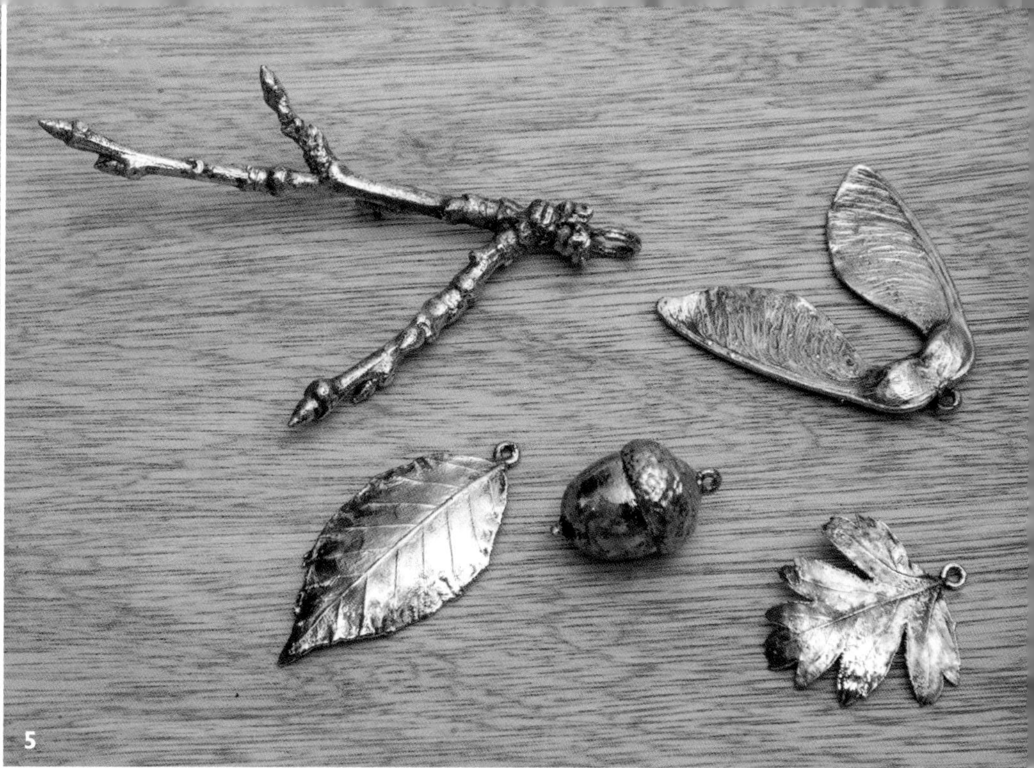
5

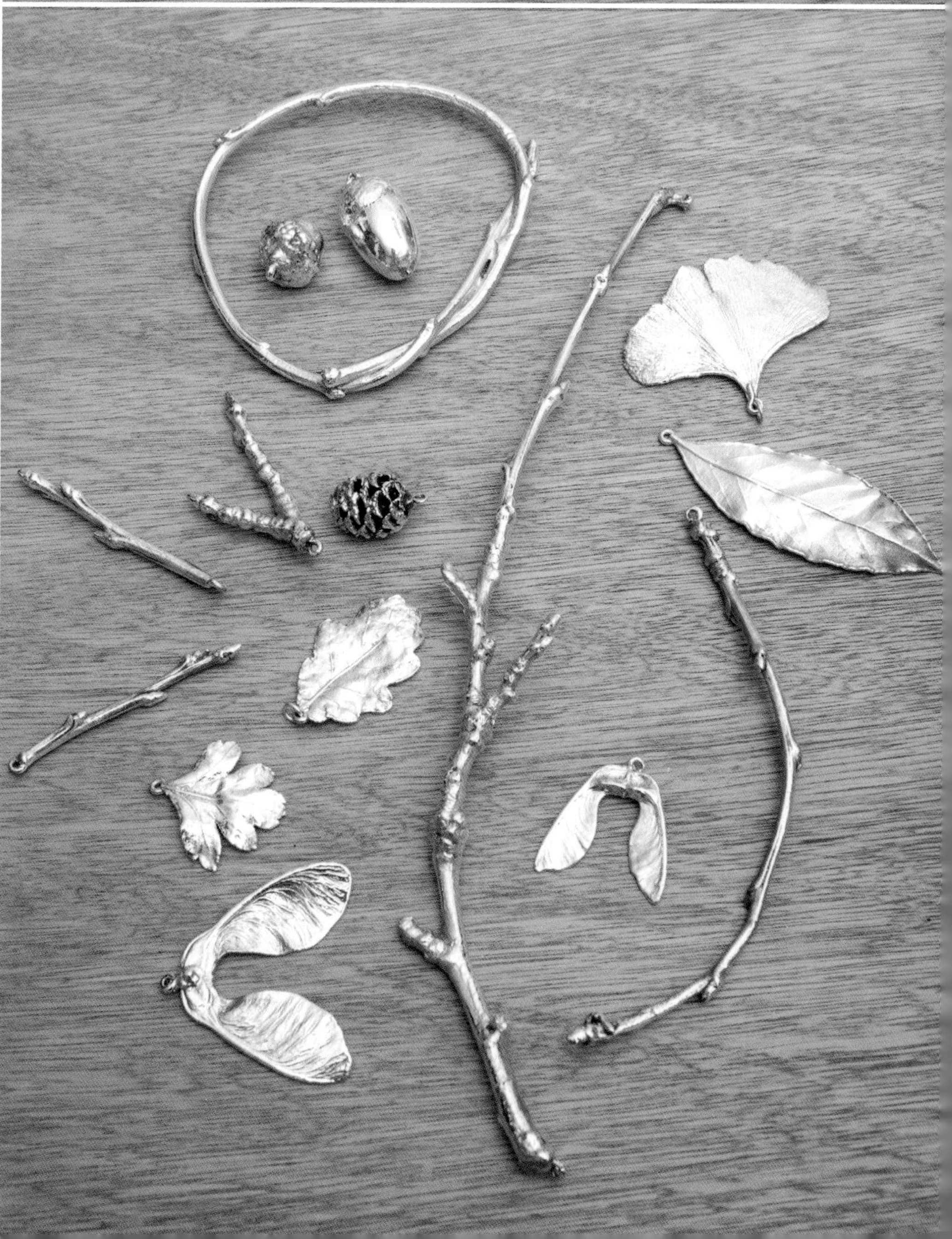

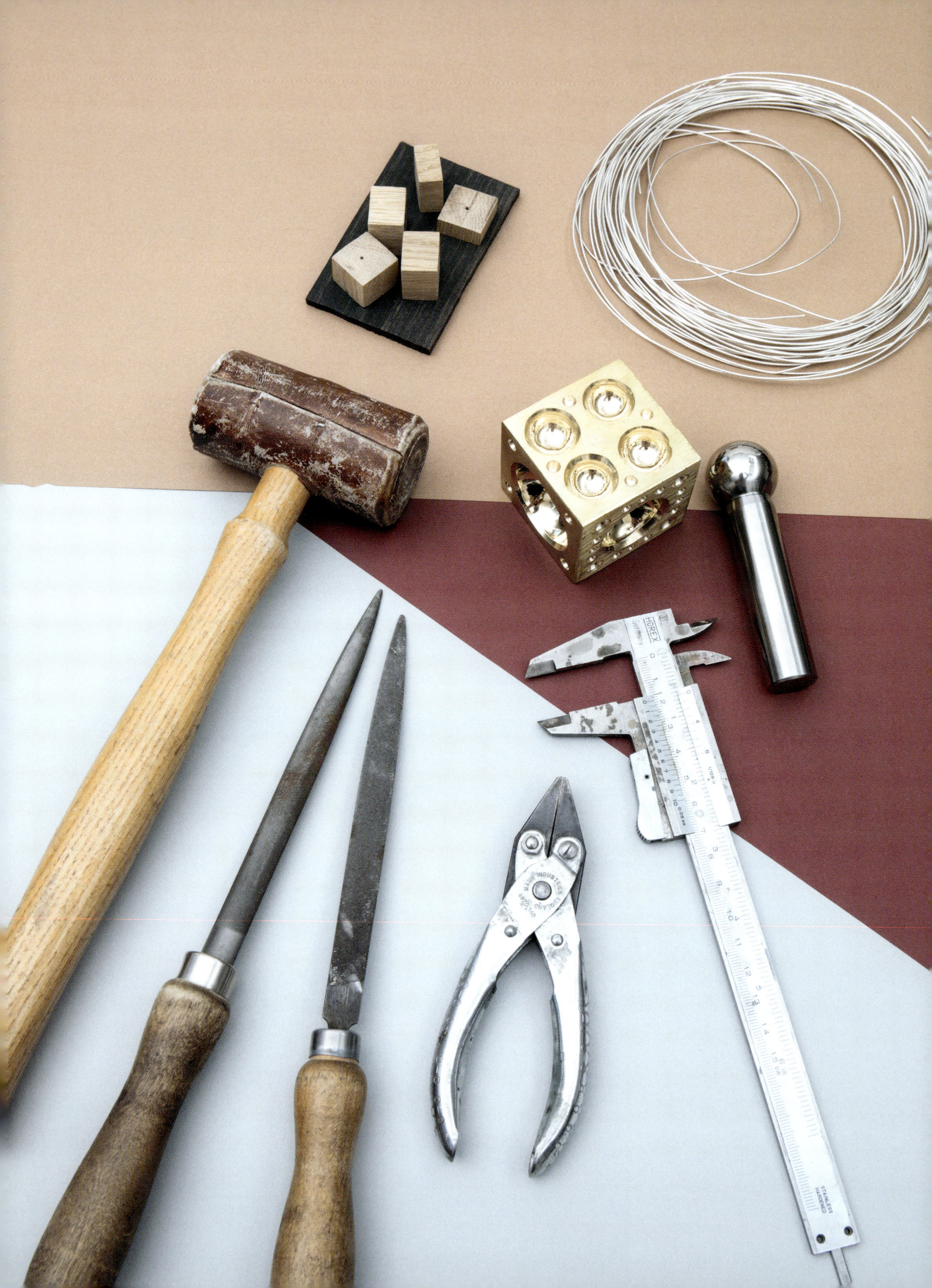
HOREX
Germany
STAINLESS
HARDENED

KAPITEL 6

Werkzeug & Materialien

Messen und Markieren

Akkurates Messen und Markieren ist in jedem Stadium der Arbeit essentiell für ein professionelles Ergebnis. Nehmen Sie sich die Zeit, Ihre Abmessungen sorgsam zu überprüfen, denn wenn Ihr Material einmal zugeschnitten ist, ist es nicht leicht, Fehler zu korrigieren.

LINEAL

Ein Stahllineal mit metrischen und angloamerikanischen Maßen ist wünschenswert.

SCHUBLEHRE

Dieses Messwerkzeug ist präziser als ein Standardlineal und nützlich zum Messen runder Objekte, da die Einspannbacken an jeder Seite des Objektumfangs festgestellt werden können.

WINKELMASS

Dieses Werkzeug ermöglicht Ihnen, genaue 90-Grad-Winkel zu markieren.

STECHZIRKEL

Sie können dieses technische Zeicheninstrument zum Anzeichnen von Kreisen oder Bögen verwenden. Es ist auch nützlich zum Überprüfen einer Länge im Vergleich zu einer anderen.

FETTSTIFT

Ein nicht-kratzender Fettstift schreibt klar auf vielen Oberflächen, ist feuchtigkeitsbeständig und bleicht nicht so stark aus. Entfernen Sie die Markierungen mit Küchenpapier. Ein weißer Fettstift ist besonders nützlich, um auf Holz gezeichnete Linien leichter zu erkennen.

RECHTS Von links nach rechts: Lineal, Stechzirkel, Schublehre, Winkelmaß, Fettstift

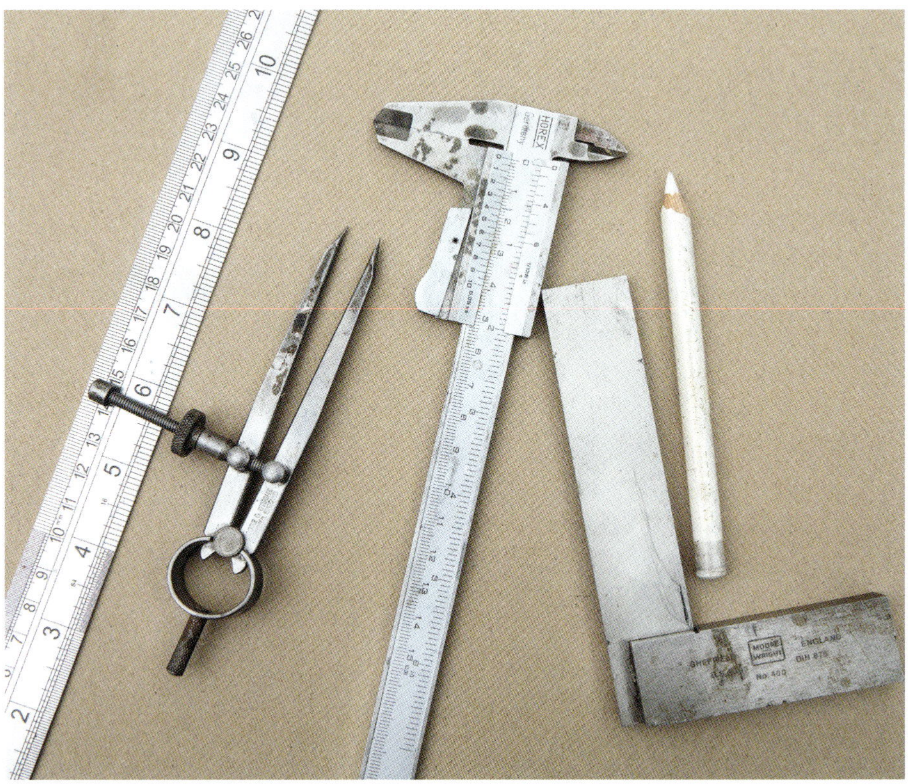

Aufbau einer Werkbank

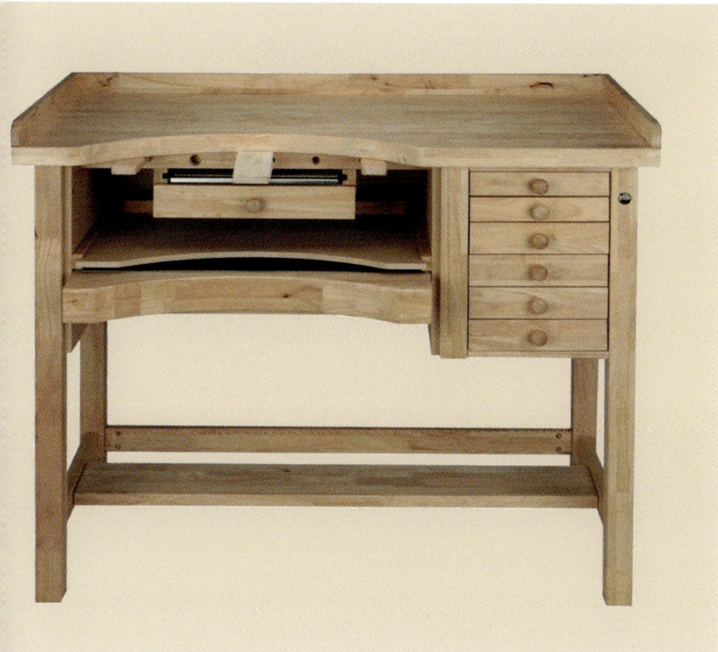

OBEN Werkbank für Einsteiger, konzipiert zur Goldschmiedearbeit

Wenn Sie einen Platz für eine Werkbank in einem eigenen Zimmer, einem Gartenhäuschen, einem Schuppen oder einer Garage haben, wird die Schmuckherstellung um einiges einfacher.

WERKBÄNKE

Werkbänke für Goldschmiede sind höher als reguläre Werkbänke, um ein ständiges Bücken zu vermeiden. Für gewöhnlich haben sie eine hölzerne Ausstattung und einen ledernen Überzug an der ausgeschnittenen Biegung, um das Arbeiten an der Vorderseite zu erleichtern, damit kleine Teile nicht auf den Boden fallen können. Wenn Sie keine Werkbank besitzen, ist ein mit einem Feilnagelhalter versehener Tisch eine gute Alternative.

STUHL

Achten Sie darauf, dass Sie einen bequemen Stuhl haben, der Ihren Rücken unterstützt und höhenverstellbar ist.

FEILNAGEL UND -HALTER (ZWINGE)

Die Feilnagelzwinge wird an die Kante Ihrer Werkbank oder Ihres Tischs geschraubt. Sie besteht aus einem flachen Oberteil aus Stahl, das als Amboss dient, und einem hölzernen Feilnagel (Spezialkeil), der Ihre Werkstücke hält, während Sie daran arbeiten.

BELEUCHTUNG

Gutes Licht einer Schreibtischlampe oder einer Tageslichtlampe sind wichtig in Ihrem Werkbereich.

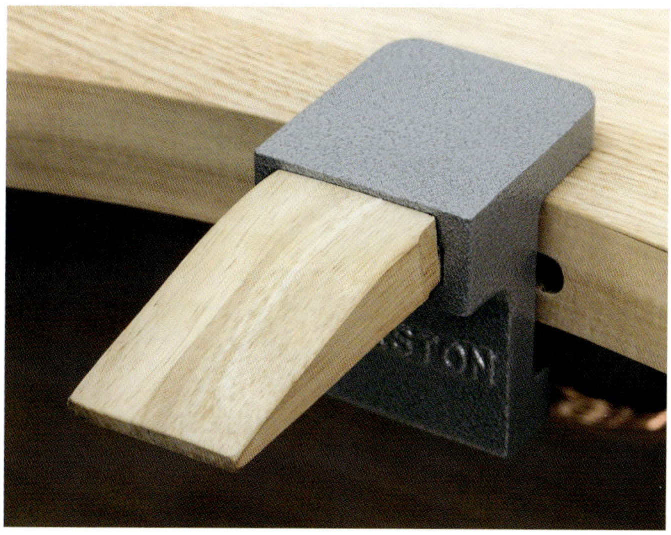

OBEN Eine Feilnagelzwinge ist unabdinglich, um die Werkstücke zu halten, während Sie daran arbeiten.

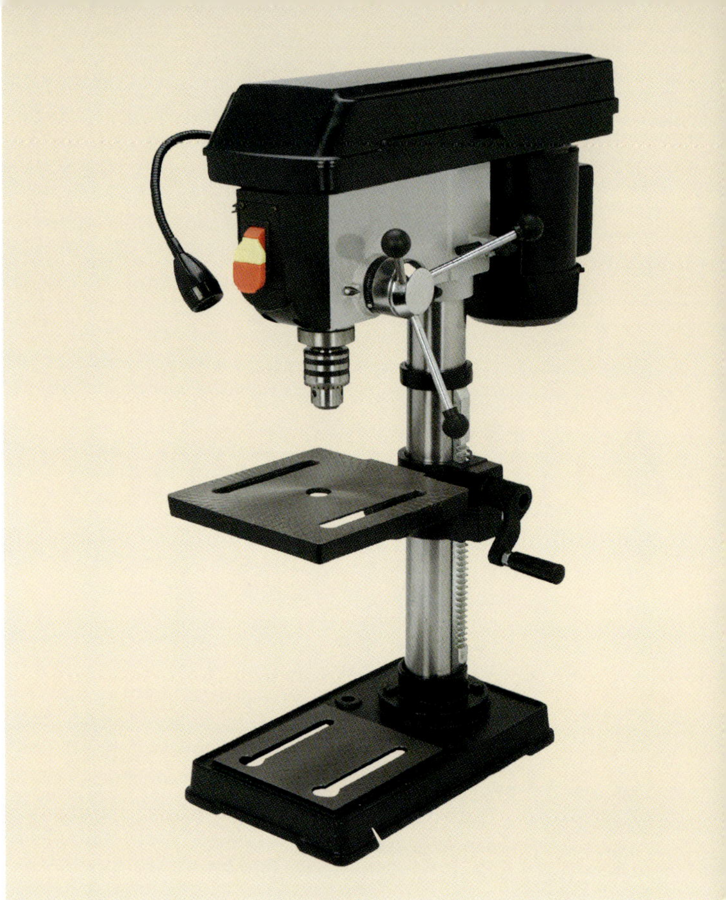

OBEN Eine Tischbohrmaschine ist akurater als eine Handbohrmaschine, wenn Sie den Platz dazu haben.

BOHREN

Bohrer sind unerlässlich, um Löcher in Holz und Silber zu bohren. Beachten Sie alle Sicherheitsvorkehrungen (siehe S. 167), wenn Sie mit diesen scharfen Werkzeugen arbeiten.

FEINBOHRSCHLEIFER

Ein Feinbohrschleifer ist ein praktischer kleiner Bohrer mit austauschbaren Bits, die für ein breites Anwendungsspektrum verwendet werden können. Er spielt die gleiche Rolle wie eine biegsame Welle mit Hängemotor, ist aber angenehmer, wenn Sie keine Werkbank haben. Er ist leichter in der Handhabe als andere Bohrer für Heimwerker, bei denen manchmal nur die Bits derselben Marke passen.

BOHRER/BOHRAUFSÄTZE

Sie benötigen eine Reihe kleiner Spiralbohrer mit Schaft; diese erhalten Sie auch bei Händlern für Goldschmiedebedarf.

KÖRNER

Verwenden Sie ihn, um die Position des Lochs zu markieren, bevor Sie ins Metall bohren. Für Holz ist ein Bleistift ein einfacheres Werkzeug.

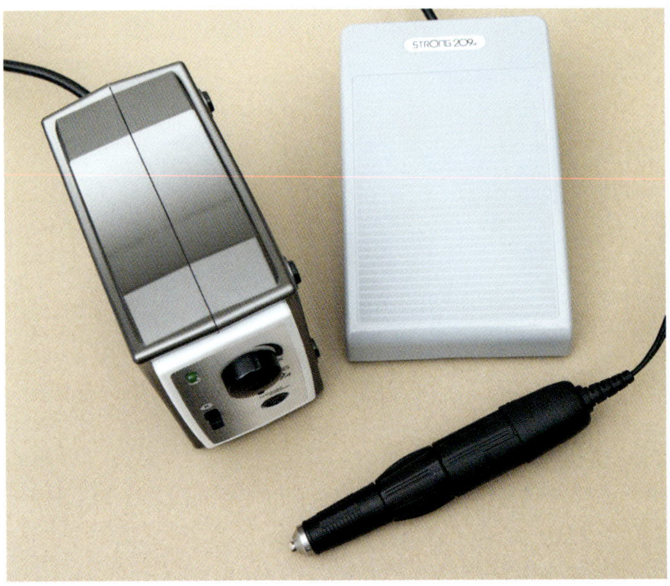

OBEN Ein Hand-Feinbohrschleifer.

TISCHBOHRMASCHINE

Auch als Stand-, Säulen oder Vertikalbohrmaschine bekannt, ist dieses Werkzeug genauer als eine Handbohrmaschine. Sie besteht aus einer Säule, einem einstellbaren Höhentisch, einem Ständer, einer Spindel und einem Bohrkopf plus optionalen Accessoires und Beiwerk. Wenn Sie keinen Platz in der Werkstatt für eine Tischbohrmaschine haben, können Sie bestimmt auch in einer Werkstattgemeinschaft oder einer Ausbildungswerkstatt nachfragen. Dort erhalten Sie vor der Verwendung auch ein Sicherheitstraining, aber wenn Sie Ihre eigene Maschine kaufen, folgen Sie ebenso allen Sicherheitshinweisen, die in der Bedienungsanleitung stehen.

Ich habe eine Tischbohrmaschine verwendet, um durchgehend akkurate Löcher in die Mitte der quadratischen Perlen für die Halskette „Gebrochene Linie" aus Eichenholz zu bohren. Die Perlen wurden mit einer Hand gehalten und der Bohrkopf mit der anderen nach unten geführt. Die Form einer Tischbohrmaschine macht das Bohren von 90-Grad-Löchern weit einfacher und schneller. Eine Tischbohrmaschine für die Werkbank ist fein, um kleine Löcher zu bohren, während eine große Standbohrmaschine für die Werkstatt besser geeignet ist, um ein großes Loch in sehr dichtes, hartes Holz zu bohren, etwa ein fingerdickes Loch in Ebenholz. Die Tischbohrmaschine erleichtert und beschleunigt auch das Bohren des Lochs für den Ebenholzring mit Perle.

Feilen

Feilen werden zum Glätten rauer Kanten von Holz oder Metall verwendet. Sie haben abnehmbare Griffe und sind in verschiedenen Größen erhältlich.

RAUER UND FEINER HIEB

Der Hieb einer Feile wird durch die Anzahl ihrer Zähne bestimmt. Feilen werden nach Hiebnummer verkauft, wobei Hiebnummer 0 sehr rau und Hiebnummer 5 sehr fein ist.

RIFFELFEILE

Ein Riffelfeile hat eine gebogene Oberfläche, um an Bereiche zu kommen, die mit einer geraden Feile schwer zu erreichen sind. Ich habe sie nur für das Projekt mit Ebenholz und der Perle verwendet (siehe S. 36).

HALBRUNDE FEILE

Halbrunde Feilen weisen die vielseitigste Form auf, da sie eine gerundete Seite und eine flache Seite haben, wenn Sie also nur eine Feile kaufen möchten, wählen Sie diese Form aus.

NADELFEILEN

Nadelfeilen sind kleiner und haben eine Vielzahl unterschiedlicher Profile. Sie sind nützlich, um kleinere Bereiche zu erreichen.

WACHSFEILEN

Große Wachsfeilen werden zum Bearbeiten von hartem Wachs verkauft, können aber auch für das Schnitzen von Holz nützlich werden.

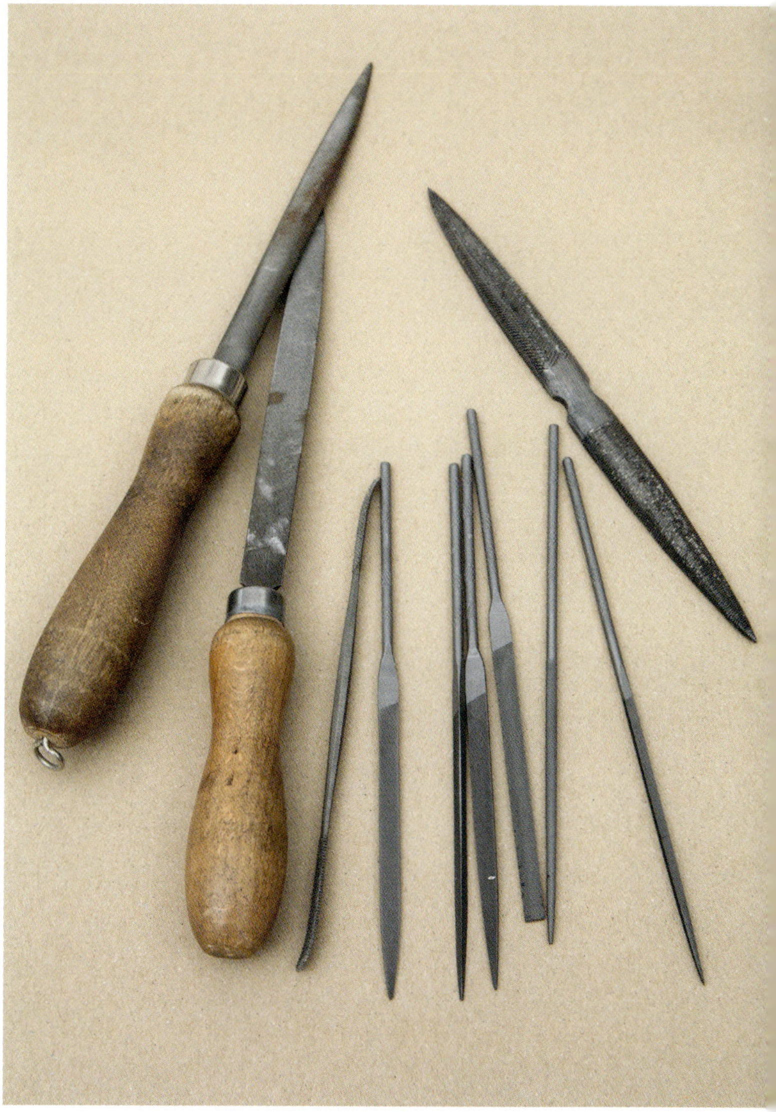

OBEN Von links nach rechts: Raue und feine Feilen, Riffelfeilen, Nadelfeilen, halbrunde Wachsfeile

Schneiden und Schnitzen

Sägen und Schneidwerkzeuge sind essenziell, um sowohl Holz und Silberdraht oder Blech zu schneiden. Sie benötigen verschiedene Hämmer, um Metall zu formen. Beachten und befolgen Sie alle Sicherheitsvorkehrungen (siehe S. 167), wenn Sie mit diesen Werkzeugen arbeiten. Zangen sind gut zum Festhalten, Verdrehen und Biegen von Schmuckteilen – angefangen vom Schließen von Sprengringen bis hin zur Herstellung von verdrehtem Draht.

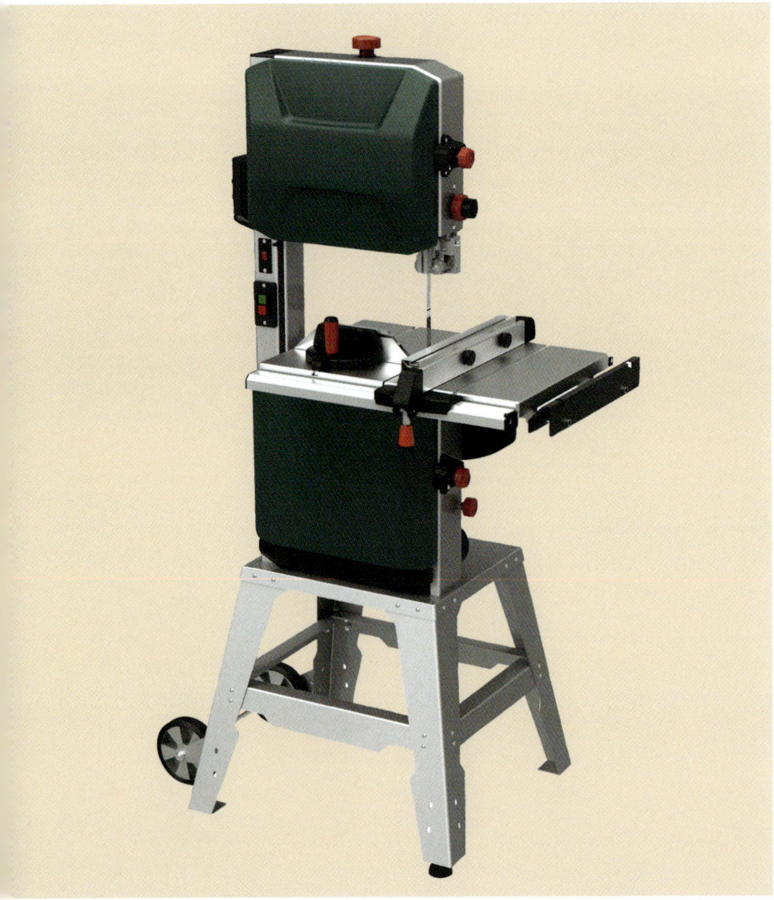

OBEN Eine Bandsäge. Dieses Modell hat Räder, damit Sie es in der Werkstatt bewegen können.

JUWELIERSÄGE (LAUBSÄGE)

Austauschbare, gezahnte Sägeblätter zum Schneiden von Metall oder Holz werden von den Schrauben im Rahmen der Säge gehalten. Sollte die Säge zu stocken beginnen, verwenden Sie Bienenwachs, um sie wieder gängig zu bekommen, oder ersetzen Sie das Sägeblatt.

BANDSÄGE

Eine Bandsäge sorgt für einen sehr gleichmäßigen, glatten Schnitt – ideal zum Schneiden von Bögen und unregelmäßigen Formen. Die Ausstattung besteht aus einem Tisch, auf dem das Werkstück unter einem runden, sich drehenden, gezahnten Band (dem Sägeblatt) liegt, das von einem Rädchenpaar gehalten und von einem Motor angetrieben wird.

Ich habe wegen ihrer Schnelligkeit und Genauigkeit eine Bandsäge benutzt, als es um das Zuschneiden der Perlen für die Eichenholzhalskette „Gebrochene Linie", das gebogene Holzstück für die Halskette „Eichenschichten" und zum Schneiden der Kastanienbrosche ging.

Wenn Sie keinen Platz für eine Bandsäge haben, können Sie vielleicht auch Zugang dazu in einer Gemeinschaftswerkstatt oder einer Universitätswerkstatt finden. Dort werden Sie auch mit einer Sicherheitseinschulung bedacht, bevor Sie sie verwenden. Doch auch wenn Sie Ihre eigene Bandsäge kaufen, tragen Sie Sicherheitskleidung (Schutzhandschuhe, -brille und -maske) und folgen Sie allen in der Betriebsanleitung angeführten Sicherheitsanweisungen.

BLECHSCHERE

Verwenden Sie dieses Werkzeug zum Schneiden von Draht und Metallblech. Ich habe außerdem eine Blechschere benutzt, um die Weide und das Schilfrohr für den verdrehten Schmuck zuzuschneiden.

SEITENSCHNEIDER

Verwenden Sie diese Zange zum Schneiden von Silberdraht, eher von oben als von der Seite ansetzen.

SKALPELL UND SCHERE

Neben Papier, Karton und einem Bleistift brauchen Sie ein Skalpell und eine Schere, um Vorlagen und Schablonen anzufertigen. Ich habe das Skalpell außerdem zum Schnitzen der Perlen verwendet.

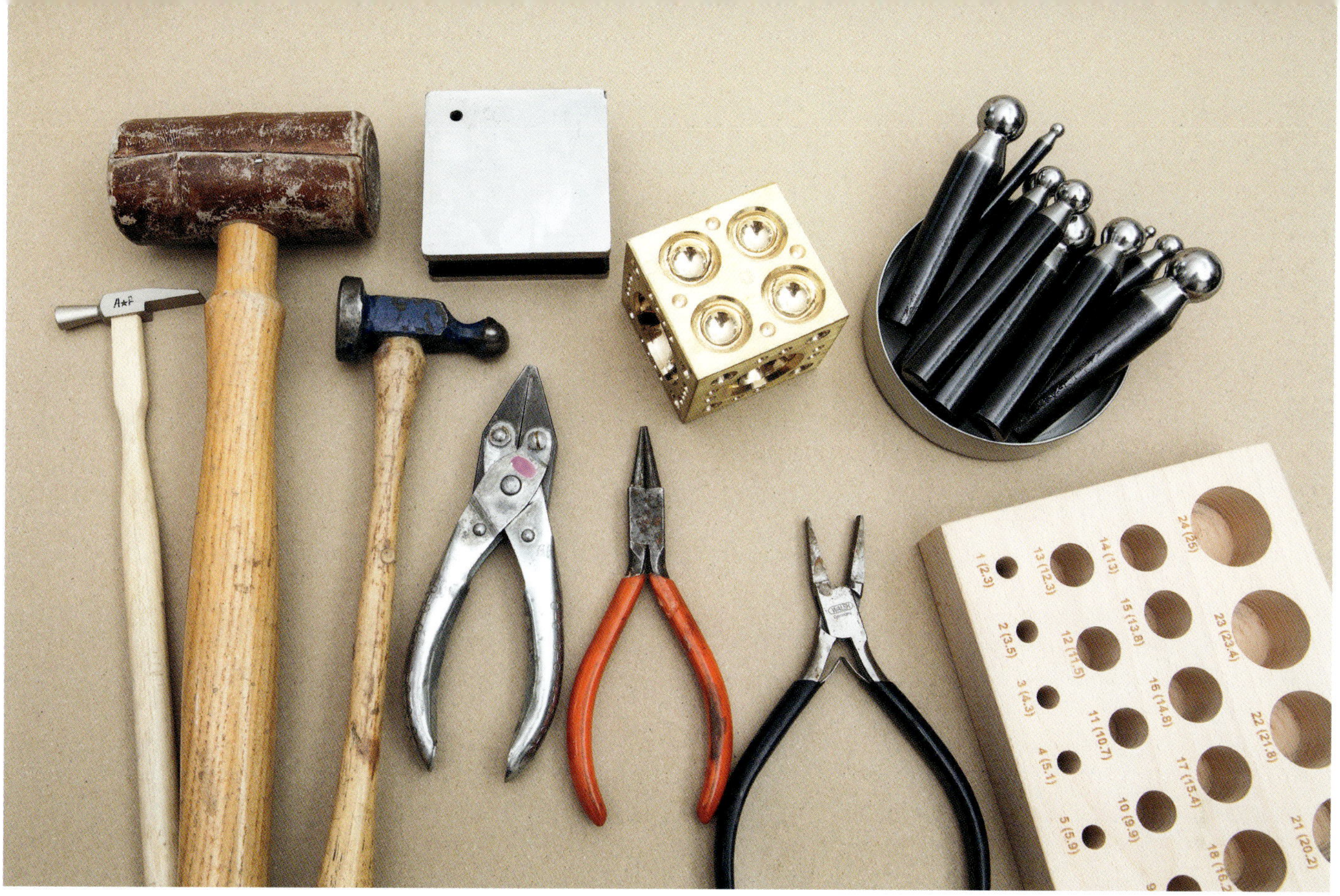

Hämmern und Biegen

OBEN Von unten links nach unten rechts: Niethammer, Rohhauthammer, Metallhammer, Flachzange, Rundzange, gebogene Spitzzange, Lochstempelhalterung. Von oben links nach oben rechts: Werkbankblock oder flache Unterlage, Treibklotz, Stanzeisen

KUGELFRÄSER
Verwenden Sie einen rund geformten metallenen Fräsaufsatz in Ihrem Feinbohrschleifer, um konkave Schnitte zu gestalten oder einen Bereich zu formen und auszuhöhlen.

NIETHAMMER
Das ist ein kleiner Hammer mit einem flachen runden Ende (auch „Bahn" genannt) auf der einen Seite und mit einer langen Kante (auch „Finne" genannt) auf der anderen, um Nieten einzuschlagen und Metall zu hämmern.

ROHHAUTHAMMER
Der Rohhautkopf dieses Hammers sorgt für einen weicheren Aufschlag beim Formen oder Glätten von Metall als ein Holzhammer.

WERKBANKBLOCK
Stahlplatte oder -block, der verwendet wird, um darauf zu hämmern. Wenn Sie einen Metallhammer verwenden, dehnen Sie das Metall, verwenden Sie jedoch einen Rohhauthammer, wird es geglättet, ohne sich auszudehnen.

TREIBKLOTZ
Nutzen Sie diesen soliden Metallwürfel gemeinsam mit Durchschlägen, um flachen, runden Scheiben eine Wölbung zu verleihen.

FLACHZANGE
Dieses Werkzeug hat ein Kastengelenksystem, das der runden, spitz zulaufenden Backe und der flachen Backe erlaubt, parallel zueinander zu bleiben, sodass ein gleichmäßiger Druck auf die gesamte Arbeit entsteht. Flachzangen sind wirklich hilfreich, um Draht im 90-Grad-Winkel zu biegen, Verbogenes gerade zu richten und Werkstücke sicher festzuhalten.

RUNDZANGE
Die runden, sich verjüngenden Backen dieser Zange sind nützlich, um Bögen in Draht zu biegen.

GEBOGENE SPITZZANGE
Diese Zange verfügt über eine gerundete und eine flache Seite an den Backen. Sie ist nützlich, um größere Bögen zu biegen, da die abgerundete Seite sich nicht in das Silber gräbt.

Drechseln

Eine Tischdrehbank ist essenziell, um Holz zu drechseln und zu formen. Achten Sie auf alle Sicherheitsvorkehrungen (siehe S. 167), wenn Sie mit einer elektrischen Drehbank arbeiten. Gemeinsam mit Drehbänken werden Meißel verwendet, um das Holz während des Drehprozesses zu schneiden und zu schnitzen.

TISCHDREHBANK

Die Ausstattung besteht aus einer fixierten Drehbank, die auf einer Werkbank befestigt wurde und von einem Motor angetrieben wird. Das Werkstück wird an der Maschine befestigt, wird dann gedreht und ein Werkzeug wird daran gehalten, um zu schneiden, zu bohren oder zu formen. Ich habe für den Armreif aus Bergahorn eine Tischdrehbank verwendet.

Wenn Sie keinen Platz für eine Tischdrehbank haben, können Sie vielleicht auch Zugang dazu in einer Gemeinschaftswerkstatt oder einer Universitätswerkstatt finden. Dort werden Sie auch mit einer Sicherheitseinschulung bedacht, bevor Sie sie verwenden, doch auch wenn Sie Ihre eigene Drehbank kaufen, tragen Sie Sicherheitskleidung (Schutzhandschuhe, -brille und -maske) und folgen Sie allen in der Betriebsanleitung angeführten Sicherheitsanweisungen.

FLACHER KREUZMEISSEL

Flache Stemmeisen sind die häufigste Art Stemmeisen. Kreuzmeißel hingegen haben Schneiden, die sich hinter der Schneidkante verengen, um Spielraum beim Schnitzen von Rillen und Schlitzen zu geben.

SCHRÄGE STEMMEISEN

Mit einer Schneidkante, die im 60-Grad-Winkel zur Werkzeugachse verläuft, werden diese Stemmeisen zum Glätten, Schälen und Detaillieren des Holzes verwendet.

HOHLEISEN

Ein Hohleisen ist ein Stemmeisen mit konkaver Schneide.

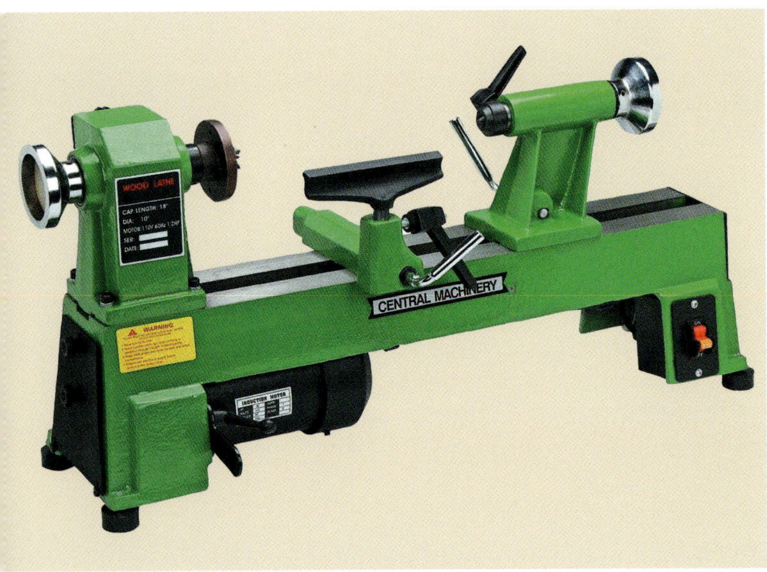

OBEN Drehbank

Schleifen und Polieren

Schleifmaschinen sind unabdinglich, um größere Holzflächen zu schleifen und eine wirklich glatte Oberfläche zu erhalten. Denken Sie daran, alle Sicherheitsvorkehrungen zu treffen, wenn Sie mit derlei Werkzeugen arbeiten (siehe S. 167). Für kleinere Bereiche genügt mit der Hand geführtes Nass- und Trockenschleifpapier.

NASS- UND TROCKENSCHLEIFPAPIER

Die Körnungsnummer zeigt die Feinheit des Papiers an, von rauer Körnung (240 oder 320) bis zu feineren Körnungen (600, 800 oder 1.000) und der feinsten Körnung mit 1.200. Nass- und Trockenschleifpapier kann verwendet werden, um sowohl Holz als auch Metall zu schleifen.

BANDSCHLEIFMASCHINE

Der Motor treibt ein Trommelpaar an, das eine durchgehende Sandpapierschleife hält, was schnelleres und gleichmäßigeres Schleifen von Holzoberflächen erlaubt. Ein Staubfangsystem sammelt den dabei produzierten Schleifstaub. Ich habe eine Bandschleifmaschine verwendet, um eine regelmäßige Holzform für die Halskette „Eichenschichten" und den Ebenholzring mit Perle zu gestalten.

Wenn Sie keinen Platz für eine Bandschleifmaschine haben, können Sie vielleicht auch Zugang dazu in einer Gemeinschaftswerkstatt oder einer Universitätswerkstatt finden. Dort werden Sie auch mit einer Sicherheitseinschulung bedacht, bevor Sie sie verwenden, doch auch wenn Sie Ihre eigene Bandschleifmaschine kaufen, tragen Sie Sicherheitskleidung (Schutzhandschuhe, -brille und -maske) und folgen Sie allen in der Betriebsanleitung angeführten Sicherheitsanweisungen.

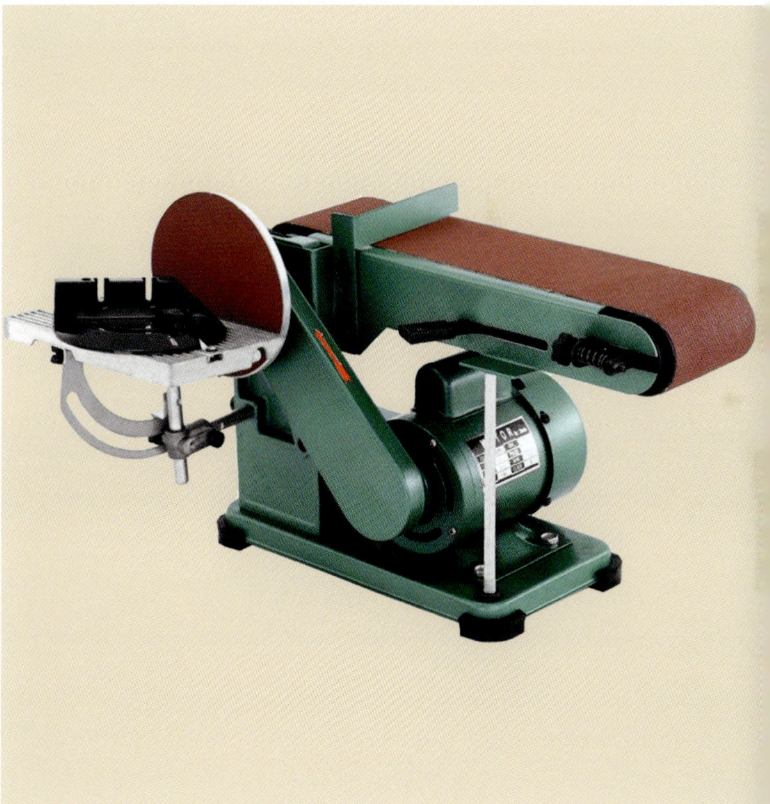

OBEN Eine Bandschleifmaschine. Wenn Sie viel mit Holz arbeiten, bringen Sie einen Staubsaugerschlauch an Ihrer Bandschleifmaschine an und versehen Sie den Raum mit einer Staubabsauganlage.

Löten

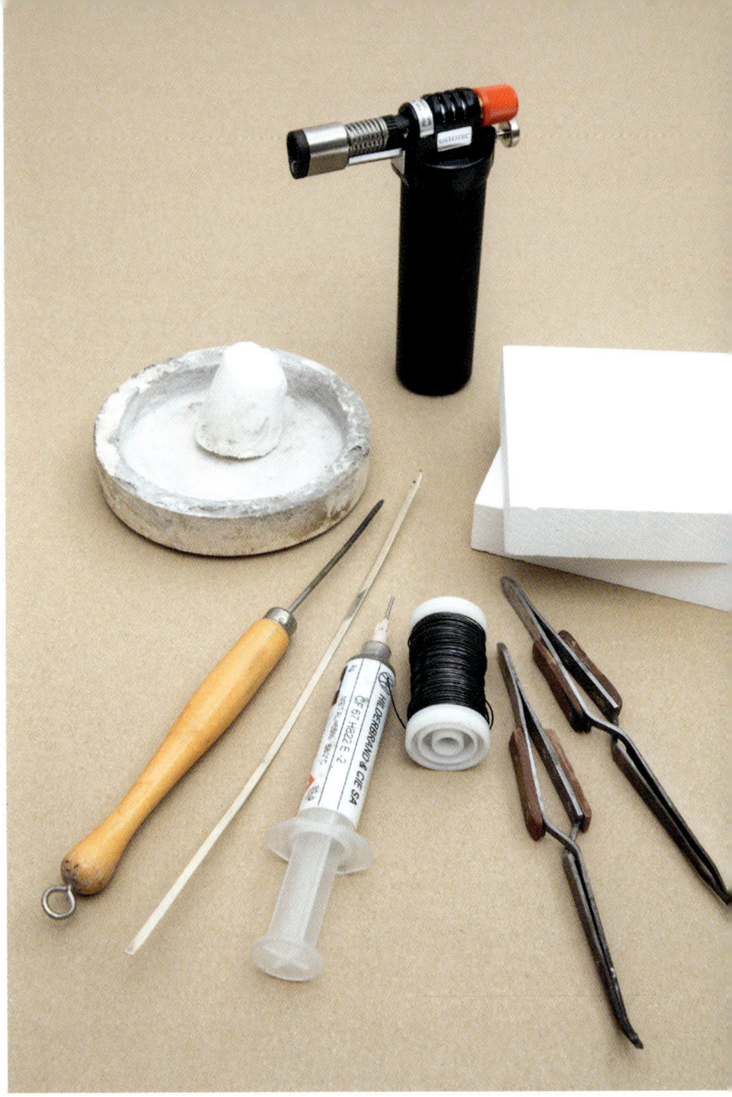

OBEN Im Uhrzeigersinn: Lötlampe, Lötsteine, Lötkreuzpinzetten, Bindedraht, Lotpaste, Lotband (Streifenlot), Lotschieber, Borax-Flussmittel

Löten arbeitet mit Hitze und Lötmaterial und ist somit der Prozess des Verschmelzens zweier Metallstücke durch Erhitzen und Verschmelzen einer Metalllegierung, die „Lot" genannt wird, um eine Verbindung herzustellen. Das Lot hat immer einen niedrigeren Schmelzpunkt als das Metall, das verbunden wird. Wenn zwei Silberstücke aneinandergelötet werden, müssen sie auf dieselbe Temperatur erhitzt werden. Das Silber sollte gerade beginnen, kirschrot auszusehen (das nennt man „Weichglühen"). Entfernen Sie die Flamme, wenn es zu glühend aussieht, da das Metall sonst schmilzt. Bei jedem Stück, das öfter als einmal verlötet werden muss, beginnen Sie mit den höheren Schmelzpunkten und arbeiten sich hinunter, sodass die eine Verbindung nicht schmilzt, bevor die nächste angebracht wird.

LÖTLAMPE

Eine Handlötlampe für den Hausgebrauch, betrieben mit Feuerzeuggas (Butangas).

LÖTSTEINE ODER LÖTPLATTE

Diese ziegelförmigen Blöcke aus einem Asbest-Ersatz können einzeln oder gemeinsam verwendet werden, um naheliegende Oberflächen vor der Hitze der Lötlampe zu schützen.

SICHERES LÖTEN

Es ist unabdinglich, beim Löten Sicherheitsvorkehrungen zu treffen:

- *Arbeiten Sie in einem gut belüfteten Raum.*
- *Reinigen Sie Ihren Arbeitsplatz, bevor Sie beginnen.*
- *Haben Sie einen Feuerlöscher zur Hand.*
- *Tragen Sie Schutzbrille und Schutzmaske.*
- *Binden Sie langes Haar nach hinten zusammen, entfernen Sie herumbaumelnden Schmuck oder Schals, bedecken Sie unbekleidete Arme und Beine und tragen Sie Schuhe, die den gesamten Fuß bedecken.*
- *Folgen Sie der Gebrauchsanweisung des Herstellers Ihrer Lötlampe.*
- *Löschen Sie die Lötlampe, sobald Sie mit ihrer Verwendung fertig sind, und denken Sie daran, dass die Spitze länger heiß bleibt.*

SCHMUCKLOT, LÖTPASTE ODER LÖTSTREIFEN

Lot ist eine Metalllegierung, die als Paste, Streifen oder Blech in verschiedenen Metallen erhältlich ist – wählen Sie eines, das das Metall enthält, das Sie löten. Silber-Lotpaste enthält bereits das Flussmittel, das notwendig ist, damit Ihr Lot fließt, und ist einfach in der Anwendung. Sie können weiche oder harte Versionen kaufen; diese haben unterschiedliche Schmelzpunkte. Weiche Paste ist nützlich für kleine Drahtverbindungen, jedoch nicht für große Arbeiten geeignet, da sie nicht stark genug ist. Wenn Sie mehr als eine Stelle nah aneinanderlöten, müssen Sie verschiedene Lötmittel verwenden und mit dem harten Lot für die erste Verbindung beginnen, um zu vermeiden, dass die Hitze, die Sie für die zweite Lötstelle anwenden, die erste wieder zum Fließen bringt.

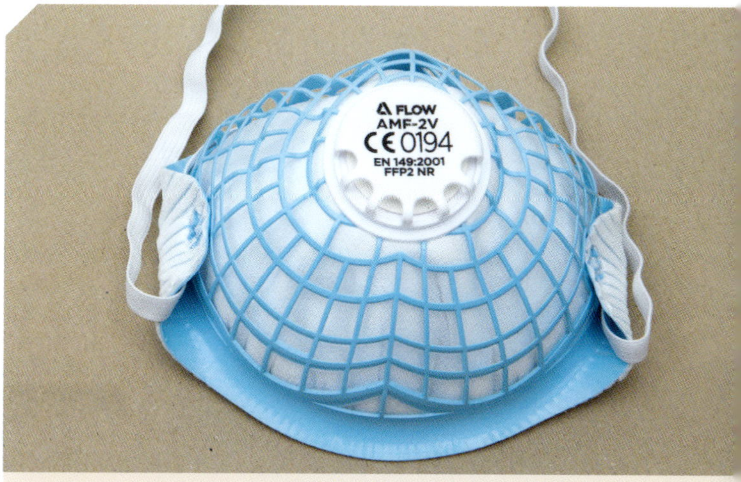

FLUSSMITTEL

Das Mineral Borax reinigt die Oberfläche des Metalls und hilft dabei, dass das Lot fließt. Sie tragen es mit einem feinen Wasserfarbenpinsel auf und verwenden es mit Lotstreifen oder -blättern.

PRÄZISIONSPINZETTE (LÖTKREUZPINZETTE)

Die geschlossenen Spitzen öffnen sich, wenn Sie auf die Griffe drücken und greifen, wenn sie losgelassen werden. Sie brauchen diese Pinzette, um den Gegenstand, den Sie löten, zu halten.

LOTSCHIEBER

Ein Lotschieber ist nützlich, um das Lot an die gewünschte Position zu schieben, falls es sich bewegt, wenn sich das Metall erhitzt.

BINDEDRAHT

Ein sehr weicher Draht, um die Teile zusammenzubinden, bevor sie gelötet werden; er bleibt nicht an Ihrem Lot haften und ist leicht zu entfernen, sobald Sie die Lötverbindung gelötet haben.

MASKEN

Masken werden entweder für Staub oder Dämpfe oder auch beides hergestellt. Achten Sie darauf, dass Sie die richtige für Ihr Vorhaben tragen. Geben Sie lieber ein bisschen mehr für eine Maske mit Ventil aus, da diese effektiver sind.

SICHERHEIT

Bevor Sie ein Projekt angehen, ist es von unbedingter Wichtigkeit, dass Sie Schritte unternehmen, um sich und Ihren Arbeitsbereich zu schützen und sich jeglicher Sicherheitsbedenken bewusst sind. Achten Sie darauf, die Gebrauchsanweisung für jedes Werkzeug, jede Chemikalie und andere Produkte, die Sie verwenden, zu lesen.

SCHÜTZEN SIE SICH

- *Eine Sicherheitsschutzbrille schützt Ihre Augen vor Hitze und herumfliegenden Holz- oder Metallteilchen.*
- *Eine Schutzmaske schützt Ihre Luftwege vor chemischen Dämpfen und Holzspänen oder Staub. Atemschutzvorrichtungen sind weit angenehmer zu tragen, als sie aussehen, und effektiver als die einfache Staubschutzmaske*
- *Tragen Sie Latexhandschuhe, wenn Sie Chemikalien benutzen.*
- *Tragen Sie einfache Kleidung, die sich nicht im Werkzeug verheddern kann, und bedecken Sie unbekleidete Arme, Beine und Füße.*
- *Tragen Sie eine Schürze, um Ihre Kleidung zu schützen.*

SCHÜTZEN SIE IHREN ARBEITSPLATZ

- *Halten Sie einen Feuerlöscher griffbereit.*
- *Achten Sie darauf, dass Ihr Arbeitsplatz gut belüftet ist.*
- *Halten Sie den Bereich auf und um Ihre Arbeitsoberfläche leer, damit nichts in der Nähe Feuer fangen oder durch verschüttete Chemikalien beschädigt werden kann.*
- *Wenn Sie einen Küchentisch benutzen, achten Sie darauf, ihn mit einer dem Zweck entsprechenden Sperrholzplatte oder einem feuerfesten Tuch zu bedecken, damit später keine Lebensmittel kontaminiert werden.*
- *Spülen Sie Chemikalien in einer Schüssel oder einem Waschbecken aus, das nicht für die Zubereitung von Lebensmitteln verwendet wird.*

Bezugsquellen

SCHILFROHR
Bastelschachtel
www.bastelschachtel.at

Korbflechtmaterial Schardt
www.schardt-kg.de

Kunstpark
www.kunstpark-shop.de

GALVANISIEREN
Betzmann Galvanik
www.real-gold.de

Ferroinstant
ferroinstant.com

JUWELIERBEDARF
Horbach Goldschmiede Werkzeug
www.horbachtechnik.de

Fischer Goldschmiedebedarf
www.goldschmiedebedarf.de

VERGOLDEN
g-Goldfinger
www.g-goldfinger.de

Credo Blattgold
www.credo-blattgold.de

MODELLBAU
Fohrmann Werkzeuge für Feinmechanik und Modellbau
www.fohrmann.com

SANDSTRAHLEN
RBI Sandstrahltechnik
www.sandstrahl-shop.de

Strahlmaxe
www.strahlbedarf.de

Hasenfratz Sandstrahltechnik
www.hafra-sandstrahltechnik.de

BILDHAUERBEDARF
Precarv Austria
www.schnitzeisen.at

HOLZ
Feines Holz
www.feinesholz.de
drechslerholz.at
www.drechslerholz.at

Schröter Edelholzhandel
www.edelholzhandel.com

Drechselbedarf K. Schulte
www.drechselbedarf-schulte.de

Drechseln und Mehr
www.drechselnundmehr.de

Neureiter Maschinen
www.neureiter-shop.at

Drechselzentrum Erzgebirge Steinert
www.drechslershop.de

FURNIERE
Hechenblaickner Holz & Furniere
www.heholz.at

Designholz
www.designholz.com

Furniermanufaktur
furnier-manufaktur.de

WEIDE
Weidenshop Cabana
www.weidenshop.at

Korbflechtmaterial Schardt
www.schardt-kg.de

Bibliographie

The Art of Wood Jewelry
Terry Taylor
Lark Books
ISBN: 978-1-60059-106-8

Contemporary Jewellers
Roberta Bernabei
Bloomsbury
ISBN: 978-1-8452-0769-4

Jewellery from Natural Materials
Beth Legg
A&C Black
ISBN:978-0-7136-8276-2

Hot and Cold Connections
Tim McCreight
A&C Black
ISBN: 978-0-7136-8758-3

The new Jewelry, Trends & Traditions
Peter Dormer & Ralph Turner
Thames and Hudson
ISBN: 0-500-27774-5

Wood
Chris Lefteri
Rotovision
ISBN: 2-880046-645-8

Woodturning Jewellery
Hilary Bowen
Fox Chapel Publishing
ISBN: 0-946819-83-1

Nützliche Informationen

KUNST

Art Jewelry Forum
www.artjewelryforum.org

Britischer Handwerksverband
www.craftscouncil.org.uk

Klimt02
www.klimt02.net

The Wood Awards
www.woodawards.com

UMWELT/TECHNIK

Holzdatenbank
www.holz-database.com

Forest Stewardship Council
www.fsc-uk.org

Washingtoner Artenschutzübereinkommen
www.cites.org

Holzhandelföderation
www.ttf.co.uk

Ausgewählte Holzschmuckdesigner

Manami Aoki
manami-aoki.wixsite.com/manami-aoki

Nutre Arayavanish
www.nutrejeweller.com

Sara Barbanti
www.sarabarbanti.com

Maria Cristina Bellucci
www.mcbjewellery.com

Liv Blavarp
www.charonkransenarts.com

Adele Brereton
www.adelebrereton.com

Susan Chin
www.susanchin.com

Sharon Church
www.sharonchurchjewelry.net

Daniel DiCaprio
www.dandicaprio.com

Hayley Grafflin
www.hayleygrafflinjewellery.co.uk

Katy Hackney
www.katyhackney.com

Joo Hyung Park
www.parkjoohyung.com

Mette Jensen
www.orro.co.uk

Emily Kidson
www.emilykidson.com

Dongchun Lee
www.themaker.kr

Jasmin Matzakow
www.Jasminmatzakow.de

Naomi McIntosh
www.naomimcintosh.com

Bruce Metcalf
www.brucemetcalf.com

Yutaka Minegishi
www.yutakaminegishi.com

Helga Mogensen
www.helgamogensen.com

Kelly Munro
www.kellymunrojewellery.co.uk

Lena Olson
www.lenaolson.se

Nina Morrow
www.ninamorrow.com

Annika Pettersson
www.annikapettersson.se

Dorothea Prühl
www.dorothea-pruehl.de

Anthony Roussell
www.anthonyroussel.com

Jane Sedgwick
www.janesedgwick.co.uk

Holly Stant
www.hollystant.com

Catherine Truman
www.catherinetruman.com.au

Julia Turner
www.juliaturner.com

Linda van Niekirk
www.lindavanniekerk.com

Francis Willemstijn
www.willemstijn.com

Cristina Zani
www.cristinazani.com

Stichwortverzeichnis

Projektverzeichnis nach Schwierigkeit und Varianten

LEICHT

Ornament-Anhänger aus Walnuss
siehe S. 20
Das Projekt könnte durch vernietete oder aufeinandergelegte Schichten dreidimensionaler gestaltet werden. Achten Sie auf die Gewichtsverteilung von zusätzlichen Teilen, damit das Stück nach wie vor gut hängt.

Geschwungene Ohrringe aus Linde
siehe S. 26
Sie könnten diese geschnitzten Ohrringe mit Farbe aus den Farbexperimenten von S. 149 versehen. Durch tieferes Holz wäre eine plastischere Gestaltung möglich.

Halskette aus vernieteten Sperrholzblättern siehe S. 88
Diese Technik ist nicht schwer, solange Sie das CAD-Zeichnen nicht als Hindernis empfinden. Sollte es zu schwierig sein, probieren Sie sich mit Sägen des Sperrholzes per Hand aus. Sie könnten komplexere Designs gestalten, indem Sie Aussparungen in Ihre Form bringen und kombinieren, um die Designs plastischer zu gestalten.

Ebenholzanhänger mit Silberpunkten
siehe S. 120
Das flache Holz lässt sich leicht formen und diese kleinen Piqué-Punkte sind leicht zu gestalten. Sie könnten dreidimensionalere Formen durch Einlegen von Silberlinien erreichen, was allerdings schwieriger ist, vor allem auf einer gerundeten Oberfläche oder um eine Ecke herum.

Ohrstecker aus gestockter Buche
siehe S. 50
Diese Ohrringe könnten als Basis für Silbereinlegearbeiten oder bunte Oberflächen dienen.

Set aus verdrehtem Schilfrohr
siehe S. 47
Dieses Projekt hat eine systemimmanente Variante an Schwierigkeitsgraden: Schilfrohr ist die leichte und Weide die mittelschwere Version.

MITTELSCHWER

Set aus verdrehter Weide siehe S. 42
Versuchen Sie zuerst die leichtere Version aus Schilfrohr (siehe oben).

Gewölbter Ebenholzring mit Perle
siehe S. 36
Der Ring wird leichter, wenn Sie weniger hartes Holz verwenden. Varianten könnten etwa ein Anbringen einer Blende an der Oberseite beinhalten (ähnlich wie bei den gestreiften Manschettenknöpfen) oder das Anbringen vergoldeter Strukturen an der Oberseite (ähnlich wie der Mooreichenarmreif).

Buchenlöffelkette siehe S. 74
Diese Idee könnte vereinfacht werden, indem Sie einen einzelnen Löffel für einen Anhänger statt für eine ganze Halskette verwenden. Sie könnten den Griff formen und eine gewölbte Anhängerschließe anbringen, wie etwa gezeigt als Alternative für das Ohrringprojekt mit der gestockten Buche.

Gestreifte Manschettenknöpfe aus Mooreiche und Ahorn siehe S. 82
Das eigentliche Verleimen der Holzarten ist sehr leicht, weshalb Sie damit beginnen und eine Anhängersteckschließe verwenden könnten anstelle der selbstgemachten, hier gezeigten Schließe. Die gute

Passform des Silberblechs und die klare Formgebung des Holzes machen dies zu einem herausfordernderen Projekt, das Sie als nächstes in Angriff nehmen könnten. Sie könnten das Holz dann schräg schneiden, um diagonale Streifen zu erhalten oder das Holz schneiden und es dann in rechten Winkeln wieder verleimen, um eine I-förmige Anordnung zu erhalten.

Mooreichenarmreif mit goldenen Punkten siehe S. 132
Mein Design ist ein ovaler Armreif, Sie können ihn jedoch auch rund gestalten, was leichter wäre, vor allem, wenn Sie eine Schablone verwenden. Das Vergolden könnte durch goldene Acrylfarbe ersetzt werden. Sie könnten dieses Projekt auch weiterentwickeln, indem Sie ehrgeiziger geformte Armreifen gestalten.

Halskette „Eichenschichten"
siehe S. 142
Die Größenordnung des Holzes, das in diesem Projekt Form annehmen muss, macht es ein bisschen schwieriger, wenn Sie nur Goldschmiedewerkzeuge besitzen. Die Technik selbst ist nicht schwer, wenn Sie die Gelegenheit haben, Tischlerwerkzeuge verwenden zu können. Die Silberteile könnten vereinfacht werden, indem Sie an die Öse, die in das Holz geht, eine Kette anbringen. Das Design könnte variiert werden, indem Sie mehrere Holzstücke aneinanderreihen – Sie könnten Verbindungsstücke verwenden, die denen der Buchenlöffelhalskette ähneln.

SCHWIERIG

Asymmetrischer Armreif aus Bergahorn
siehe S. 60
Dies ist ein Projekt für Menschen mit Drechselerfahrung und wer es ohne Selbige beginnen möchte, sollte vorher einen Kurs machen oder sich Informationen speziell für Einsteigerinnen und Einsteiger suchen.

Brosche aus einer Maserknolle
siehe S. 96
Das vielfache Löten an dieser Schließe ist herausfordernd und Sie brauchen einige Erfahrung im Löten von Silber. Es wäre einfacher, wenn Sie ein Stück Holz vor sich hätten, dessen Form sich durch drei oder vier Krappen halten lässt. Falls Sie Löcher in Ihren Silberrahmen gebohrt und den Silberdraht hineingeschoben haben, würden diese zum Löten in Position bleiben.

Halskette „Gebrochene Linie" aus Eichenholz siehe S. 108
Die versteckte magnetische Schließe macht dieses Projekt schwierig. Sie könnten es vereinfachen, indem Sie Ihre Perlen herstellen und mit einer Crimpzange eine einfachere Schließe anbringen. Die Varianten für das Formen von Perlen, mögliche Holzarten und die Bohrrichtung sowie die Oberflächengestaltung sind schier endlos.

Danksagung der Autorin

Ich danke Judith More, dass sie das Fehlen eines Buchs über zeitgenössischen Holzschmuck bemerkt hat und dachte, dass ich die Richtige wäre, es zu schreiben.

Ich danke allen Menschen, die so großzügig mit ihrem Wissen und ihrer Hilfe waren: Jules Ash, Lise Bech, Nick Benjamin, Juliet & Graham Dann, Katherine Fawssett, Alex Kennedy, Charon Kransen, Eleanor Lakelin, Annette O'Sullivan, Charlie Palmer, Polly Pollock, Olivia Schlevogt, Robin Sewell, Jeff Turko, Helen van Eyck, Wenban Smith.

Über die Autorin

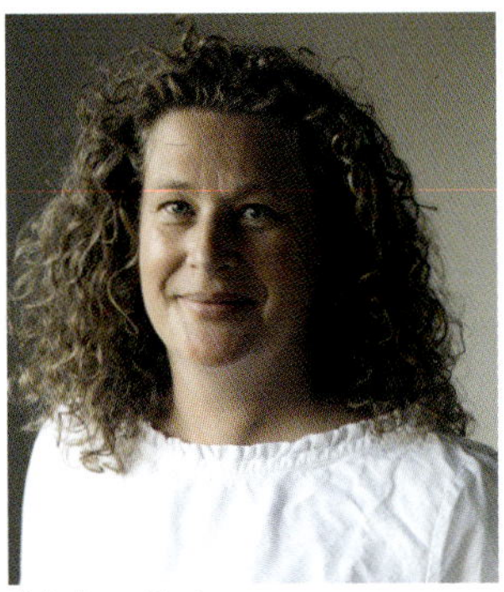

© Kathryn Martin

Sarah King studierte textile Architektur am Goldsmiths' College der University of London, wo eine Lehrveranstaltung über Anthropologie ihr Interesse an Schmuck entzündete.
Sie hat zahlreiche Auszeichnungen für Goldschmiede gewonnen, etwa den Preis der Association of Contemporary Jewellery, ein Stipendium bei Cristoph Zellweger an der Internationalen Sommerakademie für Bildene Kunst Salzburg und einige Auszeichnungen der Goldsmiths' Craftsmanship and Design Awards. Ihre Arbeit wurde in öffentliche Sammlungen rund um die Welt aufgenommen, darunter das Maryland Institute of Art in den Vereinigten Staaten von Amerika, das Crafts Council & British Council in Großbritannien und das Museum für Kunst und Gewerbe in Hamburg.
Sie hat an der Jewellery School von Birmingham, der London Metropolitan University und dem Kent Institute of Art und Design unterrichtet und war Mentorin des Crafts Council Hothouse Programms und für ChangeActShare.
Sie war eine leitende Künstlerin im Designing Deptford Charrette und war bei Creative Process beauftragt, eine Kommission für öffentliche Kunst zu entwickeln. Sie hat mit dem Architekten Jeffrey Turko an einer Deckeninstallation gearbeitet und mit dem Industriedesigner Amos Marchant an einem mittels Selective Laser Sintering hergestellten Armreif.
Sie lehrt derzeit die Verwendung von Kunststoffen und Holz für Schmuck in Kurzlehrgängen für Spezialisten am Central St. Martins, am Morley College und am West Dean.
www.sarah-king.co.uk